개조식 강의노트로 구성된

디지털 회계정보를 활용한

# 경영분석 및 사례연구

김성규 이상열 김종현 정석윤 정형록 공저

도서출판 시대가치

이 출판물은 한양대학교 교내연구지원 사업으로 연구됨(HY-2024-1853)

# 머리말

대학 졸업 후 첫 번째 직장이 은행이었다. 신입직원이었지만 대부계로 배속되어 할인어음 적격업체 선정을 위한 기업체 종합 신용평가표 작성 등의 업무를 하면서 신용조사・신용평가 업무에 관심을 갖게 되었다. 이렇게 비상장기업(특히, 중소기업) 관련 여신업무를 담당하면서 정책금융기관인 신용보증기금(KODIT)이 중소기업 신용조사・평가 전문기관인 것을 인지하였다. 신용분석 관련하여 보다 전문적인 일을 하고 싶어서 은행에 입사한 그해 말에 KODIT으로 전직(신입 공채)하였다.

KODIT에 근무하면서 신용평가 및 리스크관리 관련 시스템(기업신용평가모형, 기업가치평가모형, 현금흐름표 분석 등) 개발 업무와 감사원 요청으로 감사관으로 파견 나가 국내 주요 시중은행 및 금융감독원을 대상으로 '기업금융 신용평가시스템 운용 실태'에 대한 감사업무를 수행하였다. 이러한 경험들을 통해 신용평가 및 국내 금융기관의 여신심사체계에 관한 보다 깊은 이론 및 실무적인 노하우를 습득할 수 있었다.

신용평가・가치평가 관련 사내 강사와 겸임교수를 병행하면서 경영분석 관련 많은 대학교재 및 금융기관의 연수교재들을 검토하였다. 적지 않은 교재가 실무와는 거리가 있거나 부족한 부분이 있다는 것을 발견하였다. 특히, 대부분이 전통적인 신용분석기법 중심으로 구성되어 있어서 기업의 장・단기 지급능력 분석 및 현금흐름 분석에 대한 새로운 패러다임과 관련한 내용이 포함된 교재의 집필 필요성을 느끼게 되었다.

교재의 형식도 불필요한 설명을 제거하고 독자(대학생, 금융실무자 등)들이 이해하기 쉽도록 개조식 강의노트 형식으로 작성하기로 했다. 이러한 취지에 동감하여 저술 과정에 함께한 한양대 이상열, 김종현, 정석윤 교수님과 경희대 정형록 교수님에게 이 지면을 빌려 감사의 말씀을 드린다.

2025년 2월

대표저자 김성규

## 이 책의 특징

□ 교재의 내용을 이해하기 쉽도록 강의노트 형식으로 구성

○ 독자가 교재 내용에 대해 이해하기 쉽도록 보고서 형태의 개조식으로 구성하고 지표를 이해하고 실무적으로 활용하는 분석 방법론을 중심으로 설명

□ 이론과 실무가 수렴되도록 경영분석의 새로운 패러다임 제시

○ 주 저자가 약 30년간 금융기관 여신 실무를 통해 습득한 노하우를 바탕으로 여타 경영분석 교재에서는 다루지 않는 분석지표를 소개

○ 주 저자는 정책금융기관인 신용보증기금에서 주로 신용분석 · 평가시스템 개발 및 리스크관리 등의 업무를 담당하였고, 감사원 요청으로 감사관으로 파견되어 국내 주요 은행의 '기업금융 신용평가시스템 운용 실태'에 대한 감사업무를 수행

□ 비상장기업에 대한 실제 신용분석 사례연구를 포함

○ 대부분 교재에서 사례연구는 상장기업을 대상으로 하고 있으나, 상장기업은 공개된 정보가 많고 주가를 통해 기업가치 파악이 가능

○ 비상장 중소기업이 은행 여신 업체 수의 약 90%를 점유하고 있으므로 이들 업체에 대한 실제 신용분석 사례연구가 필요

○ 본 교재에서는 실제 부실이 발생한 비상장기업의 사례연구를 통해 신용분석, 감사에 있어 중점적으로 검토해야 할 내용을 제시

□ 오픈 API와 SAS를 활용한 재무제표 분석 제시

○ TS2000 및 Open DART 등을 통한 디지털 회계정보 수집 방법과 Python, SAS를 활용한 재무제표 분석 방법론 제시

○ 특히, 수집된 대용량 재무정보는 SAS를 활용해 재무제표 분석 목적에 맞게 처리하는 소스 코드를 제공하여 학위논문 및 학술논문을 작성할 수 있는 역량을 제고

□ 포렌식 회계(Forensic accounting)와 부정 회계 적발 방법을 제시

○ 최근 대두되고 있는 포렌식 회계에 대한 소개와 부정 회계 적발 모형과 방법론을 소개하고 국내 비상장기업 표본을 사용하여 실증분석한 결과를 제시

## 강의 일정표

□ 대학(대학원)에서 한 학기(16주) 강의한다면 다음과 같은 주별 강의계획을 권한다.

| 주차 | 수업 내용 | 교재 | 학습 과제 |
|---|---|---|---|
| 1 | 강의 소개 : 강의계획 안내, 디지털 회계정보 수집 방법(DART, TS2000 등), 회계정보 분석 도구 소개 | 제1장 | 팀 구성 |
| 2 | 기업경영분석 개요 및 경영환경 분석 : 경영분석, 경영분석기법 개요, 외부 환경분석, SWOT 분석 등 | 제2장<br>제3장 | 팀별로 경영분석 대상 기업(이하 분석 기업) 선정 |
| 3 | 재무제표에 대한 이해 : 재무상태표, 포괄손익계산서를 보는 관점 등 | 제4장 | 분석 기업에 대한 SWOT 분석 |
| 4 | 현금흐름표에 대한 이해 : 개요, 작성 방법, 현금 수지 분석표 이해, 잉여현금흐름 이해 | 제5장 | |
| 5 | 신용분석의 기본 분석기법 : 재무분석 개요, 재무비율 분석, 현금흐름지표, 시장가치 분석 | 제6장 | |
| 6 | 신용분석 패러다임의 변화(1) : 재무분석지표의 변화, 현금흐름 분석지표의 변화 | 제7장 | 분석 기업의 주요 재무지표 산출 |
| 7 | 신용분석 패러다임의 변화(2) : 재무제표 재구성, 초과 이익의 개념 등 | 제7장 | 분석 기업의 초과 이익 및 영업투하자본이익률 산출 |
| 8 | 중간고사 | | |
| 9 | 오픈 API를 이용한 재무제표 분석 : DART의 오픈 API를 활용한 상장기업 재무제표 분석 | 제8장 | Python에 대한 기본 함수 이해하기 |
| 10 | SAS를 활용한 재무제표 분석 : TS2000으로 수집한 회계정보처리 및 자료 핸들링 방법 | 제9장 | SAS 기본 함수 이해하기 |
| 11 | 경영분석보고서 발표 : 팀별로 선정한 기업경영분석보고서(재무제표 분석 중심) 발표 | | 팀별 발표 자료(경영분석보고서) 제출 |
| 12 | 포렌식 회계의 이해 및 회계 부정 적발 방법(1) : 포렌식 회계의 개요, Red Flag, 회계 속임수 | 제10장 | 팀별 발표 후 경영분석보고서 제출(팀 프로젝트) |
| 13 | 포렌식 회계의 이해 및 회계 부정 적발 방법(2) : 베니쉬 모형, 흑자 도산 기업 분석 | 제10장 | |
| 14 | 기업 부실의 원인 및 부실 기업 예측 : 부실화 과정, 재무적・비재무적 부실 징후, 기업 부실 예측기법 | 제11장 | |
| 15 | 비상장기업 신용분석 사례연구 : 비상장기업 경영분석(재무제표 분석 중심) 종합사례 연구 | 제12장 | |
| 16 | 기말고사 | | |

## 차례

CHAPTER 01

# 디지털 회계정보와 분석 도구의 이해

# 제 1 절 디지털 회계정보 데이터베이스

## 1. 주요 회계정보 데이터베이스

□ 국내 : VALUE Search, TS2000, DataGuide, DART, KoDATA 등이 있음.

- ○ VALUE Search : NICE평가정보에서 운영, 기업 재무제표 및 주식시장 데이터 제공
- ○ TS2000 : 한국상장회사협의회에서 운영, 기업 재무제표 및 주가정보 제공
- ○ DataGuide : FnGuide에서 운영, 주식, 재무, 경제 등 금융 관련 데이터 제공
- ○ DART : Data Analysis Retrieval and Transfer system, 금융감독원 전자공시시스템
  - 외부감사 법인이 금융감독원에 공시한 사업보고서, 감사보고서 자료를 **무료**로 제공
- ○ KoDATA : 한국평가데이터(주)에서 운영, 국내 최대 비상장 중소기업 데이터베이스 보유

□ 해외 : Compstat, CRSP 등

- ○ Compstat : McGraw-Hill Companies, Inc., S&P(Compustat's Xpressfeed fundamental data)에서 운용하는 데이터베이스, 미국 등 전 세계 주요국의 재무정보 보유
- ○ CRSP : Center for Research in Security Prices, 미국 등 주요국의 주가정보 보유, 전 세계 30여 개 국가 190개 기관(대학, 연구소 등)에서 정보 활용

□ DART를 제외한 이들 사이트(프로그램)는 모두 유료이며, 특히 해외 데이터베이스는 고가임.

## 2. IR(Investor Relations)을 통한 기업공시 정보

□ IR이란 자본(주식)시장에서 기업의 우량성을 확보해 나가기 위해서 투자자들에게 기업의 경영활동 및 각종 정보를 제공하기 위한 문서를 의미

- ○ 한국IR협의회 : 상장기업의 기술 분석보고서, 조사연구 등의 자료를 제공
- ○ 한국거래소 : 전자공시시스템인 KIND(Korea Investor's Network for Disclosure system)를 통해 한국거래소(KRX: KoRea eXchange)에 신고한 기업정보를 공시
  - 상장기업은 자본시장법에 따라 금융감독원이나 한국거래소에 신고해야 할 사항이 정해져 있는데, 금융감독원에 신고할 내용은 DART, 한국거래소에 신고할 내용은 KIND에 공시하고 있음. DART와 KIND는 실시간으로 공시 내용을 서로 반영하고 있어 동일한 공시 내용 확인 가능

# 제 2 절 디지털 회계정보 수집 방법

일반적으로 대학교에서 VALUE Search는 동시 접속자 수가 소수 인원으로 제한되어 있고, DataGuide는 교내에서만 접근하지만, TS2000은 이용자 수 제한이 없이 교외에서도 접속할 수 있으므로 TS2000을 통한 회계정보 수집 방법을 중심으로 설명

## 1. TS2000을 통한 디지털 회계정보 수집 절차

① 학술정보관의 학술 DB를 통해 접속

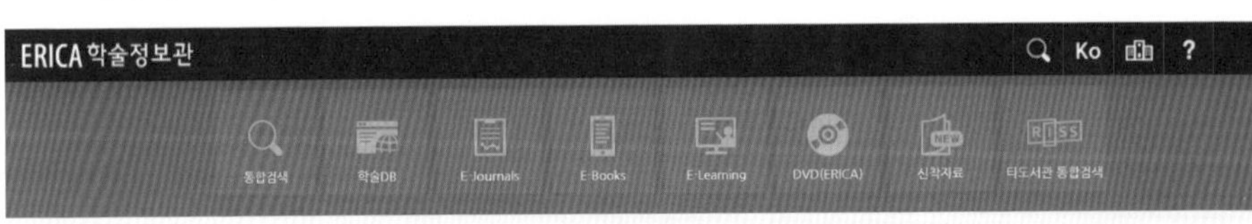


② 하단 TS2000을 찾아서 바로 실행 버튼을 클릭(프로그램 설치를 완료해야 함)

③ 조건검색을 통해 회계정보를 추출할 업체군(상장, 업종 등)을 조회(Search)한 후 하단의 회사추가 버튼 또는 더블클릭

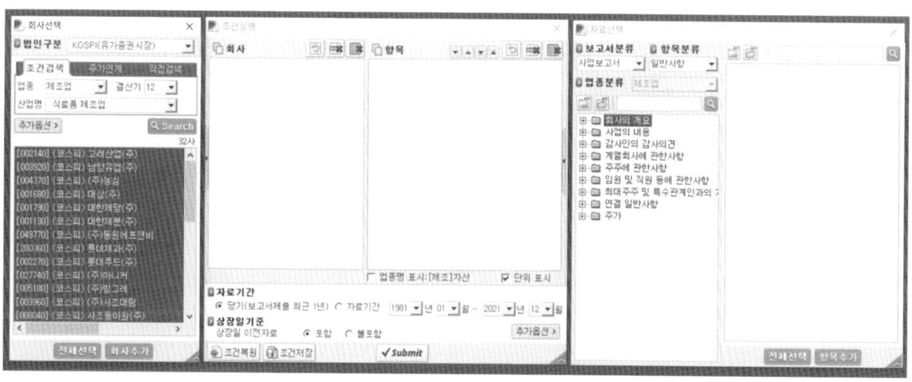

④ 가운데 창에 선택된 업체 리스트가 추가 :

- TS2000은 한 번에 조회할 수 있는 업체 수가 5,000개를 초과할 수 없음에 유의

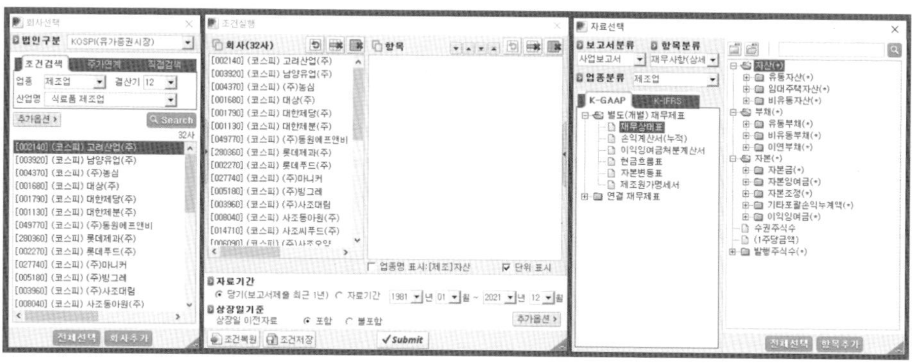

⑤ 우측 자료 선택 화면에서 필요한 정보를 선택하여 항목추가 또는 더블클릭

⑥ 조건실행 화면에서 조회할 자료 기간 등을 설정하고 하단 [√Submit]를 클릭

⑦ 조회가 완료되면 xls보다는 csv 파일 형식(comma separated value)으로 저장

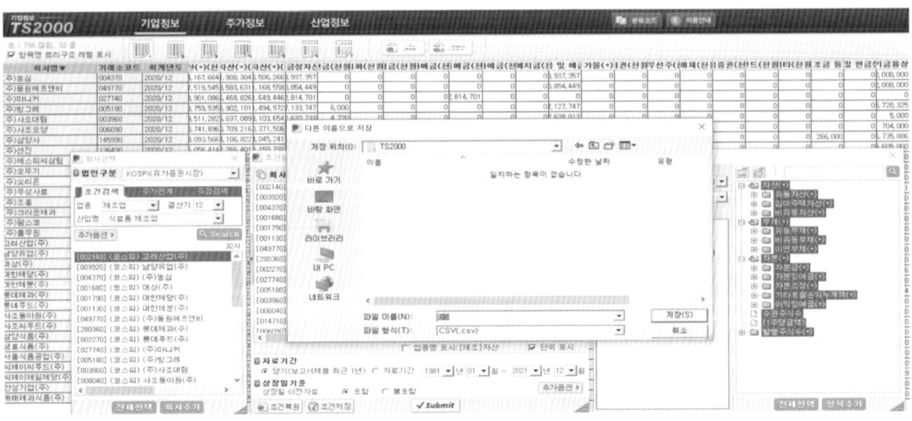

## 2. VALUE Search를 통한 회계정보 수집

□ VALUE Search 프로그램을 설치한 후 학교 e-mail로 접속

① Data Library에서 Massive Download 선택

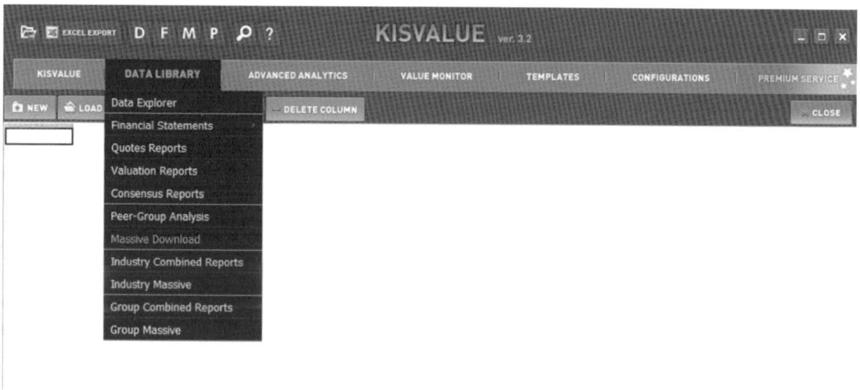


② Select Identifiers 창에서 조회할 업체를 선택하고 Select Items에서 추출할 회계 정보를 선택하여 조회

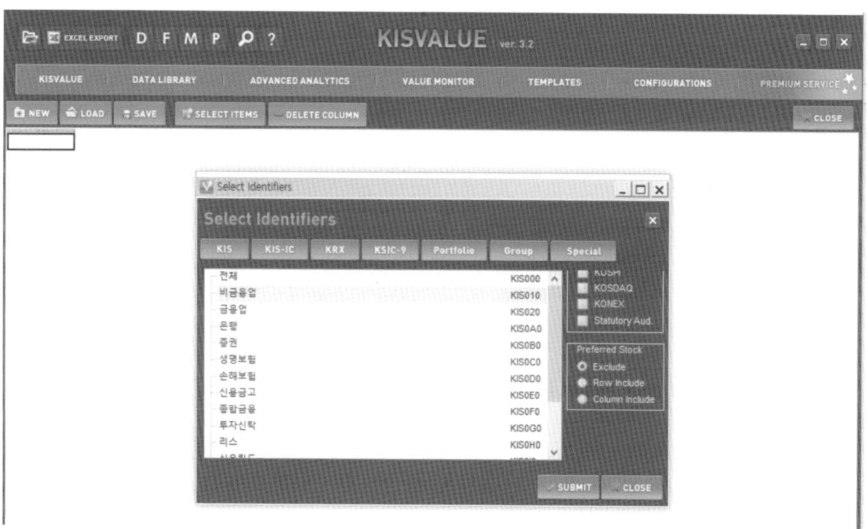

### 3. Open DART를 통한 회계정보 수집

□ 금융감독원 DART를 통해서 개별기업의 재무정보를 조회하고 다운받을 수 있지만 Open DART를 이용하면 모든 상장기업의 재무정보를 일괄 다운로드 가능

- ○ 단, 재무정보 일괄 다운로드는 상장기업에 대해서만 가능하므로 비상장 외부감사 대상 기업의 재무정보는 DART에서 개별적으로 다운받아야 함.

## 제 3 절 디지털 회계정보의 처리 도구

### 1. 데이터 처리 프로그램

□ 대용량 디지털 회계정보를 분석에 활용할 수 있는 프로그램으로는 SAS, SPSS, Stata, Python, Excel, Access, R 등이 있음.

- ○ SAS는 버전 6·08 이전에는 통계 패키지 성격(Statistical Analysis System)으로 활용되었으나 버전 6·08 이후에는 데이터 웨어하우징이 강화되면서 Strategic Application System 성격으로 변경
- ○ SPSS(Statistical Package for Social Science)는 사회과학용으로 설문지 조사분석 등의 통계분석에는 효과적이나 회계정보 등 대용량 자료 처리 프로그램으로는 적합하지 않음.
- ○ Stata는 시계열 분석 등 경제학 관련 통계분석에서는 SAS보다 뛰어나나 SAS에 비해 프로그래밍 자유도가 낮고 데이터 처리 능력이 제한적임.
- ○ 파이썬(Python)은 무료로 사용되는 범용 프로그램언어로서 데이터베이스 작성에 유용하고 초보자도 배우거나 사용하기 쉬운 장점이 있으나 처리 속도가 느림.
- ○ R은 SAS와 성격이 가장 가까운 오픈 소스(open source) 통계 패키지로 무료로 사용할 수 있지만 R을 이용하여 제품을 만들어 낼 때는 라이선스 비용을 지불해야 함.

SAS는 데이터 접근 가능성, 회계정보 등의 대용량 데이터의 가공 및 처리능력이 매우 뛰어나므로 가능하면 대용량 데이터 분석은 SAS의 사용을 권한다. 다만, 매년 지불해야 하는 라이선스 비용이 상당히 고가로서 개인이 계약을 맺어 사용하기는 어려움.

하지만, 대학교 차원에서 SAS Korea와 라이선스 계약을 체결하여 교수와 학생들이 자유롭게 사용할 수 있게 지원하는 국내 대학들이 많으므로 라이선스가 있는 대학의 재학생이라면 SAS 설치가 가능함.

CHAPTER 1

# 연습문제

**01** 국내 외부감사 대상 기업의 감사보고서와 기업공시자료 등을 열람할 수 있는 정보 원천을 네 가지 이상 열거하고 정보 원천별 특성을 간략히 설명하시오.

**02** 디지털 회계정보를 처리할 수 있는 분석 도구에 대해 간략하게 설명하시오.

**03** Open DART를 통해 상장기업의 최근 3개 연도 회계정보(재무제표)를 일괄 다운로드 하시오.

CHAPTER 02

# 기업경영분석 개요 (business analysis)

## 제 1 절 경영분석의 의의

### 1. 기업경영분석이란?

> 기업의 경영활동과 회계정보를 기초로 기업의 과거와 현재의 경영 상태(건강 상태)를 과학적으로 진단하고 그 원인을 분석(건강진단 · 처방)함으로써 기업의 미래 상태를 예측(전망)하여 이해관계자(경영자, 채권자 등)의 의사결정에 유용한 정보를 제공하는 것

□ 기업의 경영활동은 크게 영업활동, 투자활동 및 재무활동으로 구분

- ○ **영업활동** : 기업의 주된 수익 원천으로 원재료 · 상품 매입, 제품 · 상품 판매, 매입한 자산의 사용, 종업원 고용 및 기타 제조 · 판매 · 관리에 필요한 활동(투자활동과 재무활동을 제외한 모든 기업 활동)
- ○ **투자활동** : 영업활동에 필요한 자산(토지, 건물, 시설 장치, 비품, 자동차 등)의 매입, 매각 등의 활동으로 광의로는 재산 증식의 투자 목적도 포함
- ○ **재무활동** : 자금조달(자기자본, 타인자본) 및 상환
- ○ ⇨ 총체적인 경영활동의 결과는 재무제표에 반영

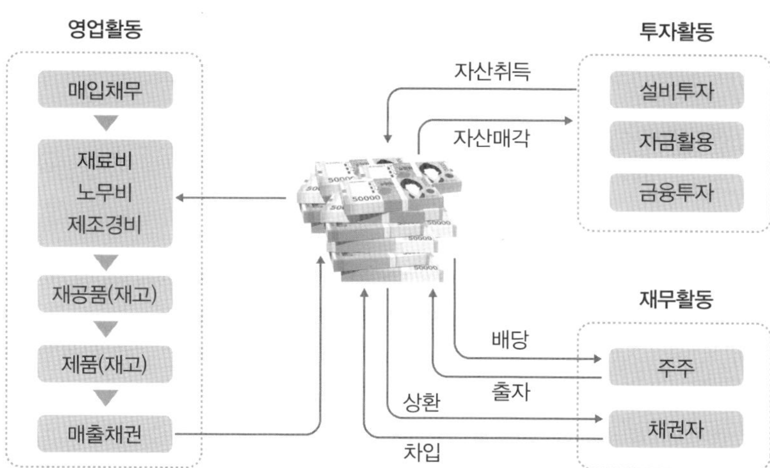

## 2. 기업경영분석과 기업신용분석

□ 기업경영분석(business analysis)과 기업신용분석(business credit analysis)은 유사한 개념이나 기업경영분석은 기업신용분석보다 광의의 개념에서 출발

- ○ 20세기 초 미국 은행에서 기업의 단기 지급능력을 판단하는 수단을 신용분석이라고 하였으나, 현재 신용분석은 장기 지급능력을 포함한 기업의 미래가치 평가 개념으로 확대되고 있어 신용분석과 경영분석의 차이는 거의 없음.

## 3. 선행연구에서의 기업경영분석 정의

□ 김자원(2005)은 기업과 관련된 의사결정을 위하여 회계정보(재무제표)를 이용하여 추가 정보를 제공하고자 설계된 정보가공시스템을 기업경영분석 또는 재무제표 분석이라고 정의하고 있으나 재무제표 분석은 협의의 개념

□ 김철중(2016)은 경영분석을 기업의 미래 상태를 예측하여 경영의사결정에 유용한 정보를 제공하기 위한 분석이라 정의

□ Palepu et al.(2015)은 사업전략분석에서 시작하여 회계분석(회계정책 및 추정의 타당성 평가)과 재무분석(재무비율 분석, 현금흐름 분석) 단계를 거쳐 최종적으로 전망분석(미래 예측)을 하는 것이 재무제표를 이용한 경영분석이라 정의

□ 장영광 · 송치승(2022)은 현재와 미래 기업의 재무적 강 · 약점, 재무적 건강 상태를 분석(미래 우량기업과 불량기업 식별)하는 것, 즉 기업 이해관계자들이 합리적인 의사결정을 내리는 데 필요한 현재 기업 경영 내용, 재무 건전도에 관한 정보, 미래의 재무 상태에 대한 예측 정보를 생산 · 공급하는 일로 정의

## 4. 경영분석과 기업분석

- ○ 경영분석 : 경영자 측면에서의 개념
- ○ 기업분석 : 채권자 측면에서의 개념(**신용분석** 개념)
- ○ 재무제표 분석 : 회계정보를 바탕으로 한 기업분석
  - 재무제표(Financial Statement, F/S) 기업의 활동을 통한 경영성과와 관련된

재무 상태 등을 표시한 모든 표

## 5. 재무분석이란?

☐ **재무제표** 등을 통하여 기업의 **재무 상태** 및 **경영 상태**를 파악하는 것

- ○ 재무비율 분석과 비용구조 분석(손익분기점 분석, 레버리지 분석)을 포함
- ○ 협의로는 계정과목과 재무비율을 중심으로 한 재무제표 분석을 의미

| 구분 | 분석 범위 |
|---|---|
| 재무제표 분석 | 회계 계정과목과 재무비율을 중심으로 분석 |
| 재무분석 | 재무제표 분석을 포함하여 주가, 시장점유율 등의 기타 계량화된 정보를 추가로 분석 |
| 경영분석(신용분석) | 재무분석을 포함하여 경영위험, 영업위험 및 산업위험 등의 비계량적(정성적)인 정보 분석 |

## 6. 재무제표 분석의 의의

☐ 기업의 다양한 이해관계자(정보이용자)가 경제적 의사결정에 필요한 정보를 얻기 위해 재무제표에서 정보를 추출하여 해석하는 방법

- ○ 기업의 과거 및 현재의 경영 상태를 토대로 미래의 재무 상태를 예측(미래 수익성과 관련한 위험)하기 위해 재무제표를 중심으로 다양한 분석을 수행

## 7. 회계감사와 재무제표 분석

☐ 회계감사는 기업의 분개, 회계처리와 재무제표 작성의 적정성을 검토

- ○ **재무제표 분석 능력**은 재무제표 작성 능력과 별개의 **전문 지식** 필요

## 제 2 절 경영분석의 목적 및 체계

### 1. 경영분석의 목적(활용)

□ 내부 목적 : 경영자의 필요에 의함.

- 회사의 강점과 약점 파악(SWOT[1] 분석), 기업가치 분석(인수 · 합병 등) 주요 의사결정
- 내부통제, 경영계획 및 경영전략 수립

□ 외부 목적 : 투자자, 채권자, 감사인, 종업원, 세무 당국 등 외부 이해관계자

- **투자자** : 미래 이익 창출 능력, 주가(기업가치) ⇨ 투자의사결정(주식매입 등)

**[경영분석 목적 종합]**

| 정보이용자 | 경영분석 목적 | 정보 내용 | 분석의 종류 |
|---|---|---|---|
| • 금융기관<br>• 신용평가 전문기관<br>• 거래처 | • 여신 의사결정<br>• 신용등급 평정<br>• 거래개설 또는 유지 | • 원리금 지급능력<br>• 기업의 미래가치<br>• 안정성<br>• 신용도 | • 신용분석<br>• 가치평가 |
| • 투자자<br>• 증권 분석 전문기관 | • 투자의사 결정(주식매입)<br>• 투자 정보 제공 | • 투자수익<br>• 투자위험<br>• 투자가치<br>• 채권 등급 | • 상장기업<br>• 주가 분석 |
| • 경영자 | • 경영계획 및 전략 수립<br>• 인수 · 합병 등 주요 의사결정 | • 영업능력<br>• 재무 효율성<br>• 경쟁력<br>• 인수 가치 | • 내부 경영분석 |
| • 세무 당국<br>• 정부<br>• 공공기관 | • 과세 행정(탈세 방지)<br>• 정부의 경제정책 수립<br>• 정부 계약 공사 | • 과세대상 기업가치평가<br>• 산업구조분석<br>• 사업의 공익성 및 수익성 | • 세무분석<br>• 정부투자기관의 경영분석 |
| • 종업원<br>• 노동단체<br>• 소비자단체 | • 단체교섭권의 근거 마련<br>• 사회운동 | • 성과 배분<br>• 생산성<br>• 재정건전도 | • 생산성 분석 |

1) SWOT은 강점(Strength), 약점(Weakness), 기회(Opportunity) 및 위협(Threat)의 약자임.

○ **채권자** : 부채 상환능력(단기채권자 : 유동성, 장기채권자 : 미래 수익성), 기업 도산예측(신용평가) ⇨ 여신 결정(신용한도, 여신금리 등)

○ 거래처 : 물품(용역) 대금의 지급불능 가능성

○ 정부기관 : 과세 행정(탈세 방지), 경제정책(산업구조분석), 투자자 보호(자본시장 안정)

○ 외부 전문가 : 외부감사(공인회계사), 경영진단(경영 컨설팅)

○ 노동조합 : 단체교섭권의 근거 마련(생산성 분석 등)

## 2. 경영분석(신용분석) 체계

회계정보 등의 계량화된 재무분석(양적 분석)을 포함하여 경영(영업)위험 및 산업위험 등의 비계량적(정성적)인 질적 분석과 전망 보고(경영분석보고서 또는 신용분석보고서) 체계를 지니고 있어 **경영분석과 신용분석은 거의 유사한 체계를 지니고 있음.**

□ 경영자 측면에서의 경영분석 체계

○ 경영자 측면에서의 경영분석은 기업 내부의 원가 정보에 대한 접근이 가능하므로 손익분기점분석(BEP: Break Even Point) 등의 비용구조분석을 포함하고 있음.

○ 자사에 대한 SWOT 분석 등의 경영전략 분석과 투자자 유치 또는 타 기업 결합(M&A)을 위한 목적으로 경영분석이 이루어짐.

○ 투자자 유치 또는 인수 · 합병이 목적이면 대부분 외부 전문가(회계법인 등)에 의한 외부 경영 컨설팅을 통해 경영분석보고서를 작성

○ 중소기업의 경우 정부 지원(중소벤처기업부, 신용보증기금 등 정책금융기관)으로 경영 컨설팅을 지원받아 경영분석보고서를 작성

**[경영자 측면에서의 경영분석 흐름 및 체계]**

<table>
<tr><th>구분</th><th>흐름 및 체계</th><th>주요 내용</th><th>비고</th></tr>
<tr><td>현황</td><td>재무제표 작성</td><td>재무제표＋제조원가명세서</td><td></td></tr>
<tr><td rowspan="3">양적<br>분석</td><td>비율분석</td><td>유동성, 안정성, 수익성,<br>성장성, 활동성, 생산성</td><td rowspan="2">재무제표 분석</td></tr>
<tr><td>현금흐름 분석</td><td>현금흐름 관련 비율</td></tr>
<tr><td>비용구조분석</td><td>손익분기점분석(BEP)<br>레버리지분석(영업, 재무, 결합)</td><td>제조원가명세서</td></tr>
<tr><td rowspan="2">질적<br>분석</td><td>산업분석</td><td>외부 환경분석, 산업 전망 등</td><td rowspan="2">비재무적 분석</td></tr>
<tr><td>경영전략 분석</td><td>SWOT 분석, 경쟁우위전략 분석</td></tr>
<tr><td rowspan="2">전망<br>보고</td><td>진단 및 처방</td><td>경영계획ㆍ경영전략 수립<br>기업가치 산출</td><td rowspan="2">자체 또는 외부 경영 컨설팅</td></tr>
<tr><td>보고서 작성</td><td>경영분석보고서</td></tr>
</table>

## 3. 채권자와 투자자 측면에서의 신용분석(기업분석) 체계

☐ 기업의 원가 정보는 영업 비밀에 해당하는 정보로 특별한 경우를 제외하고 채권자 측면에서의 신용분석은 비용구조분석이 생략됨.

☐ 기업은 금융기관으로부터 여신을 제공받거나 투자자들로부터 투자를 유치하기 위해 재무제표의 보고에 회계 속임수를 사용하는 경우가 있음.

☐ 따라서 재무제표를 통한 양적 분석을 실시하기 전에 회계 속임수가 있는지를 검토하는 과정(분식회계 체크)이 반드시 필요함.

☐ 양적 분석뿐 아니라 질적 분석을 실시하는 과정에서도 회계 부정 가능성이 있는지를 조사하고 적발하는 포렌식 회계(forensic accounting) 기법을 사용

☐ 특히, 외부감사를 받지 않는 비상장기업에 대한 분식회계 체크나 포렌식 회계기법의 적용은 매우 중요함.

- ⇨ 포렌식 회계에 대한 자세한 내용은 제10장에서 살펴봄.

**[채권자(투자자) 측면에서의 경영분석 흐름 및 체계]**

| 구분 | 흐름 및 체계 | 주요 내용 | 비고 |
|---|---|---|---|
| 현상 파악 | 회계정보 등의 수집 | 재무제표 이해, IR(Investor relation) 자료 등 파악 | 차주 제출 DART 수집 등 |
| | 분식회계 체크 | 회계정책, 추정의 타당성 및 회계 속임수 여부 검토 후 재무제표 수정 | |
| 양적 분석 | 비율분석 | 유동성, 안정성, 수익성, 성장성, 활동성, 생산성 | 양적 분석 |
| | 현금흐름 분석 | 현금흐름 관련 비율 | |
| 질적 분석 | 산업위험 및 이익의 질 평가 | 주력사업(품목) 산업분석, 영업활동에 의한 이익 여부 등 | 질적 분석 (포렌식 회계기법 포함) |
| | 영업위험 분석 (경영위험 포함) | 경영자의 경영능력, 기술력, 구매 및 판매처의 안정성 등 | |
| 전망 보고 | 진단 및 처방 | 양적, 질적 평가를 종합하여 기업 신용평가 및 가치평가 | 신용분석가 (credit analyst) |
| | 보고서 작성 | 신용분석보고서 | |

본 교재는 회계정보(재무제표)를 활용한 기업분석(신용분석) 측면에서 서술

# 제 3 절 신용분석기법 개요

## 1. 개인신용 관리와 기업신용 관리

☐ 개인신용 관리와 기업신용 관리는 본질적으로 차이가 없음.

| 개인신용 5C | 기업신용 5C |
|---|---|
| Capital : 깊은 지식, 넓은 인간관계 | Capital : 물적자본, 인적자본 |
| Capacity : 자신의 역량개발 | Capacity : 경영능력, 기술력 |
| Character : 열정적 활동, 성실한 태도 | Character : 경영 의지, 윤리성 |
| Collateral : 약점을 보완할 수 있는 수단 | Collateral : 신용보완 수단 |
| Condition : 건강관리, 뚜렷한 목표 의식 | Condition : 재무 건전성, 경영 비전 |

## 2. 신용의 요소(신용분석의 4C + 1C = 5C)

□ Credo : Credit은 I believe 의미의 라틴어인 Credo에서 유래

- ○ 자본(Capital) : 기업의 자본 조달 상태와 운용 현황, 성장잠재력
- ○ 상환능력(Capacity) : 기업의 채무 상환능력(경영능력, 영업능력, 기술력 등)
- ○ 신인도(Character) : 기업의 성실성, 상환 의지, credit history라고도 함.
- ○ 담보(Collateral) : 영업능력이나 자본이 불충분할 경우 신용위험의 보완 수단
- ○ 경제 상황(Condition) : 미래 예상되는 경제 상황, 경기변동이 기업 경영에 영향

## 3. 기업 신용분석

□ 기업의 채무 상환능력과 채무 상환 의지에 대한 채권자의 신뢰도

- ○ 채무 상환능력 = 부채 상환능력 및 비용 지급능력

□ 기업의 채무 상환능력과 상환 의지를 평가하는 것

- ○ 신용평가(credit rating) ⇨ **신용등급**으로 표현

## 4. 채권자 입장에서의 신용분석 의미

□ 기업 신용평가를 위하여 기업 신용위험(채무 상환능력과 상환 의지)을 분석하는 것

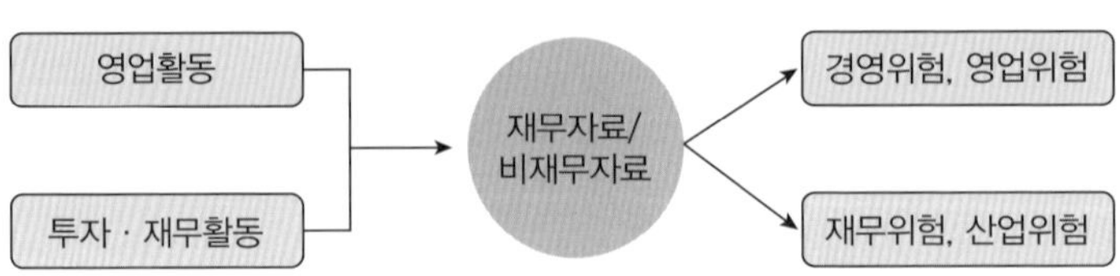


- ○ 기업위험의 구분

| 기업위험 구분 | 주요 분석(평가) 내용 |
|---|---|
| 경영위험<br>(management risk) | 경영자 자질 및 경영능력, 경영진의 안정성, 주주구성 및 관계사의 영업실적 등 |
| 영업위험<br>(business risk) | 기술경쟁력 및 투자 현황, 구매처 · 판매처 안정성, 품질 및 가격수준 등 |

| 기업위험 구분 | 주요 분석(평가) 내용 |
|---|---|
| 재무위험<br>(financial risk) | 재무 정책, 자본구조, 수익성, 현금흐름의 적정성, 재무적 탄력성, 단기 지급능력, 장기 지급능력 |
| 산업위험<br>(industry risk) | 주력사업 및 품목의 성숙 정도, 산업 내 경쟁구조, 대체품의 위협, 산업구조 등 |

- ○ 광의의 영업위험은 경영위험을 포함
- ○ S&P(Standard&Poor's) 등 국제 신용평가기관은 국가위험(sovereign risk)까지도 평가

## 제 4 절 신용분석기법

### 1. 기본 분석과 특수분석 기법으로 구분

□ 기본 분석기법은 백분율분석, 추세분석 및 현금흐름 관련 비율분석을 포함하여 재무비율 분석으로 정의하기도 함.

| 구분 | 분석기법 | 비고 |
|---|---|---|
| 기본 분석기법 | ▪ 비율분석(ratio analysis)<br>▪ 백분율분석(composition analysis)<br>▪ 추세분석(trend analysis) | 재무제표 분석 |
| 특수분석기법 | ▪ 시나리오분석(scenario analysis)<br>▪ 민감도분석(sensitivity analysis)<br>▪ 시뮬레이션 분석(simulation analysis) | 비재무정보 포함 |

### 2. 비율분석(ratio analysis)

□ 재무제표나 기타 재무 자료를 구성하며 경제적 의미와 이론적 관계성이 분명한 두 항목의 상대적 크기로 측정하는 것

☐ 상대분석과 절대분석

| 상대분석 | 절대분석 |
|---|---|
| • 분석 대상 기업과 해당 산업의 평균 비율과 비교<br>• 기업 간 업종 차이, 재무제표의 시차 및 회계정책의 상이점 등으로 제약과 한계점 존재 | • 기업의 성장배경, 재무제표의 변화, 영업 성장의 원인 및 각종 위험 요소를 분석하여 기업의 미래를 예측<br>• 최근 3~4개 연도의 재무비율 정보 필요 |

○ ⇨ 기업의 과거와 현재의 모습은 기업의 미래 모습을 보여주는 좋은 거울이므로 상대분석보다 **절대분석이 더 중요**함.

○ 역사란 과거와 현재의 끊임없는 대화이다. (E. H Carr)

☐ 정태분석(static analysis)과 동태분석(dynamic analysis)

○ 정태분석 : 특정 시점 기업 재무 상태 분석

- 예 : 비율분석(ratio analysis), 구성비 분석(component ratio analysis)

○ 동태분석 : 일정 기간 재무 상태의 변화분석

- 예 : 추세분석법(trend analysis)

○ 정태분석과 동태분석을 동시에 사용하는 방법

- 예 : 추세적인 관계 비율 분석법(salient ratio analysis)

## 3. 백분율분석(composition analysis)

☐ 어느 한 기간의 재무제표 계정 금액을 백분율(구성비)로 나타낸 **공통형(표준) 재무제표**를 만들어 **수직적으로 분석**하는 것

○ **구성비 분석**(component ratio analysis)이라고도 하며, 1기간 또는 1기간 이상의 자산배합에 대한 타당성과 변동 상황, 원가 구성비 등을 파악

○ 대표적으로 총자산, 매출액을 각각 100%로 보아 동 구성비를 산출하여 비교하는 방법임.

☐ 동일 산업 내 규모가 다른 기업 간 비교에 유용하고 수평적 분석인 추세분석(시계열 분석)과 함께 사용하기도 함.

[포괄손익계산서 매출액 대비 백분율분석 예시]

| 계정명 | 2020년 | 2021년 | 2022년 |
|---|---|---|---|
| 매출원가 | 78.4% | 77.6% | 80.1% |
| 판매관리비 | 16.5% | 15.6% | 14.6% |
| 영업이익 | 5.1% | 6.8% | 5.3% |
| 영업외손익 | −0.7% | 0.7% | −0.1% |
| 법인세차감후순이익 | 4.4% | 7.6% | 5.2% |

위 예시에서 2022년도 매출원가율은 80.1%, 매출액영업이익률은 14.6%, 매출액순이익률은 5.3%이고[수직적 분석], 2021년도에 매출원가율 하락에 따른 매출액영업이익률이 증가하다가 2022년도에는 매출원가율이 상승하면서 매출액영업이익률이 하락[수평적 분석]하고 있음을 알 수 있음.

## 4. 추세분석(trend analysis)

☐ 시점을 달리한 **시계열(수평적)** 분석으로 산업 평균 및 경쟁기업과의 비교 및 질적 정보의 검토가 필요

- 분석자는 비율이나 다른 측정치의 의미를 판단할 기준이 있어야 함.

[추세분석 예시]

| 구분 | 평가지표 | 2020년 | 2021년 | 2022년 | 산업 평균 |
|---|---|---|---|---|---|
| 성장성 | 매출액증가율 | −3.2% | 17.7% | 16.9% | 15.9% |
| | 총자산증가율 | 4.9% | 10.8% | 7.8% | 7.2% |
| 수익성 | 매출액영업이익률 | 5.1% | 6.8% | 5.3% | 4.7% |
| | 매출액 세전 순이익률 | 4.4% | 7.6% | 5.2% | 4.5% |
| 안정성 | 부채비율 | 97.3% | 101.0% | 102.4% | 115.2% |
| | 차입금의존도 | 27.7% | 27.6% | 28.2% | 30.4% |

☐ 특수분석기법

- 시나리오분석(scenario analysis) : what-if question
  - 미래에 예상되는 위험의 정도를 평가함으로써 투자(여신)의 성공과 실패(부

도)한 경우의 결과를 사전에 파악
- 예 : 최악의 시나리오를 가정해도 기업의 부실 위험이 없는지 등

○ 민감도분석(sensitivity analysis) : 단일변수분석법
- 시뮬레이션 분석(simulation analysis) : 다변수 분석법, 시나리오분석의 확장

## 5. 복합분석

□ 재무상태표 항목과 손익계산서 항목을 함께 사용하는 비율분석

□ 손익계산서 항목이 연중이므로 재무상태표 항목은 기초 기말 평균액 사용
- ○ 하지만 투하자본 대비 성과를 측정하는 자기자본이익률 같은 변수는 평균이 아닌 기초금액을 사용함(자세한 것은 제6장에서 설명).

# 제 5 절 신용분석 단계 및 한계

## 1. 신용분석 단계

| | | |
|---|---|---|
| 분석 단계 1 | 현상 파악 | 회계정보 수집과 기업의 사업전략 및 외부 환경 관련 정보 파악 |
| 분석 단계 2 | 분식회계 체크 | 회계정책, 추정의 타당성 및 회계 속임수 여부 검토 후 재무제표 수정 |
| 분석 단계 3 | 양적 재무분석<br>(정량적 분석) | 재무비율 분석, 현금흐름 분석, 장·단기 지급능력 분석 |
| 분석 단계 4 | 질적 재무분석<br>(정성적 분석) | 이익의 질 평가, 포렌식 회계, 영업위험 및 산업위험 분석 |
| 분석 단계 5 | 전망 보고<br>(보고서 작성) | 양적, 질적 재무분석을 종합하여 기업신용평가 및 가치평가 |

## 2. 신용분석 단계 예시(분식회계는 없는 것으로 가정)

① 현상 파악(분석 단계 1) : 재무제표 주요 계정과목의 변동 파악

- (Case 1) 매출액이 전기 대비 25% 증가
- (Case 2) 부채비율이 전기 200%에서 당기 360%로 증가

② 원인분석(분석 단계 3) : 변동된 주요 계정과목의 원인 파악

- (Case 1) 제품가격의 인상, 특정 제품의 매출 증가, 특정 지역 매출 증가, 재고자산 증가로 대량 덤핑판매
- (Case 2) 부족 운전자금 조달을 위한 차입금 증가, 당기순손실 크게 발생, 향후 매출액 증가에 대비하기 위해 시설투자를 위한 차입금 증가

③ 진단과 전망(분석 단계 4) : 단기적 혹은 장기적으로 기업을 진단하고 전망

- 현상 파악과 원인분석을 통하여 최근 수개년간의 재산 상태(영업상황) 변화와 원인을 파악하고 향후 시장 전망, 금융시장의 동향 등을 종합적으로 고려

□ **(Quiz)** 위 Case 1과 2에 대한 원인분석별로 진단과 전망을 간략하게 하시오.

# CHAPTER 2 연습문제

**01** 기업경영분석은 기업의 경영활동과 회계정보를 기초로 기업의 과거와 현재의 경영상태를 과학적으로 진단하고 그 원인을 분석하는 것으로 미래 상황을 예측하는 것은 아니다.

① ○ ② ×

**02** 기업의 경영활동은 영업활동, 투자활동 및 재무활동으로 구분되며 총체적인 경영활동의 결과는 재무제표에 반영된다.

① ○ ② ×

**03** 채권자 및 투자자 입장에서 경영분석 체계는 신용분석 체계와 동일하며 주요 양적 분석으로 비율분석, 현금흐름 분석, 비용구조분석이 있다.

① ○ ② ×

**04** 기업의 과거와 현재의 모습은 미래 모습을 보여주는 좋은 거울이다. 따라서 신용분석의 기본 분석에 있어서 절대분석보다 상대분석이 더욱 중요하다.

① ○ ② ×

**05** 어느 한 기간의 재무제표 계정 금액을 백분율로 나타낸 재무제표 분석기법을 공통형 재무제표 분석 또는 표준 재무제표 분석이라고도 한다.

① ○ ② ×

**06** 기업의 재무활동과 관련된 설명으로 적절하지 않은 것은?

① 재무활동이란 영업활동 및 투자활동에 필요한 자금을 조달하는 것이다.
② 자금의 조달 원천에는 타인자본과 자기자본이 있다.
③ 타인자본은 재무활동과 영업활동을 통해 조달한 자금으로 구분할 수 있다.
④ 자기자본은 일정한 날에 이자를 지급해야 한다는 점에서 타인자본과 차이가 있다.

**07** 다음은 기업에 대한 신용분석과 관련한 설명이다. 잘못된 것은?

① 신용의 4대 요소(4C)는 Capital, Capacity, Character, Condition이다.

② 개인의 신용관리와 기업의 신용관리는 본질적으로 차이가 없다.

③ 기업의 채무 상환능력과 채무 상환 의지에 대한 채권자의 신뢰도를 신용분석이라고 하며 채무 상환능력과 채무 상환 의지를 평가하는 것이 신용평가이며 신용등급으로 표현된다.

④ 신용분석은 20세기 초기에는 단기 지급능력을 판단하는 수단으로 활용되었으나, 현재는 장기 지급능력을 판단하는 수단으로 활용된다.

**08** 회계정보를 바탕으로 한 기업 신용분석인 재무제표 분석과 회계감사의 차이에 관해 설명하시오.

**09** 신용분석 체계에 관해 설명하고 경영자 입장에서의 경영분석 체계와 차이점을 설명하시오.

**10** 매출액이 전년도 대비 25% 증가한 기업에 대한 신용분석을 신용분석 단계 측면에서 설명하시오.

CHAPTER 03

# 기업 경영환경 분석

## 제 1 절 기업 경영환경 분석 개요

### 1. 경영환경 분석은 경영전략 수립의 출발점

☐ 기업을 둘러싼 외부 환경요인들은 기업의 가치 창출 활동에 영향을 미치게 되고, 기업은 내부의 고유 역량을 바탕으로 외부 환경변화에 대처

☐ 기업이 경영전략을 수립하기 위해서는 기업의 외부 거시환경과 내부적 요인 등에 대한 자료 수집과 분석이 우선되어야 함.

### 2. 외부 환경요인과 내부 역량을 유기적으로 연결하는 경영전략 수립이 필요

☐ 기업 경영환경 분석은 기업의 내부 역량이 외부 환경변화에 어떻게 대처할 수 있고, 환경변화에 대응하는 기업의 내부 역량 정도가 기업의 가치에 결과적으로 어떤 영향을 미치게 될 것인가에 초점

☐ 따라서 기업을 둘러싼 외부 경영환경에 대처하는 개별기업의 역량(기업위험 대처 능력 포함)을 동시에 고려한 경영전략 수립이 필요

⇨ 본서는 개별기업의 역량을 기업위험 관점에서 분석하였으며, 대표적인 경영전략 분석 방법으로는 SWOT 분석 및 경쟁우위전략 분석 등이 있음.

## 제 2 절 외부 경영환경 분석

### 1. 경제적 환경요인 분석

☐ 국가나 산업의 경제적 건전도는 경기변동, GDP 성장률, 금리, 물가, 환율, 실업률 등 거시환경에 대한 경제분석을 통해 파악

□ 과거 경제성장률과 향후 경제성장률, 물가 상승률, 환율 민감도 등이 체크포인트(수출 주력 업체라면 국제경제 및 수출 대상국의 경제적인 면도 고려)

## 2. 산업 및 기술적 환경요인 분석(산업분석)

개별 산업의 수익성은 시간의 흐름에 따라 달라지므로, 기업이 속한 산업의 진입장벽, 가격 동향, 원재료 수급 동향뿐만 아니라, 기존 기술의 성숙화 정도(성장주기)와 산업에 영향을 미칠 수 있는 신기술의 개발 동향, 새로운 제품 등의 동향을 포함해서 분석해야 함.

□ 산업 환경요인 분석

○ 기업이 속한 산업계의 실태와 동향을 살펴보고 산업의 구조적 요인을 분석하는 것(매출 시장 환경 분석으로 수익성과 사업위험 평가)

○ 산업 환경요인 체크 포인트 : 기업이 속한 산업의 특징, 과거 성장 추이, 현재의 위치, 생산능력 및 증설 현황, 생산량 추이, 해외시장 수급 동향과 기업의 글로벌 경쟁력, 기업이 속한 산업의 미래 변화추이에 영향을 미칠 요소 등

□ 기술적 환경요인 분석

○ 기술적 환경요인 체크 포인트 : 기술시장의 성숙도, 개발되는 신기술, 특정 기술의 진보 등

## 3. 산업 및 기술적 환경요인 분석 방법

□ 산업경쟁구조분석(Michael Porter의 5요인 모형), 산업수명주기 이론, 산업연관분석, 기술환경 분석 등이 있음.

**[산업 및 기술적 환경요인 분석 방법 예시]**

| 산업경쟁구조분석 | 산업수명주기 이론 | 산업연관분석 | 기술환경 분석 |
|---|---|---|---|
| • 산업 내 대체 관계<br>• 산업 내 경쟁 관계<br>• 공급자와의 관계<br>• 구매자의 관계 | • 도입기<br>• 성장기<br>• 성숙기<br>• 쇠퇴기 | • 산업 간 상호보완성<br>• 재화 용역의 흐름<br>• 산업연관표 | • 경쟁 기술<br>• 신규 · 대체기술<br>• 후방 기술(부품, 소재 등)<br>• 전방 기술(조립, 완성, 체계 통합 등) |

□ 산업경쟁구조분석(Five Forces Model) : 산업 수익성의 결정요인

○ 산업 내에는 크게 5가지 경쟁 요소가 존재하며, 이들의 힘에 의해서 해당 산업의 수익성이 결정된다는 이론

- 현재 업계에 속한 기존 경쟁자들만을 경쟁 요소로 생각하지 않음.
- 창출된 가치 중 기업이 얼마나 많은 몫을 가져갈 수 있는가는 경쟁의 정도(①~③)와 구매자와 공급자 간 교섭력에 따라 결정

[Michael Porter의 Five Forces Model]

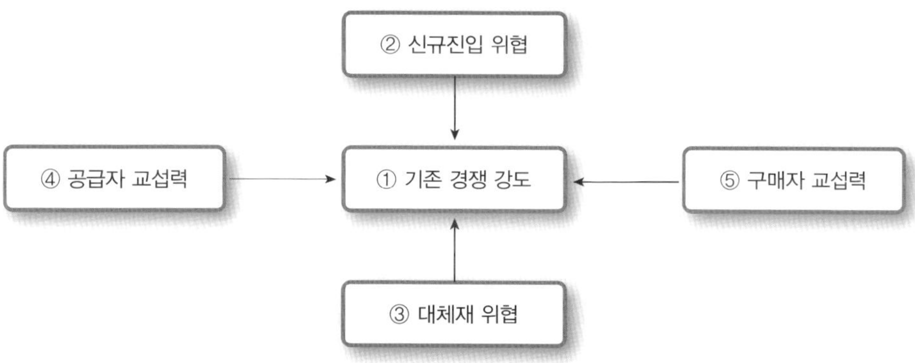


○ 기존 경쟁 강도

- 대부분 산업에서 산업 전체의 수익률을 결정하는 가장 중요한 요인
- 산업집중도 : 경쟁자의 수가 많을수록 산업집중도가 낮아지고, 경쟁이 치열해짐.
- 산업매력도 : 산업집중도가 낮을수록 경쟁이 치열해지고 산업매력도는 낮게 평가
- 산업성장률 : 시장이 포화된 경우 성장률이 낮게 나타나며, 이는 경쟁의 신호탄이 됨.
- 차별화 : 차별화 정도가 낮으면 가격 이외의 경쟁방법이 없으므로 경쟁 강도가 높아짐.
- 퇴출장벽 : 철수하고 싶어도 장벽이 존재하면 경쟁이 심해짐.

○ 신규진입 위협

- 진입장벽이 낮을수록 신규진입위험 증대로 경쟁 강도가 높아짐.

- 진입장벽의 예로 자본 소요 규모, 전환비용, 제품차별화, 유통채널의 접근성, 정부 규제, 기존회사의 보복 등을 들 수 있음.

○ 대체재 위협

- 대체재가 많을수록, 대체재가 낮은 가격이거나 높은 품질일수록 대체재와의 경쟁 관계는 치열해짐.

○ 공급자 교섭력

- 공급자의 수가 적을수록, 공급자가 제공하는 제품이나 서비스의 차별화 수준이 높을수록, 공급자가 전방통합을 시도할 가능성이 높을수록, 공급자의 제품이나 서비스에 대한 대체재가 없을수록 공급자의 교섭력이 강해짐.

○ 구매자 교섭력

- 구매자의 수가 적을수록, 공급자의 제품이나 서비스가 차별화되어 있지 않고 표준화되어 있을수록, 구매자의 후방통합 가능성이 높을수록, 구매자들이 공급자를 바꿀 때 발생하는 전환비용이 낮을수록 구매자의 교섭력이 강해짐.

□ 산업수명주기 이론 : 하나의 산업이 형성되어 소멸하기까지의 과정

○ 산업별로 주요 제품이 수명주기상 어떠한 단계에 있느냐에 따라 단계별로 공통된 특성을 보이게 된다는 사실에 기반을 두고 있는 이론

- 해당 산업의 개별 제품에 초점을 맞출 때는 제품수명주기라는 명칭을 사용하며, 개별기업 총체적인 측면에서는 기업의 생애주기라고도 함.
- 창업 초기에는 많은 기업이 도산하는 죽음의 계곡이 나타나는데, 그 이유는 제품의 경쟁력, 초기 단계에 드는 자금, 경영자와 조직의 문제 등을 들 수 있음.
- 도입기와 성장기를 거치는 과정에서 경쟁우위를 확보하지 못한 기업들은 성숙단계로 이동하지 못하고, 시장에서 점차 도태
- 성숙기 때 새로운 산업으로 업종전환 또는 신제품개발을 통한 신시장 개척을 달성하지 못하는 기업은 쇠퇴기를 맞이하게 됨.

○ 금융기관에서는 중소기업(특히, 혁신형 · 벤처기업)의 자금 조달주기(financing life cycle)를 고려하여 기업 생애주기를 판별하기도 함.

- 특히, 창업 초기 기업의 경우 다른 단계의 기업보다 금융 격차가 크기 때문에 **죽음의 계곡**(valley of death)을 넘어 성장단계로 도약 가능한가에 대한

분석이 중요

- 금융 격차(financing gap) : 정보의 비대칭성, 거래비용 등으로 인해 중소기업과 대기업 간에는 차별적 금융이 존재한다는 것. 1931년 Keynes 등이 참여한 맥밀런 위원회 보고서에서 최초로 언급되어 **Macmillan gap**이라고도 함.

**[기업 생애별 자금조달 주기(financing life cycle)]**

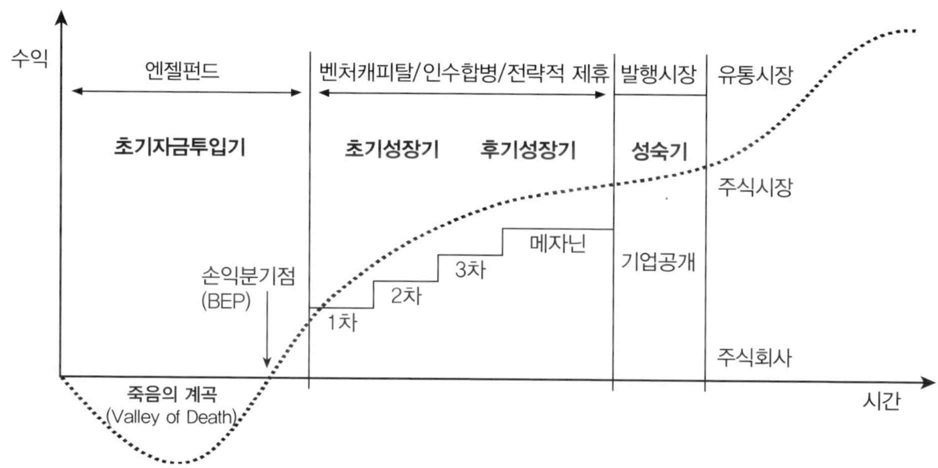


자료 : Mario W. Cardullo(1999).

□ 산업연관분석 : 산업 간의 상호연관 관계를 파악할 수 있는 표로서 국가의 경제구조를 정밀하게 분석할 수 있는 일종의 국민경제 해부도

- ○ 산업연관표를 이용하여 생산유발계수, 부가가치유발계수 등을 도출
  - 생산유발계수는 최종수요가 한 단위 발생하였을 때 이를 충족시키기 위하여 각 산업 부문에서 직·간접적으로 유발되는 생산액 수준을 나타내는 것
- ○ 이들 계수를 이용하여 산업 간의 연관관계와 산업별 최종수요가 생산, 부가가치 및 수입에 미치는 직·간접적인 파급효과를 파악 가능
- ○ 거시경제분석 시 참고 지표는 되나 개별기업과 연관된 산업분석에는 유용성이 떨어져 신용분석 측면에서는 사용되지 않음.

□ 기술환경 분석 : 기업이 보유한 기술을 포함한 관련 기술 동향 및 전망을 분석

- ○ 국내외 기술 동향 및 개발 추세, 기술개발 환경변화 요인(기회·위협 요인

등), 기술의 수명주기, 기술 발전 방향, 대체기술 출현 가능성과 유사 경쟁 기술 현황 등

## 제 3 절 기업위험 분석

### 1. 기업위험의 구분 및 주요 분석 내용

□ 기업위험의 구분

- 기업 외부환경요인은 산업위험(industry risk)·국가위험(sovereign risk)이 있으며, 기업 내부역량과 관련된 기업고유위험(company specific risk)은 영업위험(business risk)·재무위험(financial risk)으로 구분
- 광의의 영업위험(business risk)은 경영위험(management risk)을 포함하며, S&P 등 국제 신용평가기관에서는 국가위험(sovereign risk)까지도 분석

**[기업위험의 구분]**

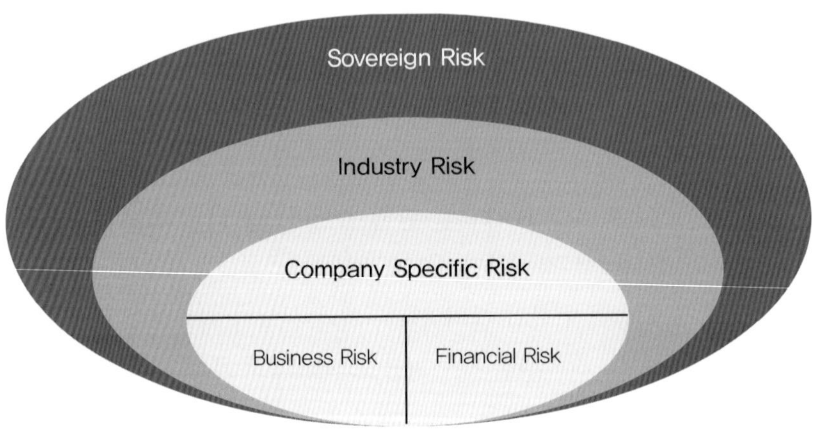


□ 기업위험의 주요 분석 내용

- 기업위험에 대한 분석은 질적 분석(경영위험, 영업위험, 산업위험)과 양적 분석(재무위험)으로 구분되나, 양적 분석인 재무위험은 이익의 질 평가 등을 통한

질적 분석이 병행되어야 함.

- ○ 질적 분석은 측정이 어려워 일반화할 수 없고, 분석자의 주관적인 판단이 개입되는 점, 자료 입수가 어렵다는 점 등의 한계가 존재
- ○ 질적 분석은 한계가 존재하지만, 양적 분석과 보완적으로 활용 필요

**[기업위험의 주요 분석 내용]**

| 기업위험의 구분 | 주요 분석 내용 |
|---|---|
| 경영위험<br>(management risk) | 경영자 자질 및 경영능력, 경영진의 안정성, 주주구성 및 관계회사의 영업실적 등 |
| 영업위험<br>(business risk) | 기술경쟁력 및 투자 현황, 구매처·판매처 안정성, 품질 및 가격수준 등 |
| 재무위험<br>(financial risk) | 재무 정책, 자본구조, 수익성, 현금흐름의 적정성, 재무적 탄력성, 단기 지급능력, 장기 지급능력 등 |
| 산업위험<br>(industry risk) | 주력사업 및 품목의 성숙 정도, 산업 내 경쟁구조, 대체품의 위협, 산업구조 등 |

**[기업위험의 분석구조]**

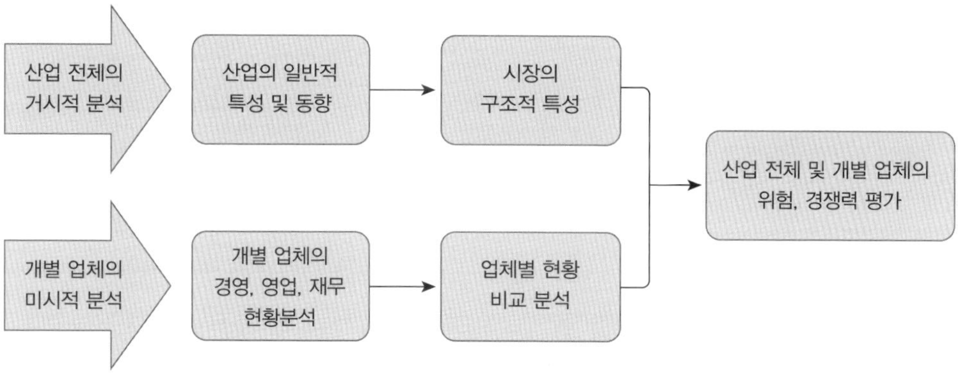

# 제 4 절 경영전략 분석

## 1. SWOT 분석

□ 기업의 내부 역량과 외부 환경 분석을 통해 강점(Strength)과 약점(Weakness), 기회(Opportunity)와 위협(Threat) 요인을 파악하고 이를 토대로 경영전략을 수립하는 기법

○ 하버드 대학의 Kenneth Andrews가 그의 저서 「기업의 본질, 1971」에서 자원 및 역량과 외부 환경 간의 전략적 적합성(strategic fit)을 개념화하는 과정에서 SWOT Matrix 탄생

⇨ 외부 환경의 변화 속에서 기회와 위협을 찾아내고, 기업 내부의 역량 측면에서 강점과 약점을 분석

| 내부역량 / 외부환경 | 강점(S) | 약점(W) |
|---|---|---|
| 기회(O) | 〈SO 전략 → 역량 확대〉<br>기회로부터 이익을 얻기 위해 강점을 활용(강점 활용, 기회 도전)<br>*우선 수행 과제 | 〈WO 전략 → 기회 포착〉<br>약점을 극복하면서 기회를 살림(약점 보완, 기회 도전)<br>*우선 보완 과제 |
| 위협(T) | 〈ST 전략 → 역량집중〉<br>위협을 회피하기 위해 강점을 활용(강점 활용, 위협 대응)<br>*리스크 해결 과제 | 〈WT 전략 → 약점 극복〉<br>위협에 대항 또는 위협을 회피하여 약점을 방어(약점 보완, 위협 대응)<br>*장기 보완 과제 |

□ **(Quiz)** 생각해 봅시다 : 자기 자신에 대한 SWOT 분석을 해보시오.

## 2. 경쟁우위전략 분석(competitive advantage strategic)

□ 기업은 시장에서의 위치, 기술력 및 생산 효율성 등을 고려하여 기업의 장기적인 전략목표로 경쟁우위전략을 선택

□ 사업 수준의 전략 : 원가우위, 차별화, 집중화

○ 원가우위(cost advantage) 전략 : 경쟁자보다 저가에 제품을 공급하여 시장 우위 선점

- 규모(범위)의 경제, 효율적 생산, 단순한 디자인, 낮은 투입 원가, 효율적 조직 운영, 엄격한 원가 통제시스템 등을 통해 가능

○ 차별화(differential advantage) 전략 : 고객이 특정 기업의 제품에 높은 가치를 부여할 수 있도록 가격 이외의 것을 차별화(고객충성도 유인)

- 제품 및 서비스의 특성(품질의 우수성, 제품 다양성, 우월한 고객서비스), 신속한 배송, 입지적 유리함, 제휴업체의 협력 등을 통하여 차별화 가능

○ 집중화(focus) 전략 : 특정 시장으로 목표 시장을 잡은 후 회사의 자원을 집중적으로 투입하여 경쟁우위를 확보

- 집중화 전략을 위해 기업은 특정 시장에 대해 원가우위 또는 차별화 전략을 사용할 수 있음.
- 원가우위 집중화 전략 : 전체 시장에서 원가우위를 점하고 있는 경쟁업체에 대해서 목표 시장에서만큼은 원가우위를 점하는 방법
- 차별화 집중화 전략 : 전체 시장에서 차별적 우위를 점하고 있는 경쟁업체에 대해 목표 시장에서만큼은 차별적 우위를 점하는 방법

□ 기업 수준의 전략 : 수직적 통합, 다각화, 전략적 제휴, 인수 및 합병

○ 복수의 사업에서 영업활동을 통해 경쟁우위를 얻으려는 기업 의사결정

- 대표적인 방법으로 수직 통합(vertical integration), 다각화(diversification), 전략적 제휴(strategic alliances), 인수 및 합병(merger and acquisition)이 있음.
- 가능한 기회를 활용하고 기업이 직면한 위험을 제거함으로써 경쟁우위를 유지하고 이를 통하여 더 나은 성과를 얻으려는 것

⇨ 이러한 경쟁우위전략들이 항상 성공을 거두는 것은 아니므로 전략의 성공 가능성에 대한 면밀한 분석이 필요

□ 경쟁우위의 측정치

○ 기업의 경쟁우위를 측정하는 방법은 여러 가지가 있지만, 그중 한 가지 방법이 회계적 성과를 이용하는 것

○ 실무적으로는 여덟 가지로 구분한 평가 비율의 분류별로 대표적인 재무지표를 선정하여 종합적으로 검토(재무제표 분석을 통해 경쟁우위 분석)

⇨ 제6장의 기본적 분석기법 참조

# CHAPTER 3 연습문제

**01** 기업위험의 내부요인은 질적 분석인 영업위험(경영위험 포함)과 양적 분석인 재무위험 분석으로 구분되나, 재무위험도 이익의 질 평가 등 질적 평가를 수반해야 한다.

① ○ ② ×

**02** 다음은 기업에 대한 경영환경분석과 관련된 설명이다. 틀린 것은?

① 경영환경분석은 경영전략 수립의 출발점으로서, 외부환경과 내부 역량을 유기적으로 분석하는 것이 필요하다.

② 기업 환경분석을 통해 강점(S)과 약점(W), 기회(O)와 위협(T)의 요인을 파악하고 이를 토대로 약점을 극복하면서 기회를 살리는 전략이 약점 극복(WT)전략이다.

③ 질적 분석은 측정하기 어려워 일반화할 수 없고 분석자의 주관적인 판단이 개입되는 점과 자료 입수가 어려워 분석에 한계가 있지만, 기업에 영향을 미치는 제반 환경변수 등의 질적 분석도 중요하다.

④ 광의의 영업위험은 경영위험을 포함하며 Moody's 등 국제 신용평가기관에서는 국가위험(sovereign risk)까지도 분석한다.

**03** 죽음의 계곡(Valley of Death)에 관해 설명하시오.

**04** Macmillan gap이라고도 불리는 금융 격차(financing gap)에 대해서 설명하시오.

**05** SWOT 분석에 관해 설명하고 본인이 어떤 목표를 정하여 자기 자신에 대한 SWOT 분석을 시행해 보시오.

**06** 마이클 포터의 Five Forces Model에서 언급하고 있는 5가지 경쟁요소에 대해 설명하시오.

CHAPTER 04

# 재무제표에 대한 이해

# 제 1 절 재무제표 관련 법률 및 회계기준

## 1. 재무제표(F/S)의 종류

□ 재무제표(F/S: Financial Statements)란 기업의 활동을 통한 경영성과와 관련된 재무 상태를 표시한 모든 표

- ○ 재무상태표, 포괄손익계산서, 자본변동표, 현금흐름표, 주석으로 구분

□ **외부감사 대상이 아닌 기업**의 재무제표 종류는 대차대조표, 손익계산서, 자본변동표(또는 이익잉여금처분계산서)로 구성

- ○ 현금흐름표는 재무제표의 종류가 아니며 주석은 의무 사항이 아님에 유의

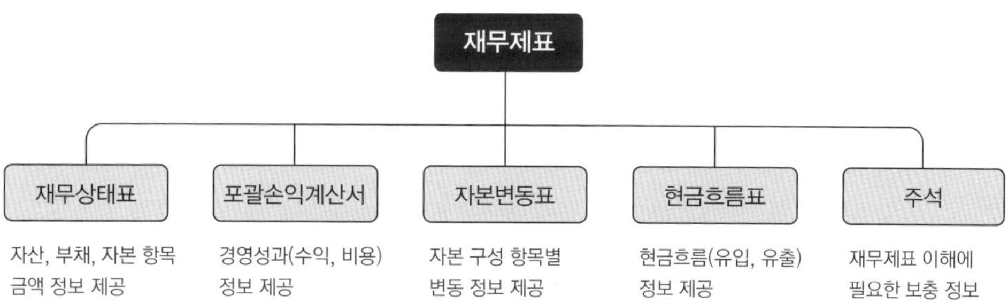


## 2. 기업회계기준

□ 회계정보 작성 시 일정한 원칙이 없으면 회계정보에 대한 이해가능성과 기업 간 비교가능성이 저하되어 신뢰성이 떨어지므로 회계정보의 유용성이 저하

- ○ 회계정보를 제공할 때 **일정한 지침**에 따라 작성할 **필요성**이 요구

## 3. 일반적으로 인정된 회계원칙(GAAP)

□ 재무제표 작성의 **오류를 최소화**하고 상이한 기업들이 유사한 사건을 보고할 때 **통일성을 부여**하여 F/S의 **비교가능성을 제고시키기 위해** 일반적으로 **보편타당하고 합리적**으로 인정되는 일련의 원칙 또는 기준

○ GAAP : Generally Accepted Accounting Principles

## 4. GAAP의 제정 및 관리

□ 국가마다 GAAP을 제정하고 관리하는 조직이 존재하나 유럽은 IASB(International Accounting Standards Board)가 제정한 국제회계기준(IFRS: International Financial Reporting Standards)을 사용

○ 미국, EU 등 대부분 국가에서 GAAP의 제정은 정부보다는 전문성이 있는 민간단체에서 제정 및 관리

□ 우리나라는 과거에 정부가 GAAP을 제정·관리하였으나, 2000년 7월부터 한국회계기준위원회(KASB: Korea Accounting Standards Board)에서 제정, 개정, 해석 등 제반 업무를 수행

○ 단, 외부감사를 받지 않는 기업(비외감기업)의 회계기준은 정부(상법)에서 규정

- KASB는 외감법(「주식회사 등의 외부감사에 관한 법률」)에 의거 1999년 9월 설립된 독립된 민간단체인 사단법인 한국회계기준원(KAI: Korea Accounting Institute)의 산하기관으로 회계 관련 전문가로 구성

**[주요 국가의 GAAP 관련 제정 및 관리 조직]**

| 국가 | GAAP | 제정 및 관리 조직(민간단체) |
|---|---|---|
| 미국 | US-GAAP | SEC(Securities and Exchange Commission)<br>AICPA(American Institute of Certified Public Accountant)<br>FASB(Financial Accounting Standards Board) |
| 유럽 | IFRS | IASB(International Accounting Standards Board) |
| 한국 | K-GAAP<br>K-IFRS | (사단법인)한국회계기준원(KAI) 산하 한국회계기준위원회(KASB)<br>*외부감사를 받지 않는 중소기업 관련 회계기준은 정부(상법)에서 규정 |

## 5. 기업 형태별 적용되는 우리나라 회계기준

□ 상장기업 또는 금융회사의 경우 한국채택국제회계기준(K-IFRS)을 2011년부터 의무적으로 적용하고 있으며 비상장기업은 일반기업회계기준(K-GAAP)을 적용

- ○ 단, 비외감기업과 유한회사, 합자회사, 합명회사 및 개인기업은 상법에 따른 중소기업회계기준과 K-GAAP을 선택적으로 적용할 수 있음.

□ 정부와 공공기관의 경우 공공기관의 운영에 관한 법률(제2조)에 의거 「**공기업 · 준정부기관 회계원칙**」을 의무적으로 적용

**[기업 형태별로 적용되는 국내 회계기준]**

| 대상기업 | | 적용 | 근거 법령 |
|---|---|---|---|
| 외부감사 대상기업 | 상장기업, 금융회사 | 한국채택국제회계기준 (K-IFRS) | 외감법 시행령 제6조 *2011년 의무 적용 |
| | 비상장기업 (금융회사 제외) | 일반기업회계기준 (K-GAAP) | 외감법 시행령 제6조 *2011년 의무 적용 |
| 외부감사 대상 제외 기업 (비외감기업) | | 중소기업회계기준 *K-GAAP 적용은 선택 | 상법 시행령 제15조의 3 *2014년 의무 적용 |

## 6. 비상장기업 외부감사 대상

□ 외감법 제4조 및 동법 시행령 제5조에 의한 외부감사 대상(2019.1.1. 적용)

| 구분 | 주식회사 | 유한회사 |
|---|---|---|
| 자산 기준 | 직전 사업연도 말 자산총액 500억 원 이상 | |
| 매출 기준 | 직전 사업연도 말 매출액 500억 원 이상 | |
| 소규모기업 외부감사 대상 기준 | 직전 사업연도 2가지 이상<br>1. 자산 120억 원 이상<br>2. 부채 70억 원 이상<br>3. 매출액 100억 원 이상<br>4. 종업원 수 100명 이상 | 직전 사업연도 3가지 이상<br>1. 자산 120억 원 이상<br>2. 부채 70억 원 이상<br>3. 매출액 100억 원 이상<br>4. 종업원 수 100명 이상<br>5. 사원 수 50명 이상 |

## 제 2 절 재무보고 개념체계에 대한 이해

### 1. 재무보고를 위한 개념체계

□ 재무제표의 작성과 표시에 있어 기초가 되는 개념이나 회계기준이 아니므로 회계기준에 우선하지는 못함. 하지만 개념체계는 다음과 같은 이유에서 필요함.

| 구분 | 개념체계가 필요한 이유 |
|---|---|
| 회계기준위원회 | K-IFRS 및 K-GAAP을 개정하거나 향후 새로운 기준을 제정할 때 도움을 제공 |
| 재무제표 작성자 | K-IFRS(K-GAAP)가 미비한 거래에 대한 회계처리를 하는 데 도움을 제공 |
| 감사인 | 재무제표가 K-IFRS(K-GAAP)를 따르고 있는지에 대한 의견을 형성하는 데 도움을 제공 |
| 재무제표 이용자 | K-IFRS(K-GAAP)에 따라 작성된 재무제표에 포함된 정보를 해석하고 이해하는 데 도움을 제공 |
| 이해관계자 | K-IFRS(K-GAAP)를 제정하는 데 사용한 접근방법에 대한 정보를 제공하여 회계기준을 이해하고 해석하는 데 도움 |

### 2. 재무보고 개념체계의 구조

□ 정보이용자에게 유용한 정보를 제공(재무보고의 목적)하기 위하여 유용한 정보가 갖추어야 할 속성(질적 특성)과 재무제표의 구성요소를 신뢰성 있게 측정함으로써 자본 및 자본 유지가 되는 개념으로 개념체계가 구성

**[재무보고 개념체계의 구조]**

재무보고의 목적 : 정보이용자에게 유용한 정보 제공

⬇

재무제표의 질적 특성 : 유용한 정보가 갖추어야 하는 속성

⬇

재무제표의 구성요소 : 자산, 부채, 자본, 수익, 비용

⬇

재무제표의 인식·측정 : 화폐액으로 측정하여 F/S에 계상

⬇

자본 및 자본 유지의 개념 : 당기순이익 = 기말자본 − 기초자본 + 배당 − 증자

## 3. 재무보고의 목적(K-GAAP)

☐ 투자 및 신용 의사결정에 유용한 정보의 제공

☐ 미래 현금흐름 예측에 유용한 정보의 제공

☐ 재무상태, 경영성과, 현금흐름 및 자본변동에 관한 정보의 제공

☐ 경영자의 수탁책임(stewardship) 평가에 유용한 정보의 제공

## 4. 일반목적 재무보고의 목적(K-IFRS)

☐ 현재 및 잠재적 투자자와 대여자 및 기타 채권자가 기업에 자원을 제공하는 의사결정을 내리는 데에 유용한 재무정보를 제공

☐ 기타 정보이용자들(경영자, 감독당국, 일반대중 등)에게도 재무정보가 유용할 수 있지만, 일반목적재무보고는 기타 정보이용자를 주요 대상으로 하지 않음.

- 일반목적재무보고는 특정 투자유치를 위한 투자설명, 납세를 위한 세무 보고, 경영진을 위한 내부 보고 등과 같이 이용자가 제한적인 특수목적재무보고와 대비되는 개념

## 5. 재무보고를 위한 기본가정(K-GAAP)

| 가정 | 내용 | 특징 |
| --- | --- | --- |
| 기업 실체(business entity) | 독립적으로 존재 | 법적실체와 반드시 일치하지 않음 |
| 계속기업(going concern) | 무한하게 존속 | 가치평가에서 가장 중요한 가정 |
| 기간별 보고(periodicity) | 재무정보의 매 기간 보고 | 계속기업 가정에서 파급된 가정 |

☐ K-IFRS에서의 기본가정 : going concern, accrual accounting(accrual, deferral)

| 항목 | 설명 |
| --- | --- |
| 발생액<br>(accrual) | 미래에 받을 현금을 현재 시점에서 자산으로 인식(매출채권 등)하거나, 미래에 지급할 현금을 현재 시점에서 부채로 인식(매입채무, 미지급이자 등) |
| 이연<br>(deferral) | 미래에 수익을 인식하기 위해 현재의 현금유입을 부채로 인식(선수수익, 선수금 등)하거나, 미래에 비용을 인식하기 위해 현재의 현금유출을 자산으로 인식(선급비용, 선급금 등) |

## 6. 회계정보가 유용하기 위한 질적 특성

□ 회계정보가 유용하기 위해 갖추어야 할 주요 특성으로서 질적 특성은 필요조건이나 충분조건은 아님.

□ K-GAAP에서의 질적 특성

- 목적 적합성(relevance) : 예측가치(predictive value), 확인 가치(feedback value), 적시성(timeliness)
- 신뢰성(reliability) : 표현의 충실성(representational faithfulness), 검증가능성(verifiability), 중립성(neutrality)
- 비교가능성(comparability) : 항목 간의 유사점과 차이점을 식별하고 이해

□ K-IFRS에서의 질적 특성

- 근본적 질적 특성 : 목적 적합성(예측가치, 확인가치, 중요성), 표현 충실성(완전한 서술, 중립적 서술, 무오류성)
- 보강적 질적 특성 : 비교가능성, 검증가능성, 적시성, 이해가능성(명확, 간결)

□ 유용한 회계정보라도 정보 제공 시 고려해야 할 제약요인(constraints)

- K-GAAP에서의 제약요인 : 비용과 효익의 균형(costs and benefits consideration)
- 중요성(materiality) : 회계 항목이 정보로 제공되기 위한 최소한의 요건

□ K-IFRS에서의 제약요인

- 효익과 원가의 균형 : 효익 > 원가
- 질적 특성 간의 균형 : 예를 들어, 정보를 적기에 제공하기 위해서 거래 내용이 확정되기 전에 보고하는 경우 목적 적합성은 향상되지만, 표현 충실성은 상실. 따라서 질적 특성은 서로 상충될 수 있으므로 이들 특성 간의 균형이 필요

# 제 3 절 재무제표를 보는 관점

## 1. 재무상태표(B/S: Balance Sheet)의 의의

□ 일정 시점에서 재무 상태를 보고하는 표

○ 기업이 보유하고 있는 경제적 자원인 자산과 경제적 의무인 부채, 그리고 자본에 대한 정보를 제공하는 재무보고서

| 재무상태표 | |
|---|---|
| Ⅰ. 유동자산 | 부채 |
| 당좌자산 | Ⅰ. 유동부채 |
| (매출채권) | (매입채무) |
| 재고자산 | Ⅱ. 비유동부채 |
| Ⅱ. 비유동자산 | 자본 |
| 투자자산 | Ⅰ. 자본금 |
| 유형자산 | Ⅱ. 자본잉여금 |
| 무형자산 | Ⅲ. 자본조정 |
| 기타 비유동자산 | Ⅳ. 기타포괄손익누계액[1] |
| | Ⅴ. 이익잉여금(또는 결손금) |
| 자산 총계 | 부채 및 자본 총계 |

1) 중소기업회계기준 : 기타포괄손익누계액 없음.

□ [회계학을 처음 접하는 분들에게 설명할 때]

> 일정 시점에서 현재 기업이 소유하고 있는 재산과 빚을 출처별로 보고하는 표(재산 및 빚 목록)로서 재산을 가지고 빚을 얼마만큼 갚을 수 있는가를 보여줌.

## 2. 재무상태표를 보는 관점

□ 자산의 취득원가로 보는 관점 : 자본의 조달내역과 운용(투자내역)에 관한 정보

□ 자산의 공정가치로 보는 관점 : 지분 내역과 경제적 자원의 가치

| **재무상태표** | |
|---|---|
| 자산총계<br>　유동자산<br>　비유동자산 | 부채총계<br>　유동부채<br>　비유동부채 |
| | 자본총계<br>　자본금<br>　자본잉여금<br>　이익잉여금 등 |
| ① 투자 내역(자본의 운용)<br>② 경제적 자원 가치 | ① 자본조달 내역<br>② 지분 내역 |
| ① 자산 취득원가로 보는 관점 | ② 공정가치로 보는 관점 |

□ 기업가치 분석자 입장에서 차변 가치가 대변 가치보다 더 중요함.

| 차변 가치 (기업의 진실) | 대변 가치 (기업의 그림자) |
|---|---|
| • 기업의 실체<br>• 미래 현금(초과이익) 창출 능력<br>• 기업의 가치 | (자본구조)<br>• 타인자본<br>• 자기자본 |

○ 재무상태표상 타인자본의 가치와 자기자본의 가치는 거의 확정적

○ 차변 가치는 분석(미래 현금흐름/초과이익 창출 능력)에 따라 그 가치가 다르게 평가되므로 기업가치는 차변 가치에 의해 결정

- ∴ 차변 가치 > 장부가치(총자산) → 기업가치 증대

□ 차변 가치 < 장부가치(총자산) → 기업가치 감소

○ 분석가는 차변 가치 분석을 위해 핵심 영업자산과 비핵심자산(재무자산, 비영업자산)으로 구분하여 평가할 필요가 있음.

○ 이는 **재무제표의 재구성이 필요함**을 의미(제7장에서 설명)

## 3. 경영활동 측면에서 재무상태표를 보는 관점

□ 기업의 경영활동 측면에서 유동자산과 유동부채(①)는 영업활동과 관련이 있고 비유동자산(②)은 투자활동 그리고 차입금과 자기자본(③)은 재무활동과 관련

| 재무상태표 | |
|---|---|
| ① 유동자산 | 유동부채<br>무이자 부채(매입채무 등) |
| | 이자부 부채(단기차입금 등) |
| ② 비유동자산 | ③ 비유동부채 |
| | 자본(자기자본) |

○ 신용분석가는 재무상태표의 관점을 이해하고 기업의 경영활동과 계정과목들과의 연계 분석을 포함한 유기적이고 종합적인 분석이 필요

## 4. 포괄손익계산서(I/S: Comprehensive Income Statement)의 의미

□ 일정 기간 기업의 경영성과에 대한 정보를 제공하는 재무보고서

| 일반기업회계기준 | K-IFRS |
|---|---|
| Ⅰ. 매출액 | Ⅰ. 매출액 |
| Ⅱ. 매출원가 | Ⅱ. 매출원가 |
| Ⅲ. 매출총이익 | Ⅲ. 매출총이익 |
| Ⅳ. 판매비와 관리비 | Ⅳ. 판매비와 관리비 |
| Ⅴ. 영업손익 | Ⅴ. 영업손익 |
| Ⅵ. 영업외수익 | Ⅵ. 기타수익 |
| Ⅶ. 영업외비용 | Ⅶ. 기타비용 |
| Ⅷ. 법인세비용차감전순손익 | Ⅷ. 법인세비용차감전순손익 |
| Ⅸ. 법인세비용 | Ⅸ. 법인세비용 |
| Ⅹ. 당기순손익 | Ⅹ. 당기순손익 |
| | Ⅺ. 기타포괄손익 |
| | Ⅻ. 총포괄손익 |

*중단사업손익이 없는 경우

□ [회계학을 처음 접하는 분들에게 설명할 때]

1년 동안 장사해서 번 돈에서 쓴 돈을 공제하고 남은 돈(경영성과)을 나타내는 표로서 번 것을 계산하기 위하여 무엇을 얼마나 팔고 썼는가를 보여줌.

## 5. 총포괄손익과 기타포괄손익

□ 총포괄손익(Comprehensive Income)

- ○ 주주와의 자본거래(유상증자, 자기주식 취득, 배당 등)를 제외한 거래(손익거래)에서 인식한 순자산(=총자산-부채)의 변동

□ 기타포괄손익(Other Comprehensive Income)

- ○ 손익거래에서 발생한 순자산의 변동액 중 장기미실현손익으로 분류되어, 당기순손익에 반영되지 못하는 항목
- ○ 기타포괄손익 = 총포괄손익 - 당기순손익
- ○ 기타포괄손익은 아래와 같이 5가지 항목이 있으나 자세한 설명은 본 교재의 범위를 벗어나므로 필요한 경우 중급(재무)회계 서적을 참조

| 기타포괄손익 항목 | 비고 |
|---|---|
| 매도가능증권평가손익(K-GAAP)<br>공정가치측정 금융자산(FVOCI)평가손익(K-IFRS) | 금융자산(FVOCI)평가손익 |
| 재평가잉여금의 변동 | 유형자산 및 무형자산 재평가 손익 |
| 해외사업환산손익(중소기업회계기준) | 자본조정항목 |
| 현금흐름위험회피 파생상품평가손익 | 위험회피에 효과적인 파생상품평가손익 |
| 순확정급여부채의 재측정요소 | 퇴직급여제도의 보험수리적손익 항목 |

□ 손익계산서를 보는 관점

- ○ 영업이익의 창출 과정과 배분 과정으로 보는 관점 필요
  - 영업이익의 창출 과정 : 영업활동에 의한 **성과 창출** 정보
  - 영업이익의 배분 과정 : 재무활동 및 투자활동 관련, **성과 배분** 정보

| 손익계산서 | |
|---|---|
| 매출액<br>　매출원가<br>매출총이익<br>　판매비와 관리비<br>영업이익 | 이자비용 (채권자)<br>법인세비용 (세무 당국)<br>당기순이익 (주주) |
| 영업이익의 창출 과정<br>기업의 자본구조와 무관 | 영업이익의 배분 과정<br>출자전환(기업구조조정)은 창출한 이익의 배분에만 영향 |

⇨ ∴ **재무상태표 차변과 손익계산서 영업이익이 기업의 가치를 창출**

## 6. 주석

□ 재무제표 본문은 주로 간략한 금액 정보만 표시되는 반면, 주석에는 질적 정보 등 관련 항목에 대한 자세한 설명과 보충 정보를 상세히 공시

○ 주석은 기업의 개요, 주주구성이나 회계정책, 우발부채 약정 사항(지급보증, 소송) 등 재무제표 본문에 표시되지 않은 항목에 대한 다양한 정보도 포함

- IFRS 도입에 따라 주석공시 사항의 항목과 분량이 확대되어 주석 정보의 분석에 대한 중요성이 증대되고 있어 반드시 본문과 관련된 주석을 함께 분석해야 함.

**주석에 대한 분석이 중요한 사례**

B사 주식에 투자하고 있는 A씨는 B사의 최근 재무상태표를 보던 중 매출채권 잔액이 전기 말보다 크게 감소한 것을 발견하였다. B사의 포괄손익계산서를 통해 전기와 당기 매출액 규모가 유사한 것을 확인한 A씨는 B사의 매출채권이 전기보다 빨리 회수되었기 때문이라고 판단

**[B사 재무상태표(단위: 백만 원)]**

| 과목 | 주석 | 제×2기 | | 제×1기 | |
|---|---|---|---|---|---|
| 자산 | | | | | |
| Ⅰ. 유동자산 | | | 9,000 | | 16,000 |
| 1. 현금및현금성자산 | 4, 6 | 200 | | 300 | |
| 2. 매출채권 | 5, 25 | 8,000 | | 15,000 | |

⇨ A씨가 B사의 재무상태표와 포괄손익계산서뿐만 아니라 관련된 주석을 함께 분석하였다면, B사는 매출채권 회수가 빨라진 것이 아니라, 오히려 거래처의 상황이 나빠져 대손충당금이 증가했기 때문이라는 점을 확인할 수 있었을 것

**(매출채권 대손 정보 주석)** 채권액 규모는 전기 말보다 증가하였으나, 매출이 집중된 거래처의 부실로 인해 매출채권에 대한 회수 가능성이 작아짐. 즉, 대손충당금이 전기 말보다 증가(8,000백만 원)하여 이를 차감한 매출채권 장부금액이 감소(7,000백만 원)한 것임.

[B사 주석 5. 매출 채권 대손 정보(단위: 백만 원)]

| 구분 | 당기 말 | 전기 말 |
|---|---|---|
| 채권액 | 17,000 | 16,000 |
| 차감 : 대손충당금 | (9,000) | (1,000) |
| 매출채권(장부금액) | 8,000 | 15,000 |

자료 : 금융감독원, '금융꿀팁 200선 - ⑲재무제표 확인 시 놓치지 말아야 할 주요 체크포인트(2018.9.12)'.

## 7. 현금흐름표

□ 일정 기간 현금이 어떻게 조달되고 사용되었는지 알 수 있도록 현금흐름 정보를 기업의 경영활동(영업, 투자, 재무)별로 구분하여 표시하는 표

| 영업활동 | 투자활동 | 재무활동 |
|---|---|---|
| • 재화의 판매, 용역 제공<br>• 원재료 등 구입<br>• 급여, 법인세 등 지급 | • 토지, 건물 등 취득 및 처분<br>• 지분상품, 채무상품 등 투자<br>• 현금 대여 및 회수 | • 차입금의 차입 및 상환<br>• 주식 발행 및 소각<br>• 자기주식 취득 및 처분 |

○ 재무제표 중 유일하게 현금주의에 따라 작성(자세한 내용은 제5장에서 설명)

□ [회계학을 처음 접하는 분들에게 설명할 때]

1년 동안 회사의 현금이 어떻게 증가하고 줄어들었는지 보여주는 표로서 그 회사가 현금을 어디에 쓰고 또 어디서 조달받았는지를 보여줌.

## 8. 기업의 경영활동과 재무제표 간의 관계

□ 각 재무제표는 서로 긴밀한 연계 관계를 맺고 기업의 재무 상태와 경영성과에 대한 다양한 정보를 제공하므로 5가지 재무제표의 유기적 분석이 중요

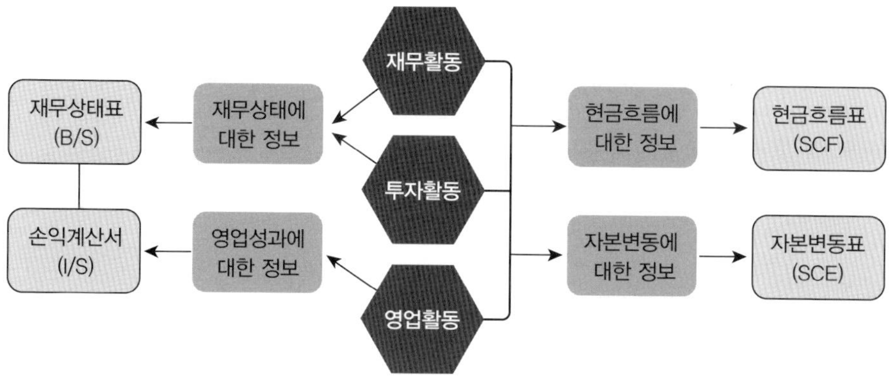


- 자본변동표 : 배당, 증자 등 일정 기간 자본의 각 항목(자본금, 자본잉여금, 이익잉여금, 기타포괄손익누계액, 기타자본요소)의 변동 내역을 보고하는 보고서

## 제 4 절 재무제표 기본 요소의 인식 및 측정

### 1. 재무제표의 기본 구성요소

○ 재무상태표 : 자산, 부채, 자본

○ 포괄손익계산서 : 수익(차익), 비용(차손)

○ 자본변동표 : 소유주의 투자(순자산 증가), 소유주에 대한 분배(순자산 감소)

○ 현금흐름표 : 영업활동 현금흐름, 투자활동 현금흐름, 재무활동 현금흐름

### 2. 재무제표 기본 요소의 인식

○ 인식(장부에 기록하는 것) 기준

- 자산 : 미래 경제적 효익이 유입될 가능성이 높고 금액을 신뢰성 있게 측정 가능
- 부채 : 현재 의무의 이행에 따라 경제적 효익이 내재된 자원의 유출 가능성

이 높고 금액을 신뢰성 있게 측정 가능

- K-GAAP : 유입(유출)될 가능성이 매우 높고(80% 이상)
  K-IFRS : 높고(50% 이상)
- 수익 : 자산의 증가나 부채의 감소와 관련하여 미래 경제적 효익이 증가하고 이를 신뢰성 있게 측정 가능 (실현 기준, 가득 기준)
- 비용 : 자산의 감소나 부채의 증가와 관련하여 미래 경제적 효익이 감소하고 이를 신뢰성 있게 측정 가능 (수익·비용 대응의 원칙)

## 3. 재무제표 작성을 위한 기본 요소의 측정 기준

| 종류 | 자산의 측정 | 부채의 측정 |
|---|---|---|
| 역사적 원가 (historical cost) | 취득 시점의 취득원가=공정가치<br>"얼마 주고 샀니?" | 부담하는 의무의 대가로 수취한 금액 또는 이행하기 위해 지급할 것으로 기대되는 현금 |
| 공정가치 (fair value) | 동일(동등)한 자산을 현재 시점에서 취득할 경우 지급할 현금(자산취득 시 공정가치=현행원가=교환가치=시장가치)<br>"요즘 얼마예요?" | 현재 시점에서 의무를 이행하는 데 필요한 현금의 할인하지 않은 금액(자산을 매각하거나 부채 결제 시 공정가치=현행유출가치) |
| 순실현가능가치 (이행가치) | 미래에 정상적으로 처분하는 경우 수취할 것으로 예상되는 현금에서 소요 비용을 차감한 가액을 현재 시점에서 할인하지 않은 금액(순실현가능가치) | 미래에 의무이행으로 지급될 현금에서 지급에 소요될 비용을 가산한 금액을 현재 시점에서 할인하지 않은 금액으로 평가(이행가치) |
| 상각후원가 (amortized costs) | 금융자산 취득 시점의 그 유입 가격과 당해 자산으로부터 발생하는 미래 명목현금흐름의 현재가치가 일치되게 하는 유효이자율(역사적 이자율)로 할인한 가액 | 금융부채 발생 시점의 그 유입 가격과 부채로부터 발생하는 미래 명목현금흐름의 현재가치가 일치되게 하는 유효이자율로 할인한 가격으로 측정한 것 |

# 제 5 절 신용분석 시 유의해야 할 계정과목

## 1. 유의해야 할 계정과목

□ 회계정보(재무제표)를 활용한 신용분석에 있어서 반드시 검토해야 할 계정과목은 핵심적인 영업활동과 관련이 있는 매출채권, 재고자산, 매입채무

- ○ 그 외 차입금 및 업체 특성(관계회사 주식, 무형자산 등) 그리고 금융자산과 관련된 계정과목에 대한 검토가 필요

<table>
<tr><th>차변(Debtor Account)</th><th>대변(Creditor Account)</th></tr>
<tr><td rowspan="2">Ⅰ. 유동자산<br>당좌자산<br>(매출채권, 미수금, 선급금, 미수수익, 대여금, 금융자산)<br>Ⅱ. 비유동자산<br>투자자산<br>(관계회사 주식, 금융자산)<br>유형자산<br>무형자산<br>기타 비유동자산</td><td>부채<br>Ⅰ. 유동부채<br>(매입채무, 유동성장기부채)<br>Ⅱ. 비유동부채<br>(금융리스부채, 퇴직급여충당부채)</td></tr>
<tr><td>자본<br>Ⅰ. 자본금<br>Ⅱ. 자본잉여금<br>Ⅲ. 자본조정(자기주식)<br>Ⅳ. 기타포괄손익누계액<br>Ⅴ. 이익잉여금(또는 결손금)</td></tr>
<tr><td>자산 총계</td><td>부채 및 자본 총계</td></tr>
</table>

## 2. 계정과목의 검토 순서

□ 핵심적인 영업활동과 관련 없는 항목이라도 총자산 대비 10%(또는 20%) 이상 되는 계정과목은 가장 먼저 그 내용을 세부적으로 검토해야 함.

- ○ 검토 결과 허위로 계상된 금액이거나 경제적 가치가 작으면 총자산에서 차지하는 비중이 큰 만큼 기업의 신용도에 매우 부정적인 영향을 미치기 때문

□ 핵심적인 영업활동과 관련이 있는 항목은 회계 속임수(분식회계 등)가 가장 빈번하게 발생하는 항목으로 금액의 크기와 관계없이 반드시 검토가 필요

- ○ **비상장 중소기업**에서 이들 계정과목이 총자산 중에서 차지하는 비중이 뚜렷한

이유 없이 지나치게 크거나 변동성이 크면 분식회계 가능성이 존재

○ 재무상태표상의 모든 계정과목을 세밀히 검토하는 것은 비효율적이므로 다음과 같은 순서대로 유의해야 할 계정과목을 검토

**[신용분석 시 유의해야 할 계정과목 검토 순서]**

| ① 총자산의 20% 이상 점유하는 계정과목 |
|---|
| ⬇ |
| ② 총자산의 10% 이상 점유하는 계정과목 |
| ⬇ |
| ③ 핵심적인 영업활동과 관련 있는 계정과목<br>매출채권(AR), 재고자산(INV), 매입채무(AP) |
| ⬇ |
| ④ 차입금 및 업체 특성과 관련된 계정과목 |

## 3. 신용분석 시 유의해야 할 재무상태표 차변 항목

□ 매출채권

○ [정의] **상거래 목적**으로 재화(용역)를 외상으로 판매(제공)하고, 그 대가로 미래에 현금을 수취할 권리

- 일반적 상거래 이외에서 발생한 미수채권 : 미수금

□ [점검 사항]

○ 회수 가능성이 없는 매출채권을 과대표시(대손상각비 과소 표시) 여부 또는 가공의 매출 거래를 기록하여 매출채권을 과대표시했는지 점검

○ 매출채권에 대한 대손충당금 설정의 적정 여부 점검

- 대손충당금 : 회계연도 말에 대손예상액(회수불능 매출채권)을 설정하고, 매출채권에서 차감 표시함. 돈을 못 받는 시점이 아닌 매출채권이 발생한 시점에 대손예상액을 추정하고 실제로 대손이 발생하는 시점에서 대손 금액과 대손충당금을 상계 처리

□ [매출채권(AR: Accounts Receivable)의 처분]

- 매출채권의 담보 차입 : AR을 담보 제공하고 자금을 차입하는 것으로서 매출채권이 회수되지 못하면 상환의무가 있으므로 차입금으로 처리(K-IFRS)
- **매출채권의 매각(팩토링)** : AR을 양도(매각)하고 자금을 조달하는 것으로 금융비용(매출채권 매각 손실)이 발생하나 매출채권에 대한 위험이 매입자(팩토링회사)에게 이전되어 매출채권이 회수되지 않더라도 상환의무가 없으므로 차입금으로 계상되지 않음.
- **받을어음의 할인** : AR의 담보 차입과 동일하므로 차입금으로 처리(K-IFRS)
  - **중소기업회계기준**을 **적용**하는 비상장 **중소기업의 할인어음**

은행은 차주에게 할인해 준 받을어음이 부도가 발생하면 어음을 할인받은 기업(차주)에 대해 상환청구권이 있으므로 차주는 할인받은 금액을 상환에 응해야 하므로 IFRS에서는 할인어음은 차입금으로 처리된다. 그런데 중소기업회계기준에서는 중소기업의 특례라는 정책적 목적으로 기업이 차입거래와 매각거래 중에서 선택할 수 있게 하고 있다. 결국, 사실상 대부분의 중소기업이 매각거래를 선택하여 할인어음을 매출채권과 상계하여 차입금에서 제외하고 있으므로 차입금 관련 재무비율 분석에서 할인어음을 차입금에 포함하여 검토하는 것이 바람직하다.

□ 재고자산

**[재고자산의 구분]**

| 구분 | 의미 |
|---|---|
| 상　　품 | 다른 곳에서 물품을 사 와서 파는 재화 |
| 제　　품 | 원재료를 사 와서 직접 가공하여 만들어 파는 재화 |
| 재 공 품 | 생산라인에서 제조 과정 중인 상태 |
| 원 재 료 | 생산을 위해 투입되는 원료와 재료 |
| 반 제 품 | 제품을 반 정도 만든 상황에서 추가가공을 하거나 다른 거래처에 팔 수 있는 재화 |
| 저 장 품 | 소모품이나 수선용 부품으로 보관하는 것 |
| 미 착 품 | 소유권은 기업에 넘어왔지만, 실물이 아직 입고되지 않은 상태의 상품 |

□ [점검 사항]

- 재고자산의 평가 방법 및 재고자산의 진부화 여부 확인 필요

**[대표적인 재고자산 평가 방법]**

| 구분 | 내용 |
|---|---|
| 선입선출법(FIFO) | 먼저 매입된 재고자산이 먼저 판매된다고 가정 |
| 후입선출법(LIFO) | 늦게 입고된 재고자산이 먼저 판매된다고 가정 |
| 가중평균법 | 물량 흐름과 관계없이 매입원가를 가중평균 |

□ IFRS에서는 LIFO를 인정하지 않음.

- ○ 유행에 민감한 제품(또는 부품)을 생산하는 기업은 재고자산 진부화 문제로 재고자산평가 이슈가 제기될 수 있음.
  ⇨ 재고자산 금액이 매출원가 대비 과다하다면 진부화 여부를 의심
- ○ 매출액은 감소하였는데 재고자산이 증가한 경우
  ⇨ 분식회계 가능성(실제하지 않는 재고자산을 과대표시하여 매출원가 과소표시 등) 여부 점검
- ○ 진부화 또는 판매가격 하락으로 재고자산 가치가 줄어드는 상황
  ⇨ 재고자산평가손실분은 매출원가로 계상되어 원가율을 상승시키는 점을 인지하고 재고자산의 취득원가 대비 평가충당금이 크다면 유의해야 함.

□ 무형자산

- ○ [인식 요건]
  ① 미래 경제적 효익이 기업에 유입될 가능성이 매우 높고
  ② 취득원가(비용)를 신뢰성 있게 측정할 수 있는 경우
- ○ [내부적으로 창출한 무형자산]

| 단계 | 인식 요건 충족 | 회계처리 | 계정과목 |
|---|---|---|---|
| 연구 단계 | 입증 불가 | 당기 비용 | 연구비 |
| 개발 단계 | 충족하지 못함 | 당기 비용 | 경상개발비 |
| | 충족 | 무형자산 | 개발비 |

- ○ [점검 사항]
  - 경제적 가치 파악이 중요하므로 존속기간의 미래 현금흐름을 추정하고 이를 현재가치로 평가

- 미래의 경제적 효익이 없는 개발비를 자산으로 계상하여 무형자산을 과대표시하고 경상개발비를 과소표시하고 있는지 점검 필요

□ 투자자산 점검 사항

○ 비상장주식이나 **관계회사 주식** 보유 시 투자자산의 타당성 점검

- 관계기업의 지속적인 적자 실현으로 자본잠식 여부 등

○ **투자부동산**의 경우 다음과 같은 가격 자료를 이용하여 평가

| 가격 자료 | 관련 기관 | 비고 |
|---|---|---|
| 공시지가 | 국토해양부 장관이 고시 | 매년 전국의 땅값을 고시 |
| 개별공시지가 | 시장, 군수, 구청장이 공시지가를 기준으로 세분화하여 땅값을 고시 | 개발부담금 책정할 때 활용 |
| 기준시가 | 국세청장이 고시(건물 포함) | 증여·상속세, 재산세, 종합부동산세 과세표준 |
| 시가표준액 | 시장, 군수, 구청장이 고시(건물 포함) | 국민주택채권의 부과 기준 |
| 시가 | 인근 부동산 거래가격 | 상속세, 증여세의 부과 원칙 |

□ 기타 대손상각이 발생할 수 있는 차변 항목

| 구분 | 의미 |
|---|---|
| 미수금 | 영업활동(일반적 상거래) 이외의 거래에서 발생한 미수채권 |
| 대여금 | 주주, 임원, 종업원이나 관계회사에 빌려준 돈<br>*종업원(복지 관련) 이외 대여금(특히, 특수관계자)과 자금 사정과 실적이 좋지 않은 기업은 주의 있게 검토 필요 |
| 미수수익 | 아직 돈으로 받지 않았지만 발생주의 회계에 따라 수익으로 인식하는 부분<br>(예) 기간이 도래하지 않은 미수이자 |
| 선급금 | 상대방에게 돈을 미리 준 것으로 재화나 용역을 제공하는 기업의 시장 지위가 높은 경우 발생(예 : 영화업계 유명 배우 출연료 등)<br>*기업의 영업활동을 위한 것으로서 매출원가와 대응되므로 자산규모에 비해 과도하고 대손충당금도 많이 쌓였다면 유의 |

## 4. 신용분석 시 유의해야 할 재무상태표 대변(부채) 항목

□ 매입채무 점검 사항

○ 매입채무와 매출원가를 상계하여 부채와 비용을 과소하게 표시 여부 점검

○ 매입채무는 주로 과소계상 가능성이 있어서 특히 유의해야 함.

- (사례) 외감법을 면하기 위해 매입채무와 매출채권을 상계

○ 고정자산을 구입하는 경우에는 장기성미지급금일 가능성이 있으므로 검토가 필요하고 만기가 1년 이후 도래분에 대해서는 현재가치로 평가할 필요 있음.

**[매입채무와 미지급금의 공통점과 차이점]**

| 구분 | 차이점 | 공통점 |
|---|---|---|
| 매입채무 | 원재료·상품을 구입하는 과정에서 발생한 채무 | 정상적인 영업활동에서 발생 |
| 미지급금 | 원재료·상품 이외의 항목의 구입에서 발생한 채무 | |

□ 장기금융부채(장기차입금, 회사채, 장기매입채무)

○ [평가 방법]

- 상각후원가측정 금융부채로서 유효이자율법을 이용하여 상각후원가로 표시
- 기본적으로 유효이자율법(장기차입금 거래가 발생한 시점의 역사적 이자율)을 적용한 **현재가치**에 의해 **평가**

| | |
|---|---|
| 현재가치 < 액면금액 ⇨ 현재가치**할인**차금 | 할인차금의 **상각, 이자비용 = 액면이자 + 상각액** |
| 현재가치 > 액면금액 ⇨ 현재가치**할증**차금 | 할증차금의 **환입, 이자비용 = 액면이자 − 환입액** |

○ 단, 금융부채 평가시점의 시장이자율이 유효이자율과 차이가 크면 원리금 잔액에 대해 현재 형성된 시장이자율로 다시 현재가치를 산출해서 평가

○ [점검 사항]

- 현재가치할인차금 계정은 상황에 따라 자산의 차감계정일 수도 있고 부채의 차감계정일 수 있다. 특히, 회사채는 종류별로 부여되는 권리가 다양하므로 그 성격을 정확히 파악해야 함.

**[회사채 분류체계]**

| 분류기준 | 회사채의 종류 |
|---|---|
| 보증 여부 | 보증사채(guarantee bond), 무보증사채 |
| 원금 상환방식 | 일시상환사채(term bond), 수의상환사채(callable bond), 연속상환사채(serial bond) |
| 이자 지급방식 | 할인채(discount bond), 복리채(compounding bond), 이표채(coupon bond), 영구채(consol bond) |
| 부여된 옵션 | 전환사채(CB: convertible bond), 수의상환사채, 신주인수권부사채(BW: bond with warrant) |
| 담보 유무 | 담보부사채(secured bond), 무담보부사채(unsecured bond) |

○ 신용분석 측면에서는 영업활동과 관련하여 발생하는 매입채무 등의 무이자부부채(Non Interest-bearing Debt)보다 차입금 성격의 **이자부부채(Interest-bearing Debt)가 더 중요**하므로 총차입금에 해당하는 계정과목을 파악하는 것이 필요

**[총차입금의 구성 내용]**

| 구분 | 주요 계정과목 |
|---|---|
| 단기차입금 | 당좌차월, 단기차입금, **Usance**, 유동성장기부채 |
| 장기차입금 | 장기차입금, **금융리스 부채**, 사채(회사채) |

□ 유동성장기부채

○ [정의] 사채, 장기차입금 중 결산일로부터 1년 이내에 상환기간이 도래하는 부채

○ [점검 사항]

- 유동성장기부채는 고액이 많고 대출기한의 연장이 안 되는 경우가 많으므로 차입금 상환계획(차환 또는 대환 등)을 검토해야 함.

□ 유산스(Usance)

○ 수입업자가 수출업자 앞으로 개설한 기한부환어음 발행조건 신용장에 의하여 수출업자가 발행한 기한부 어음금액을 해외은행이 할인・매입하여 주고 수입업자는 기한부 어음만기일까지 대금결제를 유예받는 것으로 외화차입금에 해당

○ [점검 사항]

- 외부감사를 받지 않는 중소기업이면 Usance를 차입금으로 처리하지 않고 매

입채무로 계상하는 경우가 있으니 유의

- Usance에 대한 자세한 설명은 [참고 4-4]에 수록

□ 금융리스 부채

○ 리스이용자는 리스기간 개시일에 최소리스료의 현재가치와 리스자산의 공정가치 중 적은 금액을 금융리스 자산과 금융리스 부채로 각각 인식

- 최소리스료의 현재가치 : 적용되는 할인율은 리스제공자의 내재이자율이며, 만약 이를 알 수 없다면 리스이용자가 유사한 리스에 관해 부담해야 할 이자율(증분차입이자율)을 적용

○ 리스계약은 일정 기간 법적인 소유권이 없으면서 자산의 사용권이 있는 계약으로서 운용리스와 금융리스로 구분

| 구분 | 운용리스 | 금융리스 |
|---|---|---|
| 위험과 보상책임 | 리스 제공자<br>계약기간 만료 후 소유권 이전 X | 리스 이용자<br>소유권 이전(염가 구매) |
| 계약 시 회계처리 | 회계처리 없음 | 리스 사용자산과 금융리스 부채로 계상 |
| 리스료 | 리스임차료(판매관리비)로 비용처리 | 감가상각비와 이자비용(영업외비용) 처리 |
| 부채 인식 | 부외부채 | 금융리스 부채(장기차입금) |

○ [점검 사항]

- K-IFRS에서 리스계약(단기리스 제외)은 **모두 금융리스**로 회계처리되므로 운용리스가 많은 해운업, 운송업, 유통업의 경우 신용분석에 미치는 영향이 큼.

□ 퇴직급여충당부채

○ [정의] 보고기간 말 현재 전 종업원이 일시에 퇴직하면 지급하여야 할 퇴직금에 상당하는 금액

○ [점검 사항]

- 기업은 퇴직금 상당액의 전부 또는 일부를 사외 유치(퇴직연금)하고 있는데, 퇴직연금의 유형에 따라 당기손익에 미치는 영향이 다르다는 것에 유의

**[퇴직연금의 유형]**

| 유형 | 내용 |
|---|---|
| 확정기여(DC)형 | 회사가 지급하는 비용 정함, 기금운용의 성과는 **종업원이 부담** |
| 확정급여(DB)형 | 종업원이 받는 퇴직금 정함, 기금운용의 성과는 **당기손익에 반영** |

*DC : Defined Contribution
**DB : Defined Benefit

□ 자기주식(treasury stock)

- [정의] 투자자(주주)들에게 매각한 주식 중 일부를 재취득하여 보유하고 있는 주식
- 의결권 및 배당권 등의 권한 행사가 불가하나, 재발행(매각) 또는 소각이 가능
  - 재발행 금액이 자기주식 취득원가보다 크면 자기주식처분이익(자본잉여금)으로 처리되고 취득원가보다 작으면 자기주식처분손실(자본조정)로 계상
- 자본금을 줄이기 위해 자기주식을 소각하는 경우
  - 액면금액이 취득원가보다 크면 감자차익(자본잉여금)으로 처리되고 취득원가보다 작으면 감자차손(자본조정)으로 계상

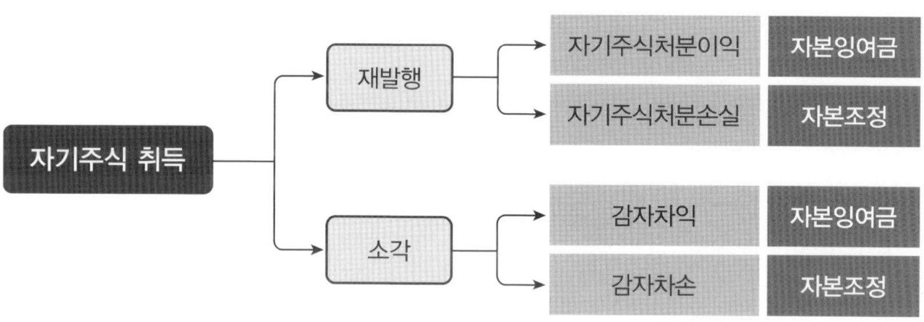


## 5. 주석 사항에 숨어있는 부채

□ 우발채무(부외부채)

- [정의] 현재 채무로 확정되지 않았으나 가까운 미래에 특정 상황이 발생하면 채무로 확정될 가능성이 있는 채무로서 부외부채라고도 함.
- 충당부채(부채성충당금)와 유사점 : 지급 시기나 지급 금액이 확정되지 않음.
- 충당부채와 차이점 : 부채로 인식할 수 있는 요건을 갖추지 못함(**주석 기재**).

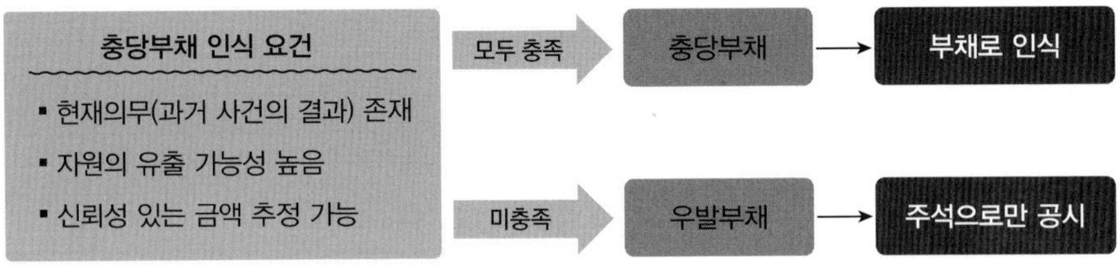


○ [점검 사항] 우발부채 및 약정사항 등에 대한 주석을 통해 우발손실의 발생 가능성 및 시기, 규모 등에 관한 내용을 반드시 확인할 필요가 있음.

> 소송, 지급보증 등과 관련하여 발생하는 우발부채는 그 결과 및 영향 등을 추정할 수 없는 경우 재무상태표에 부채로 인식되지는 않으나, 향후 소송결과 또는 지급보증 현실화 등의 사유로 기업이 소송 패소에 따른 책임을 부담하거나 원래의 채무자를 대신하여 채무를 상환하게 될 가능성이 존재하므로 주의를 기울여야 함.

## 제 6 절 재무제표의 유용성과 한계

### 1. 재무제표의 유용성

□ 재무상태표의 유용성

○ 기업의 유동성 및 재무적 유연성(장·단기 지급능력)에 관한 정보 제공
  - 재무적 유연성 : 예상치 못한 필요나 기회에 대처하기 위해 현금흐름의 규모나 시기를 조정하는 데 필요한 행동을 취할 수 있는 기업의 능력

○ 영업능력(미래 현금 창출 능력)과 경영성과를 평가하는 데 기초적인 정보를 제공
  - 영업능력 : 기업이 계속 영업활동에 사용할 수 있는 경제적 자원
  - 경영성과 : 기업의 목표를 달성하는 데 있어서 효율성과 효과성의 측정치

○ 기업투자 의사결정(자산구성 비율)과 자본조달 의사결정(자본구조)에 관한 정보 제공

□ 포괄손익계산서의 유용성

- ○ 일정 기간 기업 영업활동의 내용과 결과에 대한 정보 제공
- ○ 경영자의 경영능력 및 경영성과를 평가하기 위한 정보 제공
- ○ 기업의 수익성 및 미래의 수익성 예측에 필요한 정보 제공
- ○ 수익과 비용의 발생 및 원천에 대한 정보 및 비용 지급능력에 대한 정보 제공

## 2. 재무제표의 한계점

□ 재무상태표의 한계

- ○ 대부분 역사적 원가로서 자산의 현행가치를 나타내지 못해 자산과 부채의 가치가 경제적 실질 가치와 차이가 있을 수 있음.
- ○ 다양한 회계처리방법이 존재하고 주관적인 추정이 상당히 개입되어 회계처리방법 또는 추정방법이 다를 경우 동종기업 간 비교분석을 어렵게 함.
- ○ 재무적 가치가 있는 비계량적 정보가 포함되지 않음.
  - 비계량적 정보 : 제품의 우수성, 경영능력, 우수 인재 등과 같은 인적자원의 가치 등
- ○ 부외금융 현상이 나타날 수 있음.

□ 포괄손익계산서의 한계

- ○ 회계이익이 진실한 이익인지의 문제
  - 기업의 이익에 공헌하지만, 계량화될 수 없는 항목이 포함되지 않음.
- ○ 수익·비용이 정확히 대응되지 못하고 원가배분이나 대손 추정에 있어서 주관적인 개입 가능성 큼.
- ○ 기업이 채택한 회계정책은 이익의 질(quality)에 영향을 미침.
- ○ 이익 과대계상 경향(수익 : 현행가격, 비용 : 역사적 원가)

□ (생각해 봅시다) 재무제표는 과거와 현재만을 반영한 것으로서 재무제표의 한계점은 극복될 수 없는 것인가?

- ○ "역사란 과거와 현재의 끊임없는 대화이다. 이러한 과정을 통해서 역사는 현재를 통찰하고 미래를 예측할 수 있다."

## [참고 4-1] 금융자산의 분류와 평가방법

### 1. 금융자산의 분류

□ 금융자산의 회계 계정과목상 분류는 재무안정성에 미치는 영향이 크므로 분류의 정확성 여부를 정확히 확인해야 함.

□ 금융자산의 성격상 분류

① 채무증권(채권) : 금전을 청구할 수 있는 권리

- 계약상 정해진 현금흐름이 있는 금융자산 : 사채, 국채, 공채 등
- 현금흐름의 변동성 존재 : 전환사채, 후순위채권, 구조화된 채권 등

② 지분증권(주식) : 다른 회사의 소유권을 주장할 수 있는 권리(예 : 콜옵션 등)

### 2. 금융자산의 계정과목 분류

□ 회계기준에 따른 금융자산의 분류를 비교하면 다음과 같음.

| 일반기업회계기준<br>(K-GAAP) | 중소기업회계기준 | 한국채택국제회계기준<br>(K-IFRS) |
|---|---|---|
| • 만기보유증권<br>• 단기매매증권<br>• 매도가능증권<br>• 지분법적용투자주식 | • 단기투자자산(유가증권)<br>• 장기투자증권 | • 상각후원가측정 금융자산<br>• 공정가치측정 금융자산<br>① 당기손익 인식<br>② 기타포괄손익 인식<br>• 관계기업투자주식 |

○ 지분증권의 경우 기타포괄손익인식 공정가치측정 금융자산은 단기매매목적이 아닌 것으로서 최초인식 시점에 기타포괄손익으로 선택한 증권을 의미

□ K-GAAP에서의 지분증권(주식)의 분류

| 계정과목 | 요건 | B/S 표시 |
|---|---|---|
| 단기매매증권 | ① 단기매매차익 목적<br>② 매매거래가 빈번 | 유동자산 |
| 지분법적용투자주식 | ① 지분증권(주식)일 것<br>② 유의적인 영향력*이 있음. | 투자자산 |
| 매도가능증권 | 단기매매증권 및 지분법적용투자주식 이외 모두 | 투자자산 |

*유의적인 영향력 : 20% 이상 지분을 보유하고 유의적인 영향력 행사

□ K-GAAP에서의 채무증권(채권)의 분류

| 계정과목 | 요건 | B/S 표시 |
|---|---|---|
| 단기매매증권 | ① 단기매매차익 목적<br>② 매매거래가 빈번 | 유동자산 |
| 만기보유증권 | ① 상환 시기와 금액 확정<br>② 만기까지 보유 의도가 있음. | 투자자산 |
| 매도가능증권 | 단기매매증권 및 만기보유증권 이외 모두 | 투자자산 |

□ K-IFRS에서의 채무증권(채권)의 분류

| 계정과목 | 요건 | K-GAAP |
|---|---|---|
| 상각후원가측정 금융자산<br>(AC : Amortized Costs) | 원리금과 이자를 수취할 목적 | 만기보유증권 |
| 기타포괄손익 공정가치측정 금융자산<br>(FVOCI : Fair Value through Other Comprehensive Income) | 원리금(이자)을 수취할 목적 + 매도할 목적 | 매도가능증권 |
| 당기손익 공정가치측정 금융자산<br>(FVPL : Fair Value through Profit or Loss) | AC와 FVOCI 이외 모두 | 단기매매증권 |

□ K-IFRS에서의 지분증권의 의미

- ○ 계약상 현금흐름 특성 요건(원금+이자)을 충족하지 않는 증권
- ○ 지분증권은 원칙적으로 FVPL로 분류

○ 장기투자 목적일 때 FVOCI로 선택 가능하나, 한번 선택하면 취소(분류 방법 변경)가 안 됨.

## 3. 금융자산의 평가 방법

□ 금융자산을 평가하는 방법은 다음과 같이 네 가지가 있음.

○ 비상장주식으로 공정가치를 신뢰성 있게 측정할 수 있는 경우에는 공정가치법으로 평가하고 측정할 수가 없는 경우에는 원가법으로 평가

| 평가 방법 | 장부금액 표시 | 적용 증권 |
|---|---|---|
| 원가법 | 최초의 취득원가로 표시하고 취득일 이후에도 공정가치 변동을 장부에 반영 안 함. | 매도가능증권<br>(비상장주식) |
| 상각후원가법 | 유효이자율법에 따른 상각후원가로 표시하고 기말에 공정가치 변동을 반영하지 않음. | 만기보유증권 |
| 공정가치법 | 재무상태표일 현재의 공정가치로 표시하고, 기말에 공정가치 변동을 장부에 반영 | 단기매매증권,<br>매도가능증권 |
| 지분법 | 기말의 지분율만큼 피투자회사의 순자산가액 변동(당기손익)을 장부에 반영 | 지분법 적용<br>투자주식 |

□ 유효이자율법(effective interest ratio)

○ 채권(사채 등) 투자에 따른 미래 현금흐름의 현재가치($P_n$)와 취득원가($P_0$)를 일치시키는 이자율($r$)

n 시점 후 금액($P_n$)의 현재가치($P_0$) : $P_0 = \frac{P_n}{(1+r)^n}$

○ 유효이자율을 산출하기 어려우면 시장이자율을 대용치로 많이 사용

○ 채권은 일반적으로 표시이자율이 낮아서 투자자의 보상 요구를 충족시키기 위해 할인 취득을 활용

○ (예시) 만기(n)까지 매년 말에 이자를 수취하는 사채에 대한 회계처리

이자 수취 금액 = 채권 액면금액 × 표시이자율

이자수익 금액 = 기초 장부금액 × 유효이자율

□ 상각후원가 계산 방법 예시

○ 채권의 액면금액 100,000원, 표시이자율 4%, 만기 3년인 채권을 97,277원에 취득, 당시 시장이자율(유효이자율)이 5%인 경우 상각후원가 계산

| 연도 | 이자수익<br>① | 이자 수취액<br>② | 할인액 상각<br>③=(①-②) | 상각후원가<br>(기초가액+③) |
|---|---|---|---|---|
| Y1년 초 | | | | 97,277 |
| Y1년 말 | 4,864 | 4,000 | 864 | 98,141 |
| Y2년 말 | 4,907 | 4,000 | 907 | 99,048 |
| Y3년 말 | 4,952 | 4,000 | 952 | 100,000 |
| 계 | 14,723 | 12,000 | 2,723 | |

○ Y1년 말 이자 수취액 = 채권 액면금액(100,000원) × 표시이자율(4%) = 4,000원

○ Y1년 말 이자수익 = 기초 장부금액(97,277원) × 유효이자율(5%) = 4,864원

## 4. 금융자산 평가손익의 인식

□ 일반기업회계기준(K-GAAP) : 만기보유증권은 반드시 만기까지 보유하지 않아도 됨.

| 계정과목 | | 평가 방법 | 평가손익 인식 |
|---|---|---|---|
| 단기매매증권 | | 공정가치법 | 당기손익 |
| 만기보유증권 | | 상각후원가법 | 평가하지 않음 |
| 매도가능증권 | 채권 및 상장주식 | 공정가치법 | 기타포괄손익 |
| | 비상장주식 | 원가법 | 평가하지 않음 |
| 지분법적용투자주식 | | 지분법 | 당기손익 |

□ 한국채택국제회계기준(K-IFRS)

| 계정과목 | | 평가 방법 | 평가손익 인식 |
|---|---|---|---|
| 상각후원가측정 금융자산(AC) | | 상각후원가법 | 평가하지 않음 |
| 당기손익 공정가치측정 금융자산(FVPL) | | 공정가치법 | 당기손익 |
| 기타포괄손익 공정가치측정 금융자산(FVOCI) | | 공정가치법 | 기타포괄손익 |
| 관계기업 투자주식 | 지분율 20~50% | 지분법 | 당기손익 |
| | 지분율 50% 초과 혹은 최대 주주 | 연결재무제표 | |

## 5. 금융자산의 제거(처분)

□ 일반기업회계기준(K-GAAP)

| 계정과목 | 금융자산 처분 시 회계처리 방법 | 비고 |
|---|---|---|
| 매도가능증권 | 처분이익으로 재분류하고 당기손익에 반영 | 주식, 채권 동일 |

□ 한국채택국제회계기준(K-IFRS)

<table>
<tr><th>계정과목</th><th colspan="2">금융자산 처분 시 회계처리 방법</th><th>비고</th></tr>
<tr><td rowspan="2">기타포괄손익<br>공정가치측정<br>금융자산<br>(FVOCI)</td><td>채권</td><td>처분이익으로 재분류하고 당기손익에 반영</td><td>매도가능증권과 동일</td></tr>
<tr><td>주식</td><td>처분이익으로 재분류하지 않으며 당기손익에 반영되지 않음.</td><td>이익잉여금에 반영<br>공정가치측정 후 처분</td></tr>
</table>

## [참고 4-2] | 유형자산의 재평가와 처분

### 1. 유형자산의 재평가

□ 취득원가로 계상한 유형자산을 보고기간 말 공정가치로 재평가하여 표시

- ○ 공정가치가 상승하면 : 재평가이익(기타포괄손익)으로 인식. 다만, 동일한 자산에 대하여 이전에 당기손익으로 인식한 재평가감소액이 있다면 그 금액을 한도로 재평가증가액만큼 당기손익으로 인식

  ⇨ 자본항목으로 손익계산서에 반영하지 않음.
- ○ 공정가치가 하락하면 : 재평가손실(당기비용)로 인식. 다만, 동일한 자산에 대한 재평가잉여금(기타포괄손익누계액)의 잔액이 있다면 그 금액을 한도로 재평가감소액을 기타포괄손익으로 인식

□ 투자부동산(투자자산)

- ○ 재평가의 **시가 상승분**은 자본항목이 아니라 **당기수익**(투자부동산평가이익)

  ⇨ 신용분석 시 투자부동산평가이익은 주석을 참고하여 당기손익에 미치는 영향을 고려해야 함.

### 2. 재평가한 유형자산의 처분(제거)

□ 유형자산을 처분하였으면 재평가잉여금(기타포괄손익누계액)은 당기손익(이익잉여금) 항목으로 대체

- ○ 감가상각 대상 자산의 재평가잉여금은 당해 자산을 사용함에 따라 일부를 이익잉여금(RE)으로 대체할 수 있음(K-IFRS).
  - 자산사용 중 이익잉여금으로 대체 금액 = 재평가 감가상각액 - 최초원가 감가상각액

| 구분 | K-GAAP | K-IFRS | 중소기업회계기준 |
|---|---|---|---|
| 재평가법 허용 여부 | 허용 | 허용 | 허용 안 함 |
| 이익잉여금으로 대체 | 유형자산 처분 시에만 대체 | 유형자산 처분 및 감가상각 시에도 대체 | - |

## [참고 4-3] | K-IFRS에서의 재무제표 구분

☐ 연결재무제표, 별도재무제표, 개별재무제표로 구분

☐ 연결 중심의 IFRS가 적용되더라도 기업의 법적실체에 대한 개별재무제표 또는 별도재무제표가 세법, 상법, 투자자의 다양한 요구 등에 따라 필요하기 때문임.

☐ 기본재무제표

- [정의] 기업이 작성해야 할 재무제표로 개별재무제표일 수도 있고 연결재무제표일 수도 있으나, IFRS에서는 연결재무제표가 기본재무제표

☐ 별도재무제표

- [정의] 종속기업을 보유한 기업이 연결재무제표에 추가하여 종속기업 등에 대한 투자를 원가법, 공정가치법, 지분법 중 어느 하나를 적용하여 표시한 재무제표
- K-IFRS에서는 별도재무제표를 작성하도록 강제하고 있지는 않음.
- 단, 관련 법규에서 규정하고 있거나 기업이 별도재무제표를 제공하기로 하면 작성하게 하고 있음.
- 주로 세무 목적으로 작성하고 있어 상장기업 대부분이 원가법을 적용

| 구분 | 분류기준 |
|---|---|
| 종속기업 | 지배력 있는 기업 (투자지분 50% 초과 등) |
| 공동기업 | 2인 이상의 주주로부터 공동지배를 받는 기업 |
| 관계기업 | 유의적인 영향력 있는 기업 (투자지분 20~50%) |

☐ 개별재무제표

- [정의] 종속기업을 보유하지 않는 기업 혹은 종속기업이 작성하는 재무제표
- 별도재무제표와 동일하지만, 종속기업을 보유하고 있지 않으므로 별도재무제표라는 용어를 사용하지 않음.
- 연결재무제표를 작성하지 않으므로 관계회사 투자주식에 대하여 지분법을 적용

☐ 연결재무제표

- [정의] 지배, 종속 관계에 있는 2개 이상의 기업을 단일 실체로 보아 각 회사의 재무제표를 종합하여 작성하는 재무제표
- 지배기업 재무제표 + 종속기업 재무제표 - 내부거래 등 = 연결재무제표
- 지배기업과 종속기업의 재무정보(자산, 부채, 자본, 수익, 비용)를 하나로 합산한 후 내부거래 등을 제거한 재무제표
- 지배기업만의 재무정보는 별도재무제표를 통해 확인 가능
- 연결실체 내 매출 거래 등이 많은 경우, 별도재무제표의 실적은 확대되더라도, 연결재무제표에서는 이러한 내부거래 효과가 제거
- 기업의 연결실체 내부거래와 외부 고객과의 거래에 따른 효과를 구분하기 위해서는 연결과 별도 재무제표의 비교가 반드시 필요

| | 투자지분 | 피투자기업 | 작성되는 재무제표 | 회계처리 |
|---|---|---|---|---|
| 지배기업 | 50% 초과 | 종속기업 | 연결재무제표 | 순이익 합산 |
| | 20~50% | 관계기업 | 연결재무제표 | 지분법 평가 |

**[연결재무제표 예시]**

[별도포괄손익계산서(단위: 백만 원)]

| 과목 | D사 |
|---|---|
| Ⅰ. 매출액 | 15,000 |
| Ⅱ. 매출원가 | 9,000 |
| Ⅲ. 매출총이익 | 6,000 |
| Ⅳ. 판매비와관리비 | 5,000 |
| Ⅴ. 영업이익 | 1,000 |

\+

| 과목 | 종속기업 |
|---|---|
| Ⅰ. 매출액 | 5,000 |
| Ⅱ. 매출원가 | 4,000 |
| Ⅲ. 매출총이익 | 1,000 |
| Ⅳ. 판매비와관리비 | 500 |
| Ⅴ. 영업이익 | 500 |

→ D사와 종속기업 간 거래 제거

[연결포괄손익계산서(단위: 백만 원)]

| 과목 | D사 연결 |
|---|---|
| Ⅰ. 매출액 | 16,000 |
| Ⅱ. 매출원가 | 10,600 |
| Ⅲ. 매출총이익 | 5,400 |
| Ⅳ. 판매비와관리비 | 5,500 |
| Ⅴ. 영업이익(손실) | (100) |

D사 매출의 많은 부분이 종속기업을 통해 발생하지만, 종속기업은 D사로부터 매입한 제품을 아직 외부 고객에 판매하지 못함. 즉, 내부거래 효과를 제거한 D사의 연결 실적(매출액 16,000백만 원)은 D사와 종속기업의 별도 기준 실적을 단순 합산(매출액 20,000백만 원)한 것보다 적게(△4,000백만 원) 산출됨.

**[관계회사, 종속회사에 투자한 회사가 작성해야 하는 재무제표]**

| 구분 | 투자회사가 작성하여야 하는 재무제표 | | |
|---|---|---|---|
| | 연결재무제표 | 개별재무제표 | 별도재무제표 |
| A : 관계회사<br>B : 관계회사<br>C : 관계회사 | 작성할 필요가 없음 | 작성<br>(A, B, C 모두<br>지분법 평가) | 작성<br>(A, B, C 모두<br>공정가치법 또는<br>원가법 적용) |
| A : 종속회사<br>B : 관계회사<br>C : 관계회사 | 작성<br>(B, C는 연결재무제표상<br>지분법 적용) | 해당 없음 | 작성<br>(A, B, C 모두<br>공정가치법 또는<br>원가법 적용) |
| A, B, C 회사가 모두<br>종속회사<br>- 연결재무제표 작성<br>면제요건 충족 | 작성할 필요가 없음 | 해당 없음 | 작성<br>(A, B, C 모두<br>공정가치법 또는<br>원가법 적용) |

○ 신용분석 시 재무제표의 성격을 이해해야 하고 기업 간 비교분석 시 유의해야 함.

## [참고 4-4] | 은행 여신의 종류 및 Usance

### 1. 금융기관 여신심사기준에서 주요 차입금의 정리

<table>
<tr><td rowspan="3">총여신액</td><td rowspan="3">=</td><th>총차입금</th><td rowspan="3">+</td><th colspan="3">총차입금 제외 여신</th></tr>
<tr><td rowspan="2">• 운전(시설)자금<br>• 회사채(원금)<br>• 시설대여(금융, 운용리스)<br>• 할부금융<br>• Banker's Usance<br>• 내국수입 유산스<br>• 차관자금 대출을 위한 수입신용장<br>• 무역금융이 수반되는 수입 및 내국신용장<br>• 대출이 전제되는 수출용 원자재 수입(구매)신용장<br>• 무역 어음인수<br>• Network Loan(채무자가 판매기업)<br>• 구매자금 대출, 구매전용 카드대출</td><td>기타여신</td><td>• 할인어음(상업어음)<br>• 팩토링 대출<br>• B2B대출(채무자가 판매기업)<br>• 수출환어음 매입(D/A, D/P, 매입외환)</td><td>어음할인</td></tr>
<tr><td>비자금성지급보증</td><td colspan="2">• 이행보증<br>• 납세보증<br>• 물품담보지보(상거래 담보, 어음보증)<br>• 타행대출지보<br>• 수출선수금환급보증<br>• 제3자를 위한 융자담보 보증(Stand by L/C 등)<br>• 기타 금융이 수반되지 않는 수입 신용장(일람불 L/C, Shipper's Usance 등)</td></tr>
</table>

### 2. 신용장(L/C: Letter of Credit)의 개념과 경로

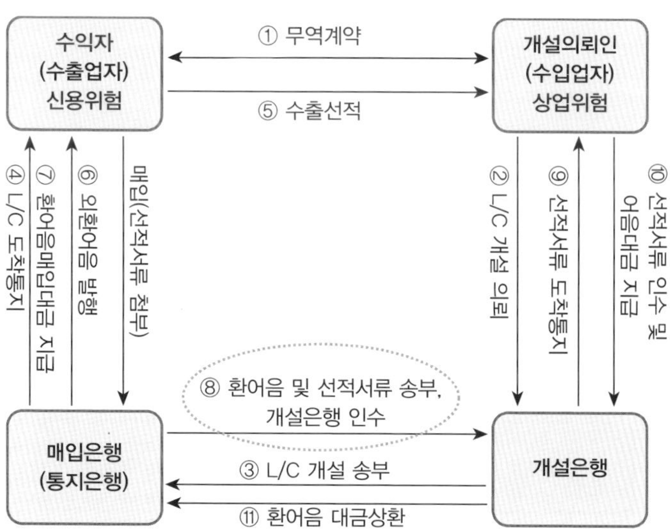

## 3. 유산스(Usance)의 개념

□ Banker's Usance(해외은행인수 신용장)

- 수입업자가 수출업자 앞으로 개설한 기한부환어음 발행조건 신용장에 의하여 수출업자가 발행한 기한부 어음금액을 해외은행이 할인 · 매입하여 주고 수입업자는 기한부 어음만기일까지 대금결제를 유예받는 것을 의미

[Banker's Usance 경로]

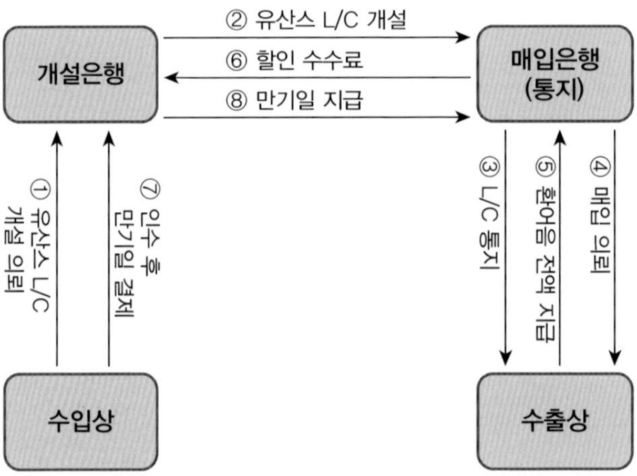


□ Shipper's Usance(무역인수 신용장)

[Shipper's Usance 경로]

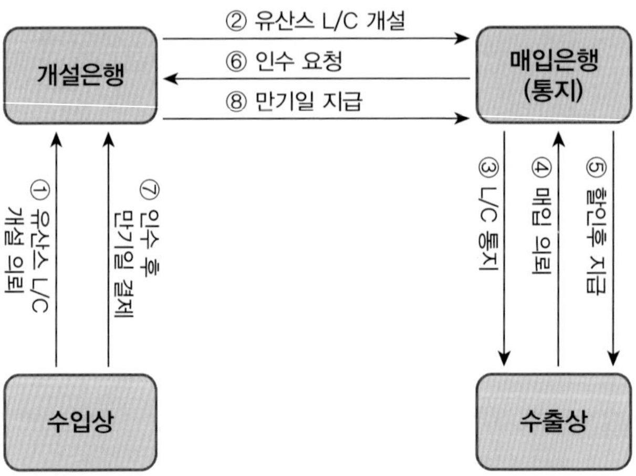

□ Banker's Usance와 Shipper's Usance의 차이점

- ㅇ Banker's Usance일 경우 환어음 만기일까지의 이자가 은행에 귀속되는 반면에 Shipper's Usance는 수출업자에게 귀속
- ㅇ Banker's Usance는 할인 수수료(Charge)를 개설은행이 부담(추후 수입상이 최종적 부담)하고 해외 매입은행의 신용공여가 발생하는 반면, Shipper's Usance는 할인 수수료를 수출상이 부담

□ 내국수입유산스(Domestic Banker's Usance)

- ㅇ 내국수입유산스는 Banker's Usance의 일종으로 신용공여측이 수입국의 은행(국내 은행), 즉 신용장발행은행인 경우임.
- ㅇ 수입상 입장에서는 은행의 금융을 이용하여 수입대금의 지급이 Usance 기간만큼 유예되면서 수입 상품을 인도받게 됨.
- ㅇ 수입 상품을 판매하여 수입대금을 마련할 수가 있고, 해외의 매입은행 입장에서는 수출환어음이 표면적으로 기한부어음이나 발행은행에 의하여 일람불로 결제받게 되므로 사실상 일람불 조건의 수출환어음을 매입할 경우와 동일

## 4. 기타 수출업자에 대한 금융

□ 무역어음인수(trade bill, trade note)

- ㅇ 수출업체가 신용장을 토대로 발행한 어음
- ㅇ 수출업체는 인수기관에서 인수한 후 중개 기관에 할인을 의뢰함으로써 필요한 자금을 조달
- ㅇ 중개 기관은 할인・매입한 무역어음을 일반투자자에게 매각하여 유통하고, 수출업체는 선적서류 매입 시 NEGO 자금으로 무역어음 대금을 상환
- ㅇ 어음 기간은 최장 180일 이내
- ㅇ 은행인수어음이 선적 後 수입업자에 대한 금융인 데 반하여 무역어음은 선적 前 수출업자에 대한 금융임.

□ 수출환어음 매입(D/A, D/P, 매입외환)

- ㅇ 수출자가 선적을 이행하면서 발생하는 여러 가지 서류들(선하증권, 상업송장,

포장명세서, 보험증권, 검사증명서 등의 제반 서류)을 선적서류 또는 선적관계 서류라고 함.

- ○ 매입은행에 선적서류 일체를 제시하면서 수출대금을 청구하는 시점에서 매입은행의 수출환어음 서식을 작성하여 함께 제시하면 매입은행은 그 환어음을 매입(NEGO)하는 형태로 업무 진행이 되면서 수출대금을 수출자에게 지급
- ○ ⇨ 따라서 NEGO를 "**수출환어음 매입**"이라고 해석하게 됨.

□ 제3자를 위한 융자담보 보증(Stand by L/C 등)

- ○ 금융의 담보 또는 채무보증의 목적으로 발행되는 무화환(선적서류가 없음) 신용장으로 국내 해외지사나 현지법인이 신용장 개설 및 현지금융의 수혜 시 담보 활용
  - 화환신용장(Documentary L/C) vs. 무화환신용장(Clean L/C)

□ 수출선수금환급보증(Refund Guarantee)

- ○ 외국 수입상, 발주처로부터 착수금을 미리 영수하고 관련 수출의 불이행 또는 공사의 취하 등으로 동 대금을 상환하지 못하면 미상환 금액의 환급에 대한 보증

CHAPTER 4

# 연습문제

**01** 재무제표란 기업의 활동을 통한 경영성과와 관련된 재무 상태를 표시한 모든 보고서로서 외부감사를 받지 않는(비외감) 기업의 재무제표 종류로는 대차대조표, 손익계산서, 이익잉여금처분계산서, 현금흐름표가 있다.

① ○　　② ×

**02** 상이한 기업들이 유사한 사건을 보고할 때 통일성을 부여하여 재무제표의 비교가능성을 높이기 위해 일반적으로 보편타당하고 합리적으로 인정되는 일련의 원칙을 국제회계기준(IFRS)이라고 한다.

① ○　　② ×

**03** 우리나라는 비상장 중소기업을 포함한 모든 기업회계 관련 기준을 민간단체인 사단법인 한국회계기준원(KAI) 산하 한국회계기준위원회(KASB)에서 제정하고 있다.

① ○　　② ×

**04** 손익거래에서 발생한 순자산의 변동액 중 장기미실현손익으로 분류되어 당기순손익에 반영되지 못하는 항목을 기타포괄손익항목이라 한다.

① ○　　② ×

**05** 다음은 기업별 회계기준 적용 관련 설명이다. 틀린 것은?

① '한국채택국제회계기준(K-IFRS)'은 상장기업과 금융회사에 한해서 적용하고 있다.
② 비상장기업 중 금융회사가 아닌 외부감사 대상 기업은 '일반기업회계기준(K-GAAP)'을 적용하고 있다.
③ 정부 및 공공기관은 '공기업 및 준정부기관 회계원칙'을 의무적으로 적용하고 있다.
④ 중소기업 및 유한·합자·합명회사는 '일반기업회계기준(K-GAAP)'을 준용하고 있다.

**06** 다음은 재무보고 개념체계에 대한 설명이다. 틀린 것은?

① 재무제표의 작성과 표시에 있어 기초가 되는 개념을 의미한다.
② 재무보고를 위한 기본가정 중 기업 실체는 독립적으로 존재하는 것으로서 법적실체와 일치한다.
③ 재무보고의 목적은 투자 및 신용 의사결정에 있어서 유용한 정보를 제공하는 것이다.
④ 재무제표의 구성(기본)요소로는 자산, 부채, 자본, 수익, 비용이 있다.

**07** 다음은 재무제표 기본요소의 인식과 측정에 관한 설명이다. 맞는 것은?

① 자산의 증가나 부채의 감소와 관련하여 미래 경제적 효익이 증가하고 이를 신뢰성 있게 측정가능하면 비용으로 인식한다.
② 공정가치란 취득 시점에서 공정가치가격으로 취득한 원가를 말한다.
③ 금융자산 취득 시점의 가격과 미래 명목현금흐름의 현재가치가 일치되게 하는 유효이자율로 할인한 가액을 상각후원가라 한다.
④ 미래 경제적 효익이 유입될 가능성이 높고 금액을 신뢰성 있게 측정가능하면 부채로 인식한다.

**08** 재무상태표(B/S)에 대해서 잘못 설명하고 있는 것은?

① 일정 시점 현재 기업이 보유하고 있는 경제적 자원인 자산과 경제적 의무인 부채 그리고 자본에 대한 정보를 제공하는 표이다.
② 자산의 취득원가 측면에서 차변은 자금운용내역을, 대변은 자금조달내용을 나타낸다.
③ 기업가치 분석자 입장에서는 대변 가치가 차변 가치보다 중요하다.
④ 자산의 공정가치 측면에서 차변은 경제적 자원의 가치를, 대변은 지분내역을 나타낸다.

**09** 재무제표를 보는 관점에 대한 설명 중 잘못된 것은?

① 경영활동 측면에서 유동자산과 유동부채(이자부부채 제외)는 영업활동의 결과이고 비유동자산은 재무활동의 결과이다.
② 손익계산서는 1년 동안 장사해서 번 돈에서 쓴 돈을 공제하고 남은 돈을 나타내는 것으로서 일정 기간에 기업의 경영성과를 보여주는 표이다.

③ 재무상태표의 차변과 손익계산서의 영업이익이 기업의 가치를 창출한다.
④ 주석은 재무제표 본문에 표시되지 않은 항목에 대한 다양한 정보도 포함하므로, 재무제표 분석 시 반드시 본문과 관련 주석을 함께 보아야 한다.

**10** 신용분석 시 유의해야 할 계정과목에 대한 설명이다. 맞는 것은?

① 매출액이 감소했는데 재고자산이 감소하였다면 재고자산이 진부화되었을 가능성이 크다.
② 미래의 경제적 효익이 불투명한 연구개발(R&D) 관련 비용은 개발비로 처리한다.
③ 자기주식처분이익은 자본잉여금, 자기주식처분손실은 자본조정 항목이다.
④ 운용리스 계약에 의한 리스회계는 리스사용권 자산과 리스 부채(차입금)로 처리한다.

**11** 금융자산에 관한 설명이다. 잘못된 것은?

① 한국채택국제회계기준(K-IFRS)의 상각후원가측정 금융자산은 일반기업회계기준(K-GAAP)에서는 매도가능증권(AFS)이라고 한다.
② 중소기업회계기준에서 금융자산은 단기투자자산(유가증권)과 장기투자증권으로만 분류한다.
③ 일반기업회계기준에서 단기매매증권만 유동자산으로 분류하고 그 외 증권(만기보유증권, 매도가능증권, 지분법적용투자주식)은 투자자산으로 분류한다.
④ 일반기업회계기준에서 채권과 상장주식인 매도가능증권의 평가손익은 기타포괄손익으로 인식하여 당기손익으로 인식하지 않지만, 처분(제거) 시에는 처분손익으로 재분류하여 당기손익에 반영한다.

**12** 신용분석 시 재무제표의 모든 항목을 검토하면 시간적인 비효율성뿐 아니라 많은 내용을 분석하다 보면 실제로 중요한 내용을 간과할 수가 있다. 따라서 모든 계정과목을 분석할 필요성은 없지만 반드시 검토해야 할 계정과목을 검토순서 측면에서 설명하시오.

**13** 발생주의 회계(accrual accounting)를 발생(accrual)과 이연(deferral) 측면에서 설명하시오.

**14** 재무상태표(B/S)와 손익계산서(I/S)를 보는 관점에 관해 설명하시오.

**15** 매출채권, 재고자산, 매입채무 항목에 대한 신용분석에 있어서 유의해야 할 사항을 설명하시오.

**16** 총차입금을 구성하고 있는 계정과목을 나열하고 신용분석에서, 특히 유의해야 할 차입금에 관해 설명하시오.

**17** 주석은 재무제표의 하나이다. 신용분석 시 유의해야 할 주석 사항에 관해 설명하시오.

**18** 기타포괄손익이 갖는 의미에 관해 설명하고 이에 해당하는 계정과목 두 가지 이상을 나열하시오.

CHAPTER

05

# 현금흐름표에 대한 이해

# 제 1 절 현금흐름표의 의미 및 유용성

## 1. 현금흐름표(SCF: Statement of Cash Flows)의 의미

□ 일정 기간 현금의 변동 내용을 기업의 **경영활동별**로 명확하게 보고하기 위하여 현금의 유입과 유출에 관한 정보를 **현금주의**에 따라 **작성**하는 보고서

- ○ 다시 말하면 경영활동(영업, 투자, 재무)이 반영된 재무상태표와 손익계산서의 현금이 수반된 활동만을 합친 현금주의에 따른 재무제표

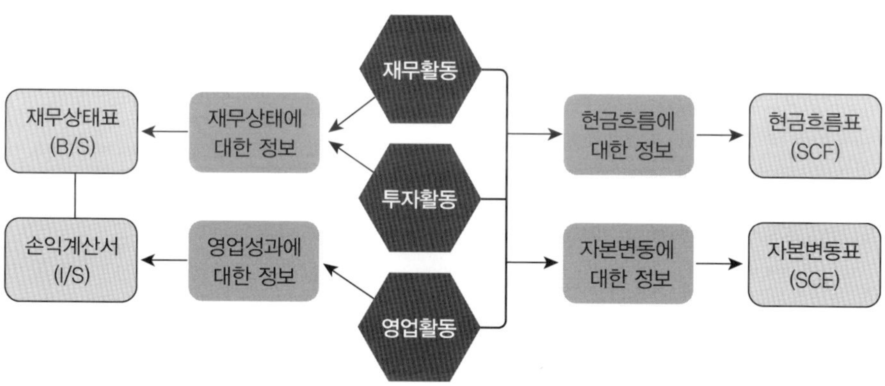


□ 현금주의(Cash Basis) : 거래의 발생 시점과 관계없이 **현금 수지가 이루어진 시점**에 이를 보고하는 방법

□ 발생주의(Accrual Basis) : 현금 수지 여부와 관계없이 경제적 사건의 발생에 초점을 두고, **거래가 발생한 시점**에 이를 보고(인식)하는 방법

□ 현금흐름표는 손익계산서, 재무상태표와 더불어 중요한 재무제표

□ **(Quiz)** 과거 경제위기(IMF)를 경험한 일부 전문가(?)들은 현금흐름표를 재무제표 중에서 가장 중요한 보고서라고 주장한다. 과연 맞는 말인가?

- ○ (Hint) 기업의 가치는 B/S의 차변과 I/S의 영업이익에서 나타남.

## 2. 현금흐름 정보가 필요한 이유

1 현금흐름 정보는 기업의 경영활동이 원활하게 수행되고 있는지를 알 수 있게 함.

- 현금은 기업의 유동성 확보와 경영활동 수행을 위한 기본적이고 중요한 유동자산

2 현금흐름 정보는 발생주의 회계를 통한 이익조정 등의 문제점을 완화

- 발생(accrual)이나 이연(deferral)을 통해 **재량적**으로 회계처리할 수 있는 이익에 비해 왜곡하기 어려움.
  - 재량적 : 경영자가 회계처리 방법 선택(재고자산 평가 방법 등) 및 추정 등을 사용하여 당기손익을 고의로 달라지게 할 수 있는 것

3 B/S와 I/S가 제공하지 못하는 중요한 경영활동 정보 제공

- 재무상태표(B/S)는 일정 시점 현금 잔액 정보만을 제공하여 전기 현금 잔액과 비교하여 당기 현금 증가액만 알 수 있음.
- 포괄손익계산서(I/S)의 순이익은 발생주의 회계에서 산출된 정보로서 비용의 임의 배분이나 추정이 개입됨으로써 현금흐름과는 차이 발생

## 3. 현금흐름표의 유용성(SFAS)

□ 현금흐름표의 첫 번째 목적은 일정 기간 기업의 현금유입과 유출에 관한 정보를 제공하는 것이며, 두 번째 목적은 현금을 기준으로 기업의 경영활동(영업, 투자, 재무)에 관한 정보를 제공하고 이와 더불어 아래와 같은 유용한 정보를 이용자에게 제공

- SFAS(Statement of Financial Accounting Standards) : FASB에서 정한 일종의 재무회계 관련 기준 해석

□ 미래 현금흐름의 예측과 평가(Ability to generate future net cash flows)

- 영업활동에서 조달된 순현금흐름과 매출액과의 관계 및 현금증감액과의 관계를 알 수 있게 되므로 기업 실체에 대한 미래 현금흐름의 금액, 시기 및 불확실성을 보다 더 정확하게 예측 가능

□ 부채 상환능력 및 기업의 배당금 지급능력(Ability to meet obligations and pay dividends)

- ○ 영업활동에서 조달된 현금을 포함한 기업의 현금흐름 정보를 통하여 기업의 지급능력, 유동성 및 재무적 신축성을 평가할 수 있는 정보를 제공

□ 당기순이익과 영업활동에 의한 현금흐름과의 차이에 대한 평가정보(Reasons for differences between income and associated cash receipts and payments)

- ○ 순손익은 그 계산과정에서 회계가정, 추정 등이 수반되기 때문에 이익에 관한 정보로서의 신뢰성에는 문제가 있을 수 있으므로 순손익과 현금흐름을 비교함으로써 이익의 질(quality)을 평가할 수 있음.

□ 일정 기간 현금 및 비현금 측면에서 투자활동과 재무활동 거래가 기업의 재무 상태에 미친 영향에 관한 정보(Both cash and non cash aspects of entity's investing and financing activities)

- ○ 당기순이익(손실)이 발생하였음에도 불구하고 현금 또는 배당금이 감소(증가)하게 된 이유 등을 이해할 수가 있음.

**[현금흐름표의 유용성에도 불구하고 발생주의 회계가 필요한 이유]**

현금주의 회계는 투자와 투자수익을 적절히 대응시킬 수 없으므로 성과를 적정하게 측정할 수가 없음. 반면에 발생주의 회계는 발생과 이연을 통해 비용과 수익을 적절히 산출함으로써 일정 기간 기업의 경영성과를 적정하게 측정할 수 있으므로 재무보고의 목적으로 발생주의 회계를 기준으로 B/S 및 I/S 작성을 하는 것임.

## 4. 현금흐름표에서 현금의 개념

□ 현금흐름표에서 현금은 재무상태표상의 '현금및현금성자산'을 의미함.

- ○ 현금및현금성자산은 현금과 현금성자산으로 구성되는데, 현금은 통화, 통화대용증권 및 요구불예금이며, 현금성자산은 취득당시 만기가 3개월 이내인 금융자산을 말함.
- ○ 취득 당시 만기가 3개월 초과 1년 이내인 단기투자자산(정기예금, CD 등)은 단기금융상품, 1년 초과인 것은 장기금융상품(투자자산)으로 분류됨에 유의

| 계정과목 | 해당 자산 |
|---|---|
| 현금 | 통화, 통화대용증권(자기앞수표 등), 요구불예금 |
| 현금성 자산 | ① 큰 거래비용 없이 현금으로 전환이 용이<br>② 이자율 변동에 따른 가치변동 위험이 적음.<br>③ **취득 당시** 만기일(상환일)이 **3개월 이내**인 금융상품 |

# 제 2 절 현금흐름 패턴

## 1. 현금흐름 패턴의 분류

□ 현금흐름표에서는 경영활동(영업 · 투자 · 재무)에 따라 현금흐름을 세 가지로 구분하여 유형(패턴)별로 보여줌.

| 현금흐름 패턴 | 의미 |
|---|---|
| 영업활동 현금흐름 | 기업의 주된 영업활동*에서 발생하는 현금흐름 |
| 투자활동 현금흐름 | 유형자산, 무형자산, 투자자산 등의 취득과 처분 활동에 의한 현금흐름 |
| 재무활동 현금흐름 | 차입금 및 납입자본의 변동으로 인한 현금흐름 |

*투자활동과 재무활동이 아닌 모든 활동

## 2. 현금흐름 패턴별로 제공되는 주요 정보

| 현금흐름 패턴 | 제공되는 중요한 정보 |
|---|---|
| 영업활동 현금흐름 | 재화의 판매와 용역 제공(구입)에 따른 현금유입(유출) 및 종업원 관련 현금 유출 정보 |
| 투자활동 현금흐름 | 자본적 지출(CapEx: Capital Expenditure) 또는 인수합병(M&A) 등의 관련 정보 |
| 재무활동 현금흐름 | 회사가 얼마나 많은 주식을 발행하여 현금을 조달 또는 외부 차입을 통한 현금 조달 정보<br>① 주식 발행(악재 : 재정 상태 의심, 주주 지분이 희석)<br>② 자사주 매입(호재 : 기업가치 저평가)<br>③ 차입금 조달 또는 상환 |

○ 자본적 지출(CapEx) : 회사를 운영하는 데 필수적으로 필요한 투자 금액
- (예) 공장 건물, 기계장치 등

## 3. 투자 및 재무활동 현금흐름 패턴 의미

| 현금흐름 패턴 | | 현금의 유입(+) 또는 유출(-) 의미 |
|---|---|---|
| 투자활동 현금흐름 | (+) | 투자자산 매각 또는 유형자산의 처분<br>⇨ 위기상태 기업 또는 구조조정 중인 기업 |
| | (-) | 성장을 위한 투자로 현금흐름이 유출<br>⇨ 지속적인 투자로 미래 성장성 기대 |
| 재무활동 현금흐름 | (+) | 외부 기관에서 차입금 조달, 유상증자<br>⇨ 창업 초기 또는 자금 사정 부족 기업 |
| | (-) | 차입금 상환, 자사주 매입, 배당금 지급<br>⇨ 자금에 여유가 있는 우량 또는 성숙 기업 |

## 4. 우량기업의 현금흐름 패턴

□ 초우량기업의 현금흐름은 영업활동으로 유입(+)된 현금으로 성장을 위한 투자활동(현금유출)이 먼저 이루어지고 남은 현금으로 차입금을 상환, 배당금 지급 등의 재무활동(현금유출)이 지속적(3개년 이상)으로 일어남.

| 구분 | 현금흐름 패턴 | | |
|---|---|---|---|
| | 영업활동 | 투자활동 | 재무활동 |
| 현금흐름 방향 | (+) | (-) | (-) |

□ 영업활동으로 인한 현금흐름이 투자활동과 재무활동으로 인한 현금지출을 합한 것보다 크게 나타남.

○ 영업활동 현금흐름(+) > [|투자활동 현금흐름(-)|+|재무활동 현금흐름(-)|]

## 5. 현금흐름 패턴 분류 시 유의해야 할 계정과목

□ 일반기업회계기준(K-GAAP)

○ 이자의 수취와 지급 그리고 배당금의 수취는 영업활동으로 분류하고 배당금의

지급은 재무활동으로 분류

□ 한국채택국제회계기준(K-IFRS)

- ○ 이자의 수취와 지급 그리고 배당금 수취가 영업활동으로 분류되는 것에 대해서는 그동안 많은 논란이 있었음.
- ○ IFRS에서는 기업가치평가 측면에서 이자의 수취와 배당금 수취는 투자활동, 이자의 지급은 재무활동으로 분류할 수 있도록 허용하고 있음.
- ○ 그런데 배당금의 지급을 재무활동뿐 아니라 영업활동으로도 분류할 수 있도록 허용하고 있는 것은 기업가치평가 측면에서 논리적으로 바람직하지 않음.
- ○ 결국, K-IFRS에서는 K-GAAP 분류 기준(○)과 K-IFRS 분류 기준(□)을 모두 선택할 수 있으나 일관성 있게 적용해야 함.

| 구분 | K-GAAP | | | K-IFRS | | |
|---|---|---|---|---|---|---|
| | 영업활동 | 투자활동 | 재무활동 | 영업활동 | 투자활동 | 재무활동 |
| 이자수익(수취) | ○ | | | ○ | □ | |
| 이자비용(지급) | ○ | | | ○ | | □ |
| 배당금수익(수취) | ○ | | | ○ | □ | |
| 배당금(지급) | | | ○ | □ | | ○ |

- ○ [유의사항]
  - IFRS에서는 이자비용을 재무활동으로도 분류할 수가 있으므로 리스비용(이자비용)을 많이 지급하는 업종(예 : 항공업 등) 영위 기업 이자비용을 재무활동으로 변경함에 따라 영업활동 후의 현금흐름이 부(−)에서 양(+)으로 변경될 수가 있으므로 신용분석 시 유의해야 함. 이러한 사유도 기업가치평가에서 현금흐름을 영업현금흐름이 아닌 잉여현금흐름(FCF)을 사용하고 있는 이유 중의 하나임.

# 제 3 절 현금흐름표 작성 방법

## 1. K-GAAP 및 K-IFRS에서의 현금흐름표

□ 영업활동에 의한 현금흐름 → 투자활동에 의한 현금흐름 → 재무활동에 의한 현금흐름으로 구분하여 표시하고 이에 기초의 현금을 가산하여 기말의 현금을 산출하는 형식으로 표시되며, 영업활동에 의한 현금흐름을 표시하는 방법에 따라 직접법과 간접법으로 구분

□ 직접법 : 매출액에서 시작하여 현금흐름의 변동을 설명하는 방식

- ○ 제1방법 : 해당 기업의 회계장부로부터 직접 중요한 현금유입액과 현금유출액을 원천별(고객, 공급자, 종업원 등)로 구하는 방법
- ○ 제2방법 : 비교 재무제표를 토대로 B/S 항목의 증감과 현금의 유출입이 없는 항목을 가감하여 계산(**현금 수지 분석**)
  - 제2방법은 K-GAAP 또는 K-IFRS에 의한 현금흐름표가 아님.

□ 간접법 : 당기순이익에서 출발하여 현금흐름의 변동을 설명하는 방식

- ○ 당기손익에 현금의 유출이 없는 비용을 가산하고 현금의 유입이 없는 수익을 차감하며 영업활동으로 인한 자산·부채의 변동을 가감하여 영업현금흐름을 추정
- ○ 투자활동 현금흐름과 재무활동 현금흐름의 내용은 직접법과 동일

## 2. 간접법에 따른 영업현금흐름의 추정

□ 포괄손익계산서(I/S)를 통한 영업현금흐름 추정

| 구분 | 현금흐름 | 주요 계정과목 | 속성 |
|---|---|---|---|
| 현금의 유출이 없는 비용 등의 가산 | (+) | 감가상각비<br>무형자산 상각비 | 비현금 지출 비용 |
| | | 유형자산처분손실<br>투자자산처분손실 | 영업활동이 아닌 손익거래 |
| 현금의 유입이 없는 수익 등의 차감 | (−) | 지분법이익<br>외화환산이익 | 비현금 수익 |
| | | 유형자산처분이익<br>투자자산처분이익 | 영업활동이 아닌 손익거래 |

○ 간접법은 기타수익과 기타비용이 반영된 당기손익에서부터 영업현금흐름을 추정하므로 **영업활동이 아닌 거래**에서 발생한 손익거래도 **조정(가감)**해 주는 것임.

□ 재무상태표(B/S)를 통한 영업현금흐름의 추정

○ B/S의 차변을 현금과 그 외의 자산으로 분류하면 "현금 = 부채 + 자본 − 그 외의 자산"

<table>
<tr><th colspan="2">재무상태표(B/S)</th></tr>
<tr><td rowspan="2">현금(현금성자산 포함)<br>+ 그 외 자산</td><td>부채</td></tr>
<tr><td>자본</td></tr>
</table>

○ 따라서 다음과 같은 항등식이 성립

- 현금의 증가(감소) = 부채의 증가(감소) = 자본의 증가(감소) = 그 외 자산의 감소(증가)

○ 결국, 영업활동으로 인한 자산·부채의 변동에 따른 현금흐름은 아래와 같이 산출

<table>
<tr><th colspan="2">구분</th><th>현금흐름</th><th>비고</th></tr>
<tr><td rowspan="2">영업활동으로 인한<br>자산의 변동</td><td>자산 증가</td><td>(−)</td><td>매출채권의 증가<br>재고자산의 증가</td></tr>
<tr><td>자산 감소</td><td>(+)</td><td>매출채권의 감소<br>재고자산의 감소</td></tr>
<tr><td rowspan="2">영업활동으로 인한<br>부채의 변동</td><td>부채 증가</td><td>(+)</td><td>매입채무의 증가<br>선수금의 증가</td></tr>
<tr><td>부채 감소</td><td>(−)</td><td>매입채무의 감소<br>선수금의 감소</td></tr>
</table>

□ 영업활동으로 인한 현금흐름표 양식(예시)

| 직접법 | 제×기 | 간접법 | 제×기 |
|---|---|---|---|
| Ⅰ. 영업활동으로 인한 현금흐름 | | Ⅰ. 영업활동으로 인한 현금흐름 | |
| 1. 영업활동 현금유입액 | | 1. 당기순이익(손실) | |
| 매출처로부터의 현금유입 | | 2. 현금의 유출이 없는 비용 등의 가산 | |
| ⋮ | | (1) 감가상각비 | |
| 2. 영업활동 현금유출액 | | (2) 퇴직급여 | |
| 매입처에 대한 현금유출 | | 3. 현금의 유입이 없는 수익 등의 차감 | |
| ⋮ | | (1) 유형자산처분이익 | |
| 3. 영업에서 창출된 현금 | | 4. 영업활동으로 인한 자산・부채의 변동 | |
| 4. 이자 등에 따른 현금흐름 | | (1) 재고자산의 감소(증가) | |
| 이자의 수령 | | (2) 매출채권의 감소(증가) | |
| ⋮ | | (3) 매입채무의 증가(감소) | |
| 5. 법인세 등에 따른 현금흐름 | | (4) 미지급금의 증가(감소) | |

□ 투자활동 및 재무활동 현금흐름표 양식(예시)

○ 투자활동 및 재무활동으로 인한 현금흐름은 직접법과 간접법이 동일함.

| 항목 | 제×(당)기 | | 제×(전)기 | |
|---|---|---|---|---|
| Ⅱ. 투자활동으로 인한 현금흐름 | | ××× | | ××× |
| 1. 투자활동으로 인한 현금유입액 | ××× | | ××× | |
| (1) 단기투자자산의 처분 | ××× | | ××× | |
| (2) 토지의 처분 | ××× | | ××× | |
| 2. 투자활동으로 인한 현금유출액 | ××× | | ××× | |
| (1) 단기투자자산의 취득 | ××× | | ××× | |
| (2) 개발비의 지급 | ××× | | ××× | |
| Ⅲ. 재무활동으로 인한 현금흐름 | | ××× | | ××× |
| 1. 재무활동으로 인한 현금유입액 | ××× | | ××× | |
| (1) 사채의 발행 | ××× | | ××× | |
| 2. 재무활동으로 인한 현금유출액 | ××× | | ××× | |
| (1) 유동성장기부채 상환 | ××× | | ××× | |

## 3. 직접법과 간접법의 장단점

□ 직접법

- ○ 현금의 유입과 유출을 항목(원천)별로 보여주고 있어 이해가 용이하여 분기별 또는 월별로 현금흐름을 예측하거나 자금계획을 수립하면 유용
- ○ 당기손익과 영업현금흐름과의 차이를 설명하지 못하고 작성이 어려우며 거래가 많은 대기업의 경우 사실상 작성이 거의 불가능

□ 간접법

- ○ 당기손익에서 출발하여 현금의 유출입이 없는 손익과 현금 유출입으로 인한 자산과 부채의 변동 효과를 고려하면 되므로 작성이 직접법보다 상대적으로 용이
- ○ 비현금 비용과 비현금 수익 그리고 영업활동이 아닌 손익거래를 조정해야 하고 현금흐름의 원천을 파악하기가 곤란하므로 직접법에 비해 상대적으로 이해가 어려움.

**[현금흐름표 작성 방법에 따른 장단점]**

| 구분 | 직접법 | 간접법 |
|---|---|---|
| 장점 | • 현금흐름표 이해가 용이<br>• 현금흐름 원천 파악 용이<br>• 미래 현금흐름 예측정보가 많음 | • 작성이 상대적으로 용이<br>• 당기손익을 연결고리로 B/S 및 I/S와 연계성(자산부채의 변동 등) 확보 |
| 단점 | • 작성이 불편하고 거래가 많은 기업의 경우 작성이 거의 불가능 | • 이해가 상대적으로 어려움<br>• 현금흐름 원천 파악 곤란 |

# 제 4 절 현금 수지 분석표의 이해

## 1. 현금 수지 분석표의 의의

☐ 신용분석 목적에 적합하도록 내용을 재배열하고 재무제표(발생주의 회계)를 통해 현금흐름을 매출액부터 순차적으로 추정하여 작성한 현금흐름표

- 매출을 통한 현금유입, 현금지출 매출원가, 현금매출 총이익 등 세부적인 항목으로 구분하여 현금의 증감을 분석하여 직접법의 제2방법이라고도 함.
- 단순히 현금 그 자체의 변동 요인만 분석하지 않고 그 원인이 되는 사항을 함께 분석

☐ 금융기관에서 현금 수지 분석표를 활용하는 이유

- GAAP의 현금흐름표는 다양한 정보이용자를 대상으로 중립적인 정보 제공 목적으로 작성되어 금융기관 여신심사 등 특정 목적의 이용자에게 부적합
- 금융기관(은행) 여신 차주의 약 90%는 현금흐름표 작성 의무가 없는 외부감사를 받지 않는 비상장 중소기업으로 이들 기업에 대한 현금흐름 분석 필요

## 2. 현금 수지 분석표의 특징

☐ 비외감기업의 현금흐름표를 자동으로 산출

- 재무제표가 입력되면 현금흐름 분석시스템에 의해 자동으로 현금흐름이 생성

☐ 이자지급 후의 현금흐름을 추가하여 분석

- 금융기관의 신용분석 목적에 적합하게 이자비용 항목을 재배열하여 영업현금흐름으로 이자비용을 지급할 수 있는 여력 파악

☐ 중소기업의 특성을 반영한 현금흐름 추가

- 일부 금융기관에서는 중소기업 특성상 기업활동을 정확하게 구분하기 어려운 항목에 대해 **'경상활동 후의 현금흐름'**으로 구분 표시함으로써 이용자의 의사결정에 더 유용한 정보를 제공

□ 경상활동 후의 현금흐름

○ 기업의 주된 영업활동 이외에 기업을 영위함에 있어서 경상적이고 반복적으로 발생하는 활동에서 발생하는 현금 창출 능력을 나타내는 지표로서 일반적인 현금 수지 분석표상의 현금흐름 분류는 아님. 중소기업은 재무제표 작성 능력이 부족하고 영업활동 특성(관행)상 기업의 활동을 정확하게 구분하여 반영하지 못하는 회계 관습이 존재함. 따라서 이러한 **중소기업 재무제표 계정과목의 한계성을 보완**하기 위하여 '경상활동 후의 현금흐름'을 추가

## 3. 현금 수지 분석표 체계

□ 매출을 통한 현금유입에서 시작하여 외부자금 조달 후 현금흐름까지 15단계로 구성되어 있음.

○ 현금분석표를 간접법 방식으로 추정하여 작성한 현금흐름표인 현금 순환 분석표도 있으나 실무에서는 대부분 현금 수지 분석표를 활용

**[현금 수지 분석표와 현금 순환 분석표 체계]**

| 현금 수지 분석표(직접법) | 계산 | 현금 순환 분석표(간접법) | 계산 |
|---|---|---|---|
| 1. 매출을 통한 현금유입 | | 1. 영업활동으로부터의 원천 | |
| 2. 현금지출 매출원가 | | 2. 영업활동에의 운용 | |
| 3. 현금매출 총이익 | 1+2 | 3. 영업활동 후 현금흐름 | 1+2 |
| 4. 현금 판매비 및 관리비 | | 4. 이자비용과 배당금 지급액 | |
| 5. 현금영업이익 | 3+4 | 5. 이자 지급 후 현금흐름 | 3+4 |
| 6. 기타 영업활동에 의한 현금흐름 | | 6. 유동성 장기차입금 상환액 | |
| 7. 영업활동 후 현금흐름 | 5+6 | 7. 유동성 장기차입금 상환 후 현금흐름 | 5+6 |
| 8. 이자비용과 배당금 지급액 | | 8. 투자활동 현금흐름액 | |
| 9. 이자 지급 후 현금흐름 | 7+8 | 9. 외부자금 조달 전 현금흐름 | 7+8 |
| 10. 유동성 장기차입금 상환액 | | 10. 총 외부자금 조달액 | |
| 11. 유동성 장기차입금 상환 후 현금흐름 | 9+10 | 11. 외부자금 조달 후 현금흐름 | 9+10 |
| 12. 투자활동 현금흐름액 | | 12. 현금증감액 | |
| 13. 외부자금 조달 전 현금흐름 | 11+12 | | |
| 14. 총 외부자금 조달액 | | | |
| 15. 외부자금 조달 후 현금흐름 | 13+14 | | |
| 16. 현금증감액 | | | |

□ 단계별로도 현금흐름의 원천별로 세부적으로 구분

## 4. 중소기업 특성을 반영한 변형된 현금 수지 분석표 세부 작성방법 예시

| 구분 | 변수 | 산식 |
|---|---|---|
| 1. 매출액 | CF10 | 손익계산서(P/L)상 매출액 |
| 1.1 매출채권 증감액 | CF11 | －{매출채권(기말－기초)＋장기성매출채권(기말－기초)＋대손상각비＋공사미수금(기말－기초)＋분양미수금(기말－기초)} |
| 1.2 선수금 증감액 | CF12 | 선수금(기말－기초)＋공사선수금(기말－기초)＋분양선수금(기말－기초)＋장기공사선수금(기말－기초) |
| 1.3 매출원가 | CF13 | －{매출원가} |
| 1.4 재고자산 증감액 | CF14 | －{재고자산(기말－기초)＋재고자산평가손실} |
| 1.5 매입채무 증감액 | CF15 | 매입채무(기말－기초)＋장기성매입채무(기말－기초) |
| 1.6 선급금 증감액 | CF16 | －{선급금(기말－기초)＋선급공사원가(기말－기초)} |
| 1.7 감가상각비 | CF17 | 제조원가명세서(C/R)상 감가상각비 |
| 2. 현금매출 총이익 | CF20 | CF10＋CF11＋CF12＋CF13＋CF14＋CF15＋CF16＋CF17 |
| 2.1 판매비와 관리비 | CF21 | －{판매비와 관리비} |
| 2.2 선급비용 증감액 | CF22 | －{선급비용(기말－기초)} |
| 2.3 미지급비용 증감액 | CF23 | 미지급비용(기말－기초) |
| 2.4 비현금지출 판매관리비 등 | CF24 | 퇴직급여＋감가상각비(P/L)＋무형자산상각비＋대손상각비＋공사손실충당금(기말－기초) |
| 3. 현금 영업이익 | CF30 | CF20＋CF21＋CF22＋CF23＋CF24 |
| 3.1 이자수익 및 배당금 | CF31 | 이자수익＋배당금수익 |
| 3.2 법인세 등 납부액 | CF32 | －{법인세비용－미지급법인세증감(기말－기초)－이연법인세대증감(기말－기초)＋이연법인세차증감(기말－기초)＋법인세추납액－법인세환급액} |
| 3.3 기타 영업활동으로 인한 현금흐름 | CF33 | 예수금(기말－기초)＋퇴직급여충당금(기말－기초)－퇴직급여 |
| 4. 영업활동 후의 현금흐름액 | CF40 | CF30＋CF31＋CF32＋CF33 |
| 4.1 이자비용 | CF41 | －{이자비용} |
| 5. 이자 지급 후의 현금흐름액 | CF50 | CF40＋CF41 |

| 구분 | 변수 | 산식 |
|---|---|---|
| 5.1 기타 자산 증감액 | CF51 | －{미수수익(기말－기초)}－{당좌자산기타(기말－기초)} |
| 5.2 기타 부채 증감액 | CF52 | 선수수익(기말－기초)＋유동부채기타(기말－기초)＋유동부채기타부채성충당금(기말－기초)＋임대보증금(기말－기초)＋비유동부채기타부채성충당금(기말－기초)＋비유동부채기타(기말－기초) |
| 5.3 기타 경상활동 관련 현금흐름 | CF53 | (임대료＋외환차익＋외화환산이익＋영업외수익기타＋특별이익기타)－(기부금＋보상비＋외환차손＋외화환산손실＋영업외비용기타＋특별손실기타) |
| 6. 경상활동 후의 현금흐름액 | CF60 | CF50＋CF51＋CF52＋CF53 |
| 6.1 단기금융상품 증감액 | CF61 | －{단기금융상품(기말－기초)} |
| 6.2 유가증권 증감액 | CF62 | －{유가증권(기말－기초)－(유가증권평가이익＋유가증권처분이익)＋(유가증권평가손실＋유가증권처분손실)} |
| 6.3 단기대여금 증감액 | CF63 | －{단기대여금(기말－기초)＋기타의 대손상각비} |
| 6.4 미수금 등 증감액 | CF64 | －{미수금(기말－기초)－미지급금(기말－기초)} |
| 6.5 투자자산 증감액 | CF65 | －{(기말투자자산－기말장기성매출채권－기말이연법인세차)－(기초투자자산－기초장기성매출채권－기초이연법인세차)＋투자자산처분손실－투자자산처분이익＋지분법평가손실－지분법평가이익＋투자유가증권감액손실－투자유가증권감액손실환입－투자유가증권평가손익(기말－기초)} |
| 6.6 유형자산 증감액 | CF66 | －{유형자산(기말－기초)＋감가상각비(C/R＋P/L)＋유형자산처분손실－유형자산처분이익－재평가적립금(기말－기초)－자산수증이익－보험차익＋재해손실} |
| 6.7 무형자산 증감액 | CF67 | －{무형자산(기말－기초)＋무형자산상각비} |
| 7. 투자활동 후의 현금흐름액 | CF70 | CF60＋CF61＋CF62＋CF63＋CF64＋CF65＋CF66＋CF67 |
| 7.1 유동성장기부채 상환액 | CF71 | －{기초 유동성장기부채} |
| 7.2 단기차입금 증감액 | CF72 | 단기차입금(기말－기초)＋채무면제이익 |
| 7.3 장기차입금 등 증감액 | CF73 | 장기차입금(기말－기초)＋기말유동성장기부채＋사채(기말－기초)＋사채상환이익－사채상환손실 |
| 7.4 자본 증감 | CF74 | {자본금(기말－기초)＋주식발행초과금(기말－기초)}＋{감자차익(기말－기초)＋기타자본잉여금(기말－기초)＋자본조정(기말－기초)－미교부주식배당금(기말－기초)－투자유가증권평가손익(기말－기초)}＋{이익잉여금(기말－기초)－당기순이익＋배당금＋중간배당} |

| 구분 | 변수 | 산식 |
|---|---|---|
| 7.5 배당금 | CF75 | -{배당금 - 미지급배당금(기말 - 기초) - 미교부주식배당금(기말 - 기초) + 중간배당} |
| 8. 재무활동 후의 현금흐름액 | CF80 | CF70 + CF71 + CF72 + CF73 + CF74 + CF75 |
| 9. 현금 및 현금성자산 증가액 | CF90 | 현금 및 현금성자산(기말 - 기초) |

## 5. 현금 수지 분석에 앞서 확인해야 할 사항

□ 외부감사대상 법인으로 감사의견이 “한정의견”인 경우 동 내용이 반영된 수정재무제표를 토대로 분석

□ 계정과목 중 “기타” 항목의 주석이 있는 경우 그 내용을 파악

□ 계정과목 분류상 오류가 있는 경우 해당 과목의 금액이 정당계정으로 분류되었을 때 현금흐름에 미치는 영향을 감안하여 판단

> 금융기관의 현금흐름분석시스템을 이용하는 여신심사역은 최근 4개 연도의 재무제표가 항목별로 빠짐없이 입력되었고 현금흐름과 관련한 주요 항목들이 기타항목 등으로 분류되어 입력되지 않았는지 확인 필요

## 6. 현금흐름 분석 시 유의사항

□ 미래의 현금흐름(Cash Flow) 전망의 불완전한 측면 존재

- ○ 당해 기간의 현금유입은 과거의 누적된 영업활동에 기인한 것일 수도 있고 당해 기간의 현금유출은 현재가 아닌 미래의 현금유입을 위한 것일 수도 있으므로 미래의 현금흐름을 전망하기에는 불완전한 면도 있음.
- ○ 따라서 현금흐름표는 이를 단독으로 이용하기보다 재무상태표, 손익계산서 및 다른 재무비율지표 및 같은 업계 비율 등을 함께 이용하고, 여러 기간에 걸친 현금흐름 추세와 현금흐름 변동 요인을 면밀히 분석해야 기업의 미래 현금흐름에 대한 전망을 가능케 하는 정보를 획득할 수 있음.

□ 영업위험과 이익의 질을 고려하지 않은 현금흐름의 기계적인 해석은 무리

- ○ 동일 업종이라도 기업수명주기상의 위치에 따라 개별기업의 현금흐름이 다르므

로 현금흐름 관련 재무지표의 기계적, 일률적인 해석은 무리가 있음.

- 신생기업이나 성장 속도가 빠른 기업에 있어서는 매출채권과 재고자산의 급격한 증가로 인하여 현금흐름표상에 계속해서 현금 부족이 나타날 수 있음.

□ 단순히 영업현금흐름이 양(+) 또는 음(-)의 현금흐름을 보이고 있느냐보다는 현금흐름의 크기와 더불어 이익의 질 및 기업수명주기와 현금흐름 패턴을 연계한 종합적 분석 필요(제7장에서 자세히 설명)

## 제 5 절 잉여현금흐름(FCF: Free Cash Flow)의 이해

### 1. 잉여현금흐름의 개념

□ 본업 활동이 창출해 낸 현금유입액(영업현금흐름)에서 당해 연도 중에 새로운 사업 등에 투자하고도 남은 것

- ○ 잉여현금흐름의 크기는 자본공급자들이 당해 연도 말에 자신의 몫으로 분배받을 수 있는 총자금에 해당
- ○ 다시 말하면, 당해 기간 중 자본공급자(주주와 채권자)에게 귀속될 수 있는 현금흐름(**투자자 몫의 현금흐름**)

> 영업활동에서 창출된 현금흐름의 일부는 영업자산의 보충과 미래 성장을 위하여 재투자되어야 하며, 그러한 투자액을 차감한 것이 기업이 창출한 순현금흐름으로 잉여현금흐름(FCF) 또는 자유현금흐름이라고 함.

### 2. 잉여현금흐름의 중요성

□ 투자자들은 잉여현금흐름을 기업가치의 원천으로 인식

- ○ 잉여현금흐름을 사용한 가치평가모형을 현금흐름할인모형(Discounted Cash Flow model)이라 하며, 구체적인 내용은 본서 제7장 [보론]을 참조할 것

| 잉여현금흐름 | 의미 |
|---|---|
| (+) | 기업경영에 필수적인 지출 항목에 대한 현금지출이 순조롭게 이루어지고 있어 부채를 감소시키거나, 투자를 통해 기업을 더 확장시킬 수 있는 현금의 여유가 있음. |
| (−) | 기업경영에 필수적인 지출 항목에 대한 현금지출이 순조롭게 이루어지지 못하고 있어서 유형자산의 매각이나 차입 등의 방법으로 자금조달을 해야 함을 의미 |

## 3. 잉여현금흐름 산출 방법

1) EBIT(이자와 세금 차감전 이익)를 이용하는 방법(약식 추정방법)
2) EBITDA를 이용하는 방법(약식 추정방법)
3) 현금흐름표의 '영업활동 현금흐름'을 이용하는 방법
4) 세후순영업이익(NOPAT)을 이용하는 방법

### 1 EBIT를 이용하는 방법

○ 세후 EBIT(Earnings Before Interest, Taxes)에서 현금유출을 수반하지 않는 감가상각비는 더하고 영업을 위해 투자된 순운전자본 증감액과 자본적 지출은 차감함.
- 순운전자본 증감액 차감 이유 : 현금유출액이지만 영업이익을 구하는 과정에서 반영되지 않음.
- 자본적 지출 차감 이유 : 자산 취득 시 지출되는 현금은 영업이익을 산출하는 과정에서 반영되지 않은 현금유출

잉여현금흐름 = EBIT × (1 − tax) + Dep. − ⊿순운전자본 − 자본적 지출

1) tax : 세율, Dep. : 감가상각비

### 2 EBITDA를 이용하는 방법

○ 세후 EBITDA(Earnings Before Interest, Taxes, Depreciation and Amortization)에 감가상각비(Dep.)의 감세효과를 더하여 산출한 영업현금흐름(CFO: Cash Flow from Operation)에 순운전자본 증감액과 자본적 지출을 차감하여 산출

$$CFO = (EBITDA - Dep.) \times (1 - tax) + Dep. = EBITDA \times (1 - tax) + Dep. \times tax$$

잉여현금흐름 = CFO − ⊿순운전자본 − 자본적 지출

1) EBITDA = 영업수익 − 현금지출 영업비용

### 3 현금흐름표를 통해 계산하는 방법

- 현금흐름표의 '영업활동 현금흐름'에 이자비용은 더하고 자본적 지출을 차감
- 이자비용 가산 이유 : 이자비용은 채권자 몫의 현금흐름으로 잉여현금흐름에 포함되어야 하나 현금흐름표의 영업현금흐름에는 차감되어 있음.
- 순운전자본 증감액을 차감하지 않는 이유 : 현금흐름표의 영업활동 현금흐름에 순운전자본 증감액이 이미 차감

잉여현금흐름 = 영업활동 현금흐름(CFO) + 이자비용 − 자본적 지출

### 4 세후순영업이익(NOPAT)을 이용하는 방법

- 세후순영업이익(Net Operating Profit After Taxes)에서 영업투하자본(IC: Invested Capital)의 증감액을 차감하여 산출

잉여현금흐름 = 세후순영업이익(NOPAT) − ⊿영업투하자본(IC)

1) 세후순영업이익 = 당기순이익 + 순이자비용 × (1 − 세율), ⊿IC = 기말 IC − 기초 IC

## 4. 잉여현금흐름 활용 시 유의사항

□ [생각해 볼 문제] "잉여현금흐름이 음(−)이면 기업의 수익성이 낮은 것을 의미하는 것인가?"

□ 잉여현금흐름이 음(−)의 값을 갖는 의미

- 당해 기간 중 자본공급자로부터 현금의 순유입이 있었거나 재무자산 처분으로 현금의 순유입이 있었음을 의미

□ 잉여현금흐름이 음(－)의 값이 되는 경우는 다음과 같이 2가지 경우가 존재

○ 영업현금흐름이 불충분하여 영업 유지에 필요한 투자자금을 영업현금흐름으로 충당하지 못한 경우

○ 영업활동 수익성이 낮지 않은 경우에도 영업 규모를 대폭 확대하거나 신규사업 진출을 위한 거액을 투자

∴ 잉여현금흐름이 음수라고 반드시 기업의 수익성이 낮은 것을 의미하지 않음.

| 구분 | 甲기업 | 乙기업 | 丙기업 |
|---|---|---|---|
| 매출액 | 1,500 | 1,500 | 1,500 |
| 영업이익(EBIT) | 200 | 160 | 260 |
| 세후영업이익[EBIT×(1－tax)] | 130 | 104 | 169 |
| ＋ 감가상각비 | 100 | 100 | 100 |
| ＝ 영업활동 현금흐름 | 230 | 204 | 269 |
| ± 순운전자본의 증(－)감(＋) | (50) | (50) | (50) |
| － 자본적 지출 | (150) | (80) | (230) |
| ＝ 잉여현금흐름(FCF) | 30 | 74 | (11) |

1) tax＝35%

□ 매출액 대비 세후영업이익률과 영업활동 현금흐름이 상대적으로 우량 또는 불량과 관계없이 자본적 지출이 상대적으로 크냐 작냐에 따라 잉여현금흐름이 잉여 상태(＋)가 되거나 부족 상태(－)가 되는 문제가 발생할 수 있음.

○ 잉여현금흐름은 장기간의 예측 기간을 두고 평가해야 의미가 있지 단기간의 잉여현금흐름을 토대로 기업의 신용 상태를 분석하는 데에는 한계가 있음.

## [참고 5-1] | 처분가능 현금흐름(NFCF: Net Free Cash Flow)

□ [의미] 영업현금흐름에서 자본적 지출액뿐만 아니라 배당금 지급액을 차감한 현금흐름

- ○ 처분가능 현금흐름 = 잉여현금흐름 - 배당금 지급액
- ○ 재량가능 현금흐름(Discretionary Cash Flow)이라고도 하며 S&P, Fitch Ratings 등 국제 신용평가기관 및 금융기관 실무에서 활용

### 1. 국내 신용평가기관에서의 잉여현금흐름 산출 문제

□ 일부 국내 신용평가기관에서는 채권자에 대한 이자비용, 주주에 대한 배당금, 국가에 대한 법인세비용 및 기업의 장래 계획으로 인한 자본적 지출을 모두 차감한 금액을 잉여현금흐름으로 산출

□ 그런데 기업가치평가 측면에서 현금흐름할인법(DCF)은 전체 기업가치를 구하는 모형으로 채권자와 주주 몫의 가치가 포함되어 있어야 함.

- ○ 따라서 이자비용과 배당금을 차감하지 않은 잉여현금흐름을 통해 기업가치를 산출해야 함.

## [참고 5-2] | 국제 신용평가기관의 현금흐름 체계

| 평가기관 | 현금흐름 절차 및 용어 | 비고 |
|---|---|---|
| S&P | 당기순이익(NI) → 영업자금(FFO) → 영업현금흐름(CFO) → 잉여현금흐름(FCF) → 재량가능 현금흐름(DCF) → 재무활동이전 현금흐름(PCF) | 간접법 |
| Moody's | 총영업현금흐름(GCF) → 유보현금흐름(RCF) → 잉여현금흐름(FCF) | 간접법 |
| Fitch Ratings | 매출액 → EBIT → EBITDA → 세후현금흐름 → 잉여현금흐름(FCF) → 순잉여현금흐름(NFCF) | 직접법 |

○ Moody's의 현금흐름 절차는 현금흐름지표 관련 자료를 토대로 추정한 것이며 총영업현금흐름(GCF: Gross Cash Flow)은 S&P의 영업현금흐름(CFO)과 유사함.

**[S&P의 현금흐름 체계]**

당기순이익(NI: Net Income)
\+ 비현금지출비용(Noncash Debits) *이자비용 가산
\- 비현금유입수익(Noncash Credits) *이자수익 차감

---

영업자금(FFO: Funds From Operation)
± 비현금유동자산(Non-cash Current Assets)의 증(-)감(+)
± 비이자발생유동부채(Non-debt Current Liability)의 증(+)감(-)

---

영업현금흐름(CFO: Cash Flow from Operation)
± 자본적 지출(Capital Expenditure)

---

잉여현금흐름(FCF: Free Cash Flow)
\- 현금배당(Cash Dividends)

---

재량가능 현금흐름(DCF: Discretionary Cash Flow)
인수비용(Cost of acquisitions) + 자산 처분(Asset disposals)
± 기타 순현금유입(+) 또는 순현금지출(-)

---

재무활동이전 현금흐름(PCF: Prefinancing Cash Flow)

**[Fitch Ratings의 현금흐름 체계]**

매출액(Revenues)
- 매출원가(Cost of Goods Sold)
- 판매비와 일반관리비(Sales & General Administrative Expenses)
- 연구개발비(R&D Expenses)

---

EBIT(Earning Before Interest and Taxes)
\+ 감가상각비 및 감모상각비(Depreciation & Amortization)

---

EBITDA(Earning Before Interest, Taxes, Depreciation & Amortization)
- 이자비용 및 법인세(Interest Expenses & Income Tax Expenses)

---

세후현금흐름(After-Tax Cash Flow)
± 자본적 지출(Capital Expenditures) 증(−)감(+)
± 순운전자본(Working Capital) 증(+)감(−)

---

잉여현금흐름(FCF: Free Cash Flow)
- 현금배당(Cash Dividends)

---

순잉여현금흐름(NFCF: Net Free Cash Flow)

CHAPTER 5

# 연습문제

**01** 현금성 자산이란 큰 거래비용 없이 현금으로 전환이 용이하고 이자율 변동에 따른 가치변동 위험이 적은 금융상품으로 결산일 현재 만기일이 3개월 이내인 것을 말한다.

① ○　　② ×

**02** 직접법에 따른 현금흐름표는 당기순이익에서 시작하여 현금 유출입과 관련 없는 손익과 현금 유출입으로 인한 자산과 부채로 인한 효과를 고려하기 때문에 작성이 쉽다는 장점이 있으나 간접법에 비해 이해가 어렵고 현금흐름 원천 파악이 어렵다는 단점이 있다.

① ○　　② ×

**03** 재무상태표(B/S) 등식을 감안할 때 현금의 증감 방향과 부채의 증감 방향은 일치한다.

① ○　　② ×

**04** 영업활동 현금흐름을 간접법으로 표시하면 감가상각비는 현금의 유출이 없는 비용으로서 당기순이익에 차감하는 항목이다.

① ○　　② ×

**05** 배당금 지급, 자사주 매입은 재무활동으로 인한 현금 유출입과는 무관한 거래이다.

① ○　　② ×

**06** 영업활동으로 인한 현금흐름을 통해 기업의 미래 현금흐름 창출 능력과 계속기업으로서의 존속 능력을 알 수 있다.

① ○　　② ×

**07** 재무활동으로 인한 현금흐름을 통해 기업의 자본적 지출(CapEx: Capital Expenditure) 또는 인수합병(M&A) 관련 정보를 알 수가 있다.

① ○　　② ×

**08** 발생주의 회계는 발생과 이연을 통해 비용과 수익을 적절히 산출함으로써 일정 기간 기업의 경영성과를 적정하게 측정할 수 있으나, 현금주의 회계는 투자와 투자수익을 적절히 대응시킬 수 없으므로 성과를 적정하게 측정할 수가 없다.

① ○　　② ×

**09** 금융기관에서는 기업회계기준상의 현금흐름표를 신용분석 목적에 적합하도록 내용을 재배열하고 매출액부터 순차적으로 추정하여 작성한 현금흐름표를 현금 순환 분석표라 하며 직접법의 제2방법이라고도 한다.

① ○　　② ×

**10** 영업현금흐름(CFO)에서 자본적 지출액뿐 아니라 배당금 지급액을 차감한 현금흐름을 처분가능 현금흐름(Net Free Cash Flow) 또는 재량가능 현금흐름(Discretionary Cash Flow)이라고도 한다.

① ○　　② ×

**11** 다음 중 현금흐름표와 관련된 설명으로 옳은 것은?

① 영업활동으로 인한 현금흐름을 간접법으로 나타내면 현금의 유입과 유출을 항목별로 보여줄 수 있다.
② 직접법은 활용유형별 손익에 대해 자산부채의 변동 사항을 반영하여 계산한다.
③ 투자활동 및 재무활동으로 인한 현금흐름은 직접법으로 작성한다.
④ 직접법은 작성이 용이해 실무적으로 많이 사용하고 있는 작성법이다.

**12** 다음 중 일반기업회계기준에 의하면 영업활동으로 인한 현금유입에 해당하는 것은?

① 유가증권의 취득　　② 선수금의 수령
③ 배당금 지급　　④ 대여금의 회수

**13** 다음은 투자활동과 재무활동으로 인한 현금흐름 관련 내용을 설명한 것이다. 맞는 것은?

① 투자활동 현금흐름을 통해 기업의 투자 규모 증감과 외부자금 조달의 필요성 여부에 대한 정보를 파악할 수 있다.

② 투자활동 현금흐름의 패턴이 음(−)의 값을 보인다면 유형자산을 처분하고 있는 위기 상태기업 또는 구조조정 중인 기업일 가능성이 있다.
③ 재무활동 현금흐름의 패턴이 양(+)의 값을 보인다면 자금에 여유가 있어서 차입금을 상환 또는 배당금을 지급하고 있는 우량기업일 가능성이 높다.
④ 일반기업회계기준에 따르면 이자비용을 지급한 것은 재무활동 현금흐름에 속한다.

**14** 기업의 손익계산서상 영업이익보다 현금흐름표상 영업활동으로 인한 현금흐름이 지속해서 감소하고 있을 때 이에 대한 원인을 분석한 것으로 옳은 것은?

① 선수금이 지속해서 감소하고 있다.
② 재고자산이 지속해서 감소하고 있다.
③ 매출채권이 지속해서 감소하고 있다.
④ 매입채무가 지속해서 증가하고 있다.

**15** 다음은 현금 수지 분석표에 관한 설명이다. 틀린 것은?

① 금융기관에서는 신용분석 목적에 적합하도록 내용을 재배열하고 재무제표를 통해 현금흐름을 매출액부터 순차적으로 추정하여 작성한 것이다.
② 외부감사를 받지 않은 기업에 대한 현금흐름 분석 시 유용하게 활용된다.
③ 비상장 중소기업의 특성을 반영하기 위하여 일반기업회계기준상의 현금흐름표에는 없는 이자 지급 후의 현금흐름을 추가하여 분석한다.
④ 현금 수지 분석표를 간접법 방식으로 추정하여 작성한 현금흐름표인 현금 순환 분석표도 있으나, 실무에서는 대부분 직접법 방식의 현금 수지 분석표를 활용한다.

**16** 현금흐름표가 제공하는 유용한 정보에 대해 세 가지 이상 설명하시오.

**17** 현금흐름 패턴(영업현금흐름, 투자현금흐름, 재무현금흐름)별로 제공되는 중요한 정보에 관해 설명하시오.

**18** 초우량기업이 보이는 현금흐름 패턴에 대하여 설명하시오.

**19** 현금 수지 분석표의 특징에 대하여 설명하시오.

**20** 잉여현금흐름(FCF: Free Cash Flow)의 의의와 신용분석 목적으로 잉여현금흐름을 활용 시 유의사항에 관해 설명하시오.

CHAPTER 06

# 신용분석의 기본 분석기법

# 제 1 절 전통적인 재무비율 분석

## 1. 전통적인 재무비율 분석의 의미

□ 1980년대 이전에 개발되어 금융기관 등에서 활용되었던 재무비율에 의한 재무제표 분석을 전통적인 재무비율 분석이라고 함.

○ 금융기관의 여신심사 시에는 차주로부터 제조원가명세서를 제출받아 손익분기점(BEP) 분석 등의 간단한 비용구조분석이 수반되기도 함.

⇨ 하지만 대부분 재무비율 분석 중심으로 여신심사가 진행

## 2. 회계정보가 제공하는 평가 비율의 의미

□ 평가 비율 특성에 따라 크게 유동성, 안정성, 수익성, 활동성, 성장성, 생산성 및 현금흐름지표로 구분되며 상장기업의 경우 시장가치 지표가 추가

○ 현금흐름표는 1980년대에 등장하였는데 현금흐름지표를 포함한 전통적인 재무비율 분석을 **기본 분석기법**이라고 함.

**[평가 비율 측면에서의 전통적인 재무비율 분석 방법의 구분]**

| 구분 | 평가비율 측면 | 의미 |
|---|---|---|
| B/S 분석 | 유동성 분석 | 기업이 보유하고 있는 자산을 현금으로 전환하여 단기부채를 상환할 수 있는 능력 분석(**단기 지급능력** 측정) |
| | 안정성 분석 (레버리지비율) | 기업이 어느 정도 타인자본에 의존하고 있는지 분석(**장기 지급능력** 측정) |
| | 자본 배분의 안정성 분석 | 조달된 자본이 기업 자산에 적절하게 배분되었는지 여부 분석(**자본의 효율적 배분** 여부 측정) |
| I/S 분석 | 수익성 분석 | 당기순이익(주주 몫) 또는 영업이익(채권자 몫 포함) 등 기업의 **경영성과를 종합적으로 측정** |
| | 활동성 분석 | 기업이 보유하고 있는 **자산을 얼마나 효율적으로 활용**하고 있는지를 분석 |
| | 성장성 분석 | 당기의 경영 규모 또는 경영성과가 전기 대비 얼마나 증가했는지를 분석(**외형성장**을 측정) |
| | 생산성 분석 | 자원 투입 대비 얼마만큼의 산출이 이루어졌는지 분석(경영의 효율성 또는 **생산요소의 기여도** 측정) |

## 3. 평가 비율 구분에 따른 기본(주요) 재무분석지표

□ 재무제표 분석에서 기본이 되면서도 반드시 검토해야 할 재무비율지표(현금흐름지표 포함)를 소개하면 다음과 같음.

- ○ 현금흐름 분석지표는 안정성지표에 포함되기도 함.

| 평가비율 측면 | 주요 재무비율 | | |
|---|---|---|---|
| 유동성 분석 | ① 유동비율 | ② 당좌비율 | ③ 현금비율 |
| 안정성 분석<br>(레버리지비율) | ④ 부채비율 | ⑤ 자기자본비율 | ⑥ 차입금의존도 |
| 자본 배분 안정성 | ⑦ 비유동비율 | ⑧ 비유동장기적합률 | |
| 수익성 분석 | ⑨ 자기자본이익률(ROE)<br>⑪ 매출액순이익률(ROS) | ⑩ 총자산영업이익률(ROA)<br>⑫ 총자본순이익률(ROI) | |
| 활동성 분석 | ⑬ 총자산회전율<br>⑮ 재고자산보유기간 | ⑭ 매출채권회수기간<br>⑯ 매입채무결제기간 | |
| 성장성 분석 | ⑰ 매출액증가율 | ⑱ 총자산증가율 | |
| 생산성 분석 | ⑲ 부가가치율 | ⑳ 노동생산성 | |
| 현금흐름 분석 | ㉑ 현금흐름보상비율<br>㉓ EBITDA 이자보상배율 | ㉒ 총부채영업현금흐름비율<br>㉔ 차입금 상환계수 | |
| 시장가치 분석<br>(상장기업 분석) | ㉕ 주가수익비율(PER)<br>㉗ 주가매출액비율(PSR) | ㉖ 주가순자산비율(PBR)<br>㉘ EV/EBITDA 비율 | |

## 4. 재무비율 분석 전에 해야 할 것 : 구성비 추세와 특이항목 분석

□ 나무(각 재무비율)를 보기 전에 먼저 숲에 대한 개략적인 모습을 보면 기업의 전반적인 재무 상태와 영업 상황 이해 가능

- ○ 앞에서 살펴본 "신용분석 시 유의해야 할 계정과목 검토순서"에 의해 구성비 분석을 통한 특이항목과 핵심 영업활동 관련 계정과목을 먼저 검토

| 구분 | 내용 |
|---|---|
| B/S 구성비 분석 | 총자산(총자본)을 100%로 하여 주요 계정과목별 구성비를 최근 3개년 추세와 함께 비교 |
| I/S 구성비 분석 | 매출액을 100%로 하여 주요 계정과목별 구성비를 최근 3개년 추세와 함께 비교 |
| 특이항목 검토 | B/S 항목 중 총자산(총자본)의 **20%** 또는 **10% 이상** 되는 계정과목의 **특이사항(이상치)** 여부 검토 |
| 핵심 영업활동 관련 계정과목 검토 | 매출채권, 재고자산, 매입채무의 최근 3개년 기간의 **변화량을 매출액과 연계**하여 검토 |

## 5. 유동성 분석(liquidity ratio analysis)

□ [의미] 기업이 보유하고 있는 자산을 현금으로 전환하여 단기부채를 상환할 수 있는 능력을 분석(**단기 지급능력** 측정)

### 1 유동비율(current ratio)

$$\text{유동비율} = \frac{\text{유동자산}}{\text{유동부채}} \times 100$$

- ○ 단기 채무인 유동부채를 갚을 수 있는 능력을 현금화가 용이한 유동자산으로 측정한 것으로 이론적으로 200% 이상이어야 유동성이 좋다고 판단
- ○ 과거 은행에서 차주의 단기 지급능력 평가 시 사용해서 **은행가 비율**(banker's ratio)이라고도 함.
- ○ **[유의사항]** ▸유동비율이 지나치게 높으면 수익성 저하 우려
- ○ 이론적으로 표준비율이 200% 이상이지만 절대적인 기준이 아님(현실적으로 200%가 넘은 기업은 별로 없음).
- ○ 유동비율이 지나치게 높으면 자산의 비효율적 보유 또는 운용으로 수익성이 저하될 우려가 있음.
  - (예) 자산의 90%가 현금 및 현금성 자산인 경우 ⇨ 기업의 고유 특성과 해당 산업의 평균 비율 추세 등을 종합적으로 고려해서 유동성을 평가해야 함.

○ 유동비율을 의도적으로 관리하고 있는지 검토 (사례)
  - 유동자산 300원, 유동부채 200원인 ㈜갑이 결산기 말에 판매처 ㈜을에게 압력을 행사하여 기일이 도래되지 않은 매출채권 100원을 조기 회수해서 확보된 현금으로 재고자산의 정상적인 구매는 연기하고 기일이 도래되지 않은 유동부채를 조기에 상환하였다. 이 경우 ㈜갑의 실물 가치는 변화가 없음에도 유동비율은 150%에서 200%로 증가함.

## 2 당좌비율(acid test ratio)

$$당좌비율 = \frac{당좌자산}{유동부채} \times 100 = \frac{(유동자산 - 재고자산)}{유동부채} \times 100$$

○ 재고자산은 진부화 또는 판매 부진 등으로 현금화 능력이 떨어질 수 있어서 재고자산을 제외하고 유동성을 측정
○ 유동비율은 높은데 당좌비율이 낮다면 재고자산을 과다하게 보유하고 있는 것임.
○ 이론적으로 100% 이상이어야 유동성이 좋다고 판단
○ 현금화가 용이한 당좌자산만으로 단기 지급능력을 평가하므로 **산성비율**(acid test ratio)이라고도 함.

## 3 현금비율(cash ratio)

$$현금비율 = \frac{현금 및 현금성자산}{유동부채} \times 100$$

○ 기업이 보유한 현금으로 유동부채를 어느 정도 감당할 수 있는가를 평가
○ 당좌자산 중 매출채권은 매출채권회수기간이 장기화될 경우 현금화 능력이 떨어지고 부실채권이 될 수 있으므로 이를 제외하고 분석
○ 유동성 비율 중 가장 직접적이고 보수적인 지표로서 현금 및 현금성 자산으로만 유동성을 평가
○ 분모를 유동부채가 아닌 총자산으로 산출한 **현금 보유 수준**(=현금 및 현금성 자

산÷총자산)이 부실 예측 관련 실무 및 학술논문에서 현금비율보다 더 많이 사용

## 6. 안정성 분석(leverage ratio analysis)

☐ [의미] 기업이 어느 정도 타인자본에 의존하고 있는지 자본구조를 분석(**장기 지급능력** 측정)

- 기업경영에 따르는 위험을 누가 부담하고 있는지를 보여주는 비율로서 타인자본이 크면 기업의 위험은 주로 채권자들이 부담
- 기업의 소유자(주주)는 레버리지비율이 높을수록 적은 자기자본으로 기업을 지배할 수 있는 이점이 있음.
- 타인자본비용이 자기자본비용보다 작으므로 영업이익률이 이자율을 초과하면 자기자본수익률이 확대(레버리지 효과)
- 레버리지비율이 클수록 손익확대 효과는 크지만, 재무안정성은 낮아짐.

### 4 부채비율(debt ratio)

$$\text{부채비율} = \frac{\text{총부채(타인자본)}}{\text{자기자본}} \times 100$$

- 기업의 안정성을 판단하는 대표적인 재무지표
- 부채비율이 높더라도 수익성이 높으면 큰 문제가 없으며 자기자본조달비용보다 낮은 금리 사용과 이자비용 지급에 따른 절세효과라는 이점 존재
- 한편, 부채비율이 낮더라도 영업실적이 안 나오면 지속적인 적자로 벌어 놓은 돈을 까먹으면서 부채비율이 상승하는 문제가 발생
- 상장기업에 대한 금융위원회 권고는 200% 이하이지만, 이론적으로는 어느 정도가 적정한지 정해진 것이 없음.

### 5 자기자본비율(capital adequacy ratio)

$$\text{자기자본비율} = \frac{\text{자기자본}}{\text{총자본}} \times 100$$

- ○ 부채비율과 함께 기업의 안정성을 측정하는 대표적인 재무지표
- ○ 국내 은행에서는 일정 수준의 자기자본비율을 정하고 차주에 대한 여신심사에서 중요 기준으로 활용
- ○ 자기자본비율과 부채비율은 상반된 관계에 있지만 그 의미가 동일함. 따라서 금융실무(기업 신용평가모형 등)에서는 **다중공선성**[1] 문제가 있어서 두 변수 중 한 가지만을 사용
  - 총부채 ÷ 자기자본 = (총자본 − 자기자본) ÷ 자기자본 = (총자본 ÷ 자기자본) − 1 = (1 ÷ 자기자본비율) − 1 = (1 − 자기자본비율) ÷ 자기자본비율

## 6 차입금의존도(interest bearing debt ratio)

$$\text{차입금의존도} = \frac{\text{총차입금}}{\text{총자본}} \times 100$$

- ○ 부채비율이 무이자부 부채(non-interest bearing debt)를 포함하고 있지만, 차입금의존도는 이자부 부채만을 포함하고 있어 레버리지비율에 더 적합
- ○ 총차입금은 단기차입금, 유동성장기부채(유동성 사채 포함), 장기차입금, 사채, 금융리스부채 등으로 구성되며 주주, 종업원, 임원 차입금은 제외
- ○ 차입금의존도가 높으면 기업소유주의 무책임을 조장할 위험이 존재
- ○ 기업이익 배분 과정에서 채권자에게 우선권이 있어 투자수익이 적으면 소유주 몫이 없을 수 있고 소유주의 출자금이 상대적으로 적어 투자활동이 실패하더라도 소유주가 부담해야 하는 손실은 적으므로 안정적인 투자 대신 위험한 투자를 할 가능성이 존재함.

1) 다중공선성(Multicollinearity)은 회귀분석에서 독립변수 간에 높은 상관관계가 있음을 나타내는 용어이다. 대표적인 해결법은 상관관계가 높은 독립변수 중 하나 혹은 일부를 제거하는 것이다.

## 7. 자본 배분의 안정성 분석(stability ratio of capital allocation analysis)

□ [의미] 조달된 자본이 기업 자산에 적절하게 배분되었는지 여부 분석(**자본의 효율적 배분 여부 측정**)

### 7 비유동비율(non-current ratio)

$$\text{비유동비율} = \frac{\text{비유동자산}}{\text{자기자본}} \times 100$$

- 자기자본이 비유동자산에 투입된 자기자본의 고정화 정도를 측정하는 것으로 고정비율이라고도 함.
- 이 지표가 100% 이상이면 장기자산에 투입된 자본이 부채에서 일부 조달되고 있음을 의미
- 이론적으로는 100% 이하면 자본 배분의 안정성이 있다고 보지만, 당해 기업의 업종 특성에 따라 표준비율을 다르게 적용할 필요가 있음.

### 8 비유동장기적합률(non-current asset to equity and non-current liability)

$$\text{비유동장기적합률} = \frac{\text{비유동자산}}{(\text{자기자본} + \text{비유동부채})} \times 100$$

- 비유동비율을 자기자본 이외 비유동부채까지 확대하여 자본 배분의 안정성을 측정하는 것으로 **고정장기적합률**이라고도 함. (**유동비율과는 반비례** 관계)
- 설비투자로부터 기대되는 수익은 비교적 장기에 걸쳐 발생하므로 설비투자에 소요되는 부족한 자본을 부채로 조달할 때 단기부채보다는 장기부채에 의존하는 것이 안정적인 것을 의미
- 비유동자산 투자는 장기자본 범위 내에서 이루어져야 하므로 이론적으로 이 지표의 표준비율은 100% 이하임.

## 8. 수익성 분석(profitability ratio analysis)

□ [의미] 당기순이익(주주 몫) 또는 영업이익(채권자 몫 포함) 등 기업의 **경영성과를 종합적으로 측정**

### 9 자기자본이익률(ROE: Return On Equity)

$$\text{자기자본이익률} = \frac{\text{순이익}}{\text{자기자본}} \times 100$$

○ 주주 몫의 수익성을 **사후적으로 측정**한 비율
○ 투하자본 대비 성과를 측정하는 것이므로 기초자기자본을 사용해야 함.

> 회계정보는 회계기간에 유상증자 또는 감자가 없다고 가정할 때, CSR(Clean Surplus Relation)에 의해 '**기말자기자본 = 기초자기자본 + 당기순이익**'이 됨. 따라서 기말자기자본이나 연평균을 사용하여 수익성을 평가하면 기말자기자본에는 기초자기자본을 사용하여 이루어진 당기순이익이 포함되어 있어 성과측정이 왜곡될 수 있음. **수익성 분석은 투하자본 대비 성과를 측정하는 것**이므로 **기초투하자본을 사용**하는 것이 바람직하며 총자산을 사용하는 경우에도 동일함.

### 10 총자산영업이익률(ROA: Return On Assets)

$$\text{총자산영업이익률} = \frac{\text{영업이익}}{\text{총자산}} \times 100$$

○ 주주와 채권자가 투자한 총자본(총자산)에 대한 영업활동으로 인한 성과를 **사후적으로 측정**한 비율

> 영업이익은 주주 몫(당기순이익)과 채권자 몫(이자비용) 및 정부 몫(세금)인데 분모에 자기자본을 사용하면 주주 몫의 성과측정치로서 적절한 대응이 아니므로 실무적으로 **자기자본 영업이익률은 사용하지 않고 있음.**
>
> 한편, ROA에서 Return은 정의하기 나름인데, 주주자본과 타인자본으로 조달한 자금으로 영업활동을 하는 것이므로 수익성 분석에서 총자산은 영업이익과 비교하는 것이 타당함. 학계 및 실무계에서는 총자산영업이익률을 ROA, 총자본순이익률을 ROI라고 하고 있음.

### 11 매출액순이익률(ROS: Return On Sale)

$$매출액순이익률 = \frac{당기순이익}{매출액} \times 100$$

- 기업의 영업활동과 투자활동 및 재무활동을 총망라한 후의 경영성과 측정치로 최종 마진을 판단하는 데 사용
- Return을 영업이익으로 정의하면 기업의 주된 영업활동에 의한 성과 판단지표(매출액영업이익률)가 됨.
- 매출액영업이익률 : 제조 및 판매 활동과 직접 관계된 순수한 영업이익만을 매출액과 대비한 것으로 영업 효율성 측정에 유용

### 12 총자본순이익률(ROI: Return On Investment)

$$총자본순이익률 = \frac{당기순이익}{총자본} \times 100$$

- 주주와 채권자가 투자한 자본(Investment Capital)으로 벌어들인 수익성을 나타내는 지표로서 Return을 영업이익으로 사용하면 ROA와 동일

> 분자에 주주 몫의 당기순이익을 사용하고 있어 분자와 분모가 잘 대응되지 않는 비율임. 대부분의 교재가 ROI에서 분자를 당기순이익으로 소개하고 있음. 이는 ROI는 매출수익성과 총자본회전속도가 결합된 비율인데 DuPont사가 개발하여 사용했기 때문임. (재무비율 종합분석 참조)

## 9. 활동성 분석(activity ratio analysis)

□ [의미] 기업이 보유하고 있는 자산이 얼마나 효율적으로 활용되고 있는지를 측정

### 13 총자산회전율(total assets turnover)

$$총자산회전율 = \frac{매출액}{총자산\ 평균잔액}$$

○ 기업이 투자한 총자산(기초와 기말의 평균)의 활용도(총자산이 1년에 몇 번이나 회전되었는가)를 총괄적으로 나타냄.

○ 기업규모가 작을수록 회전율이 높고, 업종별로 회전율에 차이가 있으므로 기업규모와 업종을 고려하여 평가

**[한국은행 기업경영분석(2021)에 의한 총자산회전율]**

| 기업규모 | 2018 | 2019 | 2020 | 2021 |
|---|---|---|---|---|
| 중소기업 | 1.01 | 0.95 | 0.88 | 0.90 |
| 대기업 | 0.74 | 0.71 | 0.64 | 0.70 |

## 14 매출채권회수기간(account receivables collection period)

$$\text{매출채권회수기간(일)} = \frac{\text{매출채권 평균잔액}}{\text{매출액}} \times 360 = \frac{360}{\text{매출채권회전율}}$$

매출채권회전율 = 매출액 ÷ 매출채권 평균잔액

○ 매출채권이 현금으로 전환되는 데 걸리는 기간을 말하며 **매출채권의 현금화 속도(매출채권회전율)**와 관련이 있음.

○ 매출채권회수기간(年)은 **매출채권회전율(年)의 역수**이므로 매출채권회전율이 낮을수록 매출채권회전기간이 길어져 유동성이 악화될 수 있음.

## 15 재고자산보유기간(account payables payment period)

$$\text{재고자산보유기간(일)} = \frac{\text{재고자산 평균잔액}}{\text{매출액}} \times 360 = \frac{360}{\text{재고자산회전율}}$$

재고자산회전율 = 매출원가 ÷ 재고자산 평균잔액

○ 보유 재고자산이 매출액으로 실현되는 데 걸리는 기간을 말하며 재고자산회전율의 역수로 계산

○ 재고자산은 매출원가에 반영되므로 매출액이 아닌 매출원가를 사용

○ 재고자산회전율이 낮을수록 재고자산회전기간이 길어져 기업의 자금압박으로 이어질 수 있음.

**16** 매입채무결제기간(inventory turnover period)

$$\text{매입채무결제기간(일)} = \frac{\text{매입채무 평균잔액}}{\text{매출액}} \times 360 = \frac{360}{\text{매입채무회전율}}$$

매입채무회전율 = 매출원가 ÷ 매입채무 평균잔액

○ 매입채무를 현금으로 지급하는 데 걸리는 기간을 말하며 매입채무회전율의 역수로 계산, 매입채무도 매출원가에 반영되므로 매출원가를 사용

○ 매입채무회전율이 높을수록 매입채무회전기간이 길어져 자금압박을 덜 받게 됨.

## 10. 성장성 분석(growth ratio analysis)

□ [의미] 당기 경영규모(성과) 또는 경영성과가 전기 대비 얼마나 증가했는지를 분석(외형성장을 측정)

**17** 매출액증가율(sales growth ratio)

$$\text{매출액증가율} = \frac{(\text{매출액}_t - \text{매출액}_{t-1})}{\text{매출액}_{t-1}} \times 100 = \left(\frac{\text{매출액}_t}{\text{매출액}_{t-1}} - 1\right) \times 100$$

t : 당기(기말), t－1 : 전기(기초)

○ 기업의 외형성장세를 보여주는 대표적인 지표

○ 업종 평균 또는 시장의 성장률보다 더 높은 경우, 기업의 경쟁력이 더욱 높아지고 있음을 보여줌.

○ 매출액증가율이 기업의 외형성장세를 보여준다면 기업의 **실질적 성장**을 보는 지표로 **순이익증가율**이 있음. 그런데 이 지표는 **전기 순이익이 음수이면 지표가 왜곡**될 수 있고, **수익성 향상(성장)과 관련된 내용**은 **수익성 지표의** 추세를

보면 알 수 있으므로 일반적으로 실무에서는 순이익증가율을 재무제표 분석에서 제외함.

**18** 총자산증가율(total assets growth ratio)

$$\text{총자산증가율} = \frac{(\text{총자산}_t - \text{총자산}_{t-1})}{\text{총자산}_{t-1}} \times 100 = \left(\frac{\text{총자산}_t}{\text{총자산}_{t-1}} - 1\right) \times 100$$

t : 당기(기말), t-1 : 전기(기초)

- ○ 기업의 전체적인 외형성장 규모를 측정
- ○ 총자산의 증가는 이익의 사내 유보(이익잉여금)가 증가한 경우와 부채의 증가가 원인인 경우로 구분하여 검토

기업이 보유한 잠재성장률로서 유보율에서 자기자본수익률(ROE)을 곱하여 산출한 지속가능성장률(g)이 있음. 향후 기업의 이익이 일정하게 성장한다는 가정하에서의 성장률을 의미하지만, 일반적으로 기업 신용분석에서는 잘 활용되지 않음.

*유보율(b) = (1 - 배당성향) = (당기순이익 - 배당금) ÷ 당기순이익

## 11. 생산성 분석(productivity ratio analysis)

□ [의미] 자원 투입 대비 얼마만큼의 가치를 창출하였는지를 분석(**경영의 효율성 또는 생산요소의 기여도 측정**)

- ○ 최근 들어 인적자원 단위당 부가가치 창출 능력 측정치인 부가가치지적계수(VAIC[2]: Value Added Intellectual Coefficient)가 학계를 중심으로 소개되고 있으나 실무적으로는 활용되지 않고 있음.

2) VAIC 관련한 내용과 연구는 김성규 등(2021) 참조.

## 19 부가가치율(gross value-added to output)

$$부가가치율 = \frac{부가가치}{산출액} \times 100$$

- 기업의 산출액(생산액) 중에서 부가가치가 차지하는 비중을 의미
- 다시 말하면, 기업의 **산출액(생산액)** 중 재료비, 외주가공비 등의 **외부투입액을 제외**한 금액이 차지하는 비율
- 생산액은 추정이 복잡하고 어려우며, 외부 정보이용자(신용분석 측면) 입장에서는 사실상 측정이 불가능하므로 매출액을 생산액 대용치로 사용
- 산출액 중 생산활동에 참여한 생산요소에 귀속되는 소득이라고 해서 **소득률**이라고도 함.
- 부가가치(Value Added) 개념 : 기업의 경영활동(생산활동) 결과, 생산물의 가치에 새로이 창출된 가치로서 기업의 이익을 순이익뿐만 아니라, 이해관계자(stakeholders)에게 귀속되는 이익까지 그 범위를 넓혀 측정한 개념
- 한국은행 기업경영분석(2021)에 의한 **부가가치 산출 방법**은 다음과 같음.

| 부가가치의 구성 (산출 방법) | | | 비고 |
|---|---|---|---|
| (총)부가가치 = 영업잉여 + 인건비 + 금융비용 + 조세공과 + 감가상각비 | | | |
| **가산법** | 영업잉여 | 영업이익 + 대손상각비 - 금융비용 | 정부와 주주의 몫 |
| | 인건비 | 노무비 + 인건비(판매관리비) + 복리후생비 | 근로자의 몫 |
| | 금융비용 | 이자비용 + 매출채권처분손실 | 채권자의 몫 |
| | 조세공과 | 법인세를 제외한 공과금 | 정부와 지방자치단체의 몫 |
| | 감가상각비 | 제외 시 순부가가치라고 함 | 기업에 재분배되는 몫 |
| **차감법** | 총생산액 - 외부 투입액 | | 외부 이용자는 측정이 어려움 |

## 20 노동생산성(productivity of labor)

$$노동생산성 = \frac{매출액}{상시종업원\ 수} \times 100$$

- 노동력 단위(상시종업원 1인당) 생산성을 나타내는 지표
- 일반적으로 노동집약적인 기업일수록 노동생산성이 낮고, 자본집약적인 기업일수록 노동생산성이 높음.
- 기업이 경영상태가 악화되어 **덤핑판매**를 하거나 **인력감축**을 하면 **지표가 왜곡**될 수 있음.
- 분자에 매출액 대신 부가가치를 사용하기도 함.

## 12. 재무비율 종합분석 : 총자본순이익률(ROI) 분석

$$\text{총자본순이익률} = \frac{\text{당기순이익}}{\text{총자산}} = \frac{\text{당기순이익}}{\text{매출액}} \times \frac{\text{매출액}}{\text{총자산}}$$

$$= \text{매출액순이익률} \times \text{총자산회전율}$$

- 1930년대 미국의 듀퐁(DuPont)사가 사업부의 성과(업적)평가와 내부통제 등 경영관리를 위해 개발
- 목표 총자본순이익률을 달성하기 위한 세부적인 관리수준 제시 및 목표를 달성하지 못하면 그 원인을 규명하는 데 유용

□ 재무비율 종합분석 : 자기자본이익률(ROE) 분해

$$\text{자기자본이익률} = \frac{\text{당기순이익}}{\text{자기자본}}$$

$$= \frac{\text{당기순이익}}{\text{매출액}} \times \frac{\text{매출액}}{\text{총자산}} \times \frac{\text{총자산}}{\text{자기자본}}$$

$$= \frac{\text{당기순이익}}{\text{매출액}} \times \frac{\text{매출액}}{\text{총자산}} \times \frac{(\text{자기자본} + \text{총부채})}{\text{총자산}}$$

$$= \frac{\text{당기순이익}}{\text{매출액}} \times \frac{\text{매출액}}{\text{총자산}} \times (1 + \frac{\text{총부채}}{\text{자기자본}})$$

$$= \text{매출액순이익률} \times \text{총자산회전율} \times (1 + \text{부채비율})$$

- ○ 전통적인 자기자본이익률 분해로서 ROI 분석을 확장한 것
- ○ 부채비율이 증가한다고 항상 ROE가 증가하는 것은 아니며, 부채비율이 ROE에 미치는 영향은 ROE와 영업투하자본이익률(ROIC) 간의 관계에 따라 달라짐.
  - ⇨ 자기자본이익률(ROE)과 영업투하자본이익률(ROIC)의 관계식은 제7장에서 자세히 설명

## 13. 재무비율 종합분석 : 지수법(index method) 분석

□ 주요 재무비율들을 선정한 뒤 중요도에 따라 가중치를 부여하여 구한 종합 평점 (100점 만점)

| 종류 | 내용 |
|---|---|
| 월의 지수법 | • 여신자 입장에서 재무안정성 중시<br>• 유동비율과 부채비율의 가중치가 높음 |
| 트렌트 지수법 | • 경영자 입장에서 기업 자산의 활동성 중시<br>• 재고자산 회전율과 비유동자산 회전율 가중치 높음 |
| 기업체종합평가표 | • 한국은행이 지수법을 변형(비재무항목 포함)하여 개발<br>• 은행의 여신심사(舊, 할인어음 적격업체 선정 등)에 활용 |

⇨ 금융기관은 자체 신용평가모형 및 여신심사지표를 보유하고 있어 현재 금융기관 실무에서 지수법은 사실상 활용되지 않고 있음.

# 제 2 절 현금흐름 분석

## 1. 현금흐름 분석의 의미

□ 일정 기간에 기업의 자금(현금)이 어떻게 조달되어 어떤 용도로 사용(운용)되었는지를 검토해 **현금흐름의 건전성 여부를 분석하고 예측**하는 것

⇨ 발생주의 회계에 의해 작성된 이익이 얼마나 건강한 것인지를 파악하기 위해 현금흐름에 대한 분석이 필요(**이익의 질**)

## 2. 현금흐름비율의 필요성

□ 단기 지급능력을 측정하는 재무비율인 유동비율, 당좌비율은 발생주의 회계에 근거하고 있어 현금을 제외한 나머지 유동자산의 현금화 확실성 문제가 존재

□ 현금흐름비율은 발생주의 회계의 한계점을 보완하기 위해 현금흐름을 기준으로 기업의 **채무 상환** 능력을 측정하는 현금흐름의 기본 분석기법

## 3. 현금흐름비율에 사용되는 현금흐름

□ 전통적인 현금흐름은 현금흐름표가 작성되기 전에 사용되었던 지나치게 단순화한 현금흐름으로서, 운전자금을 현금화하는 데 문제가 있는 경우 적합하지 못함.

□ EBITDA는 자기자본과 타인자본을 통해 기업이 벌어들일 수 있는 현금흐름의 대용치로 사용

| 구분 | 계산 방법 |
|---|---|
| 전통적인 현금흐름 | 당기순이익＋감가상각비 |
| EBITDA | ① 영업이익＋감가상각비(무형자산 상각비 포함)<br>② 세전이익＋이자비용＋감가상각비(무형자산 상각비 포함) |
| 영업현금흐름 | 현금흐름표상의 영업활동 후의 현금흐름 |

1) EBITDA : Earnings Before Interest, Tax, Depreciation and Amortization
2) 이자비용 : 매출채권처분손실이 있는 경우 포함
3) 감가상각비 : 제조원가명세서를 수집 못하더라도 현금흐름표에서 파악 가능

## 4. 주요 현금흐름지표

□ 영업현금흐름(CFO: cash flow from operation) 또는 EBITDA를 사용하고 있으며 전통적인 현금흐름은 실무적으로 사용하지 않음.

**21** 현금흐름보상비율(cash flow coverage ratio)

$$현금흐름보상비율 = \frac{영업현금흐름 + 이자비용}{(단기차입금 \times 0.2) + 유동성장기부채 + 이자비용} \times 100$$

- 이자비용과 당기 중 상환 도래되는 차입 원금을 영업현금흐름으로 어느 정도 충당할 수 있는가를 측정
- 즉, 이자비용을 지급하고 회전(대환)이 불가능한 차입금을 상환하는 데 충분한 현금 보유 여부를 분석(**원금내입비율 20%로 가정**)
- 한국은행 [기업경영분석]에서는 원금내입비율을 감안하지 않고 연평균 단기차입금을 사용하고 있음.
- 실무에서는 **현금보상비율** 또는 **부채상환계수**(DSCR: Debt Service Coverage Ratio)라고도 함.

## 22 총부채영업현금흐름비율(CFO ÷ total debt)

$$\text{총부채영업현금흐름비율} = \frac{\text{영업현금흐름}}{\text{평균 총부채}} \times 100$$

- 영업활동 현금흐름으로 총부채를 어느 정도 상환할 수 있는지 알려주는 지표
- 현금흐름지표는 대부분 단기 지급능력을 평가하는 데 사용되는데, 이 비율은 **장기 상환능력**을 측정하는 비율
- 국제 신용평가기관인 S&P는 기업의 장기적인 현금지급능력을 보여주는 현금흐름지표로 총부채영업자금비율(=영업자금÷총차입금)을 사용
  - 영업자금(FFO: Funds From Operation) : 기업의 유지와 성장을 위해 재투자될 수 있는 총액(영업운전자본)으로서 당기순이익에 비현금지출비용을 가산하고 비현금유입수익을 차감하여 계산(제5장 [참고 5-2] ‘S&P 현금흐름 체계’ 참조)

## 23 EBITDA 이자보상배율(EBITDA interest coverage ratio)

$$\text{EBITDA 이자보상배율} = \frac{\text{EBITDA}}{\text{이자비용}}$$

- 기업의 **단기 지급능력을 측정**하는 지표

- ○ 이 지표가 1배 이하면 번 돈으로 이자 지급도 할 수 없어 영업활동을 위한 운영자금은 고사하고 당장의 이자를 갚기 위해 외부로부터 돈을 빌릴 수밖에 없는 상황
- ○ 일부 교재에서는 이 지표를 **장기 지급능력 평가지표**로 소개하고 있는데, **감가상각비**는 장기적인 관점에서 보면 지속적인 영업활동을 위해 재투자되어야 할 비용으로 이를 **이자 상환 재원으로 볼 경우** 장기 상환능력을 **과대평가**하게 됨.

### 24 차입금 상환계수(DSCR: Debt Service Coverage Ratio)

$$\text{차입금 상환계수} = \frac{\text{총차입금}}{\text{EBITDA}}$$

- ○ EBITDA로 원리금을 어느 정도 상환할 수 있는지를 측정하는 지표로서 **신용평가기관**에서 많이 사용
- ○ 이 지표가 **1배 미만**이면 신용등급 **상향 조건**이고, **3배를 넘으면** 신용등급 **하향 조건**에 해당

> 영업현금흐름 또는 EBITDA 등으로 차입 원리금을 어느 정도 상환할 수 있는지 측정하는 지표를 원리금 상환 배율(DSCR: Debt Service Coverage Ratio)이라고 하며 부채상환계수 또는 차입금 상환계수와 동일한 개념

## 제 3 절 시장가치 분석(market value analysis)

□ [의미] 자본시장에서 거래되는 상장기업의 주식 가치를 분석하는 것

### 25 주가수익비율(PER: Price Earnings Ratio)

$$\text{주가수익비율(PER)} = \frac{\text{주식가격}(P_0)}{\text{주당순이익(EPS)}} = \frac{\text{시가총액}}{\text{당기순이익}}$$

○ 실제 주가를 주당순이익(EPS: Earnings Per Share)으로 나눈 것으로 주가이익비율이라고도 함.

○ 주가수익비율이 높거나 낮은 이유는 여러 가지 경우가 있으므로 주당이익과 주가를 동종업종 평균치와 함께 비교하여 분석해야 함.

| 구분 | 원인(동종산업 대비) | 해석 |
|---|---|---|
| 주가수익비율이 높은 경우 | 주당순이익(평균), 주가(높음) | 성장성이 높은 기업 |
| | 주당순이익(낮음), 주가(평균) | 일시적으로 주당순이익 감소 |
| 주가수익비율이 낮은 경우 | 주당순이익(평균), 주가(낮음) | 성장성이 낮은 기업 |
| | 주당순이익(높음), 주가(낮음) | 일시적으로 주당순이익 증가 |

## 26 주가순자산비율(PBR: Price Book value Ratio)

$$\text{주가순자산비율(PBR)} = \frac{\text{주식가격}(P_0)}{\text{주당장부가치}} = \frac{\text{시가총액}}{\text{자기자본(BV)}}$$

○ 시장에서 평가한 가치(주가)와 자기자본 장부가치를 비교

○ 장부가치는 상대적으로 안정된 객관적 수치로서 시장가치와 비교 가능

○ **주가순자산비율** < 1인 경우, 이익잉여금 등이 주가에 충분히 반영되지 못해 **주가가 과소평가**되었을 가능성이 있음.

**[주가순자산비율 사용의 유용성과 한계점]**

| 항목 | 설명 |
|---|---|
| 유용성 | 기업 간 일관성 있는 회계원칙이 적용되면 과소(과대)평가 주식을 찾는 데 유용 |
| | 일시적으로 순이익이 적자라도 주가순자산비율은 사용 가능(주가수익비율은 사용 불가) |
| 한계점 | 회계처리방법이 다를 경우 기업 간 비교가 어려움. |
| | 무형자산 가치가 B/S에 반영되지 않은 기업이거나 비유동자산을 적게 보유하고 있는 서비스업 기업에는 유용성이 떨어짐. |

## 27 주가매출액비율(PSR: Price Sales Ratio)

$$\text{주가매출액비율(PSR)} = \frac{\text{주식가격}}{\text{주당매출액}} = \frac{\text{주식가격}}{\text{주당순이익}} \times \frac{\text{주당순이익}}{\text{주당매출액}} = \text{PER} \times \text{ROS}$$

1) ROS(Return On Sales) : 매출액순이익률

- 실제 주가를 주당매출액으로 나눈 비율

**[주가매출액비율 사용의 유용성과 한계점]**

| 항목 | 설명 |
|---|---|
| 유용성 | 매출액은 회계처리 방법에 영향을 덜 받고 부(-)의 값이 발생하지 않음.<br>→ 벤처기업 또는 스타트업 기업 평가에 적합 |
| | 가격정책의 변화가 주가에 미치는 영향 파악 가능<br>→ 기업가치를 평가하는 승수로 이용 |
| 한계점 | 이익률 하락에도 매출액에 변화가 없다면 가치평가에 오류가 발생할 수 있음. |
| | 매출액과 주가의 상관관계가 크지 않을 수 있음. |

## 28 EV/EBITDA 비율(Enterprise Value ÷ EBITDA)

$$\text{EV/EBITDA} = \frac{(\text{시가총액} + \text{순차입금})}{\text{EBITDA}}$$

1) 순차입금 : 총차입금 - 현금 및 현금성 자산

- EBITDA(영업현금흐름의 대용치)를 기준으로 주가를 평가
- EV(Enterprise Value)는 기업의 전체 가치로서 부채 가치가 포함되므로 시가총액(주주 몫)에 순차입금(채권자 몫)을 가산
- 이 지표는 순수한 영업활동으로 투자 원금 회수가 가능한 기간을 의미하기도 하는데 **해석 과정에서 주의를 요함.**

> EB/EBITDA는 감가상각비 등 비현금성 비용이 많은 기업의 가치 측정에 유용하다고 판단하고 증권회사에서 사용 중이나, 기업이 지속적인 영업활동을 위해서는 재투자(CapEx)를 해야 하는데 **EV/EBITDA는 이러한 재투자를 고려하지 않는 지표라는 문제점이 있음.**

CHAPTER 6

# 연습문제

**01** 재무분석과 관련된 용어 중 범위가 가장 넓은 것은 재무제표 분석이다.

① ○　　② ×

**02** 유동비율은 유동자산을 유동부채로 나눈 비율이고 당좌비율은 당좌자산을 유동부채로 나눈 비율이며, 당좌자산은 유동자산에서 매출채권을 제외한 자산이다.

① ○　　② ×

**03** 유동자산을 많이 보유하면 안정성과 수익성을 동시에 높일 수 있다.

① ○　　② ×

**04** 부채비율이 100% 이상이면 자기자본비율은 50% 이하이다.

① ○　　② ×

**05** 비유동장기적합률은 200% 이하를 적정비율로 판단하고 있다.

① ○　　② ×

**06** 유동비율이 높다는 것은 유동성이 높으므로 수익성이 떨어질 수 있다는 것이다.

① ○　　② ×

**07** 자기자본순이익률(ROE)은 당기순이익을 자기자본으로 나눈 비율로서, 주주들이 투자한 자본에 대하여 벌어들이는 수익성을 사전적으로 측정하는 지표이다.

① ○　　② ×

**08** 매출채권회전율이 높으면 매출채권회수기간은 짧아진다.

① ○　　② ×

**09** 생산성 분석은 매출액을 기준으로 판단하나 활동성 분석은 부가가치를 기준으로 판단한다.

① ○ ② ×

**10** 부가가치란 기업의 이익을 순이익뿐만 아니라 이해관계자(stakeholders)에게 귀속되는 이익까지 그 범위를 넓혀 측정한 개념으로 부가가치 계산 시 이용되는 영업잉여는 정부와 주주의 몫을 의미한다.

① ○ ② ×

**11** 매출액증가율과 총자산증가율은 기업의 실질적 성장을 측정하는 비율이다.

① ○ ② ×

**12** 주가수익비율(PER)이 높은 기업은 주가가 기업의 주당순이익보다 낮게 평가되었거나 미래의 성장 가능성이 작다고 볼 수 있어 기업가치가 저평가되었을 가능성이 있다.

① ○ ② ×

**13** 주가매출액비율(PSR)은 회계처리방법에 영향을 덜 받고 부(－)의 값이 없어 벤처기업이나 창업기업 평가에 적합하다.

① ○ ② ×

**14** 시장가치분석지표인 EV/EBITDA는 순수한 영업활동으로 투자 원금 회수가 가능한 기간을 의미하기도 한다. 기업이 지속적인 영업활동을 위해서는 재투자(CapEx)를 해야 하는데 EV/EBITDA는 이러한 재투자를 고려한 지표이다.

① ○ ② ×

**15** 마진율(매출액순이익률)이 높다면 반드시 자기자본순이익률(ROE)도 비례적으로 높아진다.

① ○ ② ×

**16** 다음 중 유동성 분석을 통해 파악할 수 없는 것은?

① 단기 지급능력 ② 유동자산과 유동부채의 적합성
③ 경영성과분석 ④ 지급불능 위험

**17** 다음 중 판매 부진 등으로 진부화된 재고자산이 많은 기업의 유동성을 분석하는 데 가장 적합한 비율은?

① 안정성 비율　　② 유동비율
③ 당좌비율　　④ 현금비율

**18** 다음은 유동성 분석과 관련된 내용이다. 잘못 설명하고 있는 것은?

① 유동비율은 이론적으로 200% 이상이면 유동성이 좋다고 판단하나 절대적인 기준은 아니다.
② 유동성이 높으면 자산이 효율적으로 운용되고 있어 수익성이 높아질 가능성이 있다.
③ 매출채권을 조기 회수하여 매입채무를 조기상환하는 등 유동비율을 의도적으로 관리하고 있는지를 검토해야 한다.
④ 유동비율은 높은데 당좌비율이 낮다면 재고자산을 과다하게 보유하고 있는 기업이다.

**19** 다음은 안정성 분석과 관련된 내용이다. 잘못 설명하고 있는 것은?

① 타인자본 의존도(레버리지비율)가 높을수록 손익확대 효과가 커지고 재무안정성은 높아진다.
② 부채비율이 높더라도 수익성이 높으면 문제가 없고 부채비율이 낮더라도 영업실적이 저조하면 문제가 있다.
③ 타인자본비용이 자기자본비용보다 적으므로 영업이익률이 차입이자율을 초과하면 자기자본수익률이 확대된다.
④ 기업의 소유자(주주)는 레버리지 비율이 높을수록 적은 자기자본으로 기업을 지배할 수 있는 이점이 있다.

**20** 다음 중 자본 배분의 안정성에 관한 설명이다, 잘못 설명하고 있는 것은?

① 비유동장기적합률을 높여야 자본 배분의 안정성이 높아진다.
② 비유동비율이 높다는 것은 시설투자 등을 부채(차입금)로 조달할 가능성이 높아진다는 것을 의미한다.
③ 유동비율이 100% 미만인 기업의 비유동장기적합률은 100%를 초과한다.
④ 설비투자에 소요되는 부족한 자본을 부채로 조달할 때 단기부채보다는 장기부채

에 의존하는 것이 안정적이다.

**21** 다음은 자기자본이익률(ROE)에 관한 설명이다. 옳지 않은 것은?

① 투입한 자기자본이 얼마만큼의 이익을 냈는지를 나타낸다.
② 주주 입장에서는 자기자본이익률이 시중금리보다 높아야 투자에 대한 의미가 있다.
③ 주주 몫의 수익성을 사전적으로 측정한 비율이다.
④ 한국은행 기업경영분석에서는 분모를 기초와 기말 자기자본의 평균잔액을 사용하고 있으나, 투하자본 대비 성과를 측정하는 것이므로 기초자기자본을 사용하는 것이 바람직하다.

**22** ㈜제세는 동종기업 대비 매출액순이익률은 낮으나 자기자본이익률(ROE)은 높은 경우 ㈜제세에 대한 재무제표 분석 중 가능한 추론으로 옳지 않은 것은?

① ㈜제세는 재무레버리지를 잘 활용하였다.
② ㈜제세의 최종마진은 낮으나 자산이 회전율이 높다.
③ ㈜제세는 매출원가율과 판매비와 관리비의 비율도 동종기업 대비 높은 편이다.
④ ㈜제세는 동종업종 대비 영업이익률은 낮으나 영업외활동에서 얻은 수익(영업외수익)은 높은 편이다.

**23** 다음은 활동성 분석에 대한 설명이다. 옳지 않은 것은?

① 기업이 보유하고 있는 자산을 얼마나 효율적으로 활용하고 있는지를 분석하는 것이다.
② 기업규모가 클수록 총자산회전율이 높고, 업종별로 총자산회전율에 차이가 있으므로 기업규모와 업종을 고려하여 평가한다.
③ 재고자산회전율이 낮을수록 재고자산회전기간이 길어져 기업의 자금압박으로 이어질 수 있다.
④ 매출채권회수기간은 매출채권이 현금으로 전환되는 데 걸리는 기간을 말하며 매출채권회전율의 역수(年)로도 산출할 수 있다.

**24** 다음은 성장성 분석에 대한 설명이다. 옳지 않은 것은?

① 매출액성장률과 총자산성장률은 기업의 외형성장세를 나타낸다.
② 총자산의 증가는 이익의 사내 유보(이익잉여금)가 증가한 경우와 부채의 증가가

원인인 경우로 구분하여 검토한다.

③ 지속가능성장률은 기업이 보유한 잠재성장률을 의미하지만, 일반적으로 기업 신용분석에서는 잘 활용되지 않는다.

④ 순이익증가율은 실질적인 성장을 나타내는 지표로서 실무에서도 성장성 분석지표로 가장 많이 활용된다.

**25** 다음은 생산성 분석에 대한 설명이다. 옳지 않은 것은?

① 부가가치는 기업의 이익을 순이익뿐만 아니라 이해관계자(stakeholders)에게 귀속되는 이익까지 그 범위를 넓혀 측정한 개념이다.

② 산출액 중 생산활동에 참여한 생산요소에 귀속되는 소득이라고 해서 소득률이라고도 한다.

③ 부가가치가 높은 기업은 주주에게 많은 배당금을 지급할 수 있다.

④ 부가가치는 재무제표를 통해서 기업의 산출액에서 외부 투입액을 직접 차감하여 산출할 수 있다.

**26** 다음은 현금흐름비율과 관련된 설명이다. 잘못 설명하고 있는 것은?

① 영업현금흐름 또는 EBITDA를 기준으로 기업의 채무 상환능력을 측정하는 비율이다.

② 현금흐름보상비율은 이자비용을 지급하고 회전(대환)이 불가능한 유동성장기부채와 단기차입금(원금내입비율 20%로 가정)을 상환하는 데 충분한 현금을 보유하고 있는지를 측정하는 지표이다.

③ EBITDA 이자보상배율은 장기 상환능력을 측정하는 지표로서 이 지표가 1배 이하면 번 돈으로 이자 지급도 할 수 없어 이자 지급을 위해 외부로부터 돈을 빌릴 수밖에 없는 상황이다.

④ 국제 신용평가기관인 S&P는 기업의 장기적인 현금 지급능력을 보여주는 현금흐름지표로서 총부채영업자금비율( = 영업자금 ÷ 총차입금)을 사용하고 있다.

**27** 다음은 시장가치 분석과 관련된 설명이다. 잘못 설명하고 있는 것은?

① 주당순이익(EPS)은 적정하나 주가가 높은 경우는 주가수익비율이 높게 나타나고 성장성이 높은 기업이다.

② 주가는 적정(동종산업 평균)하나 일시적으로 주당순이익이 낮은 경우 주가수익비

율이 높게 나타난다.

③ 주가순자산비율(PBR)이 1보다 낮은 기업은 기업의 잉여금 등이 주가에 충분히 반영되지 못했다고 추정할 수 있다.

④ 서로 다른 회계원칙을 적용하더라도 주가순자산비율을 이용하면 기업 간 비교를 쉽게 할 수 있다.

**28** 재무비율 분석 전에 수행해야 할 사항을 설명하시오.

**29** 전통적인 재무비율을 평가비율 측면에서 구별하여 설명하시오.

**30** 아래의 비상장기업인 ㈜K판지에 대한 사업보고서 내용을 토대로 전통적인 재무비율 20개 중 생산성 지표인 부가가치율(제조원가명세서가 제공되지 않으므로 노무비를 파악할 수 없음)과 노동생산성(상시종업원 정보가 없어 산출 불가)을 제외한 18개 재무지표와 현금흐름비율 4가지 총 22개 재무비율 지표를 산출하고 종합분석인 ROI와 자기자본이익률 분해를 시행하시오.

**㈜K판지에 대한 사업보고서**

□ 업체 개요

| 구분 | 내용 |
|---|---|
| 주요 연혁 | • 1983년 3월 설립 (개인기업 K판지)<br>• 199×년 7월 ㈜K판지로 법인전환<br>• 201×년 7월 시화 공장을 증설함에 따라 안산 제1공장을 부동산임대로 전환<br>• 202×년 12월 익산공장을 동업종 공장을 경락받아 생산설비 교체 |
| 경영규모 | • 당기 발 (총사산 1,399억 원, 매출액 824억 원, 순이익 61억 원) |
| 사업장 및 영업 상황 | • 사업장 자가 (시화 공장, 익산공장)<br>• 주주구성 : 대주주(21.8%)와 특수관계자 7인이 68% 보유<br>• 업종 : 골판지 및 골판지상자 제조(전량 주문에 의한 생산 판매)<br>• 매출 구성 : 내수(97.2%), 수출(2.8%) *임대수익 4.2%<br>• 시장점유율 : 골판지 국내 총생산량 중 약 4.2%(업계 3위) |
| 관계회사 | • ㈜K제지, ㈜D제지 (골판지원지 생산, 동사 매입액 약 80%)<br>• ㈜A판지, ㈜B판지, ㈜C판지 (골판지 생산, 동사 지분 각 100%, 모두 지방소재 기업임) |

□ 기타 주석 사항

- ○ 보유 토지의 공시지가 : 당기 966억 원(장부가액 386억 원), 전기 958억 원(장부가액 369억 원)
- ○ 우발채무와 약정 사항(당기 말 현재)
  - 할인 및 배서한 매출채권 중 만기 미도래 금액 2.7억 원
  - ㈜A판지 등 관계회사 차입금 관련 우리은행 등에 679억 원, USD 1,900,000, JPY 134,000의 지급보증 제공(원화 총 700억 원)

□ 산업 특성

- ○ 골판지 및 골판지상자는 전자・섬유・식품・의약품・농수산물 등 각종 제품의 외부 포장에 사용되는 내용물 보호에 필수적인 제품
- ○ 포장할 제품에 따라 규격이나 인쇄 사양 등이 다양하여 정형화된 표준규격이 없어 기업체로부터 각각의 내용물의 규격에 맞게 주문생산
- ○ 경쟁력 우위가 있는 시장점유율 상위권 업체들은 지방소재 기업 인수 등 지방영업 확대로 최근 들어 산업구조조정이 이루어짐.
- ○ 전자상거래 등 홈쇼핑 산업의 발전과 코로나19 등으로 인한 온라인 판매가 증대됨에 따라 포장 수요가 증가하고 있고 스티로폼 완충 제품이 골판지상자로 대체
- ○ 동 제품은 100% 재활용이 가능한 친환경적 제품이며 최근에는 내용물 보호 측면 이외 외관에 관한 관심 등 고급 제품에 대한 수요도 증가하고 있어 품질개선의 노력이 필요
- ○ 수입 펄프 및 고지 가격 동향에 따라 원재료인 원지 가격이 변동하며 수요 또한 전체 산업경기 변동에 민감하나 계절적인 경기 변동 요인은 미미
- ○ 100% 주문생산산업으로서 수요처의 요구에 맞는 정확한 품질과 납기관리 및 원가절감을 통한 가격경쟁력 확보가 산업경쟁력을 좌우

□ 시장점유율 및 가격변동 추이

- ○ 국내 골판지 생산업체는 총 1,050개이며 동사와 선도업체(경쟁업체)의 시장점유율은 다음과 같음.

| 구분 | 국내 총생산량 | ㈜K판지 | | 경쟁업체(1) | | 경쟁업체(2) | |
|---|---|---|---|---|---|---|---|
| | | 생산량 | 시장 점유율 | 생산량 | 시장 점유율 | 생산량 | 시장 점유율 |
| 당 기 | 4,359,000 | 180,236 | 4.13% | 451,685 | 10.36% | 263,841 | 6.05% |
| 전 기 | 4,476,000 | 189,149 | 4.23% | 440,051 | 9.83% | 226,161 | 5.05% |
| 전전기 | 4,265,000 | 183,339 | 4.30% | 381,368 | 8.94% | 202,832 | 4.76% |

○ 주요 제품의 가격변동추이 : 수입 펄프 및 고지 가격변동에 따라 원재료인 원지 가격이 변동하여 제품가격도 민감하게 변동함.

| 품목 | 당기 | 전기 | 전전기 | 비고 |
|---|---|---|---|---|
| 이중 양면 골판지 | ₩510 | ₩546 | ₩446 | |
| 양면 골판지 | ₩353 | ₩379 | ₩307 | |

## □ 재무제표

○ 손익계산서(I/S: Income Statement)

(단위: 백만 원)

| 계정 | 당기 | 전기 | 전전기 | 계정 | 당기 | 전기 | 전전기 |
|---|---|---|---|---|---|---|---|
| 매출액 | 82,396 | 86,531 | 74,029 | 영업외수익 | 5,882 | 6,242 | 5,812 |
| 매출원가 | 67,525 | 73,064 | 62,500 | 지분법 이익 | 4,723 | 5,361 | 5,278 |
| 매출총이익 | 14,871 | 13,467 | 11,529 | 영업외비용 | 3,347 | 7,498 | 2,439 |
| 판매비와 관리비 | 9,666 | 9,081 | 9,622 | 이자비용 | 1,568 | 2,386 | 1,631 |
| 급여 | 3,589 | 3,284 | 3,317 | 지분법 손실 | 1,739 | 3,661 | 592 |
| 운반비 | 4,087 | 4,233 | 4,697 | 세전이익 | 7,741 | 3,131 | 5,279 |
| 감가상각비 | 331 | 222 | 149 | 법인세비용 | 1,617 | 509 | 1,158 |
| 영업이익 | 5,206 | 4,387 | 1,906 | 당기순이익 | 6,124 | 2,622 | 4,121 |

1) 급여 : 퇴직급여를 포함한 금액

○ 재무상태표(B/S: Balance Sheet)

(단위: 백만 원)

| 자산 | 당기 | 전기 | 전전기 | 부채 및 자본 | 당기 | 전기 | 전전기 |
|---|---|---|---|---|---|---|---|
| **Ⅰ. 유동자산** | 32,470 | 41,025 | 34,589 | **Ⅰ. 유동부채** | 47,472 | 55,509 | 43,619 |
| 당좌자산 | 21,789 | 27,733 | 22,888 | 매입채무 | 11,476 | 12,098 | 9,842 |
| 현금 및 현금성 자산 | 2,389 | 3,364 | 1,709 | 단기차입금 | 32,549 | 34,494 | 29,983 |
| 단기금융상품 | 5 | 5 | 5 | 미지급금 | 1,814 | 1,952 | 1,834 |
| 매출채권 | 18,563 | 22,082 | 19,199 | 미지급법인세 | 761 | 311 | 36 |
| 선급금 | 183 | 1,533 | 1,571 | 유동성장기부채 | 0 | 5,700 | 0 |
| 재고자산 | 10,681 | 14,292 | 11,700 | **Ⅱ. 비유동부채** | 4,241 | 4,258 | 8,246 |
| 제품 | 691 | 1,159 | 833 | 사채 | 0 | 0 | 5,700 |
| 원자재 | 9,440 | 13,000 | 10,293 | 임대보증금 | 1,012 | 888 | 0 |
| **Ⅱ. 비유동자산** | 107,436 | 99,911 | 96,824 | 이연법인세부채 | 2,665 | 2,132 | 1,580 |
| 투자자산 | 48,666 | 43,486 | 38,781 | **부채총계** | 51,713 | 59,767 | 51,866 |
| 지분법 적용주식 | 48,606 | 43,435 | 38,735 | **Ⅲ. 자본금** | 7,000 | 7,000 | 7,000 |
| 유형자산 | 58,082 | 56,014 | 57,721 | **Ⅳ. 자본잉여금** | 32,224 | 32,224 | 32,224 |
| 토지 | 38,640 | 36,923 | 36,923 | 재평가적립금 | 32,224 | 32,224 | 32,224 |
| 건물 | 12,989 | 12,282 | 13,180 | **Ⅴ. 이익잉여금** | 49,069 | 42,945 | 40,323 |
| 기계장치 | 4,878 | 4,823 | 6,037 | 기업발전적립금 | 8,500 | 7,000 | 5,000 |
| 무형자산 | 383 | 0 | 0 | 재무구조개선 | 5,000 | 5,000 | 5,000 |
| 컴퓨터 S/W | 383 | 0 | 0 | 사업확장적립금 | 12,500 | 11,000 | 8,000 |
| 기타비유동자산 | 306 | 411 | 323 | 임의적립금 | 7,000 | 7,000 | 7,000 |
| 보증금 | 306 | 306 | 315 | 미처분이익잉여금 | 7,784 | 4,600 | 7,039 |
| 부도어음 | 0 | 105 | 8 | **자본총계** | 88,193 | 82,169 | 79,547 |
| **자산총계** | 139,906 | 141,936 | 131,413 | **부채와자본총계** | 139,906 | 141,936 | 131,413 |

○ 현금흐름표(CF: Statement of Cash Flow)

(단위: 백만 원)

| 구분 | 당기 | 전기 | 전전기 |
|---|---|---|---|
| **Ⅰ. 영업활동으로 인한 현금흐름** | 12,472 | 2,824 | (1,730) |
| 1. 당기순이익 | 6,124 | 2,622 | 4,121 |
| 2. 현금의 유출이 없는 비용 등의 가산(+) | 5,553 | 8,734 | 4,278 |
| 감가상각비 | 3,075 | 2,995 | 2,898 |
| 무형자산 상각비 | 68 | 0 | 17 |
| 지분법 손실 | 1,740 | 3,661 | 592 |
| 3. 현금의 유입이 없는 수익 등의 차감(−) | (5,178) | (5,381) | (5,382) |
| 지분법 이익 | 4,723 | 5,631 | 5,277 |
| 4. 영업활동으로 인한 자산·부채의 변동(±) | 5,973 | (3,150) | (4,747) |
| 매출채권의 감소(증가) | 3,355 | (2,915) | (743) |
| 재고자산의 감소(증가) | 3,610 | (2,592) | (4,684) |
| 매입채무의 증가(감소) | (622) | 2,257 | 1,605 |
| 퇴직급의 지급 | (1,697) | (310) | (1,031) |
| 퇴직 신탁예치금의 감소(증가) | 729 | (258) | 127 |
| 이연법인세부채의 증가(감소) | 561 | 552 | 1,042 |
| **Ⅱ. 투자활동으로 인한 현금흐름** | (6,245) | (4,281) | (14,147) |
| 1. 투자활동으로 인한 현금유입액 | 139 | 237 | 159 |
| 2. 투자활동으로 인한 현금유출액 | (6,384) | (4,517) | (14,306) |
| 지분법 적용 투자주식의 취득 | 1,000 | 3,000 | 9,992 |
| 토지의 취득 | 1,718 | 0 | 0 |
| 건물의 취득 | 1,605 | 0 | 0 |
| 기계장치의 취득 | 1,793 | 558 | 2,878 |
| 선급금(투자자산 관련)의 증가 | 0 | 0 | 1,053 |
| 기타 투자자산의 증가 | 268 | 959 | 383 |
| **Ⅲ. 재무활동으로 인한 현금흐름** | (7,201) | 3,110 | 14,263 |
| 1. 재무활동으로 인한 현금유입액 | 57,784 | 64,091 | 52,883 |
| 단기차입금의 증가 | 57,784 | 64,091 | 52,883 |
| 2. 재무활동으로 인한 현금유출액 | (64,985) | (60,980) | (38,621) |
| 단기차입금의 감소 | 59,285 | 60,980 | 32,621 |
| 유동성장기부채의 상환 | 5,700 | 0 | 0 |
| 장기차입금의 상환 | 0 | 0 | 6,000 |
| **Ⅳ. 현금의 증감(기말현금 − 기초현금)** | (974) | 1,654 | (1,614) |
| **Ⅴ. 기초의 현금** | 3,363 | 1,709 | 3,323 |
| **Ⅵ. 기말의 현금** | 2,389 | 3,363 | 1,709 |

CHAPTER 07

# 신용분석 패러다임의 변화

# 제 1 절 재무정보의 재해석

**전통적인 신용분석**은 대부분 단순한 재무비율 중심으로 과거자료 분석에 초점을 두었기 때문에, 기업가치와 관련된 경영의사결정 모형과의 유기적인 관계가 약했음.

2000년대 이후 **현대의 신용분석**은 다양한 통계 기법 등을 활용하면서 보다 과학적인 이론적 틀로 체계화됨에 따라 재무정보를 **미래지향적인 기업가치이론과 연계하여 해석**하는 관점으로 전환하였고, 그에 따라 기업의 장·단기 지급능력과 현금흐름 분석 그리고 기업가치와 관련한 새로운 분석체계로 발전하게 됨.

## 1. 재무정보를 보는 관점의 변화

☐ 기업의 미래가치는 재무제표 예측을 통해 이루어지므로 신용분석의 최종목적은 기업가치를 분석하는 데 있음.

☐ 과거지향적 관점에서 **미래지향적**, 가치평가 중심으로 패러다임이 변화

☐ 단순히 이익의 크기보다는 이익의 지속성 등 질적 특성에 대한 중요성이 증대

| 구분 | 전통적 패러다임 | 새로운 패러다임 |
|---|---|---|
| 재무제표 | 손익계산서(I/S) 중심<br>(B/S, 현금흐름과 연관성 부족) | 재무상태표(B/S) 중심<br>(I/S, 현금흐름과 긴밀한 연결) |
| Horizon | 과거지향적<br>(피드백 가치) | 미래지향적<br>(예측 가치) |
| 회계이익의 질 | 당기 업적평가<br>(이익의 크기) | 이익의 질을 포함<br>(이익의 속성, 이익의 지속성) |
| 회계보고 대상 | 안정적, 정태적<br>(양적 분석 위주) | 역동적, 동태적<br>(지표변화 이유, 질적 요소 분석) |
| 의사결정 모형 | 경영의사결정과 유기적 관계 약함 | 가치평가이론과 연계 |

## 2. 주요 신용분석 평가지표의 발전

□ 재무정보를 보는 관점의 변화에 따라 지급능력 관련 평가지표가 발전

- ○ 차입금에 대한 지급능력 및 현금흐름에 대한 분석이 양적 분석 위주에서 질적 분석 방법으로 변화
  - 양적 분석이 필요조건이라면 질적 분석은 충분조건으로서 양적 분석도 여전히 중요한 분석 방법이며, 따라서 질적・양적 분석이 서로 연계되어 이루어져야 함.

□ 기업가치평가와 연계되면서 가치평가를 위해 재무제표를 재구성

- ○ 당기순이익보다는 초과 이익에 대한 중요성이 증대되어 초과 이익을 더 쉽게 산출할 수 있도록 재무제표를 재구성

□ 최근에는 환경 등에 대한 기업의 사회적 책임이 대두되면서 상장기업을 중심으로 ESG(Environment, Social and Governance)에 대한 성과평가도 이루어지고 있음.

| 구분 | 전통적 지표 | 발전된 지표 |
|---|---|---|
| 단기 지급능력 | 순운전자본의 크기<br>(유동비율, 당좌비율) | 계정과목 특성과 연계<br>(현금전환주기, 방어 기간) |
| 장기 지급능력 | 부채와 자본의 상대적 크기<br>(레버리지비율) | 부채의 질, 이자비용과 연계<br>(부채의 질 검토, 이자보상배율) |
| 현금흐름 분석 | 재무비율 개념<br>(현금흐름비율) | 이익의 질 및 기업수명주기와 연계<br>(현금흐름 패턴을 활용한 분석 등) |
| 기업가치지표 | 기업가치를 고려하지 않음 | 기업가치를 위해 재무제표를 재구성 |
| 성과지표 | 당기 업적평가지표 (당기순이익) | 기업가치평가지표 (초과 이익) |
| 기업의 사회적 책임 | 고려하지 않음 | ESG 평가 (환경, 사회, 지배구조) |

# 제 2 절 단기 지급능력 분석 방법의 변화

## 1. 전통적인 단기 지급능력 분석 방법과 문제점

☐ 전통적인 단기 지급능력 분석 방법

- ○ 순운전자본의 절대적 크기, 순운전자본의 구성요소인 유동자산과 유동부채의 상대적 크기 비교(유동비율, 당좌비율, 현금비율)
  - 순운전자본(WC: Working Capital) : 유동자산 – 유동부채

☐ 전통적 단기 지급능력 분석 방법의 문제점

- ○ 순운전자본은 증가하지만, 오히려 자금 사정은 악화되는 경우가 존재
  - (예시) 회수 가능성이 낮은 매출채권이나 판매 가능성이 낮은 재고자산을 많이 보유한 경우 : 순운전자본 > 0이라도 단기 지급능력에 문제가 있음.
- ○ 순운전자본이 음수라고 유동성에 문제가 있다고 단정하기 어려움.
  - (예시) A기업의 신용도가 개선되어 A기업에 대한 거래처(구매처)의 신용거래금액(매입채무)이 증가하여 순운전자본이 감소하였지만, 오히려 자금 사정은 개선되는 경우가 존재
- ○ 지나치게 높은 유동비율은 오히려 수익성을 악화
  - (예시) 유동자산의 50% 이상이 현금 및 현금성 자산인 경우나 적정 재고량을 벗어나 재고자산이 지나치게 많이 보유하면 자산의 비효율적 보유(운용)로 수익성 저하

## 2. 새로운 단기 지급능력 분석 방법

| 전통적인 분석 방법 | 새로운 분석 방법 |
|---|---|
| • 유동자산과 유동부채를 비교<br>• 순운전자본의 절대적 크기<br>• 유동비율, 당좌비율, 현금비율의 상대적 크기 | • 유동성은 순운전자본의 크기보다는 현금 창출능력과 더 밀접한 관계<br>• 영업순환주기와 매출채권, 재고자산 등 개별계정과목의 특성을 함께 고려<br>• 주석 내용을 검토하여 종합분석 |

□ 현금전환주기(현금 창출 능력)와 연계하여 분석

○ 운전자본의 절대적 크기와 구성요소의 상대적 비교보다 기업의 현금 창출 능력(현금전환주기)과 매출채권, 재고자산 등 개별 계정과목의 특성을 함께 고려

**[개별 유동자산, 유동부채 계정의 특성 사항 고려 예시]**

- 현금전환주기가 짧은 기업은 유동비율이 낮아도 되지만, 긴 기업은 유동비율을 높여야 함.
- 차입능력이 충분하면 유동비율이 낮아도 되지만, 차입능력이 부족할 경우 유동비율을 높여야 함.
- 유동비율, 당좌비율, 현금비율 등을 종합적으로 분석하고 기업이 처한 상황에 따라 관련 항목에 대한 분석 틀을 달리해야 함.

□ 주석의 내용을 검토하여 우발채무 등 유동성을 종합적으로 판단

○ 우발부채가 존재하면 유동성이 악화될 수도 있는 반면, 빠른 시일 내 현금으로 전환이 가능한 비유동자산을 보유한 경우 유동성이 증대

## 3. 새로운 단기 지급능력 분석지표

### 1 현금전환주기(CCC: Cash Conversion Cycle)

현금전환주기 = 영업순환주기(OC) − 매입채무결제기간

$$= \left(\frac{\text{매출액}}{\text{매출채권 평균잔액}} \times 360 + \frac{\text{매출원가}}{\text{재고자산 평균잔액}} \times 360\right) + \frac{\text{매출원가}}{\text{매입채무 평균잔액}} \times 360$$

○ 영업활동을 위한 자금이 투입되어 현금이 창출되기까지의 기간(영업순환주기)에서 매입처의 신용제공 기간(매입채무결제기간)을 차감한 기간

○ 운전자본관리의 효율성을 측정하는 대표적인 지표로서 **1회전 운전 기간** 또는 **순영업주기**라고도 함.

- 영업순환주기(OC: Operating Cycle) = 매출채권 회수기간 + 재고자산 보유기간

영업활동을 위한 자산(재고자산)의 매입 시점부터 재고자산을 판매해서 현금으로 실현되기까지의 기간을 의미하며, 매출실적이 계절적 특성에 따라 변동이 큰 기업의 경우 분기별로 검토해야 함. 영업순환주기를 영업주기라고도 함.

□ 현금전환주기(CCC)를 보는 관점의 변화

| 전통적인 견해 | 새로운 견해 |
|---|---|
| • 현금전환주기가 짧을수록 운전자본관리가 효율적<br>• 현금전환주기가 길면 차환위험(rollover risk)이 커질 가능성이 증대<br>• 현금전환주기가 길면 다른 투자 기회의 상실 | • 기업 특성에 맞는 적정한 현금전환주기가 효율적<br>• 현금전환주기가 길면 거래신용에 의한 매출채권의 증대 효과도 존재<br>• 재무적 곤경에 처한 기업일수록 현금전환주기가 짧아짐. |

□ 현금전환주기를 보는 전통적인 견해

○ 운전자본관리의 기본원칙은 매출채권은 가능한 한 빨리 회수하고 매입채무는 가능한 한 늦게 지불하는 것이므로 현금전환주기가 짧을수록 운전자본을 효율적으로 관리하는 것

○ 현금전환주기가 길면 현금 조달이 어려워 기업은 결제해야 할 매입채무를 지연시키거나 단기차입금으로 부족한 현금을 충당해야 하므로 차환위험이 증대

- 차환위험 : 대출이나 채권을 연장 또는 차환할 때 이자율이 기존보다 높아져 이자비용을 충당하기 위한 자금조달이 또 필요해지는 것

○ 매출채권 및 재고자산이 증가할수록 운전자본 투자에 묶이게 되는 현금이 증가하므로 자본 조달 비용에 대한 부담이 커져 기업의 다른 투자 기회가 상실

□ 현금전환주기를 보는 새로운 견해

기업이 속한 산업이나 개별 특성에 맞게 적정한 현금전환주기를 관리(기업 특성에 맞는 매출채권, 재고자산과 매입채무 규모를 적정하게 유지)하는 것이 효율적인 운전자본관리임.

○ 기업이 판매처에게 제공하는 거래신용(trade credit)에 의한 매출채권 증대는 가격차별화의 기회를 제공하고 매출액 증대에 기여하는 긍정적인 측면도 존재

○ 재고자산을 많이 보유한 기업은 재고 부족으로 인한 판매기회상실 위험이 적고

원재료 가격변동에 따른 위험의 헤지(hedge) 능력도 뛰어남.

- 따라서 장기적으로는 긍정적인 신호로 작용할 수도 있음.
- 재무적 곤경(financial distress)에 처한 기업은 매출액 등이 감소하고 금융기관으로부터 단기차입금을 조달하기보다는 매입채무가 더 커지는 경향이 있음.
- → 따라서 거래신용이 좋은 우량기업보다도 현금순환주기가 짧아짐.

### □ 현금전환주기(CCC)와 1회전 운전자본

$$1회전\ 운전자본 = \frac{현금전환주기}{360} \times (매출액\ 또는\ 추정\ 매출액 - 영업이익 - 감가상각비)$$

1) 감가상각비 : 무형자산 상각비 포함

- 기업은 자본적 지출 이후에도 정상적인 영업활동을 위해 일시적인 운영자금(운전자본)이 필요
- 1회전 운전자본은 현금전환주기(1회전 운전 기간) 동안에 기업이 필요한 운영자금 규모

> 은행에서는 1회전 운전자본을 소요운전자금이라 함. 여신심사에서 추가로 지원해 줄 수 있는 운전자금(운전자금 사정한도)을 산출할 때 소요운전자금에서 단기차입금을 차감하여 사정하며, 정책금융기관에서는 매출액을 기준으로 운전자금 사정한도를 산출하기도 함.

## 2 방어기간(defensive period)

$$방어기간 = \frac{당좌자산}{1일\ 평균\ 현금성\ 비용}$$

1) 1일 평균 현금성 비용 = (매출원가 + 판매비와 관리비 + 이자비용 + 비현금성 비용) ÷ 360
2) 비현금성 비용 = 감가상각비 + 무형자산 상각비

- 기업이 보유한 당좌자산으로 영업활동과 이자 지급에 필요한 현금지출을 며칠간 감당할 수 있는지를 나타내는 기간
- 즉, 다른 수익이 없다고 가정했을 때 현재 보유한 당좌자산으로 버틸 수 있는 기간으로 지표가 클수록 유동성이 양호

### 3 현금보유수준(cash holdings)

$$\text{현금보유수준} = \frac{\text{현금 및 현금성 자산}}{\text{총자산}}$$

○ 기업규모에 비해 현금으로 보유하고 있는 구성 비율
○ 신용분석에서는 기업규모 효과를 통제할 필요성이 있으므로 실제로 **기업 부실 예측**모형에서 **유동성 평가지표**로 현금보유수준을 가장 많이 사용
  - 한국은행 경영분석지표에서 분모가 총자산 대신 유동자산인 경우 현금구성비율, 단기차입금인 경우 현금보상률이라고 함.

## 제 3 절 장기 지급능력 분석 방법의 변화

| 전통적인 분석 방법 | 새로운 분석 방법 |
|---|---|
| • 부채와 자산 또는 자기자본과의 상대적인 비율을 분석<br>• 기업의 규모와 연관하여 고려해야 할 부채 금액의 크기 | • 이자비용과 그 이자를 지급하는 데 사용할 수 있는 이익 간의 관계 분석<br>• 단기적인 관점 : 이익은 사용 가능한 현금과 불일치<br>• 장기적인 관점 : 이익과 기업의 장기 상환능력 간에는 양(+)의 상관관계 존재 |

### 1. 새로운 장기 지급능력 분석 방법

□ 부채를 보는 관점의 변화 : 부채의 질(質)
  ○ 원리금 상환능력을 측정하기 전에 부채의 질을 먼저 검토(단기 지급능력 분석 포함)

| 구분 | 부채의 질이 좋음 | 부채의 질이 나쁨 |
|---|---|---|
| 부채의 구성 | 무이자부채 > 이자부부채<br>비유동부채 > 유동부채 | 무이자부채 < 이자부부채<br>비유동부채 < 유동부채 |
| 부채의 차입구조 | 차입금의 **만기가 분산** | 차입금의 **만기가 집중** |
| 상환 부담의 변동성 | 변동성이 **작음**<br>(저리의 고정금리, 원화 표시) | 변동성이 **큼**<br>(금리상승 시 변동금리, 외화 표시) |
| 차입금 사용 목적 | **신규사업**을 위해 차입 | **운영자금 부족**으로 인한 차입 |
| 재무레버리지 효과 | 양(+)의 레버리지 효과<br>(영업투하자본이익률 > 세후 차입이자율) | 음(-)의 레버리지 효과<br>(영업투하자본이익률 < 세후 차입이자율) |

1) ROIC(Return On Invested Capital) : 영업투하자본에 대한 이익률

□ 이자비용과 그 이자를 지급하는 데 사용할 수 있는 이익 간의 관계 분석 또는 기업 설립 이후 현재까지 누적된 영업 성과인 유보이익의 상대적 크기를 중시

## 4 이자보상배율(interest coverage ratio)

$$이자보상배율 = \frac{영업이익}{이자비용}$$

1) 이자비용 : 자본화된 이자비용 포함

□ 포괄손익계산서상의 레버리지비율을 측정하는 대표적인 재무지표로서 이론적으로 이 지표가 연속적으로 1 미만이면 재무위험(부실 위험)이 높다고 봄.

□ 영업이익이 부채 사용에 따른 이자비용을 지급할 능력이 있는지 부채수용 능력(재무적 완충능력) 측정하는 것

□ 일반적으로 이 지표가 최소 3배 이상 되어야 이자를 지급하고 원금의 일부를 상환할 수 있어 안정적이라고 봄.

- ○ 이자보상배율의 적정성 평가 : 과거 3~5개년 기간 중 가장 낮은 배율이 일차적 측정치

이자보상배율은 분자인 영업이익 대신 "세전이익 + 이자비용"을 사용하기도 함. 하지만 세전이익에는 비경상적인 영업외손익이 포함되어 있으므로 영업이익을 사용하는 것이 합리적임.

□ 이자보상배율의 분해

$$\text{이자보상배율} = \frac{\text{영업이익}}{\text{이자비용}} = \frac{\text{영업이익}}{\text{총자산}} \times \frac{\text{총자산}}{\text{총차입금}} \times \frac{\text{총차입금}}{\text{이자비용}}$$

$$= \frac{\text{영업이익}}{\text{총자산}} \times \frac{1}{\text{총차입금} \div \text{총자산}} \times \frac{1}{\text{이자비용} \div \text{총차입금}}$$

$$= \text{수익성(ROA)} \times \frac{1}{\text{차입금의존도}} \times \frac{1}{\text{평균차입비용}}$$

□ 이자보상배율의 변동 요인을 세 가지로 분해

① 수익성(총자산영업이익률)

② 차입금의존도

③ 평균 차입비용(차입금평균이자율)

## 5 이자 및 원금 보상 배율(debt coverage ratio)

$$\text{이자보상배율} = \frac{\text{영업이익}}{\text{이자비용} + \dfrac{\text{원금 상환액}}{(1 - \text{법인세율})}}$$

1) 원금 상환액 = (유동성장기부채 + 단기차입금) × 0.2

- 차입금 사용에 따라 기업이 부담할 재무적 의무를 이자뿐만 아니라 원금을 포함한 개념으로 확장
- 단기차입금은 대부분 연장 또는 차환할 수 있으므로 원금 상환액에서 배제할 수도 있지만 통상적으로 20% 이내에서 내입하고 연장되므로 보수적인 관점에서 결정
- 원금 상환액은 감세효과가 없으므로 원리금을 재무적 의무의 일부로 포함하여

원금 상환액을 세전기준으로 표시

### 6 총자산 유보이익률(retained earnings/total assets)

$$총자산\ 유보이익률(RETA) = \frac{이익잉여금}{총자산} \times 100$$

- 기업이 사업에 재투자하기 위해 사내에 보유하고 있는 순이익의 누적액으로 장기 지급능력 분석
- 이익잉여금은 기업이 설립 이후 영업활동을 통해 발생한 누적된 이익 중에서 현금배당 등으로 사외로 유출된 금액을 제외하고 사내에 누적된 유보이익
- 비상장기업에 대한 기업부실예측(기업 신용평가모형)에서 많이 사용

## 제 4 절 현금흐름 분석지표의 변화

기업 간 비교가능성과 총발생액의 차이와 크기 그리고 매출, 이익, 영업현금흐름의 질을 검토하고 현금흐름 패턴과 기업수명주기를 연계하여 종합적으로 분석

### 1. 현금흐름표 활용 시 검토사항

□ 기업 간 비교가능성 고려

- K-IFRS 적용 기업 간에는 이자 지급, 이자수익, 배당금 수취의 현금흐름 패턴 분류가 차이가 있을 수 있으므로 이들 계정과목의 패턴 분류를 확인

□ 총발생액의 차이와 크기 검토

- 당기순이익에서 영업현금흐름을 차감한 총발생액의 방향에 따라 영업현금흐름 또는 이익의 질을 검토

| 총발생액 방향 | | 검토사항 |
|---|---|---|
| 부(-) | 당기순이익 < 영업현금흐름 차이가 큼 | 영업현금흐름의 질 검토 |
| 양(+) | 당기순이익 > 영업현금흐름 차이가 큼 | 이익의 질 검토 |

1) 총발생액(TA: total accrual) : 당기순이익(NI) - 영업현금흐름(CFO)

## 2. 새로운 현금흐름 분석 방법의 특징

☐ 영업현금흐름의 질 검토

- ○ 당해 기간의 현금유입은 과거의 누적된 영업활동에 기인한 것일 수도 있고 현금유출은 미래의 현금유입(매출채권 증가, 시설투자 등)을 위한 것일 수도 있음.
- ○ ⇨ 영업현금흐름이 양(+)이라도 매출채권의 조기 회수 또는 매입채무의 지연 등에 의한 것인지 그 원인을 분석해야 함.

☐ 이익의 질 검토

- ○ 영업현금흐름(CFO)과 당기순이익(NI)을 결합한 다음과 같은 네 가지 유형을 현금흐름 및 이익의 방향과 크기를 동시에 고려해서 분석

| 구분 | | 당기순이익(NI) | |
|---|---|---|---|
| | | (+) | (-) |
| 영업현금흐름(CFO) | (+) | A | C |
| | (-) | B | D |

- ○ 유형 A는 수익성이 양호한 기업인 반면에 유형 D는 수익성이 불량한 기업임.
- ○ 특히, 유형 B는 급격히 성장하는 기업이 아니면 부실 경영(분식회계)의 신호이므로 유의해야 함.
- ○ 유형 C는 거액의 감가상각비를 계상한 고도의 자본집약산업인지를 검토

☐ 기업의 수명주기(life cycle)와 현금흐름 패턴을 결합

- ○ 현금흐름은 기업수명주기와 대체로 관련성이 있으며 이를 통해 해석이 가능
- ○ 신설기업이나 성장기업에 있어서는 매출채권과 재고자산의 급격한 증가로 인하여 영업현금흐름이 지속적으로 부족

○ 동종업종이더라도 기업의 수명주기에 따라 개별기업의 현금흐름이 다르므로 영업위험을 고려하지 않은 현금흐름표의 기계적, 일률적인 해석은 위험

○ ⇨ 영업현금흐름(CFO)이 유동성의 절대적 측정치가 아님에 유의

**[기업수명주기에 따른 현금흐름 특징]**

| 수명주기 | 현금흐름 특징 |
|---|---|
| 도입기 | • 투자활동을 위해 많은 현금이 유출되는 반면, 연구개발 성과가 본격적으로 나타나지 않거나 영업 기반(매출액 및 순이익)이 미약해 영업활동을 통한 현금 창출이 어려움.<br>* 업황 측면에서 구조조정이 끝나고 업황이 개선되고 있는 시기로서 이러한 기업들은 창업기업이 아니더라도 도입기의 현금흐름 특성을 지님. |
| 성장기 | • 매출이 증가추세로서 영업현금흐름은 어느 정도 창출하지만, 그 금액은 당기순이익보다 적음. (∵)<br>• 설비시설은 적은데 주문 수요가 늘어나기 시작하고 미래의 매출 증가에 대비하기 위해 재고자산에 대한 투자지출 규모가 늘어남.<br>• 규모의 경제(원가절감) 및 외형성장 목적으로 판매처에 대한 신용 거래 확대로 매출액이 늘어나는 속도보다 매출채권을 회수하는 속도가 느림.<br>• 영업현금흐름이 설비투자액보다 적어서 현금부족분을 외부 차입 등으로 조달 |
| 성숙기 | • 매출 및 순이익이 최고점으로서 영업현금흐름이 당기순이익과 거의 동일하고 영업현금흐름이 자본적 지출을 초과하여 남은 현금으로 차입금을 상환하거나 주주에 대한 배당금을 지급 |
| 쇠퇴기 | • 매출이 하락추세로서 영업현금흐름이 감소하게 되고 금융비용을 줄이거나 금융기관으로부터 부채상환 압력 등으로 사업성이 없는 과잉 시설 등을 처분하여 차입금을 상환<br>• 상장기업이면 주가 방어를 위해 자사주를 매입하는 예도 있을 수 있음. |

## 3. 새로운 현금흐름 분석지표

### 7 매출의 질(sales quality)

$$\text{매출의 질} = \frac{\text{매출로부터의 현금유입액}}{\text{매출액}} \times 100$$

1) 매출로부터의 현금유입액(CFS)은 간접법 현금흐름표에서는 알 수가 없으므로 다음과 같이 산출.
CFS = 기초매출채권 + 매출액 − 기말매출채권

○ 매출액 가운데 현금으로 실현된 부분 측정
○ 매출의 질이 연속적으로 1보다도 현저하게 차이가 나면 심도 있는 추가분석(원인분석)을 시행해야 함.

## 8 이익의 질(earnings quality)

$$\text{이익의 질} = \frac{\text{영업활동 현금흐름}}{\text{당기순이익}} \times 100$$

○ 당기순이익 가운데 현금으로 실현된 부분을 측정하는 지표로서 연속적으로 1에서 많이 미달하면 심도 있는 추가분석(원인분석)을 시행해야 함.
○ 이익의 질이 높을수록 보수적인 회계 선택을 하고 있고, 낮을수록 이익조정을 통해 이익을 과대계상하고 있을 가능성이 있음.

## 9 총발생액 비율(total accrual/total assets)

$$\text{총발생액 비율} = \frac{(\text{당기순이익} - \text{영업활동 현금흐름})}{\text{기초총자산}} \times 100$$

○ 총발생액이란 당기순이익에서 영업활동 현금흐름을 차감한 금액인데 경영자의 자의적인 판단의 결과로 나타나는 발생액이 포함
○ 이 지표가 여러 연도 동안에 걸쳐서 점진적으로 증가하고 동 업계 평균 비율보다 현저하게 크다면 재무적 곤경 또는 이익조정(회계 분식)이 발생하고 있을 가능성 높음.
  - (예) 당기순이익이 증가추세인데 영업현금흐름은 감소추세를 보임.

## 10 기업수명주기를 활용한 현금흐름 패턴 분석(cash flow pattern analysis based on corporate life cycle)

○ Dugan et al.(1991)은 영업현금흐름(CFO)이 양(+)인 경우와 부(−)의 경우를 기준으로 현금흐름 패턴을 각각 네 가지로 구분하고 패턴별로 기업 특성을 분석

**[Dugan et al.(1991)에 의한 현금흐름 패턴 구분 및 기업 특성]**

| 패턴 구분 | 현금흐름 패턴 | | | 기업 특성 및 현금흐름 분석 시 유의사항 |
|---|---|---|---|---|
| | 영업 | 투자 | 재무 | |
| P1 | (+) | (+) | (+) | • 자금을 비축해서 타 회사 인수합병 모색 또는 신사업 분야에 진출을 모색하고 있어서 관련 자금을 확보(유동성)한 기업<br>• 성숙기에서 쇠퇴기로 넘어가기 직전의 기업이 새로운 성장동력을 찾기 위해 투자하려는 시도일 수도 있음. |
| P2 | (+) | (−) | (−) | • 성숙기 우량기업 또는 업황이 최고조 중인 산업의 기업<br>• 투자활동이 자본적 지출인지 투자금융상품에 대한 것인지 확인이 필요 |
| P3 | (+) | (+) | (−) | • 영업현금흐름과 투자금융자산을 처분하여 차입금을 상환한 것이 아니라 유휴설비 등의 처분에 의한 것이면 구조조정 중인 기업<br>• 투자금융자산 처분을 통해 상환한 것이라도 자본적 지출이 없다면 장기적인 성장성에 문제가 있으므로 유의해야 함. |
| P4 | (+) | (−) | (+) | • 성장 중인 기업 또는 업황이 좋지 않더라도 체력(자금 여력)이 좋아 미래 경기가 호전될 것에 대비하여 선제적으로 투자하고 있는 기업 |
| N1 | (−) | (+) | (+) | • 영업활동에서 현금을 창출하지 못하는 문제점을 비유동자산의 매각(저수익사업 매각)과 차입으로 해결하고 있는 쇠퇴기 기업<br>• 업종의 회복 국면을 기대하고 있으므로 향후 빠른 기간 내에 영업현금흐름의 회복 여부에 대한 중점적인 관찰이 필요 |
| N2 | (−) | (−) | (+) | • 급격히 성장하고 있는 벤처기업 또는 적자기업이 인수되어 사업이 전환 또는 업황이 급격히 호전되었으나 설비 부족 기업<br>• 매출이 실제로 성장하고 있는지 지속적인 자본적 지출이 영업현금흐름 창출로 이어지지 않는 이유 및 단기간 내 영업현금흐름 회복 여부 확인이 필요 |
| N3 | (−) | (+) | (−) | • 영업현금흐름이 부족하여 차입금 상환을 비유동자산 매각을 통해 해결하고 있는 위기의 기업. 단, 투자금융자산 처분을 통해 상환이 이루어지고 대규모 구조조정이 진행 중이면 위기 극복 가능성 있음.<br>• 영업현금흐름이 회복되지 못하는 이유가 이자비용 과다지급인지 확인 필요 |
| N4 | (−) | (−) | (−) | • 현금을 많이 보유하고 있는 기업으로 업황이 최악(쇠퇴산업)이지만 미래를 위한 투자는 지속적으로 이루어지는 기업<br>• 실제 현금 보유 수준이 높은지 확인 필요(낮으면 부실 위험 존재) |

1) Pattern P1~P4 : Based on positive CFO

2) Pattern N1~N4 : Based on negative CFO

○ Dickinson(2011)은 현금흐름 패턴에 따라 기업의 수명주기를 도입기(introduction), 성장기(growth), 성숙기(mature), 쇠퇴기(decline), 쇄신기(Shake-out)로 분류
○ Dickinson(2011)에 의한 기업수명주기를 토대로 Dugan et al.(1991)의 현금흐름 패턴별 기업 특성을 살펴보면 다음과 같음.

**[현금흐름 패턴을 이용한 기업수명주기별 기업 특성]**

| 기업수명주기 | 현금흐름 패턴 | | | 기업 특성 |
|---|---|---|---|---|
| | 영업 | 투자 | 재무 | |
| 도입기 | (−) | (−) | (+) | 급성장 또는 (창업)벤처기업이거나 사업 전환(피인수)기업 |
| 성장기 | (+) | (−) | (+) | 성장 중인 기업 또는 선제적인 투자기업 |
| 성숙기 | (+) | (−) | (−) | 우량기업 또는 업황이 최고조인 산업의 기업 |
| 쇠퇴기 | (−) | (+) | (+) | 저수익 사업을 매각하고 있거나 재무위험이 높은 기업 |
| | (−) | (+) | (−) | 위기 기업 또는 위기 극복 가능(대규모 구조조정) 기업 |
| 쇄신기 | (+) | (+) | (−) | 일부 사업 구조조정 또는 Downsizing 중인 기업 |
| | (+) | (+) | (+) | 유동성이 풍부하여 타 회사 인수합병을 추진하고 있거나, 신사업을 모색 중인 기업 |
| | (−) | (−) | (−) | 보유현금을 소진(현금 보유 수준이 높음)하고 있거나, 업종이 쇠퇴기에 있는 기업 |

○ ⇨ 현금흐름 패턴을 감안할 때 이론적인 기업 특성으로서 개별기업이 처한 상황에 따라 다를 수 있으므로 다른 현금흐름 분석지표와 함께 종합적인 분석이 필요

# 제 5 절 가치평가를 위한 재무제표 재구성

## 1. 재구성 재무제표(Reformulated F/S)의 목적(의의)

□ 기업가치평가의 토대로서 재무제표를 영업활동과 재무활동으로 재구성

- **경영성과의 원천을 이해**하고 **미래의 수익성을 보다 정확히 예측**하기 위해 재무제표를 영업활동과 재무활동으로 구분하여 재구성
- 수익성 분석의 대표적인 측정치인 자기자본이익률(ROE)은 영업활동은 물론 재무활동의 영향을 포함
  - 이자비용은 영업활동의 수익성과 관련이 없는데 포괄이익은 이자비용을 차감한 후의 금액

□ 신용분석(재무제표 분석)의 최종목적은 기업의 가치를 평가하는 것

- 기업의 미래가치는 재무제표 예측을 통해 이루어지므로 신용분석의 최종목적은 기업가치를 평가하는 것이고 이를 정확히 예측하기 위해 재구성 재무제표가 필요

## 2. 재무제표 재구성 방법

□ 재구성하는 방법에 따라 포괄영업이익 접근법과 순영업이익 접근법이 있음.

### 2.1 포괄영업이익 접근법

□ 포괄영업이익 접근법 재구성 재무상태표

- 자산을 영업자산과 재무자산으로 분류 : 재무자산을 제외한 모든 자산을 영업자산으로 분류
- 부채를 영업부채와 재무부채로 분류 : 이자부 부채(차입금)를 제외한 모든 부채를 영업부채로 분류

**[포괄영업이익 접근법에 따른 재구성 재무상태표]**

| GAAP의 B/S | |
|---|---|
| Ⅰ. 유동자산 | Ⅰ. 유동부채<br>Ⅱ. 비유동부채 |
| Ⅱ. 비유동자산 | Ⅲ. 자본 |
| 자산 총계 | 부채와 자본 총계 |

➡

| 재구성 B/S | |
|---|---|
| Ⅰ. 영업자산 | Ⅰ. 영업부채<br>Ⅱ. 재무부채 |
| Ⅱ. 재무자산 | Ⅲ. 자본 |
| 자산 총계 | 부채와 자본 총계 |

☐ 포괄영업이익 접근법 재구성 손익계산서

- ○ 모든 항목을 영업활동과 재무활동 두 가지로만 분류하여 재구성
- ○ 재무활동 손익항목을 제외한 모든 항목을 영업활동 손익항목으로 분류하고 영업활동 순이익에서 재무활동의 영향을 제거
  - 영업활동 순이익 : 재무활동을 제외한 나머지 항목을 영업활동 수익과 영업활동 비용으로 분류 후 영업활동 수익에서 영업활동 비용을 차감하여 계산
  - 재무활동 순비용 : 재무활동과 관련된 비용에서 수익을 차감해 계산

**[포괄영업이익 접근법에 따른 재구성 포괄손익계산서]**

| GAAP의 I/S |
|---|
| 매출액 |
| 매출원가 |
| 매출총이익 |
| 판매비와 관리비 |
| 영업이익 |
| 영업외수익 |
| 영업외비용 |
| 법인세 차감전 순이익 |
| 법인세 등 |
| 당기순이익 |

➡

| 재구성 I/S |
|---|
| 영업활동으로부터의 순이익 |
| 세전순영업이익 |
| -순영업이익에 대한 법인세 비용 |
| 세후순영업이익(NOPAT) |
| 재무활동에서 발생한 순비용 |
| 세전순재무비용 |
| -순재무비용의 세금절감액 |
| 세후순재무비용(NFE) |
| 당기순이익 = NOPAT - NFE |

## 2.2 순영업이익 접근법

☐ 순영업이익 접근법 재구성 재무상태표

- ○ 자산을 영업자산, **비영업자산** 및 재무자산으로 분류하고, 부채는 영업부채와

재무부채로 분류

- 포괄영업이익 접근법과 다르게 재무자산 이외에 영업활동과 관련이 없는 자산을 **비영업자산**으로 분류하고 있는 점이 특징
- 비영업 고정자산 : 투자부동산, 건설 중인 자산
- **적정수준을 초과하는 현금 및 현금성 자산**은 영업자산이 아님.

**[순영업이익 접근법에 따른 재구성 재무상태표]**

| GAAP의 B/S | | ➡ | 재구성 B/S | |
|---|---|---|---|---|
| Ⅰ. 유동자산<br>Ⅱ. 비유동자산 | Ⅰ. 유동부채<br>Ⅱ. 비유동부채<br>Ⅲ. 자본 | | Ⅰ. 영업자산<br>Ⅱ. 비영업자산<br>Ⅲ. 재무자산 | Ⅰ. 영업부채<br>Ⅱ. 재무부채<br>Ⅲ. 자본 |
| 자산 총계 | 부채와 자본 총계 | | 자산 총계 | 부채와 자본 총계 |

□ 순영업이익 접근법 재구성 포괄손익계산서

- 재무활동 이외의 항목 중 영업활동과 관련된 항목만 영업활동 손익항목으로 분류
- 포괄영업이익 접근법이 비영업활동의 수익과 비용을 포함하고 있는 반면에 **비영업활동의 수익과 비용을 제외**하고 있는 점이 특징

**[재구성 포괄손익계산서에 의한 세후순영업이익과 세후순재무비용 산출 방법]**

| 영업활동으로부터의 순이익 | 재무활동에서 발생한 순비용 |
|---|---|
| 영업이익<br>+ 배당금수익<br>+ 지분법평가손익<br>+ 비재무활동의 기타영업외수익<br>- 비재무활동의 기타영업외비용<br>= 세전순영업이익(NOPBT)<br>- 순영업이익에 대한 법인세비용<br>= **세후순영업이익**(NOPAT) | 이자비용<br>= 이자수익<br>- 기타 재무활동에서 발생한 수익<br>+ 기타 재무활동에서 발생한 비용<br>= 세전순재무비용<br>- 순재무비용의 세금절감액<br>= **세후순재무비용**(NFE) |
| *순영업이익에 대한 법인세비용 =<br>법인세비용 + 순재무비용의 세금절감액 | *순재무비용의 세금절감액 =<br>세전순재무비용 × 실효법인세율(한계법인세율) |

☐ 포괄영업이익 접근법에서는 **비재무활동의 기타영업외수익(비용)에서 비영업활동의 수익과 비용을 포함**하고, **순영업이익 접근법에서는 제외**하고 있는 것 이외에는 산출 방법이 동일

☐ 세후순영업이익(NOPAT)을 간편하게 산출하는 방법

- ○ 재구성 재무제표에서 당기순이익(NI)은 세후순영업이익에서 세후순재무비용(NFE)을 차감하여 산출되므로 세후순영업이익은 당기순이익에서 세후순재무비용을 더하여 간편하게 산출 가능
- ○ 세전순영업이익에서 순영업이익에 대한 법인세비용을 차감하여 산출하는 방법과 동일한 결과

| 재무활동에서 발생한 순비용 | 비고 |
|---|---|
| 이자비용<br>= 이자수익<br>- 기타 재무활동에서 발생한 수익<br>+ 기타 재무활동에서 발생한 비용<br>= 세전순재무비용<br>- 순재무비용의 세금절감액<br>= 세후순재무비용(NFE)<br><br>*순재무비용의 세금절감액<br>=세전순재무비용×실효법인세율(한계법인세율) | <br><br>금융자산과 관련된 처분이익 또는 평가이익<br>금융자산과 관련된 처분손실 또는 평가손실 |
| 당기순이익(NI) = 세후순영업이익(NOPAT) - 세후순재무비용(NFE)<br>∴ NOPAT = NI + NFE | |

1) 포괄손익계산서에서는 포괄이익이라고 하나, 편의상 당기순이익이라 칭함(이하 동일).

☐ 포괄영업이익 접근법의 장단점

| 구분 | 내용 |
|---|---|
| 장점 | • 영업자산에 재무활동을 제외한 모든 항목을 포함하여 기업의 전체적인 성과를 모두 반영할 수 있음. |
| 단점 | • 영업자산에 영업활동과 관련이 없는 항목이 포함되어 영업투하자본을 왜곡<br>• 영업활동 수익·비용에 영업활동과 관련이 없는 항목이 포함되어 순영업이익을 왜곡 |

□ 순영업이익 접근법의 장단점

| 구분 | 내용 |
|---|---|
| 장점 | • 영업활동과 관련된 항목만 포함하여 영업투하자본, 순영업이익의 왜곡을 줄여 포괄영업이익 접근법의 단점을 보완<br>• 영업활동 이외의 일시적인 항목으로 인한 영향을 배제 |
| 단점 | • 영업활동 이외의 활동도 기업의 가치에 영향을 줄 수 있는 항목으로 보면 이를 반영할 수 없음. |

□ 순영업이익 접근법에 따른 재구성 재무제표 적용

○ **비외감 중소기업**의 경우 적절한 회계처리가 이루어지지 않으면 비영업활동 관련 항목으로 인한 영업활동 항목 및 손익에 왜곡이 발생할 수 있음.

○ 비외감 중소기업의 세후순영업이익 산출 시에는 영업활동 이외의 활동으로 인한 영향을 제외한 순영업이익 접근법을 적용하는 것이 바람직

## 3. 재구성 재무상태변동표의 주요 항목

□ 영업자산(OA: Operating Asset)

○ 제품 및 서비스의 생산, 판매를 위해 보유하는 자산. 즉, 영업활동에 투입된 자산(매출채권, 재고자산, 선급금, 선급비용, 단기매매증권 등)

□ 재무자산(FA: Financial Asset)

○ 재무활동에 관련된 자산으로 차입금 상환에 사용될 수 있으므로 음(−)의 재무부채라 할 수 있음(현금등가물, 금융상품, 채무증권, 대여금 등).

□ 영업부채(OL: Operating Liability)

○ 기업의 자금 차입 활동과 무관한 비이자지급부채로서 영업활동에 투입해야 할 자금 부담을 감소(매입채무, 미지급비용, 퇴직급여충당금 등)

□ 재무부채(FL: Financial Liability)

○ 재무활동(차입)에 의해 부담하는 부채(차입금, 사채, 금융리스부채, 장기미지급금 등)

## 4. 재구성된 재무제표 주요 항목의 개념

☐ 영업투하자본(IC: Invested Capital = NOA: Net Operating Asset)

- 기업이 영업활동에 투입한 자본으로 영업자산에서 영업부채를 차감하여 산출(순영업자산의 의미)되며 이는 **순재무부채(NFO)와 자기자본의 합계**와 같음.
- 재무활동의 영향을 배제한 순수한 영업활동의 이익성과를 분석하는 데 사용

IC = OA − OL
= FL − FA + BV(자기자본)
= 순재무부채 + BV (∵ IC + FA = FL + BV)

☐ 순재무부채(NFO: Net Financial Obligation)

- 기업이 실질적으로 부담하고 있는 차입금 규모로서 재무부채에서 재무자산을 차감하여 측정

순재무부채 = FL − FA = IC − BV (∵ IC + FA = FL + BV)

☐ 세후순재무비용(NFE: Net Financial Expense)

- 재무활동에 관련된 모든 손익의 세후 손익을 의미

세후순재무비용 = (이자비용 − 이자수익) × (1 − Tax)

Tax : 실효법인세율 또는 한계법인세율

☐ 세후순영업이익(NOPAT)

- 기업의 자본구성과 관계없이 재무활동의 영향이 포함되지 않은 순수한 영업활동의 이익실적을 의미

세후순영업이익 = 당기순이익(NI) + 세후순재무비용(NFE)
∵ 당기순이익 = 세후순영업이익 − 세후순재무비용

## 5. 법인세율(Tax)의 산출

○ 순영업이익을 기준으로 세금을 부과하였을 때 납부해야 할 세액으로서, 산출 방법은 실효법인세율과 한계법인세율로 구분할 수 있음.

□ 실효법인세율

○ 실질 납부 법인세에서 이자수익, 이자비용 등의 세금효과를 조정한 세액

$$\text{실효법인세율(Tax)} = \frac{\text{법인세 등}}{\text{세전순이익}}$$

○ 세법상 주민세를 가산한 최저법인세율과 최고법인세율의 범위에 존재하도록 최소・최대(Min-Max)를 설정하여 실무적으로는 다음과 같은 프로세스에 따라 산출

**[실효법인세율 산출 프로세스]**

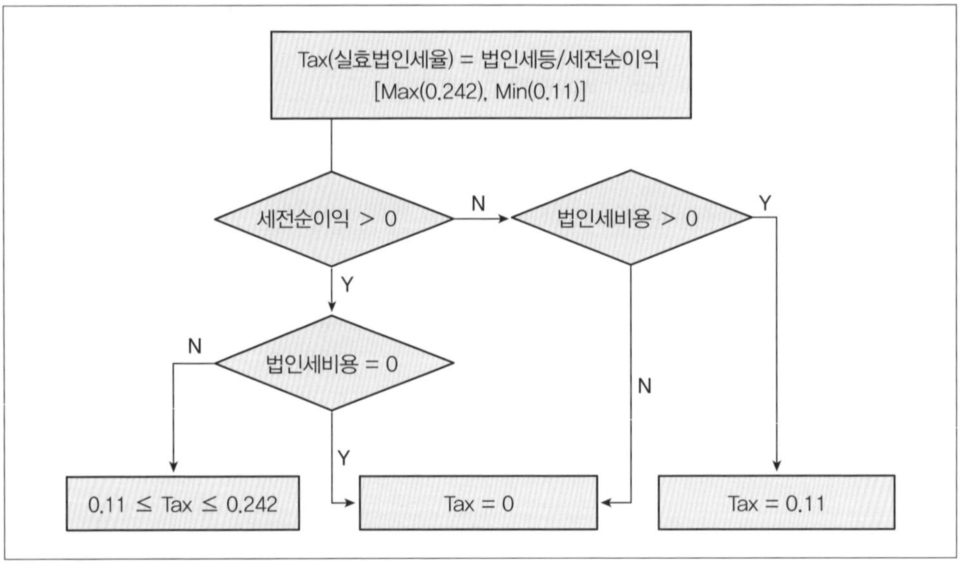


최저법인세율이 10%, 최고법인세율이 22%라고 가정했을 때,
Min = 최저법인세율(0.10) + 최저법인세율(0.10) × 주민세율(0.10) = 0.110
Max = 최고법인세율(0.22) + 최고법인세율(0.22) × 주민세율(0.10) = 0.242

☐ 한계법인세율

○ 아래와 같은 과세표준(세전순이익 기준)에 따른 법인세율을 적용하여 산출한 법인세 등(주민세 포함)을 세전이익으로 나누어 산출

○ 계속기업을 가정하고 있는 신용분석(가치평가) 측면에서는 실효법인세율보다 한계법인세율이 이론적으로 합리적

**[연도별 과세표준에 따른 법인세율]**

| 과세표준<br>(세전순이익) | 법인세율 | | | | | |
|---|---|---|---|---|---|---|
| | 2008년 | 2009년 | 2010년~ | 2012년~ | 2018년~ | 2023년~ |
| 2억 원 이하 | 11% | 11% | 10% | 10% | 10% | 9% |
| 2억 원 초과 | 25% | 22% | 22% | | | |
| 2억 원~200억 원 이하 | | | | 20% | 20% | 19% |
| 200억 원~3천억 원 이하 | | | | 22% | 22% | 21% |
| 3천억 원 초과 | | | | | 25% | 24% |

○ 법인기업의 2012년도 세전순이익이 210억 원이면 주민세율(법인세의 10%)을 포함한 한계법인세율(tax)은 다음과 같이 22%가 됨.

$$\text{Tax} = \frac{2\text{억 원} \times 10\% + (200\text{억 원} - 2\text{억 원}) \times 20\% + (210\text{억 원} - 200\text{억 원}) \times 22\%}{210\text{억 원}} \times 1.1 = 22\%$$

## 제 6 절 회계이익에 대한 패러다임의 변화

| 구분 | 전통적인 분석 방법 | 새로운 분석 방법 |
|---|---|---|
| 목표 및 실적 | 세전순이익<br>(EBT: Earnings Before Tax) | 초과 이익<br>(RI: Residual Income) |
| 수익성 평가 기준 | 세전순이익÷매출액 | (영업이익－자본비용)÷매출액 |

## 1. 초과 이익(RI: Residual Income)의 개념

☐ 기업이 획득한 이익에서 **자본의 사용 대가**인 정상 이익을 **차감**한 것

- ○ 채권자에게 지급할 이자, 주주에게 돌아갈 몫까지 차감하고 남는 이익
  - 초과 이익(EE: Excess Earnings), 잔여이익(RI: Residual Income or RE: Residual Earnings), 경제이익(EP: Economic Profit), 비정상이익(AE: Abnormal Earnings), 경제적 부가가치(EVA: Economic Value Added) 등이 모두 비슷한 개념
- ○ 초과 이익은 주주의 기대이익을 초과하는 이익으로서 기업가치의 증가액을 의미
- ○ 초과 이익은 주주지분인 자기자본 초과 이익과 타인자본을 포함한 영업투하자본 투자를 통해 획득한 영업 초과 이익으로 구분될 수 있음.

## 2. 자본비용의 개념

☐ 자본의 사용 대가인 자본제공자인 채권자에게 지급할 이자(타인자본비용)와 주주에게 돌아갈 몫(자기자본비용)으로 구성되며 다음과 같이 여러 가지 개념이 존재

- ○ 자본비용은 자본조달에 관한 의사결정 측면에서의 개념으로 자산 측면, 자본제공자 측면에서의 개념과는 차이가 있으나 전체적으로는 동일한 개념

| 구분 | 용어 | 개념 |
|---|---|---|
| 자산 측면 | 할인율 | 보유 자산을 통해 창출되는 미래 소득을 **현재가치로 바꾸는 데 적용**하는 할인율(discount rate)로서의 의미 |
| 부채 및 자본 측면 | 자본비용 | 자본조달 시 여러 가지 경쟁적인 대안 중에서 해당 자본을 선택함으로써 포기해야 하는 **기회비용**(opportunity cost) |
| 자본제공자 측면 | 기대수익률 | 자본을 제공한 투자자들이 투자위험에 대응하여 기대하는 최소한의 요구수익률(required rate of return) 또는 **자본환원율**(capitalization rate) |

- ○ **기업 입장**에서는 투자자들이 요구하는 수익률을 초과하기 위하여 기업이 최소한의 **목표수익률**(hurdle rate)을 의미

□ 타인자본비용

- ○ 타인자본의 제공자(채권자) 입장에서 기대하는 최소한의 기대수익률
- ○ 이자비용은 비용항목으로 세금 절감 효과가 있으므로 세후 비용으로 계산
  - 차입금에 대한 이자비용은 세법에서 비용으로 처리되기 때문에 타인자본비용의 한계(실효)법인세율만큼을 차감하여 실질적인 이자 부담이 세율만큼 감소

□ [이론적인 산출 방법]

- ○ 원천별로 추정된 미래의 가중평균 차입이자율, 회사채 기준 수익률 또는 현재 시점의 가중평균 차입이자율로 산출
- ○ 부채의 공정가치(fair value)는 부채의 종류에 따라 시장금리를 이용해 개별적으로 산출하는데, 회사채이면 평가 시점의 회사채 유통수익률, 그 외의 부채는 평가 시점의 차입금리를 이용

□ [실무적으로 간단하게 산출하는 방법]

$$\text{타인자본비용}(K_d) = \frac{\text{이자비용}}{\text{평균 이자발생부채}} \times (1 - Tax)$$

1) Tax : 실효법인세율 또는 한계법인세율

- ○ 이론적으로 타인자본비용은 **자기자본비용보다 낮아야 함**.
- ○ 위 방법은 회계정보를 이용하기 때문에 개별기업의 극단치 및 이상치에 대한 조정이 이루어져 산출해야 함.
- ○ 신용등급에 대한 정보가 있는 경우라면 **신용등급별 위험 수준이 반영**될 수 있도록 등급별 **가산금리**(spread)를 추가하여 추정하는 것이 바람직함.

□ 자기자본비용

- ○ 자기자본의 제공자(주주) 입장에서 기대하는 요구수익률
- ○ 자기자본에 대한 자본비용은 명시되어 있지 않기 때문에 실무적으로 산출하기가 타인자본비용에 비해 어려움.
- ○ **자기자본비용의 조건** : 타인자본비용보다 높아야 함.

- **주식 보유에 따른 위험이 수익률에 반영** : 자본비용이 음(−)이면 화폐의 시간적 가치 개념이 성립되지 않으며 양(+)이라도 주식이 증권시장에서 거래되고 있는 것은 주식의 기대수익률이 은행이자율(채권수익률)보다 더 높기 때문임.
- **사후적 개념이 아닌 사전적 개념** : 자기자본비용이 실제로 타인자본비용보다 낮게 나온 경우 타인자본비용보다 약간 높게 책정

* 증권거래법 : 정기예금금리의 1.5배를 자기자본비용으로 사용하도록 규정

○ 자기자본비용을 산출하는 방법

- 자기자본비용을 산출하는 대표적인 방법으로는 자본자산가격결정모형(CAPM: Capital Asset Pricing Model), 차익거래가격결정모형(APM: Arbitrage Pricing Model), Fama-French의 3요인 모형 그리고 내재자기자본비용모형이 있음.
- ⇨ 기본적으로 주가정보를 이용하므로 상장기업의 자기자본비용을 산출할 때 사용
- 주가정보가 없는 비상장기업의 자기자본비용을 산출하는 방법은 상장기업에 비해 이론적인 기반이 취약
- ⇨ 주로 상장기업의 베타를 활용하여 비상장기업 특성에 맞게 대용치로 추정하거나 변형하여 사용(Hamada모형, 산업별 상장기업 평균 베타 등)

| 구분 | 산출 방법 |
|---|---|
| 주가정보를 활용한 방법 | • **자본자산가격결정모형**(CAPM)<br>• 차익거래가격결정모형(APM)<br>• 3요인 모형(FFM: Fama & French Model)<br>• 4요인 모형(FSM: Pastor and Stambaugh Model)<br>• 내재자기자본비용(Implied cost of equity)<br>• 배당평가모형, 주가수익비율을 이용한 방법 |
| 비상장기업 적용 | • **요소가산방식**(Build-up method)<br>• 하마다모형(Hamada model) : 베타를 추정하는 방법<br>• 펀더멘털(fundamental)을 이용하여 베타를 추정<br>• 산업별 상장기업 평균베타(산업베타)를 사용(대용치) |

- ⇨ 자기자본비용 산출방법에 대한 세부적인 내용은 본 교재의 범위를 넘어서

는 것이므로 생략하고 모형별로 개요적인 내용은 [참고 7-2]에 수록

**[주가정보를 활용하여 추정한 베타($\beta$)의 문제점]**

주가정보를 활용 베타(β)를 추정할 때 동일 기업이라도 주가정보 자료(일별, 주별, 월별)와 추정 기간(3년, 5년 등)에 따라 베타 값이 달라지는 경우가 적지 않아 베타에 대한 신뢰성에 문제가 있음에 유의해야 함. 이러한 베타의 한계점을 감안할 때, 필자는 상장기업이라도 자기자본비용의 추정은 무위험이자율에서 출발하여 시장위험 프리미엄과 개별기업의 신용위험 그리고 규모위험 등을 가산하여 추정하는 요소가산방식을 추천함.

* 요소가산방식에 대한 자세한 내용은 김성규 등(2014)을 참조.

□ 가중평균자본비용(WACC: Weighted Average Cost of Capital)

- ○ 자기자본비용과 타인자본비용을 자본의 구성비에 따라 가중평균하여 산출
- ○ 타인자본과 자기자본 간의 가중치는 현재의 자본구조가 아닌 목표자본구조를 사용하고 장부가액이 아닌 시장가치를 기준으로 가중평균해야 함.
  - 목표자본구조 : 기업이 장기적으로 지향하는 미래의 타인자본과 자기자본 간의 비율

$$WACC = \frac{D}{V} \times K_d \times (1-t) + \frac{E}{V} \times K_e$$

1) $K_d$ : 타인자본비용, $K_e$ : 자기자본비용, D : 타인자본, E : 자기자본, V : 타인자본과 자기자본의 합

- ○ 타인자본 가치를 포함한 전체 기업가치를 산출할 때는 자본비용으로 가중평균자본비용을 사용하여야 하고, 자기자본가치를 직접 산출할 때는 $K_e$를 사용
- ○ 초과 이익 산출 시 타인자본 사용에 대한 대가(이자비용)를 차감하지 않은 영업이익에 대한 초과 이익(영업 초과 이익) 산출 시 가중평균자본비용을 사용하는 것과 같은 논리
- ○ 기업의 할인율이라 하면 일반적으로 가중평균자본비용을 의미함.

## 3. 자기자본 초과 이익(RI: Residual Income)

□ 자기자본 초과 이익의 개념 및 산출 방법

- ○ 순이익에서 자기자본의 사용대가를 차감하여 산출하며 기업가치의 증가액을 의미

$$\text{자기자본 초과 이익} = X_t - \text{자기자본의 사용대가} = X_t - (BV_{t-1} \times K_e)$$
$$= (\frac{X_t}{BV_{t-1}} - K_e) \times BV_{t-1} = (ROE - K_e) \times BV_{t-1}$$

1) $X_t$ : 포괄이익(당기순이익), $BV_{t-1}$ : 기초자기자본, $K_e$ : 자기자본비용, ROE : 자기자본순이익률 $= X_t \div BV_{t-1}$

- ○ 다만, 기초자기자본이 완전 잠식이면 투하된 자기자본이 없는 것으로 간주하여 포괄이익(당기순이익)이 자기자본 초과 이익으로 계산

□ RI 크기 결정요인 : 자기자본이익률, 자기자본비용($K_e$), 기초자기자본($BV_{t-1}$)

- ○ 양(+) 또는 부(−)의 초과 이익은 기업이 자기자본의 사용 대가인 "$K_e \times BV_{t-1}$"보다 더 벌거나 덜 번 이익을 의미
- ○ 미래의 자기자본이익률 > $K_e$ : 양(+)의 초과 이익 → 기업가치의 창출(증대)
  - 투자액이 클수록 더 많은 초과 이익 획득으로 기업가치가 증대
- ○ 미래의 자기자본이익률 < $K_e$ : 부(−)의 초과 이익 → 기업가치의 상실(감소)
- ○ ⇨ 결국, 미래의 자기자본이익률과 자기자본비용의 차이가 기업의 가치 창출을 결정

## 4. 영업 초과 이익(EVA: Economic Value Added)

□ 영업 초과 이익의 개념 및 산출 방법

- ○ 기업이 영업활동에서 획득한 세후순영업이익(NOPAT)에서 영업활동에 투입된 자본의 사용대가를 차감한 것

$$
\begin{aligned}
\text{영업 초과 이익} &= NOPAT_t - \text{영업투하자본의 사용대가} \\
&= NOPAT_t - (IC_{t-1} \times WACC_t) = \left(\frac{NOPAT_t}{IC_{t-1}} - WACC_t\right) \times IC_{t-1} \\
&= (ROIC_t - WACC_t) \times IC_{t-1}
\end{aligned}
$$

1) $NOPAT_t$ : 당기세후순영업이익, $IC_{t-1}$ : 기초영업투하자본, $WACC_t$ : 당기가중평균자본비용, $ROIC_t$ : 영업투하자본이익률 $= NOPAT_t \div IC_{t-1}$

- ○ 어느 한 기간 기업이 창출한 가치로서 경제적 부가가치라고도 함.
- ○ 경영전략 수립, 효과적인 경영관리, 사업 운영 성과평가, 경영자의 성과평가 등 가치창조경영(VBM)의 지표로서 활용
- ○ 세후순영업이익은 지급이자(채권자 몫)와 순이익(주주 몫)으로 구성되어 있으므로 자본비용으로 가중평균자본비용을 사용

□ EVA의 크기 결정요인 : 영업투하자본이익률과 가중평균자본비용, 영업투하자본 투자액

- ○ 만일 영업 수익성이 높아서 양(+)의 EVA가 기대되면 가치가 창출되어 기업의 가치는 영업투하자본 금액보다 커지게 되며, 반면 영업 수익성이 낮아 음(－)의 EVA가 예상되면 가치는 상실되고 기업의 가치는 영업투하자본 금액보다 작아짐.
- ○ 미래의 영업투하자본이익률 > 가중평균자본비용 : 양의 EVA → 기업가치의 창출(증대)
  - 영업투자액이 클수록 더 많은 EVA 획득으로 기업가치가 증대
- ○ 미래의 영업투하자본이익률 < 가중평균자본비용 : 음의 EVA → 기업가치의 상실(감소)
- ○ ⇨ 미래의 영업투하자본이익률과 자본비용(WACC)의 차이가 가치의 창출을 결정

□ 영업투하자본이익률(ROIC) 의미

- ○ 영업활동에 투하된 자본이 영업활동에서 얼마만큼의 이익을 창출하였는지 보여줌.

$$영업투하자본이익률 = \frac{NOPAT_t}{IC_{t-1}} = \frac{Sales_t}{IC_{t-1}} \times \frac{NOPAT_t}{Sales_t}$$

$$= 영업투하자본\ 회전율 \times 매출액\ 순영업이익률$$

$NOPAT_t$ : 당기 세후순영업이익, $IC_{t-1}$ : 기초영업투하자본, $Sales_t$ : 당기 매출액
영업투하자본회전율 = 매출액 ÷ IC ∴ IC = 매출액 ÷ 영업투하자본회전율

- ○ 기업의 자본구조와 관계없이 영업활동에 투입된 자본 총액(IC)과 영업활동의 세후 이익을 비교하는 이익률로서 영업활동의 이익성과를 나타내는 지표

## 5. 영업활동 수익성과 재무레버리지 효과 측면에서의 자기자본이익률과 영업투하자본이익률의 관계

□ 자기자본이익률을 영업투하자본이익률과의 관계식으로 표현하면 다음과 같음.

$$자기자본이익률 = ROIC + (ROIC - i) \times \frac{NFO}{BV} = ROIC + 재무레버리지\ 효과$$

1) i(세후차입 이자율) = 세후순재무비용(NFE) ÷ 순재무부채(NFO) × NFO ÷ BV = 순부채비율

- ○ 따라서 자기자본이익률의 결정요인은 영업투하자본이익률과 재무레버리지 효과인 **재무 스프레드**(Spread = ROIC − i) 그리고 재무레버리지(FLEV = 순부채비율)의 곱으로 표현
- ○ 기업이 세후차입 이자율을 상회하는 영업투하자본이익률을 갖는 경우, 부채 사용에 따른 재무레버리지 효과에 의해 자기자본이익률이 증대되고 결국 기업가치가 증가함.

순재무부채(NFO)가 없다면 자기자본이익률과 영업투하자본이익률은 동일하다. 순재무부채가 증가함에 따라 재무위험도 높아지면 동시에 재무레버리지 효과로 인해 자기자본이익률도 높아짐(위험과 수익률의 trade-off). 하지만 재무레버리지 효과는 순영업이익이 차입이자비용을 충분히 상회해야만 양(+)의 효과가 발생

□ 자기자본이익률과 영업투하자본이익률 관계식 도출 과정

포괄이익(X) = NOPAT - NFE, IC = BV + NFO, 세후 차입이자율(i) = NFE÷NFO이므로 다음과 같이 자기자본이익률을 분해할 수 있음.

$$\text{자기자본이익률} = \frac{X}{BV} = \frac{(NOPAT - NFE)}{BV}$$

$$= \frac{NOPAT}{BV} \times \frac{IC}{IC} - \frac{NFE}{BV} \times \frac{NFO}{NFO}$$

$$= \frac{NOPAT}{IC} \times \frac{IC}{BV} - \frac{NFO}{BV} \times \frac{NFE}{NFO}$$

$$= ROIC \times \frac{(BV + NFO)}{BV} - i \times \frac{NFO}{BV}$$

$$= ROIC \times (1 + \frac{NFO}{BV}) - i \times \frac{NFO}{BV}$$

$$= ROIC + (ROIC - i) \times \frac{NFO}{BV}$$

1) BV : 자기자본, X : 포괄이익(당기순이익), NOPAT : 세후순영업이익, NFE : 세후순재무비용

□ 전통적인 자기자본이익률 분해 방법

○ 제6장에서 살펴본 듀퐁(Dupont)의 분해 공식에 의하면 부채비율이 높으면 자기자본이익률이 높아진다고 주장

$$\frac{X}{BV} = \frac{X}{TA} \times \frac{TA}{BV} = \frac{X}{Sales} \times \frac{Sales}{TA} \times \frac{(BV + TD)}{BV}$$

$$= \text{매출액순이익률} \times \text{총자산회전율} \times (1 + \text{부채비율})$$

1) BV : 자기자본, X : 포괄이익(당기순이익), TA : 총자산, Sales : 매출액, TD : 총부채

○ ⇨ 듀퐁의 분해는 자기자본이익률과 영업투하자본이익률 관계식을 **제대로 이해 못하는 데서 오는 오류**

## 6. 영업레버리지 효과를 포함한 자기자본이익률과 영업투하자본이익률 관계

- 영업투하자본이익률에서 IC는 영업자산(OA)에서 영업부채(OL)를 차감한 것으로 분해되므로 영업자산에는 일부 영업부채로 충당되었다고 볼 수 있음.
- 따라서 영업자산이 창출한 이익은 세후순영업이익에 io(영업부채에 대한 내재이자율)를 더한 것으로 보는 것이 타당하므로 영업투하자본이익률은 다음과 같이 분해됨.

$$ROIC = \frac{NOPAT}{IC} = \frac{(NOPAT + io)}{IC} - \frac{io}{IC}$$

$$= \frac{(NOPAT + io)}{OA} \times \frac{OA}{IC} - \frac{io}{OL} \times \frac{OL}{IC}$$

- 이를 정리하여 앞의 자기자본이익률과 영업투하자본이익률 관계식에 대입하면 다음과 같이 도출됨.

$$ROE = ROOA + [(ROOA - \frac{io}{OL}) \times \frac{OL}{IC}] + [(ROIC - i) \times \frac{NFO}{BV}]$$

$$= ROOA + [\text{영업레버리지 효과}] + [\text{재무레버리지 효과}]$$

ROOA : 영업자산이익률×io → implicit interest charge on operating liabilities

- 즉, 영업레버리지 효과는 영업 스프레드(OL Spread＝ROOA－io÷OL)와 영업레버리지(OLLEV＝OL÷IC)를 곱한 것
- ⇨ 결국, 자기자본이익률은 영업자산이 창출한 이익(ROOA)과 영업레버리지 효과와 재무레버리지 효과를 더한 것과 동일

## 7. 초과 이익과 EVA의 개념적인 유사점과 상이점

□ 유사점

- 자본의 사용대가를 초과하는 이익
- 창출된 이익이 자본의 사용 대가인 정상 이익보다 크면 기업가치가 증대되고

반대의 경우 기업가치가 감소하고 현상은 동일

□ 차이점

○ 측정되는 이익 : RI는 세후이익(포괄이익)인데 EVA는 세후순영업이익

○ 사용되는 자본비용 : RI는 자기자본비용인데 EVA는 가중평균자본비용

○ 초과 이익의 결정요인 : RI는 자기자본이익률, 자기자본비용, 자기자본 투자액인데, EVA는 영업투하자본이익률, 가중평균자본비용, 영업투하자본 투자액

# 제 7 절 ESG 경영의 대두

## 1. ESG 경영 개요

□ ESG 개념 및 구성요소

○ 기업의 비재무적 요소인 **환경**(Environment)과 **사회**(Social) 및 **지배구조**(Governance)

○ 투자의사결정 시 '**사회책임투자**(SRI)' 혹은 '**지속가능 투자**'의 관점에서 기업의 재무적 요소들과 함께 고려

○ 재무제표 본문에는 나타나지 않아도 중장기적인 기업가치에 큰 영향을 미치는 중요 성과지표

○ 투자자들의 **장기적 수익을 추구**하는 한편, 기업 행동이 **사회에 이익**이 되도록 영향

□ ESG 등장 배경

○ 기업의 이윤 추구 활동이 유발하는 부정적인 사회적·환경적 영향을 줄여 지속가능한 경영의 기반을 마련

- 지속가능경영과 투자자의 사회적 책임이 중요해지면서 금융기관이 기업의 비재무성과를 측정하는 기준으로 ESG 평가정보를 활용

○ 국내는 2020년을 전후하여 기업 경영에서 ESG가 큰 화두로 부상

**[ESG 핵심 요소]**

| 분야 | 주요 항목 | 세부 내용 |
|---|---|---|
| 환경<br>(Environment) | • 기후변화 · 탄소배출<br>• 천연자원<br>• 환경오염 · 폐기물 관리<br>• 기회와 정책 | • 탄소발자국 · 탄소배출 측정<br>• 수자원 · 토지 사용, 원자재 조달 방안, 생물다양성 유지 방안<br>• 유해 물질 배출, 포장지 및 폐기물 관리<br>• 재생에너지 활용 여부, 청정에너지 |
| 사회<br>(Social) | • 인적자본<br>• 제조물 책임<br>• 이해관계자 및 사회적 관계 | • 노동관행, 인적자본개발, 직원 건강과 안전, 서플라이체인 노동기준<br>• 제조물 안전성, 재무 안전, 프라이버시 및 데이터 보안, 소통 접근성, 금융 접근성, 건강 접근성 |
| 지배구조<br>(Governance) | • 기업 지배구조<br>• 기업 행동 | • 이사회 멤버의 다양성, 경영진 보수 수준, 오너쉽 및 내부통제, 회계 리스크<br>• 기업윤리, 반경쟁 관행, 납세 투명성, 내부 통제 시스템 준수 |

자료 : IMF(2019).

- 한국회계기준원 산하 지속가능성기준위원회(KSSB)는 국내 ESG 공시기준 공개 초안 최종 의결(2024.4.30.)
- KSSB는 국제 표준을 따르면서도 기업의 부담은 줄이는 방향으로 방향키를 설정하고, 산업계의 반발이 가장 컸던 'Scope 3' 온실가스 배출량 공시 의무화 여부와 시기에 대한 결정은 보류

**[온실가스(GHG: Green House Gas) 배출량 공시 범위]**

| 구분 | 내용 |
|---|---|
| Scope 1 | 화석연료 연소나 가스 사용 등으로 인한 직접적인 온실가스(GHG) 배출 |
| Scope 2 | 구입한 전기, 열, 증기 소비로 인한 간접적인 온실가스(GHG) 배출 |
| Scope 3 | 기업의 가치 사슬에서 발생하지만 Scope 2에 산입되지 않은 기타 간접 배출(예 : 임직원 해외 출장 시 비행기 사용으로 인해 발생하는 온실가스 배출, 협력업체 배출)로 해당 기업 활동 결과로 발생하지만, 기업이 소유 · 지배하지 않는 시설 등에서 발생하는 온실가스(GHG) 배출 |

[ESG 탄생 배경 : ESG 역사의 흐름]

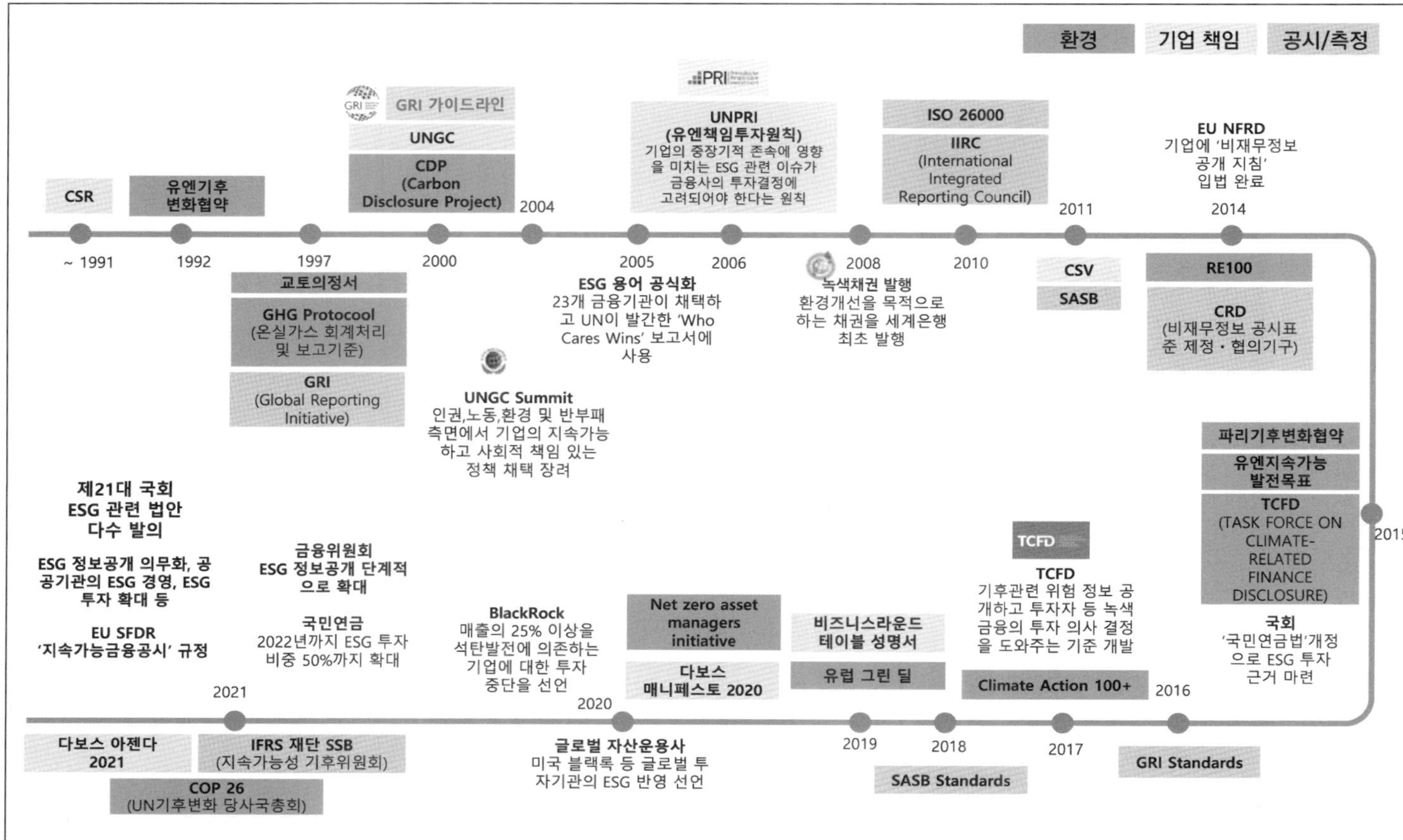


자료 : 한국공인회계사회 교육자료, "ESG 발전 및 역사"

□ ESG 역사

○ CSR, 유엔기후변화협약, 교토의정서(GHG Protocol), GRI 등 오래전부터 기후변화 및 지속가능성 관련 논의가 진행

- 2019년, 미국 200대 기업 CEO로 구성된 협의체(BRT: Business Round Table)에서 기업의 목적을 '주주가치 창출'이 아닌 '이해관계자가치 창출'로 전환하는 선언을 발표
- 2020년, 다보스 포럼에서 '기업이 세금의 공정한 몫을 지불하고 부패에 대한 무관용을 보여주며, 글로벌 공급망 전체에서 인권을 존중하고 경쟁 가능한 생태계를 조성해야 한다'는 Davos 선언문 발표

□ ESG 평가

○ 기업들의 ESG 경영성과에 대한 평가는 외부 평가기관에 위탁을 하고 있는 추세이며, 평가기관마다 매년 각 기업들의 ESG평가등급을 발표하는 추세

○ ESG 성과에 대한 평가기준이 평가기관마다 다르고, 그에 따라 동일 기업에 대한 평가등급에 차이가 발생하는 문제점 존재

**[국내 ESG 평가기관]**

| 평가 명칭 | 평가척도 | 평가방법 | 비고 |
|---|---|---|---|
| 한국ESG기준원<br>(舊 한국기업지배구조원)<br>ESG평가 | S~D | 기업<br>공시자료 | 환경, 사회, 지배구조 분야 연 1회 평가 |
| 서스틴베스트<br>ESG Value | AA~E | 기업<br>공시자료 | 환경, 사회, 지배구조 분야 연 2회 평가 |
| 대신경제연구소 | - | 자체<br>수기조사 | 환경, 사회, 지배구조 분야 기초조사 및 정량적 문항평가 |

자료 : 장윤제(2021).

**[해외 ESG 평가기관]**

| 평가 명칭(지수 명칭) | 평가척도 | 평가방법 | 평가항목 |
|---|---|---|---|
| 다우존스 지속가능경영지수 (DJSI) | 0~100 | 질문지 답변 | 기업지배구조, 윤리경영, 리스크관리, 공급망 관리, 환경성과, 인적자본 개발, 사회환경 정보 공개 등을 연 1회 평가 |
| 모건 스탠리 캐피탈 인터내셔널 ESG 평가 (MSCI ESG Ratings) | AAA~ CCC | 기업 공시자료 | 환경 이슈, 사회 이슈, 거버넌스 이슈를 37개로 구분하여 연 1회 평가 |
| 서스테널리틱스 ESG 평가 (Sustainalytics ESG Ratings) | 0~100 | 기업 공시자료 | (평가점수가 낮을수록 기업의 ESG 성과가 좋음을 의미) 지배구조, 주요 ESG 이슈(산업별로 상이), 특수 사건 |
| 블룸버그 ESG 평가 (Bloomberg ESG Data) | 0~100 | 기업 공시자료 | 에너지, 폐기물, 여성 임원, 이사회 독립성, 임직원 사고, 산업별 특정 데이터 등 정보 투명성 |
| 레피니티브(Refinitive) (前 톰슨 로이터 ESG 지수) | 0~100 A+~D | 기업 공시자료 | 10개 항목에서 ESG Score와 ESG Controversy Score 평가, 2주마다 업데이트 |

자료 : 김효정 · 이준석(2021).

## 2. 글로벌 ESG 공시 기준

□ 국내외 동향

- ○ 최근 미국, 유럽(EU)을 비롯한 여러 국가에서 지속가능성 관련 정보에 대한 의무공시 도입
  - ISSB는 IFRS S1, S2를 확정(2023.6.26.)
  - EU는 유럽지속가능성보고기준(ESRS)을 확정(2023.7.31.)
  - 미국 SEC도 기후정보공시규칙 최종안을 확정(2024.3.6.)

□ ESG 관련, 3大 글로벌 공시기준

- ○ ISSB(International Sustainability Standards Board)의 IFRS S1, S2
- ○ EU의 ESRS(European Sustainability Reporting Standards)
- ○ 미국 SEC 기후정보공시규칙(Enhancement and Standardization of Climate-Related Disclosures)

### 2.1 ISSB의 IFRS S1, S2

□ IFRS 재단 개요

- 국제재무보고기준(IFRS: International Financial Reporting Standards)을 제정하는 국제기구
- 전 세계 약 146개국이 도입하고 있는 국제회계기준(IFRS 회계기준) 등을 제정하는 역할 수행
- 2021년 11월에는 IFRS 재단 산하에 국제지속가능성기준위원회(ISSB: International Sustainability Standards Board)를 추가로 설립하여, 국제지속가능성 공시기준(IFRS S1, S2)을 제정하는 역할도 담당

□ IFRS 재단의 구조

- IFRS 재단 산하에 2개의 IFRS 기준이 존재

① **IFRS 회계기준** → 국제회계기준위원회(IASB)에서 제정

② **IFRS 지속가능성 공시기준** → 국제지속가능성기준위원회(ISSB)에서 제정

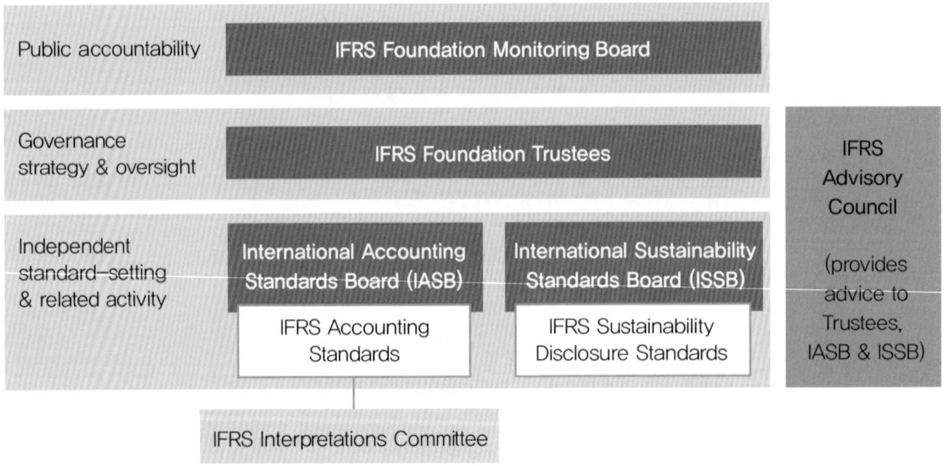


자료 : IFRS foundation 홈페이지

☐ ISSB의 IFRS S1, S2 개요

- ISSB는 2022년 3월 'ESG 공시기준' 공개초안 발표 이후, 의견 수렴과정을 거쳐 2023년 6월 IFRS S1(일반) 및 S2(기후) 최종안 발표
- IFRS S1, S2는 지속가능성공시기준 중 첫 번째 단계이며, 향후 S3 등으로 확대될 예정
- IFRS S1(일반)은 지속가능성 공시 관련 일반 요구사항을 규정하고 있으며, IFRS S2(기후)는 기후 관련 위험 및 기회가 기업의 전망에 미치는 영향을 공시하도록 요구
- IFRS S1, S2는 2024년 1월 1일 이후 최초로 시작하는 회계연도부터 적용
- IFRS 회계기준 적용 여부와 무관하게, ISSB 기준의 도입 여부를 결정하는 것은 개별 국가의 권한

### 2.2. EU의 ESRS

☐ ESRS 구성

- 일반원칙(ESRS 1), 일반 공시요구사항(ESRS 2), ESG 분야별 세부 보고 기준(E1~E5, S1~S4, G1)으로 구성
- 일반원칙(ESRS 1)
  - 기업의 지속가능성 보고 시 적용되는 필수 개념과 원칙을 규정
  - 기업의 지속가능성에 영향을 미치는 중대한 정보를 공개할 것을 요구
- 일반공시 요구사항(ESRS 2)
  - 모든 기업에 적용되는 의무 요구사항
  - 지배구조, 위험 및 기회 관리, 비즈니스 모델·전략과의 연계, 지표 및 목표에 대한 공시 요구
- ESG 분야별 세부 보고기준
  - 환경 : E1(기후변화), E2(오염), E3(물과 해양자원), E4(생물다양성과 생태계), E5(자원사용과 순환경제)
  - 사회 : S1(임직원), S2(가치사슬상 임직원), S3(지역사회), S4(소비자)
  - 거버넌스 : G1(비즈니스행위)

□ ESRS 주요 사항

- ○ 중요성 평가의 자율성 확대
  - E1(기후변화) 항목 중 Scope 1&2는 의무공시이나, 나머지 정보는 중요도에 따라 공시(중요하지 않다는 설명 후 생략 가능)
- ○ 점진적 시행 및 중소기업 부담 완화
  - 가치사슬 관련 정보공시의 3년 유예
  - 기후변화의 재무영향, 양성평등 지표, 단체협약 범위, 적정 임금, 사회적 보호, 직원 교육 공시는 1~3년 유예
  - 750인 미만 중소기업 부담 완화

> • 1년 유예 : 온실가스 Scope 3 배출량 보고, 비고용 인력, 기후환경 이슈를 제외한 다른 ESG 이슈의 재무영향
>
> • 2년 유예 : 생물다양성 전환 계획, 가치사슬상 임직원/지역사회 관련 보고

  - 대기업, 금융기관의 2024년~2026년 공시 의무화 추세는 유지

## 2.3 미국 SEC 기후공시규칙

□ 개요

- ○ SEC는 기후변화 관련 공시 목적이 환경 보호가 아닌 투자자 보호에 있다는 점을 명확히 하고, 기후공시와 관련해 1934년 증권거래법에 따라 중요성(Materiality) 기준으로 공시 요구
  - 해당 중요한 (환경) 정보에 대한 허위 기재 시 반사기 조항(1934년 증권거래법) 등이 적용
- ○ SEC는 재무제표 관련 사항은 Regulation S-X, 비재무정보 관련 사항은 Regulation S-K를 통해 공시 규율
  - SEC 기후공시규칙은 공시규정(Regulation S-X, Regulation S-K)에 대한 개정안
- ○ 재무제표와 관련한 기후공시는 재무제표 주석으로 공시하는 내용이 담긴 Regulation S-X 14번 대 항목을 추가
  - 주석은 재무제표의 일부이므로 Regulation S-X 14번 대 항목은 재무보고에 대한 내부통제 대상이며, 동시에 외부감사 대상

○ 비재무정보와 관련한 기후공시는 정기보고서(10-K, 10-Q, 20-F) 및 증권신고서(S-1, S-3, F-1, F-3)에 공개해야 할 내용이 담긴 Regulation S-K 1500번 대 항목을 추가

[SEC 기후공시규칙]

| Regulation S-K (비재무정보 관련 사항) | |
|---|---|
| Items 1500~1504 | • 기후 관련 정의<br>• 기후 관련 지배구조<br>• 기업의 전략, 비즈니스 모델, 전망에 미치는 기후 관련 위험 영향<br>• 기후 관련 위험 관리<br>• 기후 관련 지표 및 목표 등 |
| Items 1505~1506 | • 온실가스 배출량 (Scope 1&2)<br>• 온실가스 배출량 인증 |
| Item 1507 | • 기후 관련 공시 세이프 하버 |
| Item 1508 | • 공시 일정 및 XBRL 등 |
| Regulation S-X (재무제표 관련 사항) | |
| Article 14-01~14-02 | • 기후 관련, 재무제표 주석 공시 |

자료 : 삼일PwC ESG Platform(2024.3) 일부 수정

☐ Regulation S-K 1500번 대 주요 내용

○ Scope 1&2 공시 및 인증

- 상장 대기업 및 중견기업은 Scope 1&2 온실가스 배출량이 중요한 경우 공시하며, 특정 온실가스 요소가 개별적으로 중요할 경우 그 요소의 배출량에 대한 세분화된 공시도 필요
- 온실가스 배출량 정보는 단계적으로 제3자 인증 의무화 : 상장 대기업은 제한적&합리적 인증, 상장 중견기업은 제한적 인증

○ 세이프 하버 조항

- 기업이 합리적인 근거 혹은 선의에 따라 공시할 경우, 허위나 오류가 있더라도 사기 진술(fraudulent statement)로 간주하지 않음.

□ Regulation S-X 14 주요 내용

- ○ 심각한 기상이변 및 기타 자연현상이 재무제표에 미치는 영향
  - 자본화된 원가(Capitalized costs)와 수수료(Charges) : 회계연도 말 현재 집계된 영향의 절대값이 자본총계의 1% 이상이며, 50만 달러 이상인 경우 공시
  - 비용화된 지출(Expenditures Expensed)과 손실(Losses) : 집계된 영향이 회계연도의 세전 손익 절대값의 1% 이상이며, 10만 달러 이상인 경우 공시
- ○ 탄소상쇄 및 재생에너지 크레딧(RECs) 정보
  - 탄소상쇄 및 재생에너지 크레딧(RECs)으로 발생한 자본화된 원가, 비용, 손실에 대한 정보
- ○ 재무적 가정 및 추정
  - 기후 관련 사건(가뭄, 홍수 등)이 재무제표 작성 시 사용된 추정과 가정에 미친 영향 정보(예 : 감가상각 내용연수 변경 등)

## [참고 7-1] | KMV의 DD(Distance to Default) 모형

### 1. DD 모형의 의의

□ 국제 신용평가기관인 Moody's가 인수한 KMV사에서 개발한 모형으로 KMV-Merton 모형 또는 EDF(Expected Default Frequency)라고도 함.

- EDF : 부도 확률(PD)이 동일한 개념
- 자기자본의 시장가치가 부채가치보다 낮아질 예상 확률을 Merton(1974)의 옵션 가격결정이론(Merton's option pricing)에 근거하여 추정
- 기업이 보유하고 있는 자산의 가치가 부채의 가치를 상회할 때만 가치를 갖는 일종의 콜옵션으로 보고 자산 · 부채 · 자본의 가치 간에 아래와 같은 (A1)을 유도

$$V^E = V^A \cdot N(d_1) - e^{-r \cdot T} \cdot V^D \cdot N(d_2) \quad \cdots\cdots \text{(A1)}$$

$$d_1 = \frac{\mathrm{Ln}\left(\frac{V^A}{V^D}\right) + \left(r + \frac{\sigma_A^2}{2}\right) \cdot T}{\sigma_A \cdot \sqrt{T}}$$

$$d_2 = \frac{\mathrm{Ln}\left(\frac{V^A}{V^D}\right) + \left(r - \frac{\sigma_A^2}{2}\right) \cdot T}{\sigma_A \cdot \sqrt{T}} = d_1 - \sigma_A \cdot \sqrt{T}$$

여기서,

$V^E$는 자본의 가치=주식의 시가총액
$V^A$는 자산의 가치
$V^D$는 부채의 가치
$T$는 부채의 만기
$r$은 무위험이자율
$N(\cdot)$는 표준정규분포의 누적 확률
$\sigma_A$는 자산 가치의 변동성

- 옵션가격결정모형 식(A1)의 $N(d_2)$는 미래 특정 시점 이내에 기업이 도산할 가능성을 확률로 측정한 것

○ 1년 이내의 부실 확률과 $r=\mu$ 하면 $d_2$는 t=1이므로 $\sigma_A = \sigma V^A / V^A$로 치환하면 다음과 같은 식이 도출됨.

$$d_2 = \frac{\mathrm{Ln}(V^A / V^D)}{\sigma(V^A)/\mu(V^A)} \qquad \text{(A2)}$$

○ DD 모형은 기업의 부실 확률을 위의 식(A2)로 측정하는 모형

○ 아래와 같이 자산과 부채의 차이를 나타내는 부실 이격도를 자산가치의 변동성으로 나누어 산출한 값으로 설명 가능

$$\mathrm{DD} = \frac{[\text{기업의 자산가치(Value of Asset)} - \text{부채의 장부가액(Default Point)}]}{\text{자산가치의 변동성(Asset Volatility)}}$$

○ 즉, [그림 예시]와 같이 자산가치와 부채와의 거리가 가까울수록, 자산가치의 변동성($\sigma$ : 표준편차)이 클수록 부도의 가능성은 더욱 높아진다는 것

**[그림 예시] B기업이 A기업보다 부실 위험이 큼**

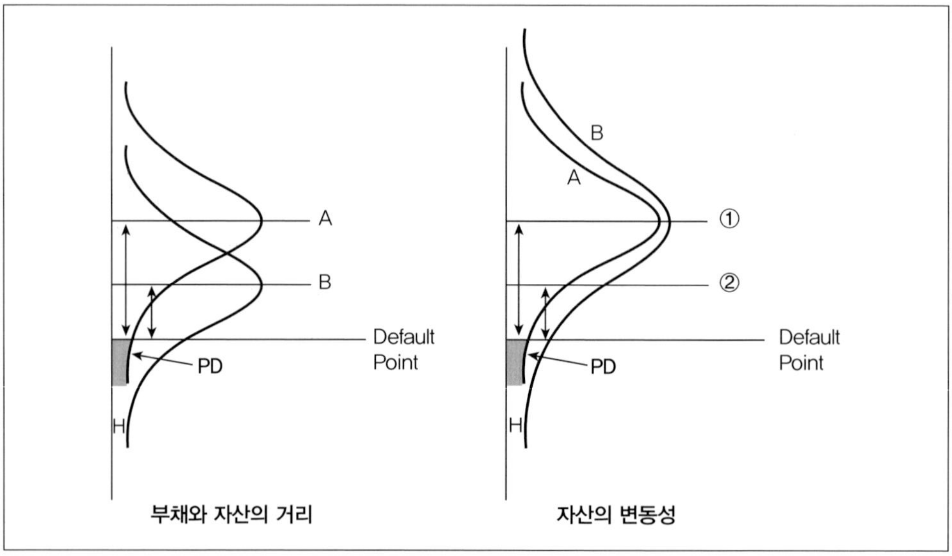

## 2. 비상장기업 신용평가에서 DD 모형을 DD 변수로 활용

□ DD 변수 : 기업의 부실 위험을 부실 이격도(DD)에 의해 평가하는 재무 변수

- ○ 자산가치(또는 수익가치), 부채가치 및 자산가치의 변동성(표준편차)으로 설명하는 재무 변수로 장부가치 DD, 수익가치 DD, 현금흐름 DD가 있음.

□ 장부가치 DD(BSDD)

- DD 모형은 시장가치를 기반으로 하고 있어 상장기업에는 적합하나 비상장기업에도 적용할 수 있도록 회계정보를 기반으로 탄력을 부여한 변수
- 자산가치를 재무상태표의 총자산으로 하고 최근 4개년간의 총자산의 변동성을 기준으로 하여 장부가치도를 산출

$$d_2 = BSDD = \frac{\mathrm{Ln}\left(V_t^A / V_t^D\right)}{\sigma\left(V_{t,t-1,t-2,t-3}^A\right) / \mu\left(V_{t,t-1,t-2,t-3}^A\right)}$$

여기서, VA = 총자산, VD = 총부채

- ○ BSDD 값이 0 미만이면 기업의 자산가치가 부채의 장부가액에도 이르지 못한 것을 의미하므로 부실 위험도가 매우 높은 기업으로 추정
  - (예시) BSDD = 0이면 기대 부실 확률(EDF) = 1 − N(0) = 50% 도산 거리(DD)와 경험적 도산 빈도의 분포를 대비함으로써 1년 이내에 발생할 예상 도산확률을 추정하는 것

□ 수익가치 DD(ERDD)

- ○ 기업의 자산가치 개념을 수익성과 성장성 개념에서 파악하고자 "영업이익 對 이자비용"으로 보완하여 DD를 산출한 것

$$ERDD = \frac{\mu\left(OI_{t,t-1,t-2,t-3}\right) - \mu\left(IE_{t,t-1,t-2,t-3}\right)}{\sigma\left(OI_{t,t-1,t-2,t-3}\right)}$$

여기서, OI : 영업이익, IE : 이자비용

- ○ ERDD가 0 미만이면 영업이익으로 이자비용을 충당하지 못하고 있는 기업으로 부실 위험도가 상대적으로 높은 기업

□ 현금흐름 DD(CFDD)

$$CFDD = \frac{\mu(CFO_{t,t-1,t-2,t-3}) - \mu(IE_{t,t-1,t-2,t-3})}{\sigma(CFO_{t,t-1,t-2,t-3})}$$

여기서, CFO : 영업현금자금 (또는 영업현금흐름)

- ○ 기업가치를 영업활동을 통해 창출한 현금흐름의 개념에서 파악하고자 "영업현금자금 對 이자비용"으로 보완하여 DD를 산출한 것
  - DD 변수를 비상장기업에 적용한 연구로는 오현탁 · 형영주(2004)가 있는데, 이들이 사용한 DD 변수는 비상장기업 부실 예측 실무에서 사용하는 측정 방식과 맥락이 동일

## [참고 7-2] | 자기자본비용 산출 방법 요약 및 특징

### 1. 주가정보를 활용한 방법

☐ 자본자산가격결정모형(CAPM)

- 학계뿐 아니라 실무적으로 가장 많이 보편적으로 이용되고 있는 방법
- CAPM은 일정한 가정을 전제로 도출된 모형이고 체계적인 위험인 베타가 과연 자본시장의 행동을 제대로 설명할 수 있는가에 대해서는 많은 논란이 있음.

☐ 차익거래가격결정모형(APM)

- CAPM의 여러 비현실적인 가정을 해결하기 위해 주가 변동에 영향을 주는 요인이 한 개(베타)가 아니고 여러 개로 가정
- 실증분석을 통해 주가 변동에 영향을 주는 여러 가지 요인을 제시하고 있으나 그 요인 변수들의 측정 방법에 대해 일치된 의견이 없어 실무적으로는 거의 이용되지 않음.

☐ 3요인 모형(FFM: Fama & French Model)

- CAPM에서 비체계적인 위험은 자산을 분산하여 소유함으로써 제거할 수 있다고 가정하지만, 현실적으로는 규모위험 등 분산투자를 통해서도 제거되지 않는 위험 요소가 존재(Fama and French, 1992)
- 위험측정치로서 베타(시장초과수익) 이외 다른 요인인 신용위험(HML)과 규모위험(SMB)를 추가하여 자기자본비용을 추정하기 때문에 3요인 모형(FFM)이라 함.
- FFM도 APM처럼 이론적인 근거로 도출된 모형이 아닌 실증분석을 통해 도출되었다는 점에서 한계점을 지니고 있음.

☐ 내재자기자본비용(implied cost of capital)

- 주가는 궁극적으로 내재가치(기업가치)를 적절하게 반영하고 있고 재무분석가의 예측치가 미래 이익을 정확하게 예측한다는 가정하에 주가와 이익예측치에 기반한 기업가치평가모형을 통하여 자기자본비용을 역으로 추정하는 방법

○ 자기자본비용을 직접적으로 산출하는 것이 아닌 주가와 기업가치평가모형을 이용하여 간접적으로 추정하는 방법으로 실무적으로 개별기업의 가치평가나 투자 등의 목적을 위해 사용하는 데에는 한계점이 존재

2000년대 들어서 회계학 분야에서 많이 연구되고 있는 내재자본비용을 추정하는 방법으로 Ohlson and Juettner-Nauroth(2005)의 OJ모형(초과 이익성장모형), Easton(2004)의 주가이익성장모형(PEG: Price-earnings growth model)과 수정주가이익성장모형(MPEG: Modified price-earnings growth model) 그리고 Gode and Mohanram(2003)의 GM 모형 등이 있음.

## 2. 비상장기업 적용

☐ Hamada 모형

○ 비상장기업 자기자본비용 추정 시 실무적으로 많이 사용하고 있는 방법

○ Hamada(1969)는 추정 대상 비상장기업과 유사 업종 유사 규모의 상장기업의 무부채(unlevered) 베타와 베타의 관계식으로부터 비상장기업의 베타를 추정

○ 동일 업종 상장기업의 무부채 베타를 당해 비상장기업의 무부채 베타로 이용하지만 상응하는 상장기업을 일일이 선정하는 데 어려움이 존재

☐ 상장기업 산업별 평균 베타(산업 베타)를 비상장기업 대용치(proxy)로 사용

○ 상장기업을 산업 및 기업 규모별로 세그먼트(segment)를 분류하고 각 세그먼트의 평균 베타 값을 동일한 세그먼트에 해당하는 비상장기업의 베타 대용치로 사용

○ 동일 규모, 동일 산업이면 동일한 자본비용이 적용되어 개별기업의 비체계적 위험이 고려되지 않아 진실한 가치평가를 하지 못하는 문제점이 발생

- 실무적으로 기술신용보증기금 등에서 비상장기업 기술 가치평가 실무에서 할인율로 사용했던 방법이나 위와 같은 문제점으로 인해 현재는 사용되지 않고 있음.

☐ 펀더멘털(fundamental)을 이용하는 방법

○ 시장모형으로 산출한 상장기업의 베타를 종속변수로 상장기업의 재무비율을 설명변수로 회귀분석하여 모형을 구축한 후 비상장기업의 재무비율을 대입하여

베타를 산출하는 방법

- 산업별 재무적 특성을 반영하기 위해 산업별 회귀모형을 구축하기도 함.
- 추정 회귀식에 포함되는 상장기업의 표본이 비상장기업의 재무정보와 속성이 유사하지 않으면 추정된 베타의 신뢰성에 문제점이 발생
- 유사한 규모와 재무 속성을 지니는 상장기업을 대상으로 추정표본을 구성하면 표본을 충분히 확보하기가 어려워 실무에서는 거의 사용되지 않고 있음.

□ 요소가산방식(build-up method)

- 자기자본비용을 구성하는 여러 가지 항목들을 단순히 하나씩 더해 나가는 가산형 모델(additive model)
- 무위험이자율에서부터 출발하여, 주식위험 프리미엄(ERP: Equity Risk Premium), 해당 산업위험 프리미엄(IRP: Industry Risk Premium), 개별기업의 고유위험 프리미엄(SRP: Specific Risk Premium)을 하나씩 가산하면서 추가적인 위험 프리미엄을 고려하는 방법
- 요소가산방식은 미국 금융(재무 · 회계) 실무계에서 비상장기업의 자기자본비용 산출 시 사용되고 있는 방법으로 알려져 있음. (Jiang, 2011)

[Build-up method에 의한 비상장기업 자기자본비용 산출 프로세스]

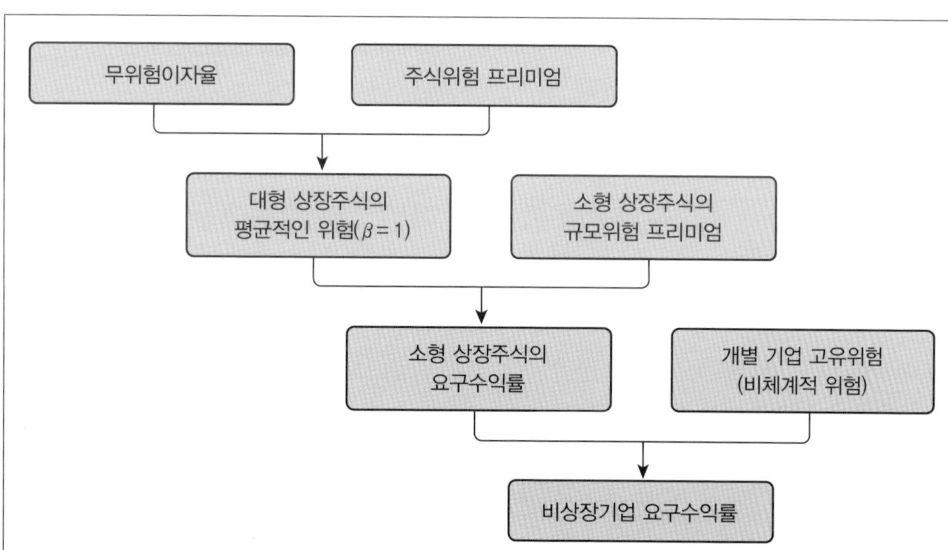


1) Jiang, P. 2011. Equity Valuation(CFA Program Curriculum · Level Ⅱ · Volume4), Pearson Learning Solutions.

CHAPTER 7

# 연습문제

**01** 유동성은 운전자본의 크기보다는 현금 창출 능력과 밀접한 관계가 있으므로 현금전환주기와 매출채권, 재고자산, 매입채무 계정의 특성을 고려하여 분석해야 한다.

① ○ ② ×

**02** 전통적인 장기 지급능력 분석은 부채와 자본의 상대적 크기를 분석하는 데 비해 새로운 패러다임은 이자비용과 그 이자를 지급하는 데 사용할 수 있는 이익 간의 관계를 분석하는데 EBITDA 이자보상배율(EBITDA/이자비용)이 대표적인 지표이다.

① ○ ② ×

**03** 기업이 획득한 이익에서 자본의 사용 대가로서 채권자에게 지급할 이자와 주주에게 돌아갈 몫까지 차감하고 남은 이익을 정상 이익이라고 한다.

① ○ ② ×

**04** 기업의 미래가치는 재무제표 예측을 통해 이루어지므로 재무제표 분석의 최종목적은 기업가치를 분석하는 데 있다.

① ○ ② ×

**05** 이익의 질은 당기순이익 가운데 현금으로 실현된 비율을 나타내는데 이익의 질이 낮을수록 보수적인 회계 선택을 하고 있고 높을수록 이익조정을 통해 이익을 과대계상 가능성이 있다.

① ○ ② ×

**06** 다음은 단기 지급능력 검토와 관련된 내용이다. 잘못 설명하고 있는 것은?

① 전통적인 단기 지급능력 분석은 순운전자본(= 유동자산 - 유동부채)의 절대적 크기와 유동비율 등의 상대적 크기를 분석하고 있는데 순운전자본이 음수라고 유동성에 문제가 있다고 단정하기는 어렵다.

② 유동성은 순운전자본의 크기보다는 현금전환주기와 매출채권, 재고자산 등 개별 유동자산, 유동부채 계정의 특성을 함께 고려하여 분석해야 한다.
③ 영업활동을 위한 자금이 투입되어 현금이 창출되기까지 기간에서 매입처의 신용 제공 기간을 차감한 기간을 영업순환주기라고 하며 영업주기라고도 한다.
④ 현금전환주기가 짧은 것이 반드시 운전자본의 효율적 관리는 아니며 기업이 속한 산업이나 개별 특성에 맞게 적정한 매출채권, 재고자산, 매입채무 규모를 유지하는 것이 효율적인 운전자본관리이다.

**07** 다음은 장기 지급능력 검토와 관련된 내용이다. 잘못 설명하고 있는 것은?

① 단기적인 관점에서 이익은 사용가능한 현금과 일치하지 않지만, 장기적인 관점에서 이익과 기업의 장기 상환능력 간에는 양(+)의 상관관계가 존재하므로 이자비용과 이자 지급에 사용하는 이익 간의 관계 분석이 중요하다.
② 이자보상배율은 영업이익이 부채 사용에 따른 이자비용을 지급할 능력이 있는지 부채수용 능력을 측정하는 대표적인 장기 지급능력지표로서 이 지표가 연속적으로 1배 이하면 장기 지급능력이 우수하다고 볼 수 있다.
③ 이자보상배율의 변동 요인은 수익성(총자산 영업이익률)과 차입금의존도 및 평균 차입비용 등 세 가지로 분해하여 검토할 수 있다.
④ 기업이 사업에 재투자하기 위해 사내에 보유하고 있는 순이익의 누적액으로 장기 지급능력을 분석하는 지표로서 총자산유보이익률이 있다.

**08** 다음은 ㈜제세산업의 최근 3개년 현금흐름표를 요약한 것이다. 기업수명주기와 현금흐름 패턴을 검토할 때 ㈜제세산업의 기업 특성을 정의한 것으로 옳은 것은?

| 구분 | 당기 | 전기 | 전전기 |
|---|---|---|---|
| 영업활동으로 인한 현금흐름 | 170 | 160 | 150 |
| 투자활동으로 인한 현금흐름 | (50) | (30) | (50) |
| 재무활동으로 인한 현금흐름 | (100) | (100) | (80) |
| 현금의 증감 | 20 | 30 | 20 |

① 급성장 또는 (창업) 벤처기업
② 성장 중인 기업 또는 선제적인 투자기업
③ 성숙기의 우량기업 또는 업황이 최고조인 산업의 기업

④ 쇠퇴기의 저수익 사업 매각 또는 재무위험이 높은 기업

**09** 다음은 ㈜한양의 최근 3개년 현금흐름표를 요약한 것이다. 현금흐름 패턴을 고려할 때 ㈜한양에 대한 현금흐름 분석에 대한 설명으로 옳은 것은?

| 구분 | 당기 | 전기 | 전전기 |
|---|---|---|---|
| 영업활동으로 인한 현금흐름 | 80 | 70 | 60 |
| 투자활동으로 인한 현금흐름 | (160) | (130) | (110) |
| 재무활동으로 인한 현금흐름 | 90 | 50 | 70 |
| 현금의 증감 | 10 | (10) | 20 |

① 자금을 비축해서 유동성이 풍부해 타 회사 인수합병(M&A) 모색 또는 신사업 분야에 진출을 모색하고 있는 기업이다.

② 구조조정형 기업의 현금흐름 패턴으로서 구조조정이 성공적으로 진행되는지와 향후 영업활동의 위축 가능성을 검토해야 한다.

③ 성장 중인 기업 또는 업황이 좋지 않더라도 자금 여력이 좋아 미래 경기가 호전될 것에 대비해 선제적으로 투자하고 있는 기업으로서 설비투자의 성공 여부 및 영업활동의 증가 가능성을 검토한다.

④ 급격히 성장하고 있는 창업벤처 기업 또는 적자기업이 인수되어 사업이 인수되어 사업이 전환되고 있는 기업으로서 미래에 영업활동 현금흐름이 개선될 여지가 있는지 검토한다.

**10** 다음 중 초과 이익과 관련된 내용의 설명으로 틀린 것은?

① 자기자본 초과 이익은 당기순이익에서 자기자본의 사용대가를 차감하여 산출하며 기업가치의 증가액을 의미한다.

② 영업투하자본이익률(ROIC)은 영업활동에 투하된 자본이 영업활동에서 얼마만큼의 이익을 창출하였는지를 보여준다.

③ 영업 초과 이익은 어느 한 기간에 기업이 창출한 가치로서 세후순영업이익(NOPAT)에서 영업활동에 투입된 자본(IC)의 사용대가를 차감한 것으로서 경제적 부가가치(EVA)라고도 한다.

④ 자기자본이익률(ROE)은 영업투하자본이익률과 재무레버리지 효과로 분해가 되므로 부채비율이 높을수록 자기자본이익률이 높아진다.

**11** 재무분석 패러다임의 변화에 관해 기술하시오.

**12** 대표적인 장기 지급능력지표로서 이자보상배율이 있다. 그런데 EBITDA 이자보상배율(EBITDA/이자비용)은 장기 지급능력 검토지표로서 적합하지 않다. 그 이유에 관해 설명하시오.

**13** 기업수명주기에 따른 현금흐름 패턴(영업 · 투자 · 재무활동의 현금흐름 방향)을 설명하고 각 패턴에 따른 기업 특성에 관해 설명하시오.

**14** 기업 신용분석 또는 기업가치평가에서 재무제표를 재구성하여 분석하는 이유에 관해 설명하시오.

**15** 재구성 재무상태표의 주요 항목인 영업자산(OA), 재무자산(FA), 영업부채(OL), 재무부채(FL), 순재무부채(NFO), 영업투하자본(IC)에 관해 설명하시오.

**16** 재구성 손익계산서의 주요 항목인 세후순재무비용(NFE), 세후순영업이익(NOPAT)에 대해 설명하시오(산출 방법 포함).

**17** 초과 이익의 개념과 초과 이익의 크기를 결정하는 요인에 대해 설명하시오.

**18** 자기자본 초과 이익(RI) 및 영업 초과 이익(EVA)에 대해 산출 방법을 포함하여 설명하고 유사점과 상이점에 관해 설명하시오.

**19** 자본비용의 개념을 자산 측면, 부채 · 자본 측면, 자본제공자 측면에서 각각 설명하시오.

**20** 전통적인 자기자본이익률(ROE) 분해 방법의 문제점을 설명하고 자기자본이익률과 영업투하자본이익률(ROIC)의 관계를 영업활동 수익성과 재무레버리지 효과 측면에서 설명하시오.

**21** 제6장 연습문제 30의 사례기업(K판지)의 재무제표를 재구성하고 자기자본 초과 이익(RI) 및 영업이익 초과 이익(EVA) 그리고 영업투하자본수익률(ROIC)을 산출하시오. (단, 자기자본비용 10%, 한계법인세율 20% 가정)

**22** ESG가 대두되기 시작한 배경과 주요 ESG 평가항목에 대해 간략하게 설명하시오.

**23** 글로벌 3대 ESG 공시기준에 대해서 간략하게 설명하시오.

**24** 온실가스(GHG) 배출량 공시와 관련된 Scope 1, 2, 3에 대해서 설명하시오.

**25** 미국 SEC의 Regulation S-X, Regulation S-K에 대해서 설명하시오.

**26** 세이프 하버 조항에 대해서 간략하게 설명하시오.

# [보론] 가치평가모형

□ 보론에서는 투하자본을 운용하여 미래에 얻게 되는 회계상의 이익 또는 현금흐름을 근거로 기업의 가치와 주주지분의 가치를 계산하는 가치평가모형으로 현금할인모형(DCF 모형), 초과이익모형(RIM 모형) 및 영업초과이익모형(EVA 모형)을 간략하게 소개하고자 함.

## 1. 기업가치와 주주지분가치의 관계

□ 기업의 자본은 타인자본과 자기자본으로 구성된다는 점에서 기업의 총가치는 타인자본가치와 자기자본가치의 합계임.

- ○ 타인자본가치는 타인자본을 투자한 채권자에게 지불할 원리금의 현재가치이며, 재무상태표상 장부금액과 거의 일치함.
- ○ 기업의 총가치에서 타인자본가치를 차감하면 자기자본의 가치, 즉 주주지분의 가치가 됨.
- ○ 따라서 기업의 가치평가는 주주지분의 가치평가와 혼용하여 사용됨.

□ 재무상태표 재구성에 따라 주주지분의 가치는 다음과 같이 산출할 수 있음.

- ○ 주주지분의 가치 = 총기업의 가치 − 재무부채 가치
  = (영업투하자본 가치 + 재무자산 가치) − 재무부채 가치
  = 영업투하자본 가치 − (재무부채 가치 − 재무자산 가치)
  = 영업투하자본 가치(기업가치) − 순재무부채 가치

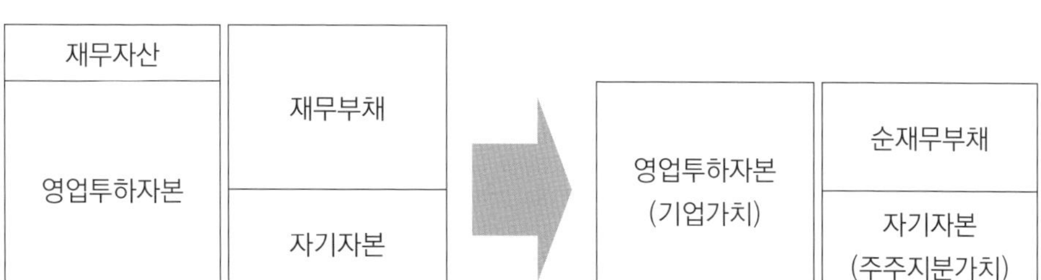

## 2. 가치평가모형 이론 및 적용

### 2.1 현금할인모형(Discounted Cash Flow Model: DCF 모형)

□ '계속기업의 가정'하에 기업이 영업활동을 통해 창출하는 잉여현금흐름(free cash flow: FCF)을 이용하여 기업 및 주주지분의 가치를 평가하는 모형. 잉여현금흐름(FCF)은 기업 전체의 영업활동에서 창출된 것이므로 DCF모형으로 추정된 기업의 가치를 '영업의 가치'라고도 함.

- ○ 기업의 가치는 기업이 미래에 창출할 잉여현금흐름(FCF)의 현재가치로 평가할 수 있음.

$$기업가치 = \sum_{t=1}^{\infty} \frac{FCF_t}{(1+WACC)^t} \quad \cdots\cdots 식(1)$$

- ○ 잉여현금흐름(FCF) 측정은 본서 제5장을 참조할 수 있음. 일례로, 잉여현금흐름(FCF)을 세후순영업이익(NOPAT)으로 측정할 경우 식(1)은 식(2)와 같이 표현될 수 있음.

$$기업가치 = \sum_{t=1}^{\infty} \frac{NOPAT_t - \Delta IC_t}{(1+WACC)^t} \quad \cdots\cdots 식(2)$$

- ○ 현재가치 계산에 적용될 할인율(WACC)은 기업 전체의 필요수익률인 가중평균자본비용임.

□ DCF 모형의 실행방법은 다음과 같음.

- ○ 미래 모든 기간의 잉여현금흐름(FCF)을 예측할 수 없기에 미래 일정기간(이를 '예측기간'이라 함)까지만 잉여현금흐름(FCF)을 직접 추정하고, 그 이후 잔존기간에 대해서는 잔여가치 추정 방법을 적용함. 예측기간은 일반적으로 5~10년 정도의 기간으로 설정됨.
- ○ 예측기간 내에서의 잉여현금흐름(FCF) 추정은 추정재무제표 작성을 통해 구체화할 수 있음.
- ○ 잔여가치는 일반적으로 잉여현금흐름(FCF)의 성장률(g)을 가정하여 추정함. 예

를 들어, 예측기간이 5년(T)이라고 가정할 경우 6년(T + 1)부터는 잉여현금흐름(FCF)이 성장률 g의 비율로 매년 증가한다고 가정함.

○ 예측기간과 잔존기간에 발생하는 잉여현금흐름(FCF)을 도식화하고, 이들 잉여현금흐름(FCF)의 현재가치를 계산하면 다음과 같음.

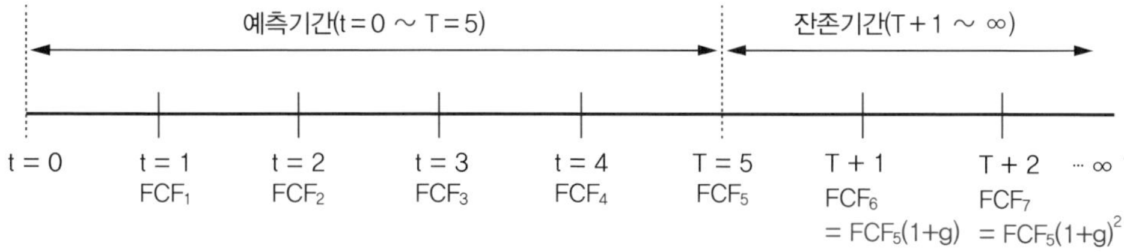


$$기업가치 = \sum_{t=1}^{\infty} \frac{FCF_t}{(1+WACC)^t} = \sum_{t=1}^{T} \frac{FCF_t}{(1+WACC)^t} + \frac{잔여가치_T}{(1+WACC)^T}$$

$$= \sum_{t=1}^{T} \frac{FCF_t}{(1+WACC)^t} + \frac{FCF_T(1+g)}{WACC-g} \times \frac{1}{(1+WACC)^T} \quad \cdots\cdots\cdots\cdots \text{식(3)}$$

### □ DCF 모형의 적용 사례

다음 자료는 ㈜HY의 미래 5년간(20X2~20X6)의 잉여현금흐름(FCF) 예측치이다. 예측기간 이후의 잔존기간에는 예측기간 마지막 연도(T=5) 대비 매년 2%의 증가율로 잉여현금흐름(FCF)이 상승하는 것으로 가정한다.

(단위: 억 원)

| 20X2 | 20X3 | 20X4 | 20X5 | 20X6 |
|---|---|---|---|---|
| 70 | 75 | 90 | 100 | 110 |

한편, ㈜HY의 가중평균자본비용은 8%이다. 또한 ㈜HY가 보유하고 있는 재무자산 및 사용하고 있는 재무부채는 각각 30억 원과 200억 원이다. 동 자료를 이용하여 20X2년 초 시점에서의 ㈜HY 기업가치와 주주지분가치를 평가하라.

○ 기업가치와 주주지분가치 평가 시 다음 방법론을 이용하면 쉽게 활용할 수 있음.

| | | 20X2 | 20X3 | 20X4 | 20X5 | 20X6 |
|---|---|---|---|---|---|---|
| 잉여현금흐름(FCF) | | 70 | 75 | 90 | 100 | 110 |
| 현가요소 $=1\div(1+0.08)^t$ | | 0.9259 | 0.8573 | 0.7938 | 0.7350 | 0.6806 |
| 잉여현금흐름(FCF) 현재가치 | | 64.8 | 64.3 | 71.4 | 73.5 | 74.9 |
| (1) 추정기간 FCF 현재가치 | **348.9** | =(64.8+64.3+71.4+73.5+74.9) | | | | |
| (2) 잔존기간 FCF 현재가치 | **1,272.7** | 110×(1+0.02)÷(0.08−0.02)=1,870<br>1,870×0.6806=1,272.7 | | | | |
| 기업의 가치[(1)+(2)] | **1,621.6** | | | | | |
| 순재무부채의 가치 | 170.0 | =(200−30) | | | | |
| 주주지분의 가치 | **1,451.6** | | | | | |

○ 만일, ㈜HY의 발행주식 수가 500만 주라면, 1주의 주식가치는 29,032원(=1,451.6억 원÷500만 주)으로 평가됨.

### 2.2 초과이익모형(Residual Income Valuation Model: RIM 모형)

□ 자기자본 장부금액과 회계이익을 이용하여 주주지분의 가치를 직접 평가하는 모형

○ 주주지분가치는 현재(t=0)의 자기자본 장부금액에 기업이 미래에 창출할 초과이익의 현재가치를 더해서 측정함.

$$\text{주주지분가치} = \text{자기자본}_0 + \sum_{t=1}^{\infty} \frac{\text{초과이익}_t}{(1+K_e)^t} \quad \cdots\cdots \text{식(4)}$$

○ 초과이익은 주주지분가치의 증가액을 의미하는 것으로서 포괄이익에서 자기자본의 사용대가를 차감하여 측정하며, 구체적인 산식은 다음과 같음(보다 자세한 내용은 본서 제7장 본문을 참조).

$$\begin{aligned}\text{초과이익}_t &= \text{포괄이익}_t - K_e \times \text{자기자본}_{t-1} \\ &= (ROE_t - K_e) \times \text{자기자본}_{t-1} \quad \cdots\cdots \text{식(5)}\end{aligned}$$

○ RIM 모형에서 현재가치 계산에 적용될 할인율($K_e$)은 자기자본의 사용 대가인 자기자본비용(cost of equity)임.

□ RIM 모형의 실행방법은 다음과 같음.

○ DCF 모형과 동일하게 예측기간의 초과이익(RI)은 직접 추정하고, 그 이후 잔존기간에 대해서는 잔여가치 추정방법을 적용함.

○ 예측기간 내에서의 초과이익(RI) 추정은 포괄이익 및 자기자본 예측을 통해 구체화할 수 있는데 포괄이익은 매출액, 매출액이익률 등의 예측을 통해서, 그리고 자기자본은 예측된 포괄이익 및 배당성향을 활용하되 다음의 재무제표 연계관계를 통해 추정할 수 있음. 즉, $BV_t = BV_{t-1} + \text{포괄이익}_t - \text{배당}_t$

○ 잔존기간의 초과이익(RI) 추정 시에는 초과이익의 지속계수($\omega$)라는 개념을 이용함. 즉, 초과이익 지속계수($\omega$)는 현재의 초과이익이 미래에도 지속되는 정도를 나타내는 계수임. 예를 들어, $\omega=0.7$이라면 t+1년도 초과이익은 t년도 초과이익의 70%라고 예측할 수 있음.

○ 만일, 예측기간이 없고 잔존기간만 존재한다면, RIM 모형은 다음과 같이 단순

화될 수 있는데, 이를 Ohlson(1995) 모형이라고 함.

○ 주주지분가치

$$= 자기자본_0 + \frac{\omega \cdot 초과이익_0}{(1+K_e)^1} + \frac{\omega \cdot 초과이익_1}{(1+K_e)^2} + \frac{\omega \cdot 초과이익_2}{(1+K_e)^3} + \cdots$$

$$= 자기자본_0 + \frac{\omega \cdot 초과이익_0}{(1+K_e)^1} + \frac{\omega^2 \cdot 초과이익_0}{(1+K_e)^2} + \frac{\omega^3 \cdot 초과이익_0}{(1+K_e)^3} + \cdots$$

$$= 자기자본_0 + \frac{\omega}{1+r_e-\omega} \times 초과이익_0 \quad (0<\omega<1) \quad \cdots\cdots\cdots\cdots \text{식(6)}$$

$$[\text{if}] \ \omega = 1 \Rightarrow 주주지분가치 = 자기자본_0 + \frac{1}{K_e} \times 초과이익_0$$

$$[\text{if}] \ \omega = 0 \Rightarrow 주주지분가치 = 자기자본_0$$

○ 예측기간과 잔존기간에 창출되는 초과이익(RI)을 도식화하고, 이들 초과이익(RI)의 현재가치를 계산하면 다음과 같음. 단, 잔여가치에 적용할 초과이익(RI) 지속계수($\omega$)는 예측기간 동안의 초과이익(RI) 시계열 행태를 이용하여 측정할 수 있음.

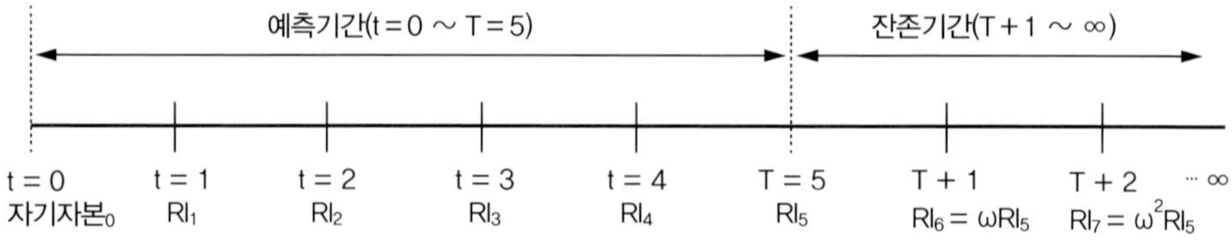


$$주주지분가치 = 자기자본_0 + \sum_{t=1}^{\infty} \frac{RI_t}{(1+K_e)^t}$$

$$= 자기자본_0 + \sum_{t=1}^{T} \frac{RI_t}{(1+K_e)^t} + \frac{잔여가치_T}{(1+K_e)^T}$$

$$= 자기자본_0 + \sum_{t=1}^{T} \frac{RI_t}{(1+K_e)^t} + \frac{\omega \cdot RI_T}{1+K_e-\omega} \times \frac{1}{(1+K_e)^T} \quad \cdots \text{식(7)}$$

☐ RIM 모형 적용 사례

다음 자료는 ㈜HY의 미래 5년간(20X2~20X6)의 포괄이익 및 (기말)자기자본 예측치이다. 예측기간 이후의 잔여가치 계산을 위해서는 예측기간 동안의 초과이익(RI) 변화추세를 고려하여 추정한 초과이익(RI) 지속계수($\omega$)를 이용한다.

(단위: 억 원)

| | 20X1 | 20X2 | 20X3 | 20X4 | 20X5 | 20X6 |
|---|---|---|---|---|---|---|
| 포괄이익 | | 72 | 78 | 83 | 88 | 93 |
| (기말)자기자본 | 450 | 502 | 558 | 619 | 682 | 750 |

한편, ㈜HY의 자기자본비용은 10%이다. 또한 ㈜HY가 보유하고 있는 재무자산 및 사용하고 있는 재무부채는 각각 50억 원과 230억 원이다. 동 자료를 이용하여 20X2년 초 시점에서의 ㈜HY 주주지분가치와 기업가치를 평가하라.

○ 주주지분가치와 기업가치 평가

| | 20X1 | 20X2 | 20X3 | 20X4 | 20X5 | 20X6 |
|---|---|---|---|---|---|---|
| 포괄이익 | | 72 | 78 | 83 | 88 | 93 |
| (기말)자기자본 | 450 | 502 | 558 | 619 | 682 | 750 |
| 정상이익(기초자기자본×0.1) | | 45.0 | 50.2 | 55.8 | 61.9 | 68.2 |
| 초과이익(RI) | | 27.0 | 27.8 | 27.2 | 26.1 | 24.8 |
| 전년 대비 초과이익 비율 | | | 1.03 | 0.98 | 0.96 | 0.95 |
| 초과이익(RI) 지속계수($\omega$) | 0.98 | =(1.03+0.98+0.96+0.95)÷4 | | | | |
| 현가요소 $=1\div(1+0.1)^t$ | | 0.9091 | 0.8264 | 0.7513 | 0.6830 | 0.6209 |
| 초과이익(RI) 현재가치 | | 24.5 | 23.0 | 20.4 | 17.8 | 15.4 |
| (1) 추정기간 RI 현재가치 | 101.2 | (=24.5+23.0+20.4+17.8+15.4) | | | | |
| (2) 잔존기간 RI 현재가치 | 125.7 | (0.98×24.8)÷(1+0.1−0.98)=202.5<br>202.5×0.6209=125.7 | | | | |
| (3) 현재 자기자본 | 450.0 | | | | | |
| 주주지분의 가치[(1)+(2)+(3)] | 676.9 | | | | | |
| 순재무부채의 가치 | 180.0 | =(230−50) | | | | |
| 기업의 가치 | 856.9 | | | | | |

○ 만일, ㈜HY의 발행주식 수가 200만 주라면, 1주의 주식가치는 33,845원(=676.9억 원÷200만 주)으로 평가됨.

### 2.3 영업초과이익모형(Economic Value Added Model: EVA 모형)

□ 영업투하자본과 영업초과이익(EVA)을 이용하여 기업의 가치를 평가하는 모형으로 기본적인 방법론은 RIM 모형과 동일함.

○ 기업가치는 현재의 영업투하자본 장부금액에 기업이 미래에 창출할 영업초과이익(EVA)의 현재가치를 더해서 측정함.

$$기업가치 = 영업투하자본_0 + \sum_{t=1}^{\infty} \frac{영업초과이익_t}{(1+WACC)^t} \quad \cdots\cdots 식(8)$$

○ 영업초과이익(EVA)은 기업 전체의 영업투하자본과 관련하여 정의되는 초과이익으로 '경제적 부가가치'라고도 하며, 영업활동의 이익인 세후순영업이익(NOPAT)에서 영업투하자본(IC)의 사용대가를 차감하여 측정함. 구체적인 산식은 다음과 같음(보다 자세한 내용은 본서 제7장 본문을 참조).

$$\begin{aligned} 영업초과이익_t &= 세후순영업이익_t - WACC \times 영업투하자본_{t-1} \\ &= (ROIC_t - WACC) \times 영업투하자본_{t-1} \quad \cdots\cdots 식(9) \end{aligned}$$

○ EVA 모형에서 현재가치 계산에 적용될 할인율(WACC)은 DCF 모형과 동일하게 기업 전체의 필요수익률인 가중평균자본비용임.

□ EVA 모형의 실행방법은 다음과 같음.

○ 영업초과이익(EVA) 또한 초과이익 개념이므로 EVA 모형의 실행방법은 RIM 모형의 실행방법과 기본적으로 동일함. 즉, 예측기간까지만 영업초과이익(EVA)을 직접 추정하고, 그 이후 잔존기간에 대해서는 잔여가치 추정 방법을 적용함.

○ 예측기간 내에서의 영업초과이익(EVA) 추정은 세후순영업이익 및 영업투하자본 예측을 통해 구체화할 수 있음. 즉, 매출액, 매출액순영업이익률 및 영업투하자본회전율 등의 예측을 통해 추정할 수 있음.

○ 잔존기간의 영업초과이익(EVA) 추정 시에도 RIM 모형과 동일하게 영업초과이익의 지속계수($\omega$)라는 개념을 이용함.

○ 예측기간과 잔존기간에 발생하는 영업초과이익(EVA)을 도식화하고, 이들 영업초과이익(EVA)의 현재가치를 계산하면 다음과 같음. 단, 잔여가치에 적용할 영

업초과이익(EVA) 지속계수($\omega$)는 예측기간 동안의 영업초과이익(EVA) 시계열 행태를 이용하여 측정함.

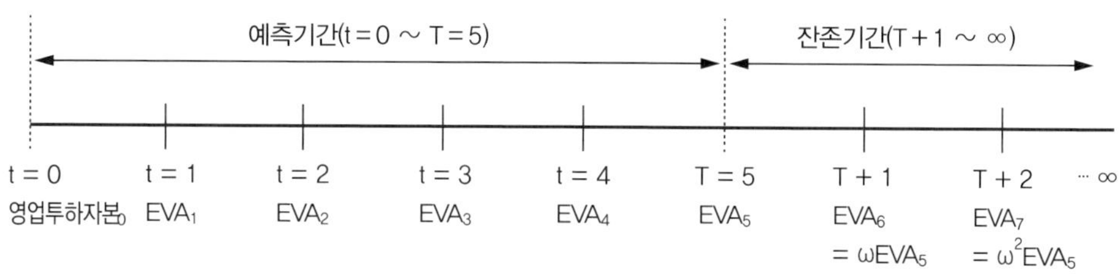


$$\begin{aligned} \text{기업가치} &= \text{영업투하자본}_0 + \sum_{t=1}^{\infty} \frac{EVA_t}{(1+WACC)^t} \\ &= \text{영업투하자본}_0 + \sum_{t=1}^{T} \frac{EVA_t}{(1+WACC)^t} + \frac{\text{잔여가치}_T}{(1+WACC)^T} \\ &= \text{영업투하자본}_0 + \sum_{t=1}^{T} \frac{EVA_t}{(1+WACC)^t} + \frac{\omega \cdot EVA_T}{1+WACC-\omega} \\ &\quad \times \frac{1}{(1+WACC)^T} \end{aligned}$$

………………………… 식(10)

## □ EVA 모형 적용 사례

다음 자료는 ㈜HY의 미래 5년간(20X2~20X6)의 세후순영업이익 및 영업투하자본 예측치이다. 예측기간 이후의 잔여가치 계산을 위해서는 예측기간 동안의 영업초과이익(EVA) 변화추세를 고려하여 추정한 영업초과이익(EVA) 지속계수($\omega$)를 이용한다.

(단위: 억 원)

| | 20X1 | 20X2 | 20X3 | 20X4 | 20X5 | 20X6 |
|---|---|---|---|---|---|---|
| 세후순영업이익 | | 140 | 149 | 156 | 164 | 172 |
| (기말)영업투하자본 | 1,250 | 1,385 | 1,505 | 1,610 | 1,735 | 1,865 |

한편, ㈜HY의 가중평균자본비용은 8%이다. 또한 ㈜HY가 보유하고 있는 재무자산 및 사용하고 있는 재무부채는 각각 60억 원과 180억 원이다. 동 자료를 이용하여 20X2년 초 시점에서의 ㈜HY 기업가치와 주주지분가치를 평가하라.

○ 기업가치와 주주지분가치 평가

| | 20X1 | 20X2 | 20X3 | 20X4 | 20X5 | 20X6 |
|---|---|---|---|---|---|---|
| 세후순영업이익 | | 140 | 149 | 156 | 164 | 172 |
| (기말)영업투하자본 | 1,250 | 1,385 | 1,505 | 1,610 | 1,735 | 1,865 |
| 정상영업이익<br>(기초영업투하자본×0.08) | | 110.8 | 120.4 | 128.8 | 138.8 | 149.2 |
| 영업초과이익(EVA) | | 29.2 | 28.6 | 27.2 | 25.2 | 22.8 |
| 전년 대비 초과이익 비율 | | | 0.98 | 0.95 | 0.93 | 0.90 |
| 영업초과이익(EVA) 지속계수 | 0.94 | =(0.98+0.95+0.93+0.90)÷4 | | | | |
| 현가요소 $= 1 \div (1+0.1)^t$ | | 0.9259 | 0.8573 | 0.7938 | 0.7350 | 0.6806 |
| 영업초과이익(EVA) 현재가치 | | 27.0 | 24.5 | 21.6 | 18.5 | 15.5 |
| (1) 추정기간 EVA 현재가치 | **107.2** | (=29.2+28.6+27.2+25.2+22.8) | | | | |
| (2) 잔존기간 EVA 현재가치 | **104.2** | (0.94×22.8)÷(1+0.08−0.94)=153.1<br>153.1×0.6806=104.2 | | | | |
| (3) 현재 영업투하자본 | **1,250.0** | | | | | |
| 기업의 가치[(1)+(2)+(3)] | **1,461.4** | | | | | |
| 순재무부채의 가치 | 120.0 | =(180−60) | | | | |
| 주주지분의 가치 | **1,341.4** | | | | | |

○ 만일, ㈜HY의 발행주식 수가 500만 주라면, 1주의 주식가치는 26,828원(=1,341.4억 원÷500만 주)으로 평가됨.

CHAPTER 08

# 오픈 API를 이용한 재무제표 분석

# 제 1 절 오픈 API에 대한 이해

## 1. 오픈 API란?

□ API(Application Programming Interface)

○ 하나의 프로그램이 다른 프로그램의 기능이나 데이터를 사용할 수 있도록 돕는 다리 역할을 하는 규칙이나 도구 모음

○ 인터페이스 : 두 프로그램이 서로 소통하고 협력하기 위한 방법

○ 구성요소

- 함수(Function) : 프로그램이 제공하는 기능을 쉽게 쓸 수 있도록 해주는 코드
- 언어 및 규칙 : 서로 이해할 수 있게 데이터를 주고받는 규칙
- 사용 예 : 금융 관련 앱이 주식시장 데이터를 표시할 때 API를 통해 최신 가격이나 회사 정보를 실시간으로 가져올 수 있어 데이터를 직접 관리하거나 업데이트할 필요가 없음. 개발자는 자신이 필요한 데이터나 기능을 제공하는 API에 접근함으로써 복잡한 시스템을 만들지 않고도 원하는 기능을 구현할 수 있고, 사용자도 더 편리하게 다양한 정보를 받아볼 수 있음.

○ API는 두 가지 응용프로그램 사이의 상호작용(통신)에 사용되는 언어나 규칙의 도구(함수) 모음집. 다시 말하면 운영체제에서 프로그램 동작에 필요한 각종 함수를 모아 놓은 것

□ 오픈(open) API

○ 누구나 사용할 수 있도록 공개된 API로, 여러 사람이 편리하게 사용하고 개발할 수 있도록 열려 있음.

○ 주요 기능

- 데이터 표준화 : 데이터를 표준 형식으로 제공해 쉽게 활용 가능
- 개방 형식 : 여러 개발자가 쉽게 사용하여 자신만의 프로그램을 만들 수 있도록 개방됨.

○ 주요 활용 사례

- 금융감독원의 오픈 DART : 기업 공시 데이터를 제공하여 투자자들이 활용

- 한국거래소(KRX) 정보 시스템 : 주식 데이터 제공
- 미국 증권거래위원회(SEC)의 EDGAR : 미국 상장기업 공시 정보 제공

## 2. 오픈 API 이용의 장점

☐ 공개된 API로서 데이터를 무료로 제공

○ 일부 유료로 정보를 제공하기도 하지만, 기본적으로 기업의 공시 정보 및 재무 정보 등을 무료로 다운로드 가능

☐ 파이썬(Python) 또는 R 프로그램을 이용하여 비교적 쉽게 활용 가능

○ 무료로 사용되는 응용프로그램(데이터 분석, 통계 등)인 파이썬, R을 사용하여 비교적 쉽게 접근

☐ 프로그램 내에서 데이터의 검색 · 수집 · 전처리 및 분석을 한 번에 가능

○ 필요한 데이터를 검색하면서 결측치를 제거 또는 대체 등 분석에 필요한 정보로 가공하고 분석하는 과정을 한 번에 처리가 가능

☐ 매개변수(parameter)의 수정만으로 최신의 정보를 사용

○ 날씨나 교통정보 등 실시간으로 업데이트가 빈번하고 활용도가 높은 데이터를 연계해서 개발할 때 유용

## 3. 오픈 API의 단점

☐ 파이썬 또는 R 프로그램에 대한 기본적 이해가 필요

○ 응용프로그램에 대한 구문(syntax)과 문법(grammar)에 대한 이해가 요구됨.

☐ Open API 방식으로 무료로 제공되는 데이터의 제한

○ 일반적으로 유료이며 국내에는 KRX(일부 유료), DART만이 개방형 API 제공

# 제 2 절 파이썬(Python) 프로그램의 설치

## 1. 파이썬(Python)이란?

□ 배우기도 쉽고 결과도 바로 확인할 수 있어 초보자에게 적합한 프로그래밍 언어[1)]

- ○ 1991년 귀도 반 로섬(Guido van Rossum)이 C 언어로 개발
  - \- Python의 사전적인 의미 : 비단뱀으로 로고도 비단뱀 두 마리가 서로 얽혀 있는 형태

## 2. 파이썬의 특징

□ 장점

- ○ 강력한 기능을 **무료로 사용**할 수 있고 어느 운영체제에서나 사용이 가능함.
- ○ 배우거나 사용하기가 다른 프로그래밍 언어에 비해 쉬움.
- ○ 파이썬은 Pandas, Dask, PySpark와 같은 강력한 데이터 분석 라이브러리 덕분에 대용량 데이터 처리 및 분석에 많이 사용됨.
- ○ C 언어와의 호환성이 좋아 혼합 프로그래밍이 가능하고 다양하고 강력한 외부 라이브러리(함수)들이 풍부함.

□ 단점

- ○ 파이썬은 인터프리터 언어이기 때문에, 컴파일 언어에 비해 처리 속도가 느릴 수 있음.
  - \- 파이썬은 코드를 한 줄씩 해석하며 실행하는 인터프리터 언어로, 컴파일 언어처럼 미리 번역된 기계어로 실행되지 않아 속도가 다소 느릴 수 있음.
- ○ 속도가 중요한 경우 C나 Java 등의 컴파일 언어로 작성된 라이브러리와 결합해 최적화하는 경우가 있음.

---

1) 프로그래밍 언어 : 컴퓨터에서 작동하는 소프트웨어를 만드는 도구

## 3. 파이썬 설치

☐ http://www.python.org/에 접속

☐ [Download Python 3.x.x] 클릭하여 설치 파일인 python-3.x.x.exe를 원하는 위치에 저장

## 4. 아나콘다(Anaconda)의 설치

☐ 아나콘다(Anaconda)는 데이터 사이언스와 머신러닝을 위한 Python 기반의 오픈소스 배포판

☐ 파이썬 프로그래밍 언어와 데이터 분석, 머신러닝을 위한 다양한 수학 및 과학 패키지(package)가 포함됨.

☐ 아나콘다를 사용해야 하는 이유
- 패키지 포함 : 공식 홈페이지에서 설치한 기본 파이썬에는 pip를 제외한 다른 패키지가 포함되지 않아, 필요한 패키지를 개별적으로 설치해야 하는 번거로움이 있음.
- 가상환경 관리 : 아나콘다는 다양한 가상환경을 쉽게 관리할 수 있어 프로젝트별로 필요한 패키지들을 격리하고 관리할 수 있음.
- 효율성 향상 : 파이썬으로 개발 및 테스트하는 과정에서 편리함과 효율성을 제공
- 단점 : 다양한 패키지와 라이브러리를 포함하고 있어 설치 파일의 크기가 큼.

□ 아나콘다(Anaconda) 설치

- ○ 아나콘다 설치 파일은 아래 URL에서 내려받을 수 있음.
  - https://www.anaconda.com/
- ○ 설치 후 PC의 프로그램 메뉴에서 Jupyter Notebook을 실행할 수 있으며, 이때 검은색 터미널 창이 함께 열리는데, 이를 작업 중 삭제하지 않도록 주의

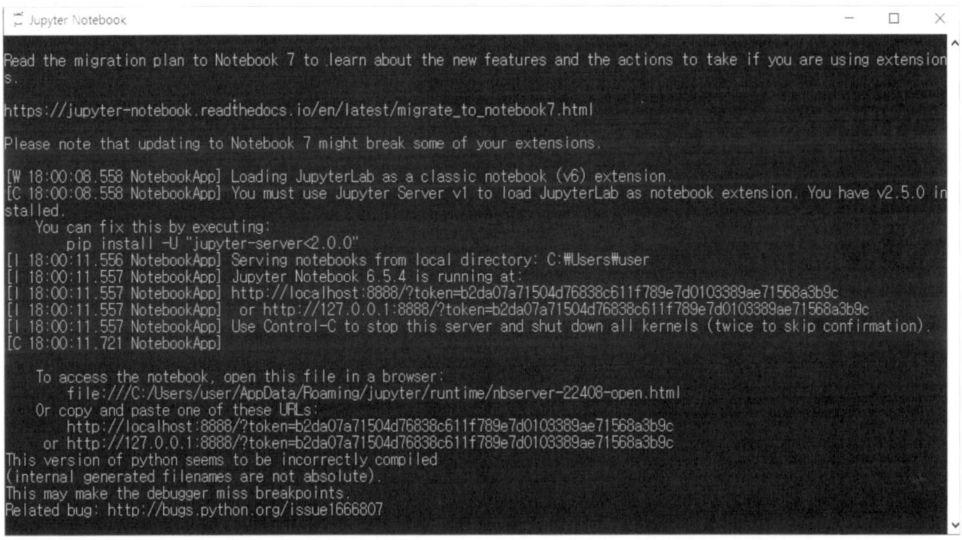


- ○ Jupyter Notebook은 크롬 브라우저에서 원활히 작동하며, Internet Explorer에서는 작동이 불완전할 수 있음. 따라서 크롬이나 다른 최신 브라우저 사용을 권장함.
- ○ Jupyter Notebook을 실행한 후, 파일 탐색 창에서 'anaconda3' 디렉토리를 클릭하여 필요한 작업을 진행하면 됨.

# 제 3 절 DART의 오픈 API를 활용한 재무제표 분석

## 1. OPEN DART에서 인증키 신청

□ OPEN DART에서 API로 공시 정보를 불러오기 위해서는 인증키가 필요함.

□ 인증키 신청 절차
- ○ 상단 메뉴에서 '인증키 신청/관리' → '인증키 신청' 선택
- ○ 이용약관 및 개인정보 수집·이용 동의 체크
- ○ 신청자의 정보 입력 후 신청

- ○ 금융감독원에서 아래와 같은 메일이 도착하면 인증링크를 클릭

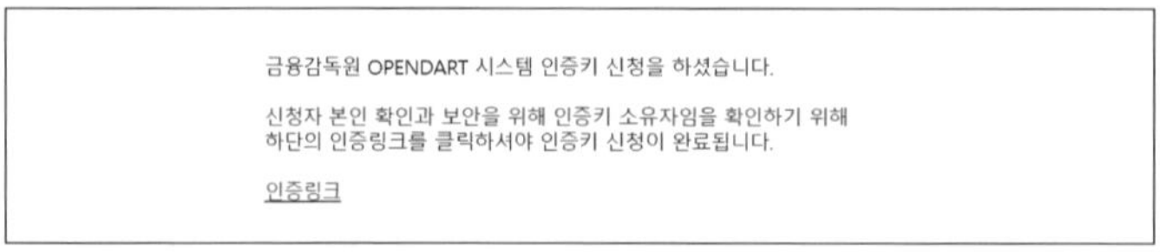


## 2. DART의 오픈 API 활용(예시)

□ 파이썬 프로그램 사용 관련 내용은 본 교재의 범위를 벗어나는 것이므로 별도로 설명하지는 않음.

□ 예시된 프로그램 코드를 그대로 활용하여 예시기업(삼성전자) 대신 다른 기업의 코드로 변경하여 실행

□ 예시된 분석 이외 다양한 재무제표 분석은 파이썬의 기본적인 프로그래밍을 학습

해서 활용할 것을 권유

☐ 상장기업(종목) 코드 받기

1 필요한 패키지(pandas 등) 불러오기

```
In[1] :    # 고유번호 개발가이드 API를 불러오기 위한 필요한 파이썬 패키지 불러오기
           import pandas as pd
           import numpy as np
           from bs4 import BeautifulSoup
           import requests
           import xml.etree.ElementTree as ET
           import os
           import zipfile
```

2 다음으로 고유번호 개발가이드를 API로 불러오는 코드를 작성하면 다음과 같은데, 고유번호 개발가이드 API를 불러오려면 요청 URL, 요청인자(crtfc_key : API 오픈키)를 반드시 작성해야 함.

```
In[2] :    url = "https ://opendart.fss.or.kr/api/corpCode.xml"
           api_key = "34e9feb......e2ef"                # 발급받은 인증키
           params = {'crtfc_key' : api_key}

           r = requests.get(url, params=params)       # 고유번호 개발가이드 불러오기
           print(r)       # <Response [200]>
```

3 API로 호출한 고유번호 Zip 파일 저장/Zip 파일 압축 해제/XML 파일 경로 지정하고, 'CORPCODE.xml' 파일을 열어 BeautifulSoup으로 파싱(parsing)하고 결과를 corpcode 객체에 저장

```
In[3] :    with open('./CORPCODE.zip','wb') as fp :
               fp.write(r.content)

           zf = zipfile.ZipFile('./CORPCODE.zip')
           zf.extractall()       #저장된 zipfile 압축풀기

           xml_path = os.path.abspath('./CORPCODE.xml')

           with open(xml_path, 'r', encoding = 'utf-8') as fp :
               corpcode=BeautifulSoup(fp.read(),'lxml')
```

④ 데이터 구조 확인

- corpcode.find_all('list')를 실행하여 corp_code(고유번호), corp_name(정식명칭), stock_code(종목코드), modify_date(최종변경일자) 정보가 정상적으로 불러와졌는지 확인
- In[4]를 수행하면 공시대상 회사의 고유번호 8자리를 부여받은 기업 수를 알 수 있으며, 총 103,055개의 기업이 있다는 것을 알 수 있음.

In[4] :
```
len(corpcode.find_all('list'))
```
Out[4] :
```
103055
```

- 정상적으로 위와 같이 기업의 수가 나왔다면 데이터 분석과 csv 파일로 저장하기 위해 xml 파일을 데이터프레임으로 저장한 뒤 로컬 드라이브에 csv 파일로 저장하는 과정을 코드로 작성함.

In[5] :
```
tree = ET.parse(xml_path)
root = tree.getroot()
tags_list = root.findall('list')

def convert (tag :ET.Element) -> dict :
    com_list = {}
    for child in list(tag) :
        com_list[child.tag] = child.text
    return com_list

tags_list_dict = [convert(x) for x in tags_list]
corp_code = pd.DataFrame(tags_list_dict)

corp_code #103055 rows x 4 columns
```
Out[5] :

| | corp_code | corp_name | stock_code | modify_date |
|---|---|---|---|---|
| 0 | 00434003 | 다코 | | 20170630 |
| 1 | 00434456 | 일산약품 | | 20170630 |
| 2 | 00430964 | 굿앤엘에스 | | 20170630 |
| 3 | 00432403 | 한라판지 | | 20170630 |
| 4 | 00388953 | 크레디피아제이십오차유동화전문회사 | | 20170630 |
| ... | ... | ... | ... | ... |
| 103050 | 00646510 | 미래에셋파트너스사호사모투자전문회사 | | 20230228 |
| 103051 | 01184822 | 미래에셋파트너스9호사모투자 | | 20230228 |
| 103052 | 00755252 | 시니안 | | 20230228 |
| 103053 | 00227582 | 청호나이스 | | 20230228 |
| 103054 | 01615845 | 메타버스월드 | | 20230228 |

○ 상장기업의 정보만을 csv 파일로 저장

- 상장기업 여부는 종목코드(stock_code)의 여부로 구분할 수 있음.

In[6] :
```
pub_com=corp_code[~corp_code['stock_code'].isin([' '])].reset_index(drop=True)
pub_com.count()
```

Out[6] :
```
corp_code        3641
corp_name        3641
stock_code       3641
modify_date      3641
dtype : int64
```

In[7] :
```
pub_com.head()
```

Out[7] :

| | corp_code | corp_name | stock_code | modify_date |
|---|---|---|---|---|
| 0 | 00260985 | 한빛네트 | 036720 | 20170630 |
| 1 | 00264529 | 엔플렉스 | 040130 | 20170630 |
| 2 | 00358545 | 동서정보기술 | 055000 | 20170630 |
| 3 | 00231567 | 애드모바일 | 032600 | 20170630 |
| 4 | 00247939 | 씨모스 | 037600 | 20170630 |

- 종목 코드(stock_code)가 존재하면 상장기업이기 때문에 종목 코드(stock_code)가 존재하는 기업만 추출하는 코드를 작성함.
- 로컬 드라이브에 csv 파일로 저장하는 코드를 작성함.

In[8] :
```
# 상장기업의 고유번호 csv 파일로 저장
pub_com.to_csv("./CORPCODE_2023.csv")

# 상장기업의 고유번호 csv 파일을 불러오기
pub_com = pd.read_csv("./CORPCODE_2023.csv", index_col=0)
pub_com.head()
```

Out[8] :

| | corp_code | corp_name | stock_code | modify_date |
|---|---|---|---|---|
| 0 | 260985 | 한빛네트 | 36720 | 20170630 |
| 1 | 264529 | 엔플렉스 | 40130 | 20170630 |
| 2 | 358545 | 동서정보기술 | 55000 | 20170630 |
| 3 | 231567 | 애드모바일 | 32600 | 20170630 |
| 4 | 247939 | 씨모스 | 37600 | 20170630 |

In[9] :
```
pub_com['corp_code']=pub_com['corp_code'].astype(str).str.zfill(8)
pub_com['stock_code']=pub_com['stock_code'].astype(str).str.zfill(6)
pub_com.head()
```

Out[9] :

| | corp_code | corp_name | stock_code | modify_date |
|---|---|---|---|---|
| 0 | 00260985 | 한빛네트 | 036720 | 20170630 |
| 1 | 00264529 | 엔플렉스 | 040130 | 20170630 |
| 2 | 00358545 | 동서정보기술 | 055000 | 20170630 |
| 3 | 00231567 | 애드모바일 | 032600 | 20170630 |
| 4 | 00247939 | 씨모스 | 037600 | 20170630 |

○ 원하는 기업 검색하기

- '삼성'이 들어 있는 모든 기업의 데이터를 불러오는 코드

In[10] :
```
pub_com[pub_com['corp_name'].str.contains('삼성')].reset_index(drop=True)
```

Out[10] :

| | corp_code | corp_name | stock_code | modify_date |
|---|---|---|---|---|
| 0 | 00339063 | 삼성수산 | 052560 | 20170630 |
| 1 | 00721981 | 삼성디지털이미징 | 108070 | 20170630 |
| 2 | 00126229 | 삼성물산 | 000830 | 20170630 |
| 3 | 01534522 | 삼성머스트스팩5호 | 380320 | 20230215 |
| 4 | 00139214 | 삼성화재해상보험 | 000810 | 20230104 |
| 5 | 00126362 | 삼성SDI | 006400 | 20230109 |
| 6 | 00126371 | 삼성전기 | 009150 | 20230102 |
| 7 | 00126256 | 삼성생명 | 032830 | 20230103 |
| 8 | 00126186 | 삼성에스디에스 | 018260 | 20221130 |
| 9 | 00104856 | 삼성증권 | 016360 | 20221207 |

- stock_code(종목코드)에 '5930'이 들어 있는 모든 기업의 데이터를 불러오는 코드

In[11] :
```
pub_com[pub_com['stock_code'].str.contains('5930')].reset_index(drop=True)
```

Out[11] :

| | corp_code | corp_name | stock_code | modify_date |
|---|---|---|---|---|
| 0 | 00207542 | 팬택자산관리 | 025930 | 20170630 |
| 1 | 00126380 | 삼성전자 | 005930 | 20230110 |

□ 단일회사 ROE, 영업이익률, 순이익률 구하기

1 필요한 패키지 불러오기

In[12] :
```
import pandas as pd
pd.set_option('display.max_column', None)
import os
import numpy as np
import requests
from bs4 import BeautifulSoup
import json
import warnings
warnings.filterwarnings('ignore')
```

2 내 PC에 저장된 상장기업 종목 코드 불러오기

- 로컬 드라이브에 저장한 상장기업의 corp_code(고유번호), corp_name(정식명칭), stock_code(종목코드), modify_date(최종변경일자)가 저장되어 있는 파일을 파이썬으로 불러와서 OPEN DART에서 사용하는 양식[corp_code(고유번호) : 8자리, stock_code(종목코드) : 6자리]으로 통일

In[13] :
```
pub_com = pd.read_csv('./CORPCODE_2023.csv', index_col=0)
pub_com['corp_code'] = pub_com['corp_code'].astype(str).str.zfill(8)
pub_com['stock_code'] = pub_com['stock_code'].astype(str).str.zfill(6)
pub_com.head()
```

Out[13] :

| | corp_code | corp_name | stock_code | modify_date |
|---|---|---|---|---|
| 0 | 00260985 | 한빛네트 | 036720 | 20170630 |
| 1 | 00264529 | 엔플렉스 | 040130 | 20170630 |
| 2 | 00358545 | 동서정보기술 | 055000 | 20170630 |
| 3 | 00231567 | 애드모바일 | 032600 | 20170630 |
| 4 | 00247939 | 씨모스 | 037600 | 20170630 |

- 기업의 corp_name(정식명칭)에 'CJ'가 있는 기업을 불러오는 코드
- 만약 stock_code(종목코드)의 값으로 불러오고 싶다면 'corp_name' 대신에 'stock_code'를 넣고 'CJ' 대신에 '001040'을 넣으면 됨.

```
In[14] :  pub_com[pub_com['corp_name'].str.contains('CJ')].reset_index(drop=True)
```

Out[14] :

| | corp_code | corp_name | stock_code | modify_date |
|---|---|---|---|---|
| 0 | 00113410 | CJ대한통운 | 000120 | 20230105 |
| 1 | 00303873 | CJ CGV | 079160 | 20230109 |
| 2 | 00635134 | CJ제일제당 | 097950 | 20230103 |
| 3 | 00129013 | CJ씨푸드 | 011150 | 20230210 |
| 4 | 00148540 | CJ | 001040 | 20230109 |
| 5 | 00127954 | CJ프레시웨이 | 051500 | 20230116 |
| 6 | 01071041 | CJ 바이오사이언스 | 311690 | 20230214 |
| 7 | 00265324 | CJ ENM | 035760 | 20230329 |

- In[14]를 실행했을 때 결과값을 살펴보면 'CJ대한통운'은 띄어쓰기가 없지만 'CJ CGV'는 띄어쓰기가 있기 때문에 기업의 정식명칭으로 찾으려면 이 부분을 통일해야 함.

```
In[15] :  pub_com['corp_name_new'] = pub_com['corp_name'].str.replace(' ','')
          pub_com[pub_com['corp_name_new'].str.contains('CJ')].reset_index(drop=True)
```

Out[15] :

| | corp_code | corp_name | stock_code | modify_date | corp_name_new |
|---|---|---|---|---|---|
| 0 | 00113410 | CJ대한통운 | 000120 | 20230105 | CJ대한통운 |
| 1 | 00303873 | CJ CGV | 079160 | 20230109 | CJCGV |
| 2 | 00635134 | CJ제일제당 | 097950 | 20230103 | CJ제일제당 |
| 3 | 00129013 | CJ씨푸드 | 011150 | 20230210 | CJ씨푸드 |
| 4 | 00148540 | CJ | 001040 | 20230109 | CJ |
| 5 | 00127954 | CJ프레시웨이 | 051500 | 20230116 | CJ프레시웨이 |
| 6 | 01071041 | CJ 바이오사이언스 | 311690 | 20230214 | CJ바이오사이언스 |
| 7 | 00265324 | CJ ENM | 035760 | 20230329 | CJENM |

- 삼성전자의 corp_code(고유번호)를 예시

```
In[16] :  _tmp1=pub_com[pub_com['corp_name_new'].str.contains('삼성')].reset_index(dro
          p=True)
          _tmp1
```

Out[16] :

| | corp_code | corp_name | stock_code | modify_date | corp_name_new |
|---|---|---|---|---|---|
| 0 | 00339063 | 삼성수산 | 052560 | 20170630 | 삼성수산 |
| 1 | 00721981 | 삼성디지털이미징 | 108070 | 20170630 | 삼성디지털이미징 |
| 2 | 00126229 | 삼성물산 | 000830 | 20170630 | 삼성물산 |
| | | | <중략> | | |
| 15 | 00423690 | 삼성출판사 | 068290 | 20221205 | 삼성출판사 |
| 16 | 00126380 | 삼성전자 | 005930 | 20230110 | 삼성전자 |
| | | | <중략> | | |
| 23 | 00126414 | 삼성제약 | 001360 | 20231005 | 삼성제약 |

- 위와 같이 코드를 실행시키면 기업의 정식 명칭에 '삼성'이 들어있는 상장사가 총 24개 추출되는 것을 알 수가 있는데, 이 중 삼성전자는 17번째에 있지만, 인덱스를 살펴보면 16이라는 것을 알 수 있음.
- 이와 같은 이유는 파이썬은 0부터 시작이기 때문에 인덱스의 값이 16이 나오는 것임.

③ OPEN DART에서 사업보고서 정보 불러오기

- 다음으로 삼성전자의 2015년부터 2022년의 사업보고서를 불러오는 코드를 작성

```
In[17] :    df_rslt = pd.DataFrame(columns=['corp_code', 'corp_name', 'bsns_year', 'sj_div',
                            'account_nm', 'thstrm_nm', 'thstrm_amount',
                            'frmtrm_nm', 'frmtrm_amount'])
            # account_nm :계정명, thstrm_nm :당기명, thstrm_amount :당기금액
            # frmtrm_nm :전기명, frmtrm_amount :전기금액
            cnt = 0
            bs_year = [2015, 2016, 2017, 2018, 2019, 2020, 2021, 2022]
            api_key = "34e9fe......e2ef"
            reprt_code = 11011
            fs_div = 'CFS'        #CFS :연결재무제표, OFS :재무제표

            corp_code = _tmp1.iloc[16][0]
            corp_name = _tmp1.iloc[16][1]

            for i in range(len(bs_year)) :
                url=requests.get("https ://opendart.fss.or.kr/api/fnlttSinglAcntAll.json?crtfc_
            key={0}\
                                &corp_code={1}&bsns_year={2} &reprt_code={3}&fs_div=
            {4}"\
                                .format(api_key, corp_code, bs_year[i], reprt_code, fs_div))
                text = url.text
                data = json.loads(text)

                if 'list' in data :
                    data = data['list']

                    for k in range(len(data)) :

                        bsns_year = data[k]["bsns_year"]
                        account_nm = data[k]["account_nm"]
```

```
                    thstrm_nm = data[k]["thstrm_nm"]
                    thstrm_amount = data[k]["thstrm_amount"]
                    frmtrm_nm = data[k]["frmtrm_nm"]
                    frmtrm_amount = data[k]["frmtrm_amount"]
                    sj_div = data[k]["sj_div"]
                    df=[corp_code,corp_name,bsns_year,sj_div,account_nm,thstrm_nm,
                        thstrm_amount,frmtrm_nm,frmtrm_amount]

                    df_rslt.loc[cnt] = df
                    cnt+=1
```

- 삼성전자의 공시 정보 불러오기

In[18] :

```
df_rslt
```

Out[18] :

| | corp_code | corp_name | bsns_year | sj_div | account_nm | thstrm_nm | thstrm_amount | frmtrm_nm | frmtrm_amount |
|---|---|---|---|---|---|---|---|---|---|
| 0 | 00126380 | 삼성전자 | 2015 | BS | 유동자산 | 제 47 기 | 124814725000000 | 제 46 기 | 115146026000000 |
| 1 | 00126380 | 삼성전자 | 2015 | BS | 현금및현금성자산 | 제 47 기 | 22636744000000 | 제 46 기 | 16840766000000 |
| 2 | 00126380 | 삼성전자 | 2015 | BS | 단기금융상품 | 제 47 기 | 44228800000000 | 제 46 기 | 41689776000000 |
| ... | ... | ... | ... | ... | ... | ... | ... | ... | ... |
| 1575 | 00126380 | 삼성전자 | 2022 | SCE | 기말자본 | 제 54 기 | 354749604000000 | 제 53 기 | 304899931000000 |
| 1576 | 00126380 | 삼성전자 | 2022 | SCE | 기말자본 | 제 54 기 | 337946407000000 | 제 53 기 | 293064763000000 |

4 삼성전자(corp_code=00126380)의 ROE 계산하기

- 평균 자본 구하기

**ROE = 당기순이익 ÷ 평균 자본 × 100**
평균 자본 : 지배기업 소유주지분
당기순이익 : 지배기업의 소유주에게 귀속되는 당기순이익(손실)

In[19] :

```
equity=df_rslt[(df_rslt['account_nm'].str.contains('지배기업'))&(df_rslt['sj_div']==
'BS')]\
        [['corp_code','corp_name','bsns_year','thstrm_amount','frmtrm_amount']]

equity.rename(columns={'thstrm_amount' :'thstrm_equity',\
                       'frmtrm_amount' :'frmtrm_equity'}, inplace=True)
equity[['thstrm_equity','frmtrm_equity']]=equity[['thstrm_equity',\
                       'frmtrm_equity']].apply(pd.to_numeric)
equity['Avg_equity']=equity[['thstrm_equity',\
                       'frmtrm_equity']].mean(axis='columns').astype(int)
equity
```

Out[19] :

| | corp_code | corp_name | bsns_year | thstrm_equity | frmtrm_equity | Avg_equity |
|---|---|---|---|---|---|---|
| 41 | 00126380 | 삼성전자 | 2015 | 172876767000000 | 162181725000000 | 167529246000000 |
| 226 | 00126380 | 삼성전자 | 2016 | 186424328000000 | 172876767000000 | 179650547500000 |
| 415 | 00126380 | 삼성전자 | 2017 | 207213416000000 | 186424328000000 | 196818872000000 |
| 617 | 00126380 | 삼성전자 | 2018 | 240068993000000 | 207213416000000 | 223641204500000 |
| 832 | 00126380 | 삼성전자 | 2019 | 254915472000000 | 240068993000000 | 247492232500000 |
| 1040 | 00126380 | 삼성전자 | 2020 | 267670331000000 | 254915472000000 | 261292901500000 |
| 1248 | 00126380 | 삼성전자 | 2021 | 296237697000000 | 267670331000000 | 281954014000000 |
| 1434 | 00126380 | 삼성전자 | 2022 | 345186142000000 | 296237697000000 | 320711919500000 |

- 당기순이익(Return) 불러오기

In[20] :

```
Return = df_rslt[(df_rslt['account_nm'].str.contains('지배기업'))&
                  (df_rslt['account_nm'].str.contains('당기순이익'))&
    (df_rslt['sj_div']= ='IS')][['corp_code','corp_name','bsns_year','thstrm_amount'
]]

Return.rename(columns={'thstrm_amount' : 'thstrm_return'},inplace=True)
Return['thstrm_return']=Return['thstrm_return'].apply(pd.to_numeric).astype(int)
Return
```

Out[20] :

| | corp_code | corp_name | bsns_year | thstrm_return |
|---|---|---|---|---|
| 66 | 00126380 | 삼성전자 | 2015 | 18694628000000 |
| 251 | 00126380 | 삼성전자 | 2016 | 22415655000000 |
| 440 | 00126380 | 삼성전자 | 2017 | 41344569000000 |
| 642 | 00126380 | 삼성전자 | 2018 | 43890877000000 |
| 856 | 00126380 | 삼성전자 | 2019 | 21505054000000 |
| 1065 | 00126380 | 삼성전자 | 2020 | 26090846000000 |
| 1273 | 00126380 | 삼성전자 | 2021 | 39243791000000 |
| 1459 | 00126380 | 삼성전자 | 2022 | 54730018000000 |

- 자기자본이익률 산출하기

In[21] :

```
ROE=pd.merge(equity,Return,on=['corp_code','corp_name','bsns_year'],how=
'inner')
ROE['ROE'] = ROE['thstrm_return']/ROE['Avg_equity']*100
ROE
```

Out[21] :

| | corp_code | corp_name | bsns_year | thstrm_equity | frmtrm_equity | Avg_equity | thstrm_return | ROE |
|---|---|---|---|---|---|---|---|---|
| 0 | 00126380 | 삼성전자 | 2015 | 172876767000000 | 162181725000000 | 167529246000000 | 18694628000000 | 11.159024 |
| 1 | 00126380 | 삼성전자 | 2016 | 186424328000000 | 172876767000000 | 179650547500000 | 22415655000000 | 12.477365 |
| 2 | 00126380 | 삼성전자 | 2017 | 207213416000000 | 186424328000000 | 196818872000000 | 41344569000000 | 21.006405 |
| 3 | 00126380 | 삼성전자 | 2018 | 240068993000000 | 207213416000000 | 223641204500000 | 43890877000000 | 19.625577 |
| 4 | 00126380 | 삼성전자 | 2019 | 254915472000000 | 240068993000000 | 247492232500000 | 21505054000000 | 8.689183 |
| 5 | 00126380 | 삼성전자 | 2020 | 267670331000000 | 254915472000000 | 261292901500000 | 26090846000000 | 9.985287 |
| 6 | 00126380 | 삼성전자 | 2021 | 296237697000000 | 267670331000000 | 281954014000000 | 39243791000000 | 13.918508 |
| 7 | 00126380 | 삼성전자 | 2022 | 345186142000000 | 296237697000000 | 320711919500000 | 54730018000000 | 17.065165 |

**[연도별 자기자본이익률 산출 결과]**

| | corp_code | bsns_year | Avg_equity | Return | ROE |
|---|---|---|---|---|---|
| **0** | 00126380 | 2015 | 167529246000000 | 18694628000000 | 11.159024 |
| **1** | 00126380 | 2016 | 179650547500000 | 22415655000000 | 12.477365 |
| **2** | 00126380 | 2017 | 196818872000000 | 41344569000000 | 21.006405 |
| **3** | 00126380 | 2018 | 223641204500000 | 43890877000000 | 19.625577 |
| **4** | 00126380 | 2019 | 247492232500000 | 21505054000000 | 8.689183 |
| **5** | 00126380 | 2020 | 261292901500000 | 26090846000000 | 9.985287 |
| **6** | 00126380 | 2021 | 281954014000000 | 39243791000000 | 13.918508 |
| **7** | 00126380 | 2022 | 320711919500000 | 54730018000000 | 17.065165 |

5 매출액영업이익률(ROS) 산출하기

- 영업이익 불러오기

영업이익률 = 영업이익(손실) ÷ 매출액 × 100
영업이익(손실)
매출액

In[22] :

```
oper=df_rslt[(df_rslt['account_nm'].str.contains('영업이익'))&(df_rslt['sj_div']=='IS')&
            (~df_rslt['account_nm'].str.contains('계속'))]\
            [['corp_code', 'corp_name', 'bsns_year', 'thstrm_amount']]

oper.rename(columns={'thstrm_amount' : 'thstrm_oper'}, inplace=True)
oper[['thstrm_oper']]=oper[['thstrm_oper']].apply(pd.to_numeric).astype(int)
oper
```

Out[22] :

| | corp_code | corp_name | bsns_year | thstrm_oper |
|---|---|---|---|---|
| 56 | 00126380 | 삼성전자 | 2015 | 26413442000000 |
| 241 | 00126380 | 삼성전자 | 2016 | 29240672000000 |
| 430 | 00126380 | 삼성전자 | 2017 | 53645038000000 |
| 632 | 00126380 | 삼성전자 | 2018 | 58886669000000 |
| 846 | 00126380 | 삼성전자 | 2019 | 27768509000000 |
| 1055 | 00126380 | 삼성전자 | 2020 | 35993876000000 |
| 1263 | 00126380 | 삼성전자 | 2021 | 51633856000000 |
| 1449 | 00126380 | 삼성전자 | 2022 | 43376630000000 |

- 매출액 불러오기

In[23] :

```
sales = df_rslt[(df_rslt['account_nm'].str.contains('매출액')) &
                        (df_rslt['sj_div']=='IS')][['corp_code','corp_name',\
                        'bsns_year','thstrm_amount']]

sales.rename(columns={'thstrm_amount' : 'thstrm_sales'}, inplace=True)
sales['thstrm_sales'] = sales['thstrm_sales'].apply(pd.to_numeric).astype(int)
sales
```

Out[23] :

| | corp_code | corp_name | bsns_year | thstrm_sales |
|---|---|---|---|---|
| 52 | 00126380 | 삼성전자 | 2015 | 200653482000000 |
| 237 | 00126380 | 삼성전자 | 2016 | 201866745000000 |
| 426 | 00126380 | 삼성전자 | 2017 | 239575376000000 |
| 628 | 00126380 | 삼성전자 | 2018 | 243771415000000 |
| 842 | 00126380 | 삼성전자 | 2019 | 230400881000000 |
| 1051 | 00126380 | 삼성전자 | 2020 | 236806988000000 |
| 1259 | 00126380 | 삼성전자 | 2021 | 279604799000000 |
| 1445 | 00126380 | 삼성전자 | 2022 | 302231360000000 |

- 매출액영업이익률 산출하기

In[24] :

```
oper_r=pd.merge(oper,sales,on=['corp_code','corp_name','bsns_year'],how='inner')
oper_r['oper'] = oper_r['thstrm_oper']/oper_r['thstrm_sales']*100
oper_r
```

Out[24] :

| | corp_code | corp_name | bsns_year | thstrm_oper | thstrm_sales | oper |
|---|---|---|---|---|---|---|
| 0 | 00126380 | 삼성전자 | 2015 | 26413442000000 | 200653482000000 | 13.163710 |
| 1 | 00126380 | 삼성전자 | 2016 | 29240672000000 | 201866745000000 | 14.485136 |
| 2 | 00126380 | 삼성전자 | 2017 | 53645038000000 | 239575376000000 | 22.391716 |
| 3 | 00126380 | 삼성전자 | 2018 | 58886669000000 | 243771415000000 | 24.156511 |
| 4 | 00126380 | 삼성전자 | 2019 | 27768509000000 | 230400881000000 | 12.052258 |
| 5 | 00126380 | 삼성전자 | 2020 | 35993876000000 | 236806988000000 | 15.199668 |
| 6 | 00126380 | 삼성전자 | 2021 | 51633856000000 | 279604799000000 | 18.466727 |
| 7 | 00126380 | 삼성전자 | 2022 | 43376630000000 | 302231360000000 | 14.352127 |

6 매출액순이익률 산출하기

- 당기순이익(return)과 매출액(sale)은 앞에서 미리 불러옴.
- ROE와 영업이익률의 코드와 유사하기에 설명은 생략

순이익률 = 당기순이익(손실) ÷ 매출액 × 100
지배기업의 소유주에 귀속되는 당기순이익(손실)
매출액

In[25] :

```
Return = df_rslt[(df_rslt['account_nm'].str.contains('지배기업'))&
                 (df_rslt['account_nm'].str.contains('당기순이익'))&
                 (df_rslt['sj_div']=='IS')][['corp_code','corp_name',
                                              'bsns_year','thstrm_amount']]

Return.rename(columns={'thstrm_amount' :'thstrm_return'},inplace=True)
Return['thstrm_return']=Return['thstrm_return'].apply(pd.to_numeric).astype(int)
Return
```

Out[25] :

| | corp_code | corp_name | bsns_year | thstrm_return |
|---|---|---|---|---|
| 66 | 00126380 | 삼성전자 | 2015 | 18694628000000 |
| 251 | 00126380 | 삼성전자 | 2016 | 22415655000000 |
| 440 | 00126380 | 삼성전자 | 2017 | 41344569000000 |
| 642 | 00126380 | 삼성전자 | 2018 | 43890877000000 |
| 856 | 00126380 | 삼성전자 | 2019 | 21505054000000 |
| 1065 | 00126380 | 삼성전자 | 2020 | 26090846000000 |
| 1273 | 00126380 | 삼성전자 | 2021 | 39243791000000 |
| 1459 | 00126380 | 삼성전자 | 2022 | 54730018000000 |

In[26] :

```
sales = df_rslt[(df_rslt['account_nm'].str.contains('매출액')) &
                (df_rslt['sj_div']=='IS')][['corp_code','corp_name',
                                             'bsns_year','thstrm_amount']]

sales.rename(columns={'thstrm_amount' :'thstrm_sales'},inplace=True)
sales['thstrm_sales']=sales['thstrm_sales'].apply(pd.to_numeric).astype(int)
sales
```

Out[26] :

| | corp_code | corp_name | bsns_year | thstrm_sales |
|---|---|---|---|---|
| 52 | 00126380 | 삼성전자 | 2015 | 200653482000000 |
| 237 | 00126380 | 삼성전자 | 2016 | 201866745000000 |
| 426 | 00126380 | 삼성전자 | 2017 | 239575376000000 |
| 628 | 00126380 | 삼성전자 | 2018 | 243771415000000 |
| 842 | 00126380 | 삼성전자 | 2019 | 230400881000000 |
| 1051 | 00126380 | 삼성전자 | 2020 | 236806988000000 |
| 1259 | 00126380 | 삼성전자 | 2021 | 279604799000000 |
| 1445 | 00126380 | 삼성전자 | 2022 | 302231360000000 |

In[27] :

```
net=pd.merge(Return,sales,on=['corp_code','corp_name','bsns_year'],how='inner')
net['net'] = net['thstrm_return']/net['thstrm_sales']*100
net
```

Out[27] :

| | corp_code | corp_name | bsns_year | thstrm_return | thstrm_sales | net |
|---|---|---|---|---|---|---|
| 0 | 00126380 | 삼성전자 | 2015 | 18694628000000 | 200653482000000 | 9.316872 |
| 1 | 00126380 | 삼성전자 | 2016 | 22415655000000 | 201866745000000 | 11.104184 |
| 2 | 00126380 | 삼성전자 | 2017 | 41344569000000 | 239575376000000 | 17.257437 |
| 3 | 00126380 | 삼성전자 | 2018 | 43890877000000 | 243771415000000 | 18.004932 |
| 4 | 00126380 | 삼성전자 | 2019 | 21505054000000 | 230400881000000 | 9.333755 |
| 5 | 00126380 | 삼성전자 | 2020 | 26090846000000 | 236806988000000 | 11.017769 |
| 6 | 00126380 | 삼성전자 | 2021 | 39243791000000 | 279604799000000 | 14.035450 |
| 7 | 00126380 | 삼성전자 | 2022 | 54730018000000 | 302231360000000 | 18.108650 |

7 연도별 자기자본이익률, ROS, 매출액순이익률 시각(그래프) 처리

- 수익률을 한눈에 보기 쉽게 그래프를 그려 시각화하는 코드를 작성함. 먼저 시각화를 하기 위해 위처럼 필요한 패키지를 불러옴.

In[28] :

```
import matplotlib.pyplot as plt
from matplotlib import rc
import platform

if platform.system() == 'Darwin' : #for MAC
    plt.rc('font', family='AppleGothic')
elif platform.system() == 'Windows' : #for Windows
    plt.rc('font', family='Malgun Gothic')

plt.rcParams['axes.unicode_minus'] = False
plt.rc('font', size=13)
```

- 연도별 자기자본이익률, 영업이익률, 순이익률 그래프 처리

In[28] :

```
bsns_year = [2015, 2016, 2017, 2018, 2019, 2020, 2021, 2022]
fig,ax = plt.subplots(figsize=(20,15))
bar_width = 0.25
index = np.arange(len(bsns_year))

b1=plt.bar(index,ROE['ROE'],bar_width, color='red', alpha=0.4,label='ROE')
b2=plt.bar(index+bar_width,oper_r['oper'],bar_width,color='green',alpha=0.4,\
            label='영업이익률')
b3=plt.bar(index+2*bar_width, net['net'],bar_width,color='blue', alpha=0.4,\
            label='순이익률')
```

```
#각각의 수익률 바에 매칭
for p in ax.patches :
    left, bottom, width, height = p.get_bbox().bounds
    ax.annotate("%.2f"%(height),(left+width/2,height*1.02),\
    ha='center',fontsize=13)

#x축 위치를 정가운데로 조정하고 x축의 텍스트를 bsns_year 정보와 매칭
plt.xticks(np.arange(bar_width,int(len(bsns_year))+bar_width,1),\
        bsns_year,fontsize=15)
plt.yticks(fontsize=15)

#x축, y축 이름 및 범례 설정
plt.grid(True, axis='y')
plt.xlabel('연도',size=18)
plt.ylabel('수익률',size=18)
plt.title('[삼성전자_2015_2022]', size=20)
plt.legend(ncol=3, fontsize=15)
plt.show()
```

- 위 코드를 실행하면 바 그래프가 나오는 것을 확인할 수 있고, 그래프에 오른쪽 마우스를 눌러 새 탭에서 이미지를 열 수 있고, 이미지를 로컬 드라이브에 저장할 수 있음.
- 이미지를 로컬 드라이브에 저장하여 불러온 이미지

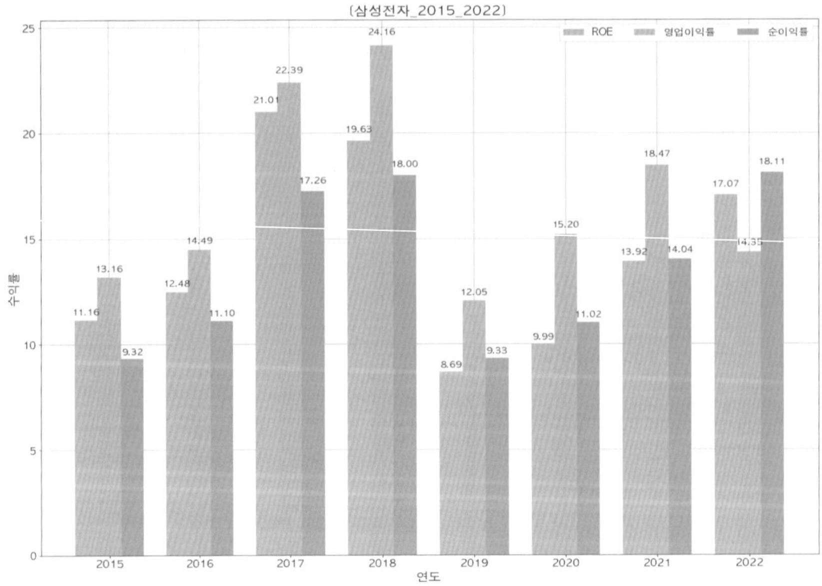

CHAPTER 09

# SAS를 활용한 재무제표 분석

# 제 1 절 SAS 프로그램의 이해

## 1. SAS의 소개

☐ 버전 6.08 이전 : Statistical Analysis System

☐ 이후 : Strategic Application System(데이터베이스, 데이터 웨어하우징 강화)

## 2. SAS 모듈

☐ Base SAS : SAS의 가장 기본적인 소프트웨어

☐ SAS/STAT : 자료의 분석 및 통계 기법을 이용한 분석법을 지원하는 소프트웨어

☐ SAS/GRAPH : 각종 2차원 및 3차원 그래프 지원

☐ SAS/INSIGHT : 통계분석 및 그래픽 구현 소프트웨어

☐ 기타 SAS/QC(통계적 품질관리), SAS/ETS(시계열), SAS/IML(행렬 연산) 등

## 3. SAS의 메뉴바(menu bar)와 도구바(tool bar, 도구 모음)

☐ 윈도우(window, 창)와 실행하고 있는 작업에 따라 메뉴는 변함.

**[초기화면의 메뉴바의 (예)]**

## 4. SAS 윈도우의 구성

① WPGM 윈도우 : SAS 프로그램 작성

② OUTPUT 윈도우 : 결과 출력

③ LOG 윈도우 : 수행 과정 및 ERROR 출력

④ 기타 (그래프 등의 출력 결과)

※ 본 교재에서는 SAS에 대한 기본교육은 시행하지 않음.

☐ 세부적인 SAS 활용법은 관련 교재 등을 통해 자기계발 학습을 권함.

## 제 2 절 디지털 회계정보의 로딩(loading)

☐ 이하 TS2000 회계정보를 기준으로 설명

☐ 교육목적 편의상 재무제표 csv 파일은 비상장 외감법인 전자부품 등 업종만 로딩

☐ 재무정보 로딩과 계정과목 자료 처리 편의를 위해 회계정보를 infile 할 때 재무상태표 과목 bs, 손익계산서 항목 pl, 현금흐름표 항목은 cf로 표기했음([참고 9–1] 참조).

### 1. 재무제표 로딩

☐ 먼저 다음과 같이 SAS 라이브러리(Library)를 설정

- LIBNAME TS 'D:\9. SKK\04. 기업신용분석\2023년 디지털 회계정보를 활용한 경영분석 및 전산감사\TS2000';

☐ 재무상태표(Statement of Financial Position, Balance Sheet: B/S) Infile

- Infile(Input 포함) 관련한 세부 내용은 SAS 관련 교재 참조

```
DATA bs(drop=esetdt);
LENGTH firm $40 esetdt $10;

INFILE 'D:\9. SKK\04. 기업신용분석\2023년 디지털 회계정보를 활용한
경영분석 및 전산감사\TS2000\BS.CSV' DSD TRUNCOVER LRECL=4000
```

```
FIRSTOBS=2;

INPUT firm$code$esetdt$bs1-bs82;
esetdt=COMPRESS(esetdt,'-');
year=INPUT(SUBSTR(esetdt,1,4),4.);

LABEL firm='기업체명' id='거래소코드' esetdt='결산일자' year='
회계연도';
run;
```

☐ 포괄손익계산서(Statement of Comprehensive Income, Profit-Loss: P/L) Infile

```
DATA pl(drop=esetdt);
LENGTH firm $40 esetdt $10;

INFILE 'D:\9. SKK\04. 기업신용분석\2021년 디지털 회계정보를 활용한
경영분석 및 전산감사\TS2000\PL.CSV' DSD TRUNCOVER LRECL=4000
FIRSTOBS=2;

INPUT firm$code$esetdt$pl1-pl51;
esetdt=COMPRESS(esetdt,'-');
year=INPUT(SUBSTR(esetdt,1,4),4.);

LABEL firm='기업체명' id='거래소코드' esetdt='결산일자' year='
회계연도';
run;
```

☐ 현금흐름표(Statement of Cash Flow: CF) Infile

```
DATA cf(drop=esetdt);
LENGTH firm $40 esetdt $10;

INFILE 'D:\9. SKK\04. 기업신용분석\2023년 디지털 회계정보를 활용한
경영분석 및 전산감사\TS2000\CF.CSV' DSD TRUNCOVER LRECL=4000
FIRSTOBS=2;

INPUT firm$code$esetdt$cf1-cf4;
esetdt=COMPRESS(esetdt,'-');
```

```
year=INPUT(SUBSTR(esetdt,1,4),4.);
LABEL firm='기업체명' id='거래소코드' esetdt='결산일자' year='
회계연도';
run;
```

□ 기업 개요 정보(설립일, 기업규모, 업종) Infile

- ㅇ TS2000에서는 한 번에 5,000개 업체만을 조회할 수 있으므로 제조업 전체 기업을 로딩하려면 여러 차례 나누어서 수행하고 set 문으로 자료를 결합
- ㅇ 아래 개요정보(outline)는 5개 업종(총 5,000개 미만)에 대해서만 다운로드
- ㅇ substr 등 함수에 대해서는 SAS 관련 교재 참조

```
DATA outline(drop=esetdt);
LENGTH firm $40 esetdt $10 startdt $10 sanup_N $50;

INFILE 'D:\9. SKK\04. 기업신용분석\2023년 디지털 회계정보를 활용한
경영분석 및 전산감사\TS2000\outline2.CSV' DSD TRUNCOVER LRECL=
4000 FIRSTOBS=2;

INPUT firm$code$esetdt$ sic sanup sanup_N$ sizesize_N$
startdt:$10.;

year=INPUT(SUBSTR(esetdt,1,4),4.);
```

- ㅇ 업종정보 등 누락기업 제거;

```
if (sic=. and sanup=.)or size=. then delete;

LABEL firm='기업체명' id='거래소코드' sic='업종(중분류)' startdt
='설립일자' sanup='산업코드' size='기업규모';
run;
```

- ㅇ 최종 F/S 보유연도 개요정보만 keep;

```
proc sort; by code year; run;
data temp; set outline; by code year; if last.code; run;
```

○ 개요정보 TS 라이브러리에 저장;

```
data ts.outline; set temp; drop year; run;
```

## 제 3 절 자료 처리

### 1. 재무제표 결합(Merge) 및 결측치 제거

☐ Dateset 결합 전에 PROC SORT를 사용하여 기준변수(by문 사용)로 정렬하고 merge문을 사용하여 결합(SAS 관련 교재 참조)

```
proc sort data=bs; by code year; run;
proc sort data=pl; by code year; run;
proc sort data=cf; by code year; run;

data fs; merge bs pl cf; by code year; run;
```

☐ 처리된 dataset 확인 방법

○ 편집기 명령창에 fsv를 치면 아래와 같이 view 화면이 생성

○ view 화면 명령 탭에 show id code year를 입력

○ code와 year가 화면 맨 왼쪽에 나오게 되고 결합이 제대로 되었는지 스크롤바를 사용하여 확인

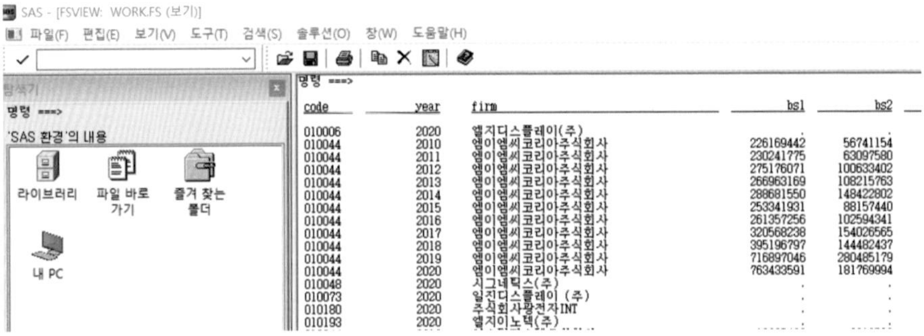


□ 결측치 처리 : 디지털 회계정보는 정보 제공기관이 수집 과정에서 오류를 일으킬 수 있으므로 다음과 같이 재무정보가 없는 자료를 제거

```
data fs; set fs; if bs1=. or pl1=. then delete; run; *총자
산=. 또는 매출액=. 제거
```

○ 명령 탭에 'fsv'를 쳐서 결측치가 제거되어 있는지 확인

## 2. 연도별 재무제표 세팅하기

□ 연도(year)가 연속되지 않는 재무제표 제거

```
%MACRO aaa(da); *매크로 aaa 시작;
```

```
PROC SORT DATA=&da; BY code year; RUN;

DATA temp(KEEP=code year);
     SET &da;
     BY code;
     IF LAST.code THEN OUTPUT;
RUN;

DATA temp; SET temp; RENAME year=last_y; RUN;

DATA temp2; MERGE &da temp; BY code; RUN;

PROC RANK DATA=temp2 OUT=temp3 DESCENDING;
     BY code;
     VAR year;
     RANKS rank_y;
     RUN;

%DO i=1 %TO 10; *연도 수만큼;
     DATA temp3;
     SET temp3;
     IF (rank_y=&i AND (last_y-year) NE &i-1) THEN DELETE;
RUN;
%END;

%MEND aaa; *매크로 aaa 종료;

%aaa(fs); *매크로 aaa 실행;
```

## 3. 재무제표 당기(t), 전기(t_1), 전전기(t_2), 전전전기(t_3) 데이터 세팅

☐ SAS 관련 교재 DO 문장, 자료의 전치(transpose), Proc rank 참조

```
%MACRO FS; *매크로 FS 시작;

%Do year=2010 %TO 2020;

     /*당기 기준 최근 4년치 자료*/
```

```
DATA y&year; SET temp3; /*별도로 수행*/
    IF (year=&year OR year=&year-1 OR year=&year-2 OR
year=&year-3)
THEN OUTPUT;
RUN;

PROC SORT DATA=y&year; BY code year; RUN;

    /*당해년도 자료가 없는 f/s 삭제 시작*/

PROC RANK DATA=y&year OUT=a(drop=rank_y) DESCENDING;
    BY code;
    VAR year;
    RANKS rank_y2;
    RUN;

DATA b d; SET a; check=1;
IF (rank_y2=1 AND year NE &year) or (rank_y2=2 AND year NE
&year-1) or (rank_y2=3 AND year NE &year-2) or (rank_y2=4
AND year NE &year-3)
THEN OUTPUT b; else output d;
RUN;

/*당해년도 자료가 없는 고객자료(code year) 삭제 완료*/

PROC SORT DATA=d; BY code rank_y2; RUN;

/*당해년도 자료에서 3년 전 자료 각 변수로 저장 시작*/

PROC TRANSPOSE DATA=d OUT=e; BY code rank_y2; RUN;

/*계정과목 변수에 t,t_1,t_2,t_3 부여하기*/

DATA f; SET e;
    LENGTH A $4.;
    LENGTH acode $15.;
    IF rank_y2=1 THEN a='t';
    ELSE IF rank_y2=2 THEN a='t_1';
    ELSE IF rank_y2=3 THEN a='t_2';
```

```
    ELSE IF rank_y2=4 THEN a='t_3';

acode=COMPRESS(_NAME_!!a); RUN;

PROC SORT DATA=f; BY code; RUN;

PROC TRANSPOSE DATA=f OUT=fs4(drop=_name_ last_yt last_yt_1
last_yt_2 last_yt_3 yeart yeart_1 yeart_2 yeart_3);
    BY code;
    ID acode;
    VAR col1;
RUN;

DATA y&year; SET fs4; year=&year; RUN;

/*당해년도 자료에서 3년 전 자료 각 변수로 저장 완료*/

    PROC SORT DATA=y&year; BY code year; RUN;
%END;

    /*전체 자료 통합(고객별)*/
DATA fs_total;
    SET
    %DO year=2013 %TO 2020;
            y&year
    %END;
    BY code;
    RUN;

%MEND FS; *매크로 FS 종료;

%FS; *매크로 FS 실행;

data ts.fs1320; set fs_total; run; *TS 라이브러리에 fs1320으로
세팅된 재무정보 저장;
```

# 제 4 절 회계정보에 대한 이상치 제거 및 재무비율 생성 방법

## 1. 이상치 제거

☐ TS 라이브러리에 저장된 회계정보 dataset을 불러옴.

```
data fs; set ts.fs1320; drop checkt_1 checkt_2 checkt_3;
run;
data stat; set fs;
```

○ *a. 재무제표 신뢰성이 적은 영세기업 제거;

```
if bs1t lt 4000000 then delete; *총자산 40억 원 미만 영세기업 제거;
    if pl1t lt 1000000 then delete; *매출액 10억 원 미만 제거;
    if pl2t lt 10000 then delete; *매출원가 천만 원 미만 제거;
```

○ *b. 자기자본 전액 잠식기업, 유동부채=0인 기업, 유형자산=0인 기업 제거;

```
if bs50t=0 then delete; *유동부채=0;
if bs75t le 0 then delete; *자기자본 전액 잠식;
if bs36t le 0 then delete; *유형자산=0;
```

○ *c. 추가 이상치 제거;

```
ifpl2t ge pl1t or pl11t ge pl1t then delete; *매출원가 또는 판
매관리비>매출액;
if(pl1t-pl1t_1)=0 or (pl1t_1-pl1t_2)=0 then delete; *당기
와 전기 매출액 동일;
if(pl2t-pl2t_1)=0 or (pl2t_1-pl2t_2)=0 then delete; *당기
와 전기 매출원가 동일;
if(pl4t-pl4t_1)=0 or (pl4t_1-pl4t_2)=0 then delete; *당기
와 전기 판매관리비 동일;
if (pl1t-pl51t) le 0 or (pl1t_1-pl51t_1) le 0 then delete;
*당기순이익>매출액;
run;
```

## 2. 재무비율 산출 및 필요 변수 Keep

□ 회계정보를 활용하여 특정 집단(상장기업, 외감기업, 업종군 등)에 대한 재무제표 분석 또는 연구모형 설계를 완료하면 분석에 필요한 재무 변수에 대해 정의

- ○ 분석(연구)할 재무 변수에 대한 정의가 끝나면 재무 변수를 먼저 생성
- ○ 본 교재에서는 김성규(2020), "연구개발비 투자가 비상장기업 경영 성과에 미치는 영향"에 대한 연구모형을 예제로 설명

□ 재무 변수 생성 매크로

- ○ TS2000에서 제조원가명세서는 대부분 누락되어 사용하지 못함;

```
%macro treat;
```

*(1) 종속변수

```
(수익성);
x1=pl19t/bs1t_1; *수익성(ROA)=영업이익t/총자산t_1;
x2=pl19t/pl1t; *매출액영업이익률(ROS)=영업이익t/매출액t;
x3=pl51t/bs75t_1; *자기자본이익률(ROE)=당기순이익t/자기자본t_1;

*(성장성);
x4=(pl1t-pl1t_1)/pl1t_1; *매출액증가율(GRW)=>수익성이 종속변수일
때는 통제 변수;
```

*(2) 통제 변수;

```
x5=bs49t/bs75t; *부채비율(LEV)=총부채t/자기자본t;
x6=(bs53t+bs61t+bs67t+bs69t+bs71t)/bs1t;      *차입금의존도
(TD)=(단기차입금t+유동성장기부채t+사채t+장기차입금t+금융리스부채
t)/총자산t;
x7=pl11t/pl1t; *광고선전비 비율=광고선전비t/매출액t;
x8=(bs36t+pl13t+pl37t)/pl1t; *유형자산비율=(유형자산+감가상각
비)/매출액;
```

*(3) 연구개발투자와 부실 위험과의 관계 분석 시 통제 변수(부실 예측 관련 변수);

*a. Altman and Sabato(2007)에서 사용된 변수;

```
x9=bs4t/bs1t; *유동성 : 현금보유수준(cash)=(현금및현금성자산t/자산총계t)*100; x10=bs82t/bs1t; *수익성 : 총자산이익잉여금비율(RETA=이익잉여금t/총자산t;
x11=(bs53t+bs61t)/bs75t; *안정성(Leverage) : 자기자본대단기부채비율(SDBV)=(단기차입금t+유동성장기부채t)/자기자본t;
```

*b. Coverage 관련 비율 : EBITDA 이자보상배율(ICR)=EBITDA/이자비용t;

```
EBIT=pl19t+pl6t+pl7t+pl12t+pl39t; *EBIT=영업이익t+퇴직급여t+대손상각비t+기타의대손상각비t;
EBITDA=EBIT+pl13t+pl37t; *EBITDA=EBIT+감가상각비;
x12=(EBITDA/(pl35t+pl36t))/100; *ICR=(EBITDAt/이자비용t)/100;
```

*c. 현금흐름 대용(proxy) 변수 : 총자산EBITDA비율(ETA);

```
x13=EBITDA/bs1t; *ETA=EBITDA/총자산;
```

*d. 그외 부실예측관련 통제 변수(활동성);

```
x14=pl1t/bs1t; *STA=매출액/총자산*
```

*(4) 연구개발비 관련 : 자본화율(CAPT) 등;

*연구개발비 자본화율(CAPT)=연구개발비자본화금액(RNDC)/연구개발비지출총액(RND)

RNDC=개발비(기말-기초)+연구개발비(기말-기초)+연구개발비상각+개발비상각

RNDE=연구비(P/L)+경상연구개발비(P/L)+경상개발비(P/L)+연구비및경상개발비(C/R)

RND=RNDC+RNDE;

*ts2000에서는 연구개발비 계정과목이 없는 것이 개발비에 연구개발비가 포함된 듯;

```
RNDC=(bs40t-bs40t_1)+pl38t; *RNDC : 연구개발비 자본화금액;
RNDE=pl17t+pl18t; *RNDE : 연구개발비 비용화금액;
```

```
TRND=RNDC+RNDE; *TRND : 총연구개발비;

*전기~전전기 연구개발비 관련 비율 산출;
     %do j=1 %to 2;
RNDCt_&j=(bs40t_&j-bs40t_%eval(&j+1))+pl38t_&j;
    RNDEt_&j=pl17t_&j+pl18t_&j;
    TRNDt_&j=RNDCt_&j+RNDEt_&j;
%end;

*매출액 대비 연구개발비;
x15=RNDC/pl1t; x16=RNDE/pl1t; x17=TRND/pl1t; *당기;
x18=RNDCt_1/pl1t_1; x19=RNDEt_1/pl1t_1; x20=TRNDt_1/pl1t_1; *전기;
x21=RNDCt_2/pl1t_2; x22=RNDEt_2/pl1t_2; x23=TRNDt_2/pl1t_2; *전전기

*(5) 총자산, 자본총계, 매출액(단위: 억 원) 수준 변수;

Asset=bs1t/100000; Equity=bs75t/100000; Sales=pl1t/100000;
%mend treat;
```

□ 재무비율 변수 생성 및 필요 변수 KEEP

```
%macro keep;
keep code year x1-x23 TRND TRNDt_1 TRNDt_2 EBITDA pl35t
pl36t asset equity sales;
%mend keep;

DATA temp1;
SET stat;
label x1='ROA' x2='ROS' x3='ROE' x4='매출액증가율(GRW)'
x5='부채비율(LEV)' x6='차입금의존도(TD)' x7='광고선전비 비율' x8='
유형자산비율' x9='CASH' x10='RETA' x11='SDBV'
x12='ICR' x13='ETA' x14='STA' x15='RNDCt' x16='RNDEt'
x17='TRNDt' x18='RNDCt_1' x19='RNDEt_1' x20='TRNDt_1'
x21='RNDCt_2' x22='RNDEt_2' x23='TRNDt_2';
%treat;
%keep;
RUN;
```

## 3. 극단치 및 예외치에 대한 처리

☐ 연구개발비가 부(−)의 값을 갖는 경우 이상치로 제거

```
data stat; set temp1;
if TRND lt 0 or TRNDt_1 lt 0 or TRNDt_2 lt 0 then delete;
if TRND gt 0 then check_rnd=1; else if trnd=0 then check_
rnd=0;
run;
proc freq; table check_rnd; run;
*연구개발비(TRND)를 보유하고 있는 표본 비율 check;
```

☐ 극단치 처리 과정

○ 상하 1%에 해당하는 극단치를 최소(1%), 최대(99%)값으로 대체;

(1) 변수별 상위 99%, 하위 1%값 저장;

```
%macro AAA; *매크로 AAA 시작;
    Data a;
    tag=1;
    Run;

% do j=1 % to 23; *x1~x23 즉 재무 변수가 23개이므로;

    PROC UNIVARIATE DATA=stat NOPRINT;
    VARx&j;
    OUTPUT out=out_uni pctlpre=x&j.ppctlpts=199;
    RUN;

    Data out_uni1; Set out_uni; tag=1; Run;

    Proc sort data=out_uni1; by tag;
    Proc sort data=a; by tag;

    data a; merge a out_uni1; by tag; Run;

%end;

    Data a; Set a; drop tag; Run;
```

```
%mend; *매크로 AAA 종료;

%AAA; *매크로 AAA 실행;

DATA s; SET stat; check=1; RUN; *check을 기준으로 결합하기 위해;
DATA a; SET a; check=1; RUN;
```

(2) 변수별로 상위 99%, 하위 1% 값을 초과하는 경우 winsorizing;

```
%Macro bbb; *매크로 bbb 시작;

Data b; Set s;
keep code year x1-x23 TRND TRNDt_1 TRNDt_2 EBITDA pl35t
pl36t asset equity sales;
Run;

    %do i=1 %to 23; %Let var1=x&i; %Let var2=x&i;
Proc SQL;
    Create table out_sql as
    select s.code, s.year,
    case When a.&var2.p1>s.&var1 then a.&var2.p1
    When a.&var2.p99; s.&var1 then a.&var2.p99
    else s.&var1
    end as &var1
    from s left join a
            on s.check=a.check
            order by s.code, s.year;
Quit;

Proc sort data=b; by code year;
Data b; merge b out_sql; by code year; Run;
%end; *;%do문 종료;
%mend bbb; *매크로 bbb 종료;
%BBB; *매크로 bbb 실행;
```

(3) 상하 1% 극단치 조정 후 기술 통계량(평균, 최솟값, 최댓값) 산출;

```
%macro CCC;
PROC MEANS data=b nway noprint;
VAR x1-x23;
OUTPUT out=c(drop=_type_ _freq_)
    mean=%do i=1 %to 23; m_x&i %END;
    min=%do i=1 %to 23; min_x&i %END;
    max=%do i=1 %to 23; max_x&i %END;
RUN;

DATA c; SET c; check=1; RUN;
%mend;
%CCC;
```

(4) 예외치 조정 : 이자보상배율의 경우 이자비용=0이면 결측치가 생성됨. 따라서 결측치로 처리된 예외치에 적절한 값 부여;

```
data b; set b; check=1; run;
data temp; MERGE b c; BY check; drop check; run; *기술통계량
값 결합;
%macro DDD;

DATA d; set temp;

IF (pl35t+pl36t)=0 and EBITDA>0 THEN x12=max_x12;
ELSE IF (pl35t+pl36t) and EBITDA=0 THEN x12=0;

*이자비용=0 & EBITDA<0 경우, 최솟값 또는 평균값으로 대체해도 문제가 있
어 0으로 처리하는 것이 차선책임;

drop check%do k=1 %to 23; m_x&k min_x&k max_x&k %end;
run;
%mend;
%DDD;
```

*(5) 재무정보와 기업 개요정보의 결합;

```
proc sort data=d; by code year; run;
proc sort data=ts.outline; by code; run; *이미 정렬이 되어 있음;
data stat; merge d(in=x) ts.outline;
by code;
if x;
*개요정보는 5개 업종이 포함되어 있으므로 in=x 조건을 주어 outline에서
재무정보 dataset에서 업종이 존재하는 것만 결합;
run;

*proc table을 이용하여 기업 규모별로 dataset이 제대로 처리되었는지 확인;

proc freq; table sanup_N *size_N/nocol norow; run;
```

SAS 시스템

FREQ 프로시저

| 빈도<br>백분율 | 테이블:sanup_N * size_N | | | |
|---|---|---|---|---|
| | size_N | | | |
| sanup_N | 대기업 | 중견기업 | 중소기업 | 합계 |
| 전자부품, 컴퓨터, 영상, 음향 및 통신장비 제조업 | 72<br>1.83 | 421<br>10.69 | 3446<br>87.48 | 3939<br>100.00 |
| 합계 | 72<br>1.83 | 421<br>10.69 | 3446<br>87.48 | 3939<br>100.00 |

```
data ts.stat; set stat; drop pl35t pl36t; run;
*확인 후 TS라이브러리에 저장;
```

## 제 5 절 SAS를 활용한 실증연구 사례

### 1. 모형 설정

□ 김성규(2020)의 (가설 1)을 예제로 다음과 같이 설정

□ 가설 : 비상장기업의 연구개발비 투자는 미래 기업경영 성과에 유의한 영향을 미칠 것이다.

- ○ (가설 1) 연구개발비 투자는 당기 성장성에는 부정적인 영향을 미치지만, 차기 이후부터는 긍정적인 영향을 미칠 것이다.
- ○ (가설 2) 연구개발비 투자는 당기 수익성에는 부정적인 영향을 미치지만, 차기 이후부터는 긍정적인 영향을 미칠 것이다.

□ 경영 성과 대용 변수

- ○ 성장성 : 매출액증가율(GRW)
- ○ 수익성 : 총자산이익률(ROA), 자기자본이익률(ROE), 매출액영업이익률(ROS)
- ○ 관심 변수 : 연구개발비 총투자 비율(TRND)로서 당기부터 2년 후까지를 검토

□ 통제 변수 : 선행연구 결과를 토대로 경영 성과에 영향을 미치는 것으로 분석된 재무 변수들과 기업 특성 변수들을 사용

- ○ 경영 성과에 미치는 통제 변수
  - 부채비율(LEV), 총차입금 비율(DCR), 광고선전비 비율(ADR), 총자산회전율(STA), 기업규모(Lsize), 업력(Hisyr)
- ○ 시간에 따른 시계열 특성과 산업에 따른 재무적 특질을 반영
  - 연도 더미(YR)와 업종 더미(SIC)
  - 예제 파일(회계정보)에서는 1개의 업종이므로 업종 더미 생략

□ (가설 1) 검증모형

- ○ (가설 1-1) [연구개발비 투자 당기(t) 모형]

$$GRW_t = \alpha_0 + \beta_1 \cdot TRND_t + \beta_2 \cdot LEV_t + \beta_3 \cdot DCR_t + \beta_4 \cdot ADR_t + \beta_5 \cdot STA_t + \beta_6 \cdot Lsize_t + \beta_7 \cdot Hisyr_t + \sum \gamma_k \cdot D\_YR_k + \varepsilon \quad \cdots\cdots \text{식}(1\text{-}1)$$

○ (가설 1-2) [연구개발비 투자 1년 후(t-1) 모형]

$$GRW_t = \alpha_0 + \beta_1 \cdot TRND_{t\_1} + \beta_2 \cdot LEV_t + \beta_3 \cdot DCR_t + \beta_4 \cdot ADR_t + \beta_5 \cdot STA_t + \beta_6 \cdot Lsize_t + \beta_7 \cdot Hisyr_t + \sum \gamma_k \cdot D\_YR_k + \varepsilon \quad \cdots\cdots \text{식}(1\text{-}2)$$

○ (가설 1-3) [연구개발비 투자 2년 후(t-2) 모형]

$$GRW_t = \alpha_0 + \beta_1 \cdot TRND_{t\_2} + \beta_2 \cdot LEV_t + \beta_3 \cdot DCR_t + \beta_4 \cdot ADR_t + \beta_5 \cdot STA_t + \beta_6 \cdot Lsize_t + \beta_7 \cdot Hisyr_t + \sum \gamma_k \cdot D\_YR_k + \varepsilon \quad \cdots\cdots \text{식}(1\text{-}3)$$

편의상 개별기업을 나타내는 i는 생략함(이하 동일).
여기서,
GRW = (매출액$_t$ − 매출액$_{t-1}$) ÷ 매출액$_t$
$TRND_{t\_j}$ = (연구개발비 자본화 금액$_{t-j}$ + 연구개발비 비용화 금액$_{t-j}$) ÷ 매출액$_{t-j}$(j = 0~2)
LEV = 총부채$_t$ ÷ 자기자본$_t$
DCR = 총차입금$_t$ ÷ 총자산$_t$
ADR = 광고선전비$_t$ ÷ 매출액$_t$
STA = 매출액$_t$ ÷ 총자산$_t$
Lsize = log(총자산$_t$)
Hisyr = 업력

## □ (가설 2) 검증모형

○ (가설 2-1) [연구개발비 투자 당기(t) 모형]

$$ROS_t = \alpha_0 + \beta_1 \cdot TRND_t + \beta_2 \cdot GRW_t + \beta_3 \cdot LEV_t + \beta_4 \cdot DCR_t + \beta_5 \cdot ADR_t + \beta_6 \cdot STA_t + \beta_7 \cdot Lsize_t + \beta_8 \cdot Hisyr_t + \sum \gamma_j \cdot D\_YR + \sum \delta_j \cdot D\_SIC_j + \varepsilon \quad \cdots\cdots \text{식}(2\text{-}1)$$

○ (가설 2-2) [연구개발비 투자 1년 후(t-1) 모형]

$$ROS_t = \alpha_0 + \beta_1 \cdot TRND_{t\_1} + \beta_2 \cdot GRW_t + \beta_3 \cdot LEV_t + \beta_4 \cdot DCR_t + \beta_5 \cdot ADR_t + \beta_6 \cdot STA_t + \beta_7 \cdot Lsize_t + \beta_8 \cdot Hisyr_t + \sum \gamma_j \cdot D\_YR + \sum \delta_j \cdot D\_SIC_j + \varepsilon \quad \cdots\cdots \text{식}(2\text{-}2)$$

○ (가설 2-3) [연구개발비 투자 2년 후(t-2) 모형]

$$ROS_t = \alpha_0 + \beta_1 \cdot TRND_{t\_2} + \beta_2 \cdot GRW_t + \beta_3 \cdot LEV_t + \beta_4 \cdot DCR_t$$

$$+\beta_5 \cdot ADR_t + \beta_6 \cdot STA_t + \beta_7 \cdot Lsize_t + \beta_8 \cdot Hisyr_t + \sum \gamma_j \cdot D\_YR$$
$$+\sum \delta_j \cdot D\_SIC_j + \varepsilon \quad \cdots\cdots \text{식}(2\text{-}3)$$

여기서,
ROS = 영업이익$_t$ ÷ 매출액$_t$
ROS 이외 ROA, ROE를 종속변수로 사용

## 2. 기초통계분석

### 2.1 포맷(format) 설정

☐ 연구모형에서 사용할 포맷 설정

```
proc format;
value size 1='대기업' 2='중견기업' 3='중소기업';
value rnd 1='RND 투자보유기업' 0='RND 투자없는 기업';
value rnde 1='RND 비용화 기업' 2='RND 자본화 기업' 3='RND 투자
(비용+자본화 동시)기업' 4='RND 투자없는 기업';
value $varr
'x1'='ROA' 'x2'='ROS' 'x3'='ROE' 'x4'='매출액증가율(GRW)'
'x5'='LEV' 'x6'='차입금의존도' 'x7'='광고선전비 비율' 'x8'='유형
자산비율' 'x9'='CASH' 'x10'='RETA' 'x11'='SDBV' 'x12'='ICR'
'x13'='ETA' 'x14'='STA' 'x15'='RNDCt' 'x16'='RNDEt' 'x17'
='TRNDt' 'x18'='RNDCt_1' 'x19'='RNDEt_1' 'x20'='TRNDt_1'
'x21'='RNDCt_2' 'x22'='RNDEt_2' 'x23'='TRNDt_2' 'D_size1'
='대기업' 'D_size2'='중견기업' 'D_size3'='중소기업' 'Lsize'
='Lsize' 'hisyr'='업력';
run;
```

### 2.2 업력 및 기업규모, 연도 더미 생성

☐ 라이브러리 지정하고 업력 생성 및 기업규모 변숫값 변경

```
LIBNAME TS 'D:\9. SKK\04. 기업신용분석\2021년 디지털 회계정보를 활
용한 경영분석 및 전산감사\TS2000';

data temp(rename=(size2=size)); set ts.stat;
```

```
hisyr=year-input(substr(startdt,1,4),4.);
Lsize=log(asset);
if size=10 then size2=1; else if size=30 then size2=2;
else if size=20 then size2=3;
drop size;
labelasset='총자산(억 원)' sales='매출액(억 원)' equity='자기자
본(억 원)' Lsize='log(총자산)' hisyr='업력';
run;
```

☐ 연도 및 기업규모 더미 변수 생성

```
data stat; set temp;
array yy{8} y2013-y2020;
do i=1 to 8;
if year=i+2013 then yy{i}=1; else yy{i}=0;
end;
array D_size[3]D_size1-D_size3;
do j=1 to 3;
D_size[j]=(size=j);
end;
drop i j;
run;
proc sort; by code year; run;

*업력이 4개년 미만인 기업 제거 여부 고민 : 법인전환, 신설합병 등의 사유로
재무제표 보유 연도보다 업력이 짧을 수 있음;
proc means data=stat; var asset sales equity hisyr; class
size; run;
```

☐ 연구개발비 투자 유형 분류

```
data rnd; set stat;
if trnd gt 0 then rnd=1; else rnd=0;
if x15=0 and x16=0 then rnde=4;
else if x16 gt 0 and x15 le 0 then rnde=1;
else if x15 gt 0 and x16=0 then rnde=2;
else if x15 gt 0 and x16 gt 0 then rnde=3;
run;
```

## 2.3 기초통계량 산출

### □ 표본 구성 현황

```
%macro table1(no,a,b,c,var,fmt,op,title);
ods html file="D:\9. SKK\04. 기업신용분석\2023년 디지털 회계정보를 활용한 경영분석 및 전산감사\TS2000\out\(table1-&no) &title..htm";

proc freq data=rnd;
wheresize in (&a,&b,&c);
format&var &fmt;
tables year*&var/&op;
title "(Table1-&no)&title";
run;
 ods html close;
%mend;

%table1(1,1,2,3,size,size.,nopercent norow nocol,연도별 기업 현황);
%table1(2,1,2,3,rnd,rnd., norow nocol, 연구개발비투자기업 현황_전체표본);
%table1(3,1,0,0,rnd,rnd., norow nocol, 연구개발비투자기업 현황_대기업);
%table1(4,2,0,0,rnd,rnd., norow nocol, 연구개발비투자기업 현황_중견기업);
%table1(5,3,0,0,rnd,rnd., norow nocol, 연구개발비투자기업 현황_중소기업);
```

**[표본 현황을 HTML 형식으로 저장한 결과]**

(Table1-1) 연도별 기업 현황

FREQ 프로시저

빈도

| 테이블:year * size | | | | |
|---|---|---|---|---|
| | size | | | |
| year | 대기업 | 중견기업 | 중소기업 | 합계 |
| 2013 | 9 | 61 | 363 | 433 |
| 2014 | 9 | 57 | 391 | 457 |
| 2015 | 8 | 55 | 396 | 459 |
| 2016 | 9 | 52 | 445 | 506 |
| 2017 | 10 | 53 | 457 | 520 |
| 2018 | 10 | 51 | 456 | 517 |
| 2019 | 8 | 49 | 479 | 536 |
| 2020 | 9 | 43 | 459 | 511 |
| 합계 | 72 | 421 | 3446 | 3939 |

(Table1-2) 연구개발비투자기업 현황_전체표본

FREQ 프로시저

빈도<br>백분율

| 테이블:year * rnd | | | |
|---|---|---|---|
| | rnd | | |
| year | RND투자없는 기업 | RND투자보유기업 | 합계 |
| 2013 | 142<br>3.60 | 291<br>7.39 | 433<br>10.99 |
| 2014 | 175<br>4.44 | 282<br>7.16 | 457<br>11.60 |
| 2015 | 179<br>4.54 | 280<br>7.11 | 459<br>11.65 |
| 2016 | 193<br>4.90 | 313<br>7.95 | 506<br>12.85 |
| 2017 | 193<br>4.90 | 327<br>8.30 | 520<br>13.20 |
| 2018 | 197<br>5.00 | 320<br>8.12 | 517<br>13.13 |
| 2019 | 204<br>5.18 | 332<br>8.43 | 536<br>13.61 |
| 2020 | 187<br>4.75 | 324<br>8.23 | 511<br>12.97 |
| 합계 | 1470<br>37.32 | 2469<br>62.68 | 3939<br>100.00 |

☐ 기술 통계량(descriptive statistics)

```
%macro stat(no,a,b,c,title);
ODS HTML FILE="D:\9. SKK\04. 기업신용분석\2021년 디지털 회계정보
를 활용한 경영분석 및 전산감사\TS2000\out\(Table2-&no.) 기초통계량
_&title..htm";

PROC MEANS data=rnd MAXDEC=4 n mean median std min max;
    where size in (&a,&b,&c);
    VAR asset equity sales x1-x17 Lsize hisyr;
    TITLE "(Table2-&no.)기초통계량_&title";
RUN;
ODS HTML CLOSE;
%mend stat;

%stat(1,1,2,3,전체 기업);
%stat(2,1,0,0,대기업);
%stat(3,0,2,0,중견기업);
%stat(4,0,0,3,중소기업);

%macro stat2(no,rnd,title);
ODS HTML FILE="D:\9. SKK\04. 기업신용분석\2023년 디지털 회계정보
를 활용한 경영분석 및 전산감사\TS2000\out\(Table3-&no.) 연구개발비
투자여부에 따른 기초통계량_&title..htm";
    PROC MEANS data=rnd MAXDEC=4 n mean median std min
max;
    where rnd=&rnd;
    VAR asset equity sales x1-x17 Lsize hisyr;
    TITLE  "(Table3-&no.)  연구개발비  투자여부에  따른  기초통계량
_&title";
    RUN;
ODS HTML CLOSE;
%mend stat2;

%stat2(1,1,연구개발비투자 기업);
%stat2(2,0,연구개발비 미투자 기업);
```

[기초 통계량을 HTML 형식으로 저장한 결과]

( Table2-1 ) 기초통계량_전체기업

MEANS 프로시저

| 변수 | 레이블 | N | 평균 | 중위수 | 표준편차 | 최솟값 | 최댓값 |
|---|---|---|---|---|---|---|---|
| Asset | 총자산(억원) | 3939 | 1239.4600 | 264.5198 | 18110.2817 | 45.2971 | 507231.9900 |
| Equity | 자기자본(억원) | 3939 | 859.1451 | 125.8717 | 14899.9955 | 0.2284 | 424274.2300 |
| Sales | 매출액(억원) | 3939 | 931.3840 | 257.6332 | 10731.2401 | 10.7807 | 301114.2700 |
| x1 | ROA | 3939 | 0.0466 | 0.0359 | 0.0830 | -0.1535 | 0.3740 |
| x2 | ROS | 3939 | 0.0350 | 0.0372 | 0.1014 | -0.4095 | 0.3553 |
| x3 | ROE | 3939 | 0.0812 | 0.0644 | 0.2961 | -0.9426 | 1.4253 |
| x4 | 매출액증가율(GRW) | 3939 | 0.0380 | 0.0059 | 0.3305 | -0.6552 | 1.5824 |
| x5 | 부채비율(LEV) | 3939 | 2.3040 | 1.1885 | 4.4229 | 0.0392 | 35.9186 |
| x6 | 차입금의존도(TD) | 3939 | 0.3064 | 0.3160 | 0.2255 | 0.0000 | 0.8063 |
| x7 | 광고선전비율 | 3939 | 0.0008 | 0.0000 | 0.0027 | 0.0000 | 0.0184 |
| x8 | 유형자산비율 | 3939 | 0.5428 | 0.3428 | 0.6532 | 0.0014 | 4.0905 |
| x9 | CASH | 3939 | 0.0838 | 0.0486 | 0.0988 | 0.0002 | 0.4799 |
| x10 | RETA | 3939 | 0.3266 | 0.3269 | 0.3662 | -1.3643 | 0.9506 |
| x11 | SDBV | 3939 | 1.0435 | 0.4287 | 2.3355 | 0.0000 | 18.9826 |
| x12 | ICR | 3939 | 8.5137 | 0.0423 | 25.4182 | -1.1037 | 88.4263 |
| x13 | ETA | 3939 | 0.0560 | 0.0471 | 0.0757 | -0.1317 | 0.3256 |
| x14 | STA | 3939 | 1.0553 | 0.9135 | 0.6468 | 0.0994 | 3.4145 |
| x15 | RNDCt | 3939 | 0.0023 | 0.0000 | 0.0124 | -0.0222 | 0.0805 |
| x16 | RNDEt | 3939 | 0.0194 | 0.0048 | 0.0327 | 0.0000 | 0.1861 |
| x17 | TRNDt | 3939 | 0.0227 | 0.0061 | 0.0402 | 0.0000 | 0.2490 |
| Lsize | log(총자산) | 3939 | 5.7424 | 5.5779 | 0.8663 | 3.8132 | 13.1367 |
| hisyr | 업력 | 3923 | 17.9824 | 17.0000 | 8.5692 | 3.0000 | 58.0000 |

## 2.4 t–검정(t–test)

☐ 연구개발비 투자기업과 투자가 없는 집단 간의 평균 차이를 분석

```
%macro TT1(no,a,b,c,class,title);
ODS OUTPUT Equality=varTT Tests=meanT;
    PROC TTEST DATA=rnd;
           WHERE size in(&a,&b,&c);
           CLASS &class;
    var x1-x17 Lsize hisyr;
           TITLE "&title.표본 단일변량 t-검정";
RUN;
QUIT;
ODS OUTPUT CLOSE;

    DATA varT; SET varT; No+1; RUN;
    DATA varT1; SET varT;
           IF probF<=0.05 THEN variancesF='Unequal';
```

```
            ELSE variancesF='Equal';
            KEEP No Variable VariancesF;
    RUN;

    PROC SORT DATA=varT1; BY variable; RUN;
    PROC SORT DATA=meanT; BY variable; RUN;
    DATA result; MERGE meanT varT1;
            BY variable;
            IF variances=variancesF THEN OUTPUT;
            KEEP No variable tValue Probt;
    RUN;

    PROC SORT DATA=result; BY No; RUN;
    DATA result&no; SET result;
            IF probt<=0.01 then Sig='***';
            ELSE IF probt<=0.05then Sig='**';
            ELSE IF probt<=0.1then Sig='*';
    RUN;

%mend TT1;
%TT1(1,1,2,3,rnd, 전체);
%TT1(2,1,0,0,rnd, 대기업);
%TT1(3,0,2,0,rnd, 중견기업);
%TT1(4,0,0,3,rnd, 중소기업);
```

☐ 변수별 t-검정 결과를 HTML 형식으로 저장

```
%macro TT2(no,title);
ODS HTML FILE="D:\9. SKK\04. 기업신용분석\2021년 디지털 회계정보
를 활용한 경영분석 및 전산감사\TS2000\out\(Table4-&no.) &title.표
본 t-검정..htm";
    PROC PRINT DATA=result&no NOOBS;
    format variable $varr.;
    VAR Variable tValue Probt Sig;
    TITLE "(Table4-&no.) &title.표본t-검정";
RUN;
QUIT;
ODS HTML CLOSE;
```

```
%mend;

%TT2(1,전체); %TT2(2, 대기업); %TT2(3,중견기업); %TT2(4,중소기업);
```

**[t-검정을 HTML 형식으로 저장한 결과(전체 표본)]**

**(Table4-1) 전체표본 t- 검정**

| Variable | tValue | Probt | Sig |
|---|---|---|---|
| ROA | 0.06 | 0.9544 | |
| ROS | 4.58 | <.0001 | *** |
| ROE | 1.41 | 0.1588 | |
| 매출액증가율(GRW) | -2.56 | 0.0105 | ** |
| LEV | -0.43 | 0.6681 | |
| 차입금의존도 | -3.25 | 0.0012 | *** |
| 광고선전비율 | -3.71 | 0.0002 | *** |
| 유형자산비율 | 6.48 | <.0001 | *** |
| CASH | 2.60 | 0.0093 | *** |
| RETA | 5.84 | <.0001 | *** |
| SDBV | 0.22 | 0.8235 | |
| ICR | 1.97 | 0.0487 | ** |
| ETA | 0.00 | 0.9967 | |
| STA | -3.45 | 0.0006 | *** |
| RNDCt | -11.63 | <.0001 | *** |
| RNDEt | -42.02 | <.0001 | *** |
| TRNDt | -39.47 | <.0001 | *** |
| RNDCt_1 | -11.03 | <.0001 | *** |
| RNDEt_1 | -39.48 | <.0001 | *** |
| TRNDt_1 | -38.55 | <.0001 | *** |
| RNDCt_2 | -11.02 | <.0001 | *** |
| RNDEt_2 | -37.77 | <.0001 | *** |
| Lsize | -5.41 | <.0001 | *** |
| 업력 | 3.86 | 0.0001 | *** |

## 2.5 상관관계 분석(correlation analysis)

☐ 유의수준이 표시되어 HTML로 저장되도록 매크로 프로그램 작성

```
%MACRO corr(j,k,vlist,title);

ODS OUTPUT PearsonCorr=PCSpearmanCorr=SC;
    PROC CORR DATA=rnd nosimple pearson spearman;
    VAR &vlist;
    RUN;
    QUIT;
ODS OUTPUT CLOSE;

    DATA PC; SET PC;
    %DO i=&j %TO &k;
            IF Px&i<=0.01         then Pr&i='';
            ELSE IF Px&i<=0.05    then Pr&i='**';
            ELSE IF Px&i<=0.1     then Pr&i='*';
            ELSE IF Px&i>0.1      then Pr&i='^';
```

```
    %END;
    RUN;

    DATA SC; SET SC;
    %DO i=&j %TO &k;
            IF Px&i<=0.01         then Pr&i='';
            ELSE IF Px&i<=0.05    then Pr&i='**';
            ELSE IF Px&i<=0.1     then Pr&i='*';
            ELSE IF Px&i>0.1      then Pr&i='^';
    %END;
    RUN;

DATA a; RUN;
%DO i=&j %TO &k;
    DATA PC&i; set PC;
            ARRAY V[*] &vlist;
            ARRAY SigPV[*] Pr&j-Pr&k;
            X&i=V[&i];
            Pr&i=SigPV[&i];
            KEEP Variable X&i Pr&i;
    RUN;

DATA a; MERGE a PC&i;
%END;

DATA b; RUN;
%DO i=&j %TO &k;
    DATA SC&i; set SC;
            ARRAY V[*] x1-x17;
            ARRAY SigPV[*] Pr&j-Pr&k;
            X&i=V[&i];
            Pr&i=SigPV[&i];
            KEEP Variable X&i Pr&i;
    RUN;

DATA b; MERGE b SC&i;
%END;
```

□ 상관관계 분석 결과를 HTML 형식으로 저장

```
ODS HTML FILE="D:\9. SKK\04. 기업신용분석\2023년 디지털 회계정보
를 활용한 경영분석 및 전산감사\TS2000\out\(Table5-1) &title. 상관
관계 분석(Pearson).htm";
PROC PRINT data=pc;
    format variable $varr.;
    TITLE "(Table5-1) &title. 표본 상관관계 분석(피어슨)";
RUN; QUIT;
ODS HTML CLOSE;

ODS HTML FILE="D:\9. SKK\04. 기업신용분석\2023년 디지털 회계정보
를 활용한 경영분석 및 전산감사\TS2000\out\(Table5-2) &title. 상관
관계 분석(Spearman).htm";
PROC PRINT data=sc;
    format variable $varr.;
    TITLE "(Table5-2)&title. 표본 상관관계 분석(스피어만)";
RUN; QUIT;
ODS HTML CLOSE;

%MEND;

%corr(1,17,x1-x17,전체);
```

**[상관관계 분석표(피어슨)를 HTML 형식으로 저장한 결과]**

| Label | x1 | x2 | x3 | x4 | x5 | x6 | x7 | x8 | x9 | x10 | x11 | x12 | x13 | x14 | x15 | x16 | x17 |
|---|---|---|---|---|---|---|---|---|---|---|---|---|---|---|---|---|---|
| ROA | 1.00000 | 0.75733 | 0.60944 | 0.36874 | -0.17849 | -0.24453 | -0.03696 | -0.19703 | 0.23946 | 0.25863 | -0.18854 | 0.21888 | 0.93377 | 0.26934 | -0.05746 | -0.18179 | -0.18521 |
| ROS | 0.75733 | 1.00000 | 0.45395 | 0.26411 | -0.16133 | -0.17702 | -0.09215 | -0.10872 | 0.11852 | 0.27362 | -0.15873 | 0.22898 | 0.72130 | 0.03720 | -0.05489 | -0.26986 | -0.26648 |
| ROE | 0.60944 | 0.45395 | 1.00000 | 0.30443 | -0.25292 | -0.16444 | -0.05531 | -0.12369 | 0.13889 | 0.17082 | -0.24380 | 0.06000 | 0.54109 | 0.18321 | -0.05071 | -0.14240 | -0.14301 |
| 매출액 증가율 (GRW) | 0.36874 | 0.26411 | 0.30443 | 1.00000 | 0.00718 | -0.01105 | -0.01873 | -0.11085 | 0.00895 | -0.06353 | -0.02020 | -0.00232 | 0.33582 | 0.19959 | -0.01220 | -0.07491 | -0.07853 |
| 부채비율 (LEV) | -0.17849 | -0.16133 | -0.25292 | 0.00718 | 1.00000 | 0.46605 | -0.01028 | 0.10224 | -0.17853 | -0.44808 | 0.93249 | -0.14627 | -0.16678 | 0.05075 | 0.02260 | -0.01051 | -0.00688 |
| 차입금 의존도 (TD) | -0.24453 | -0.17702 | -0.16444 | -0.01105 | 0.46605 | 1.00000 | 0.00235 | 0.31825 | -0.43009 | -0.58520 | 0.51523 | -0.44419 | -0.23652 | -0.10402 | 0.12009 | -0.02772 | 0.01563 |
| 광고선전비율 | -0.03696 | -0.09215 | -0.05531 | -0.01873 | -0.01028 | 0.00235 | 1.00000 | 0.09174 | 0.00202 | -0.05802 | -0.00829 | 0.00857 | -0.02061 | -0.06838 | 0.06300 | 0.16405 | 0.16296 |
| 유형자산비율 | -0.19703 | -0.10872 | -0.12369 | -0.11085 | 0.10224 | 0.31825 | 0.09174 | 1.00000 | -0.23193 | -0.09982 | 0.13646 | -0.13221 | -0.21477 | -0.50821 | 0.05729 | 0.00192 | 0.03317 |
| CASH | 0.23946 | 0.11852 | 0.13889 | 0.00895 | -0.17853 | -0.43009 | 0.00202 | -0.23193 | 1.00000 | 0.24027 | -0.19761 | 0.28508 | 0.24382 | 0.15510 | -0.07311 | 0.04368 | 0.01797 |
| RETA | 0.25863 | 0.27362 | 0.17082 | -0.06353 | -0.44808 | -0.58520 | -0.05802 | -0.09982 | 0.24027 | 1.00000 | -0.39492 | 0.36346 | 0.25680 | -0.09897 | -0.11104 | -0.10998 | -0.13895 |
| SDBV | -0.18854 | -0.15873 | -0.24380 | -0.02020 | 0.93249 | 0.51523 | -0.00829 | 0.13646 | -0.19761 | -0.39492 | 1.00000 | -0.14812 | -0.16957 | -0.01369 | 0.03385 | -0.01102 | -0.00167 |
| ICR | 0.21888 | 0.22898 | 0.06000 | -0.00232 | -0.14627 | -0.44419 | 0.00857 | -0.13221 | 0.28508 | 0.36346 | -0.14812 | 1.00000 | 0.20897 | -0.00548 | -0.04654 | -0.05899 | -0.06954 |
| ETA | 0.93377 | 0.72130 | 0.54109 | 0.33582 | -0.16678 | -0.23652 | -0.02061 | -0.21477 | 0.24382 | 0.25680 | -0.16957 | 0.20897 | 1.00000 | 0.30538 | -0.06788 | -0.18404 | -0.19297 |
| STA | 0.26934 | 0.03720 | 0.18321 | 0.19959 | 0.05075 | -0.10402 | -0.06838 | -0.50821 | 0.15510 | -0.09897 | -0.01369 | -0.00548 | 0.30538 | 1.00000 | -0.10594 | -0.12979 | -0.16233 |
| RNDCt | -0.05746 | -0.05489 | -0.05071 | -0.01220 | 0.02260 | 0.12009 | 0.06300 | 0.05729 | -0.07311 | -0.11104 | 0.03385 | -0.04654 | -0.06788 | -0.10594 | 1.00000 | 0.02463 | 0.45352 |
| RNDEt | -0.18179 | -0.26986 | -0.14240 | -0.07491 | -0.01051 | -0.02772 | 0.16405 | 0.00192 | 0.04368 | -0.10998 | -0.01102 | -0.05899 | -0.18404 | -0.12979 | 0.02463 | 1.00000 | 0.87270 |
| TRNDt | -0.18521 | -0.26648 | -0.14301 | -0.07853 | -0.00688 | 0.01563 | 0.16296 | 0.03317 | 0.01797 | -0.13895 | -0.00167 | -0.06954 | -0.19297 | -0.16233 | 0.45352 | 0.87270 | 1.00000 |

# 3. 연구모형 실증분석

## 3.1 가설에 대한 실증분석(회귀분석)

☐ 연구개발비 회계처리 유형 더미 변수 생성

```
data stat; set ts.rnd;
array D_rnd[4]D_rnd1-D_rnd4;
do j=1 to 4;
D_rnd[j]=(rnde=j);
end;
dropj;

labeld_rnd1='RND 비용화 기업' d_rnd2='RND 자본화 기업' d_rnd3
='RND 비용+자본화 동시 투자기업' d_rnd4='RND투자없는 기업' rnd='
연구개발비투자 여부' D_size1='대기업' D_size2='중견기업' D_size3
='중소기업';
run;
```

☐ 회귀분석(pooled OLS) 실행

```
%macro reg(no,a,b,c,de,var,title,title2);
proc reg data=stat;
    where size in (&a,&b,&c);
model &de=&var Lsize hisyr y2013-y2019/vif adjrsq;
title "(table7-&no.) 연구개발비 투자가 기업의 성장성 및 수익성에 미치
는 영향 (종속변수 : &title._관심변수 :&title2.)";
run;

%mend reg;

*성장성에 미치는 영향;
%reg(1,1,2,3,x4,x17 x5 x6 x7 x8 x14,GRW,TRNDt); *당기 모형;
%reg(2,1,2,3,x4,x20 x5 x6 x7 x8 x14,GRW,TRNDt_1); *투자 1년후 모형;
%reg(3,1,2,3,x4,x23 x5 x6 x7 x8 x14,GRW,TRNDt_2); *투자 2년후 모형;

*수익성에 미치는 영향;
%reg(1,1,2,3,x1,x17 x4 x5 x6 x7 x8 x14,ROA,TRNDt);
%reg(2,1,2,3,x1,x20 x4 x5 x6 x7 x8 x14,ROA,TRNDt_1);
```

```
%reg(3,1,2,3,x1,x23 x4 x5 x6 x7 x8 x14,ROA,TRNDt_2);
%reg(1,1,2,3,x2,x17 x4 x5 x6 x7 x8 x14,ROS,TRNDt);
%reg(2,1,2,3,x2,x20 x4 x5 x6 x7 x8 x14,ROS,TRNDt_1);
%reg(3,1,2,3,x2,x23 x4 x5 x6 x7 x8 x14,ROS,TRNDt_2);
%reg(1,1,2,3,x3,x17 x4 x5 x6 x7 x8 x14,ROE,TRNDt);
%reg(2,1,2,3,x3,x20 x4 x5 x6 x7 x8 x14,ROE,TRNDt_1);
%reg(3,1,2,3,x3,x23 x4 x5 x6 x7 x8 x14,ROE,TRNDt_2);
```

□ (가설 1-1) 연구개발비 당기 투자 성장성 모형 회귀분석 결과

**(table7-1) 연구개발비 투자가 기업의 성장성 및 수익성에 미치는 영향 ( 종속변수: GRW_관심변수:TRNDt)**

**The REG Procedure**
**Model: MODEL1**
**Dependent Variable: x4 매출액증가율(GRW)**

| | |
|---|---|
| Number of Observations Read | 3939 |
| Number of Observations Used | 3923 |
| Number of Observations with Missing Values | 16 |

| Analysis of Variance | | | | | |
|---|---|---|---|---|---|
| Source | DF | Sum of Squares | Mean Square | F Value | Pr > F |
| Model | 14 | 25.94058 | 1.85290 | 17.94 | <.0001 |
| Error | 3908 | 403.72546 | 0.10331 | | |
| Corrected Total | 3922 | 429.66603 | | | |

| | | | |
|---|---|---|---|
| Root MSE | 0.32141 | R-Square | 0.0604 |
| Dependent Mean | 0.03790 | Adj R-Sq | 0.0570 |
| Coeff Var | 848.02365 | | |

| Parameter Estimates | | | | | | | |
|---|---|---|---|---|---|---|---|
| Variable | Label | DF | Parameter Estimate | Standard Error | t Value | Pr > \|t\| | Variance Inflation |
| Intercept | Intercept | 1 | -0.17178 | 0.04437 | -3.87 | 0.0001 | 0 |
| x17 | TRNDt | 1 | -0.41978 | 0.13250 | -3.17 | 0.0015 | 1.07764 |
| x5 | 부채비율(LEV) | 1 | -0.00065377 | 0.00132 | -0.50 | 0.6200 | 1.29566 |
| x6 | 차입금의존도(TD) | 1 | 0.03819 | 0.02694 | 1.42 | 0.1564 | 1.40240 |
| x7 | 광고선전비율 | 1 | 1.29484 | 1.96848 | 0.66 | 0.5107 | 1.04038 |
| x14 | STA | 1 | 0.09851 | 0.00832 | 11.84 | <.0001 | 1.10212 |
| Lsize | log(총자산) | 1 | 0.03376 | 0.00616 | 5.48 | <.0001 | 1.08351 |
| hisyr | 업력 | 1 | -0.00141 | 0.00064131 | -2.19 | 0.0284 | 1.14654 |

□ (가설 1-2) 연구개발비 투자 1년 후 성장성 모형 회귀분석 결과

| Root MSE | 0.31966 | R-Square | 0.0706 |
|---|---|---|---|
| Dependent Mean | 0.03790 | Adj R-Sq | 0.0673 |
| Coeff Var | 843.40239 | | |

| Parameter Estimates | | | | | | | |
|---|---|---|---|---|---|---|---|
| Variable | Label | DF | Parameter Estimate | Standard Error | t Value | Pr > \|t\| | Variance Inflation |
| Intercept | Intercept | 1 | -0.24329 | 0.04400 | -5.53 | <.0001 | 0 |
| x20 | TRNDt_1 | 1 | 1.00631 | 0.13811 | 7.29 | <.0001 | 1.06553 |
| x5 | 부채비율(LEV) | 1 | -0.00079390 | 0.00131 | -0.61 | 0.5449 | 1.29592 |
| x6 | 차입금의존도(TD) | 1 | 0.04781 | 0.02679 | 1.78 | 0.0744 | 1.40202 |
| x7 | 광고선전비율 | 1 | -1.78690 | 1.95488 | -0.91 | 0.3607 | 1.03733 |
| x14 | STA | 1 | 0.11214 | 0.00824 | 13.61 | <.0001 | 1.09251 |
| Lsize | log(총자산) | 1 | 0.03497 | 0.00612 | 5.71 | <.0001 | 1.08313 |
| hisyr | 업력 | 1 | -0.00043658 | 0.00063784 | -0.68 | 0.4937 | 1.14663 |

□ (가설 1-3) 연구개발비 투자 2년 후 성장성 모형 회귀분석 결과

| Root MSE | 0.32020 | R-Square | 0.0674 |
|---|---|---|---|
| Dependent Mean | 0.03790 | Adj R-Sq | 0.0641 |
| Coeff Var | 844.82880 | | |

| Parameter Estimates | | | | | | | |
|---|---|---|---|---|---|---|---|
| Variable | Label | DF | Parameter Estimate | Standard Error | t Value | Pr > \|t\| | Variance Inflation |
| Intercept | Intercept | 1 | -0.23647 | 0.04407 | -5.37 | <.0001 | 0 |
| x23 | TRNDt_2 | 1 | 0.89788 | 0.14245 | 6.30 | <.0001 | 1.06496 |
| x5 | 부채비율(LEV) | 1 | -0.00065501 | 0.00131 | -0.50 | 0.6180 | 1.29566 |
| x6 | 차입금의존도(TD) | 1 | 0.04542 | 0.02682 | 1.69 | 0.0905 | 1.40130 |
| x7 | 광고선전비율 | 1 | -1.65402 | 1.96179 | -0.84 | 0.3992 | 1.04115 |
| x14 | STA | 1 | 0.11020 | 0.00824 | 13.38 | <.0001 | 1.08812 |
| Lsize | log(총자산) | 1 | 0.03488 | 0.00613 | 5.69 | <.0001 | 1.08314 |
| hisyr | 업력 | 1 | -0.00055590 | 0.00063826 | -0.87 | 0.3838 | 1.14428 |

□ (가설 2-1) 연구개발비 당기 투자 후 수익성(ROA) 모형 회귀분석 결과

**(table7-1) 연구개발비 투자가 기업의 성장성 및 수익성에 미치는 영향 ( 종속변수: ROA_관심변수:TRNDt)**

The REG Procedure
Model: MODEL1
Dependent Variable: x1 ROA

| | |
|---|---|
| Number of Observations Read | 3939 |
| Number of Observations Used | 3923 |
| Number of Observations with Missing Values | 16 |

| Analysis of Variance | | | | | |
|---|---|---|---|---|---|
| Source | DF | Sum of Squares | Mean Square | F Value | Pr > F |
| Model | 16 | 7.42338 | 0.46396 | 92.08 | <.0001 |
| Error | 3906 | 19.68139 | 0.00504 | | |
| Corrected Total | 3922 | 27.10477 | | | |

| | | | |
|---|---|---|---|
| Root MSE | 0.07098 | R-Square | 0.2739 |
| Dependent Mean | 0.04659 | Adj R-Sq | 0.2709 |
| Coeff Var | 152.34875 | | |

| Parameter Estimates | | | | | | | |
|---|---|---|---|---|---|---|---|
| Variable | Label | DF | Parameter Estimate | Standard Error | t Value | Pr > \|t\| | Variance Inflation |
| Intercept | Intercept | 1 | 0.02705 | 0.01002 | 2.70 | 0.0070 | 0 |
| x17 | TRNDt | 1 | -0.30057 | 0.02939 | -10.23 | <.0001 | 1.08731 |
| x4 | 매출액증가율(GRW) | 1 | 0.07735 | 0.00353 | 21.89 | <.0001 | 1.06458 |
| x5 | 부채비율(LEV) | 1 | -0.00209 | 0.00029118 | -7.19 | <.0001 | 1.29576 |
| x6 | 차입금의존도(TD) | 1 | -0.06268 | 0.00616 | -10.18 | <.0001 | 1.50291 |
| x7 | 광고선전비율 | 1 | 0.49052 | 0.43625 | 1.12 | 0.2609 | 1.04762 |
| x8 | 유형자산비율 | 1 | -0.00124 | 0.00213 | -0.58 | 0.5600 | 1.51656 |
| x14 | STA | 1 | 0.02026 | 0.00214 | 9.45 | <.0001 | 1.50088 |
| Lsize | log(총자산) | 1 | 0.00968 | 0.00137 | 7.09 | <.0001 | 1.09221 |
| hisyr | 업력 | 1 | -0.00109 | 0.00014185 | -7.71 | <.0001 | 1.15006 |

□ (가설 2-2) 연구개발비 투자 1년 후 수익성(ROA) 모형 회귀분석 결과

| Root MSE | 0.07107 | R-Square | 0.2719 |
|---|---|---|---|
| Dependent Mean | 0.04659 | Adj R-Sq | 0.2691 |
| Coeff Var | 152.53955 | | |

| Parameter Estimates | | | | | | | |
|---|---|---|---|---|---|---|---|
| Variable | Label | DF | Parameter Estimate | Standard Error | t Value | Pr > \|t\| | Variance Inflation |
| Intercept | Intercept | 1 | 0.02453 | 0.00982 | 2.50 | 0.0126 | 0 |
| x20 | TRNDt_1 | 1 | -0.29909 | 0.03091 | -9.67 | <.0001 | 1.08001 |
| x4 | 매출액증가율(GRW) | 1 | 0.08320 | 0.00356 | 23.39 | <.0001 | 1.07595 |
| x5 | 부채비율(LEV) | 1 | -0.00205 | 0.00029157 | -7.04 | <.0001 | 1.29605 |
| x6 | 차입금의존도(TD) | 1 | -0.06352 | 0.00596 | -10.66 | <.0001 | 1.40317 |
| x7 | 광고선전비율 | 1 | 0.39456 | 0.43469 | 0.91 | 0.3641 | 1.03755 |
| x14 | STA | 1 | 0.02091 | 0.00187 | 11.15 | <.0001 | 1.14430 |
| Lsize | log(총자산) | 1 | 0.00962 | 0.00137 | 7.04 | <.0001 | 1.09217 |
| hisyr | 업력 | 1 | -0.00107 | 0.00014182 | -7.57 | <.0001 | 1.14677 |

□ (가설 2-3) 연구개발비 투자 2년 후 수익성(ROA) 모형 회귀분석 결과

| Root MSE | 0.07143 | R-Square | 0.2645 |
|---|---|---|---|
| Dependent Mean | 0.04659 | Adj R-Sq | 0.2617 |
| Coeff Var | 153.30472 | | |

| Parameter Estimates | | | | | | | |
|---|---|---|---|---|---|---|---|
| Variable | Label | DF | Parameter Estimate | Standard Error | t Value | Pr > \|t\| | Variance Inflation |
| Intercept | Intercept | 1 | 0.02074 | 0.00987 | 2.10 | 0.0356 | 0 |
| x23 | TRNDt_2 | 1 | -0.23419 | 0.03194 | -7.33 | <.0001 | 1.07578 |
| x4 | 매출액증가율(GRW) | 1 | 0.08184 | 0.00357 | 22.93 | <.0001 | 1.07232 |
| x5 | 부채비율(LEV) | 1 | -0.00209 | 0.00029300 | -7.15 | <.0001 | 1.29574 |
| x6 | 차입금의존도(TD) | 1 | -0.06260 | 0.00599 | -10.46 | <.0001 | 1.40232 |
| x7 | 광고선전비율 | 1 | 0.28383 | 0.43767 | 0.65 | 0.5167 | 1.04134 |
| x14 | STA | 1 | 0.02188 | 0.00188 | 11.65 | <.0001 | 1.13798 |
| Lsize | log(총자산) | 1 | 0.00972 | 0.00137 | 7.08 | <.0001 | 1.09210 |
| hisyr | 업력 | 1 | -0.00102 | 0.00014239 | -7.16 | <.0001 | 1.14450 |

□ (가설 1)에 대한 검증 결과

- 연구개발비 투자는 당기의 매출액증가율에는 부(−)의 영향을 미침.
- 하지만, 차기부터 차차기까지 2개년간 지속적으로 매출액증가율에 양(+)의 영향을 미치는 것으로 나타남.
- 따라서 연구개발비 투자는 당기보다는 미래 성장성에 긍정적인 효과가 있는 것으로 나타나므로 (가설 1)을 지지

□ (가설 2)에 대한 검증 결과 해석

- 연구개발비 투자는 당기뿐 아니라 당기 이후 2개년간 지속해서 수익성에 부정적인 영향을 미치는 것으로 나타나 (가설 2)를 기각

□ (가설 1, 2)에 대한 종합 분석

- 비상장기업은 연구개발비 투자가 미래 성장성에는 긍정적인 효과를 보여주고 있지만 이러한 성장 효과가 수익성으로는 연결되지 못하고 있는 현실 반영
- 따라서 비상장기업(특히 중소기업)의 연구개발비 투자가 단순 성장성이 아닌 기업의 가치증대와 밀접한 수익성 효과로까지 확대될 수 있는 정책이 마련되어져야 할 필요성 증대

## 4. 추가분석

□ 연구개발비 회계처리 유형에 따른 적자회피 의심 기업 카이제곱 검정

- 적자회피 의심 기업 변수 포맷 추가

```
proc format;
value em 1='적자회피 의심 기업' 0='정상기업';
run;

*적자회피 의심 기업 여부(EM) 생성. Burgstahler and Dichev(1997)에
의한 EM;
data rnd; set ts.rnd;
if x1 gt 0 and x1lt 0.015 then em=1; else em=0;
    labelem='적자회피 의심 기업 여부';
run;
```

```
카이제곱 검정 실행
%macro ch(no,a,b,c,title);
ods html body="D:\9. SKK\04. 기업신용분석\2023년 디지털 회계정보
를 활용한 경영분석 및 전산감사\TS2000\out\(table6-&no.) 연구개발비투
자와 적자회피 여부 카이제곱 검정_&title..htm";

proc freq data=rnd;
where size in (&a,&b,&c);
format rnde rnde. size size. em em.;
table em*rnde/chisq nopercent nocol;
title "(table6-&no.) 연구개발비 투자와 적자회피 의심 기업 여부 카이제
곱 검정_&title";
run;
quit;
ods html close;
%mend ch;
%ch(1,1,2,3,전체표본);
```

☐ 카이제곱 검증 결과

- ○ 카이제곱 검증량이 5% 유의수준에서 유의하게 나타나 적자회피 의심 기업과 정상기업 간에는 연구개발비 회계처리 유형에 차이가 있음.
- ○ 적자회피 의심 기업은 정상기업보다 연구개발비 투자를 적게 하고 있음.

**(table6-1) 연구개발비 투자와 적자회피 의심기업 여부 카이제곱 검정_전체표본**

**FREQ 프로시저**

| 테이블:em * rnde | | | | | |
|---|---|---|---|---|---|
| | rnde | | | | |
| em | RND 비용화 기업 | RND 자본화 기업 | RND 투자(비용+자본화 동시)기업 | RND투자없는 기업 | 합계 |
| 정상기업 | 1809<br>51.73 | 88<br>2.52 | 319<br>9.12 | 1281<br>36.63 | 3497 |
| 적자회피 의심기업 | 209<br>47.29 | 5<br>1.13 | 39<br>8.82 | 189<br>42.76 | 442 |
| 합계 | 2018 | 93 | 358 | 1470 | 3939 |

**em * rnde 테이블에 대한 통계량**

| 통계량 | 자유도 | 값 | Prob |
|---|---|---|---|
| 카이제곱 | 3 | 8.6905 | 0.0337 |
| 우도비 카이제곱 | 3 | 9.2445 | 0.0262 |
| Mantel-Haenszel 카이제곱 | 1 | 5.3038 | 0.0213 |
| 파이 계수 | | 0.0470 | |
| 우발성 계수 | | 0.0469 | |
| 크래머의 V | | 0.0470 | |

○ 대기업과 중견기업은 표본 수가 적어 카이제곱 검정 결과에 대한 해석에 유의해야 하므로 분석 생략

## [참고 9-1] | 경영분석(재무제표 분석)에 필요한 TS2000 계정과목 및 개요 정보

| 재무상태표 (자산) | |
|---|---|
| 계정과목 | SAS 변수명 |
| 자산(*) | bs1 |
| 유동자산(*) | bs2 |
| 당좌자산(*) | bs3 |
| 현금 및 현금성자산(*) | bs4 |
| 현금등가물(*) | bs5 |
| 단기예금(단기금융상품)(*) | bs6 |
| *사용이 제한된 단기예금 | bs7 |
| 단기매매증권(*) | bs8 |
| 매출채권(*) | bs9 |
| *매출채권양도및할인액 | bs10 |
| *할인어음 또는 배서어음 | bs11 |
| *특수관계자 매출채권 | bs12 |
| 단기대여금(*) | bs13 |
| *주주임원종업원단기대여금 | bs14 |
| *특수관계자 단기대여금 | bs15 |
| 미수금(*) | bs16 |
| *특수관계자미수금 | bs17 |
| 미수수익(*) | bs18 |
| *특수관계자미수수익 | bs19 |
| 선급금(*) | bs20 |
| *특수관계자선급금 | bs21 |
| 선급비용(*) | bs22 |
| 파생상품자산(*) | bs23 |
| 재고자산(*) | bs24 |
| 임대주택자산(*) | bs25 |
| 비유동자산(*) | bs26 |
| 투자자산(*) | bs27 |
| 장기금융상품(*) | bs28 |
| *사용이 제한된 장기금융상품 | bs29 |
| 장기투자증권(매도가능증권)(*) | bs30 |
| 만기보유증권(*) | bs31 |
| 투자부동산(*) | bs32 |
| *주주임원종업원장기대여금 | bs33 |
| *특수관계자 장기대여금 | bs34 |
| 파생상품자산(*) | bs35 |
| 유형자산(*) | bs36 |
| 건설중인자산 | bs37 |
| 리스자산(*) | bs38 |
| 무형자산(*) | bs39 |
| 개발비 | bs40 |
| 기타비유동자산(*) | bs41 |
| 장기금융상품 | bs42 |
| *사용이 제한된 장기금융상품 | bs43 |

| 재무상태표 (부채와 자본) | |
|---|---|
| 계정과목 | SAS 변수명 |
| 부채(*) | bs49 |
| 유동부채(*) | bs50 |
| 매입채무(*) | bs51 |
| *특수관계자 매입채무 | bs52 |
| 단기차입금(*) | bs53 |
| *주주임원종업원 단기차입금 | bs54 |
| *특수관계자 단기차입금 | bs55 |
| 미지급금(*) | bs56 |
| *특수관계자 미지급금 | bs57 |
| 선수금(*) | bs58 |
| 예수금(*) | bs59 |
| 미지급비용(*) | bs60 |
| 유동성장기부채(*) | bs61 |
| 가수금 | bs62 |
| 단기부채성 충당부채(*) | bs63 |
| 보증금등(*) | bs64 |
| 파생상품부채(*) | bs65 |
| 비유동부채(*) | bs66 |
| 사채(*) | bs67 |
| 장기미지급이자(*) | bs68 |
| 장기차입금(*) | bs69 |
| (선물거래대)(*) | bs70 |
| 금융리스부채 | bs71 |
| 장기부채성 충당부채(*) | bs72 |
| 파생상품부채(*) | bs73 |
| 이연부채(*) | bs74 |
| 자본(*) | bs75 |
| 자본금(*) | bs76 |
| 자본잉여금(*) | bs77 |
| 주식발행초과금 | bs78 |
| 재평가적립금 | bs79 |
| 자본조정(*) | bs80 |
| 기타포괄손익누계액(*) | bs81 |
| 이익잉여금(*) | bs82 |

| 재무상태표 (자산) | |
|---|---|
| 계정과목 | SAS 변수명 |
| 장기성매출채권 | bs44 |
| 장기대여금 | bs45 |
| *주주임원종업원 장기대여금 | bs46 |
| *특수관계자 장기대여금 | bs47 |
| 이연자산(*) | bs48 |
| 토지 | bs83 |

| **포괄손익계산서** | |
|---|---|
| 계정과목 | SAS 변수명 |
| 매출액(영업수익)(*) | pl1 |
| 매출원가(*) | pl2 |
| 매출총이익(손실) | pl3 |
| 판매비와관리비(영업비용)(*) | pl4 |
| 급여(*) | pl5 |
| 퇴직급여 | pl6 |
| 퇴직급여충당금전입액 | pl7 |
| 명예퇴직금 | pl8 |
| 복리후생비 | pl9 |
| 교육훈련비 | pl10 |
| 광고선전비 | pl11 |
| 대손상각비 | pl12 |
| 감가상각비 | pl13 |
| 무형자산상각비 | pl14 |
| 개발비상각 | pl15 |
| 접대비 | pl16 |
| 연구비 | pl17 |
| 경상개발비 | pl18 |
| 영업이익(손실) | pl19 |
| 영업외수익(*) | pl20 |
| 이자수익 | pl21 |
| 배당금수익 | pl22 |
| 단기투자자산처분이익(*) | pl23 |
| 대손충당금환입액 | pl24 |
| 단기투자자산평가이익(*) | pl25 |
| 장기투자증권처분이익(*) | pl26 |
| 매출채권처분이익 | pl27 |
| 지분법이익 | pl28 |
| 투자유가증권(장기투자증권)손상차손환입(*) | pl29 |
| 파생상품이익(*) | pl30 |
| 법인세환급액 | pl31 |
| 전기오류수정이익 | pl32 |
| 채무면제이익 | pl33 |
| 영업외비용(*) | pl34 |
| 이자비용 | pl35 |
| 사채이자 | pl36 |
| 감가상각비 | pl37 |
| 개발비상각 | pl38 |
| 기타대손상각비 | pl39 |
| 단기투자자산처분손실(*) | pl40 |
| 단기투자자산평가손실(*) | pl41 |
| 투자자산처분손실 | pl42 |
| 장기투자증권처분손실(*) | pl43 |
| 매출채권처분손실 | pl44 |
| 투자유가증권(장기투자증권)손상차손(*) | pl45 |
| 파생상품손실(*) | pl46 |

| **포괄손익계산서** | |
|---|---|
| 계정과목 | SAS 변수명 |
| 법인세추납액 | pl47 |
| 법인세비용차감전(계속사업)손익 | pl48 |
| 계속사업이익(손실) | pl49 |
| *법인세효과 | pl50 |
| 당기순이익(순손실) | pl51 |

| **현금흐름표** | |
|---|---|
| 계정과목 | SAS 변수명 |
| 영업활동으로 인한 현금흐름(*) | cf1 |
| 투자활동으로 인한 현금흐름(*) | cf2 |
| 재무활동으로 인한 현금흐름(*) | cf3 |
| 현금의 증가(감소)(*) | cf4 |

| **개요 정보** | |
|---|---|
| 구분 | SAS 변수명 |
| 회사명 | firm |
| 거래소코드 | code |
| 회계연도 | year |
| 통계청 산업분류 코드 10차(중분류) | sic |
| 산업코드 | sanup |
| 산업명 | sanup_N |
| 기업규모코드 | size |
| 기업규모명 | size_N |
| 설립일 | startdt |
| 상장일 | opendt |
| 상장폐지일 | closedt |

| **재무상태표 (부채와 자본)** | |
|---|---|
| 계정과목 | SAS 변수명 |
| 미지급법인세 | bs84 |
| 미지급관세 | bs85 |
| 미지급부가세 | bs86 |

*베니쉬 지수 관련 추가 추출항목

## [참고 9-2] | TS2000 계정과목 체계

### 자산

- 자산(*)
  - 유동자산(*)
    - 당좌자산(*)
    - 재고자산(*)
  - 임대주택자산(*)
  - 비유동자산(*)
    - 투자자산(*)
    - 유형자산(*)
    - 무형자산(*)
    - 기타비유동자산(*)
    - 이연자산(*)

### 부채와 자본

- 부채(*)
  - 유동부채(*)
  - 비유동부채(*)
  - 이연부채(*)
- 자본(*)
  - 자본금(*)
  - 자본잉여금(*)
  - 자본조정(*)
  - 기타포괄손익누계액(*)
  - 이익잉여금(*)
- 수권주식수
- (1주당금액)
- 발행주식수(*)

### 투자자산 하위체계

- 비유동자산(*)
  - 투자자산(*)
    - 장기금융상품(*)
    - (국고보조금 등)
    - *사용이 제한된 장기금:
    - 장기투자증권(매도가능
    - 만기보유증권(*)
    - 지분법적용투자주식
    - 신주인수권
    - 투자부동산(*)
    - 장기대여금
    - *주주임원종업원장기대
    - *특수관계자장기대여금
    - (현재가치할인차금)
    - (대손충당금)
    - 퇴직보험예치금
    - 퇴직연금운용자산
    - 회원권
    - 위탁증거금
    - 파생상품자산(*)
    - 기타투자자산

### 유동부채 하위체계

- 유동부채(*)
  - 매입채무(*)
  - 단기차입금(*)
  - 미지급금(*)
  - 선수금(*)
  - 예수금(*)
  - 미지급비용(*)
  - 단기유동화채무
  - 정리 및 화의채무
  - (현재가치할인차금)
  - 기타단기채무
  - 사채
  - 상환할증금
  - (사채조정계정)
  - (사채할인발행차금)
  - 사채할증발행차금
  - 유동성장기부채(*)
  - (현재가치할인차금)
  - 가수금
  - 선수수익
  - 금융리스부채
  - 단기부채성충당부채(*)
  - 보증금등(*)

CHAPTER 10

# 포렌식 회계의 이해 및 회계 부정 적발 방법

# 제 1 절 포렌식 회계(Forensic accounting) 개요

## 1. 포렌식(Forensic)

☐ 포렌식의 사전적 의미 : 법의학적인, 재판에 관한

- ○ 포렌식은 **어떠한 사실관계를 규명**하는 것으로 전통적으로 법의학 분야(지문, 모발, DNA 감식, 변사체 검시 등)에서 사용

☐ 포렌식 어원 : 라틴어의 "Forum"

- ○ 공개적 자리에서 누구나 인정할 수 있는 객관성 담보가 목적
- ○ 범죄를 밝혀내기 위한 모든 과학적 방법과 기술

## 2. 디지털 포렌식(Digital forensic)

☐ 디지털 저장매체에서 증거를 수집 · 분석하는 기술 분야

- ○ 정보기기에 내장된 디지털 자료를 근거로 어떤 행위의 사실관계를 규명/증명하는 기술 분야
- ○ ⇨ 디지털 포렌식에 의한 데이터 분석(Forensic Data Analytics)

**[디지털 포렌식 유형]**

| 분류기준 | 내용 |
|---|---|
| 분석 목적 | • Incident response forensic : 해킹 등 침해 사고 대응 목적<br>• Information extraction forensic : 증거 데이터를 복구, 분석하여 범행 입증에 필요한 증거 획득 |
| 분석 대상 | • 디스크 포렌식<br>• 시스템 포렌식<br>• 모바일 포렌식<br>• 데이터베이스 포렌식<br>• 인터넷 포렌식<br>• 네트워크 포렌식 |

- ○ ⇨ 회계전문가와 디지털 포렌식 전문가의 통합 필요

## 3. 포렌식 회계(Forensic accounting)

□ 포렌식 회계는 20세기 초반 미국에서 발달한 회계학의 한 분야
- ○ 마피아의 수장인 알 카포네를 구속한 사람이 미국 국세청 포렌식 조사관

□ 포렌식 회계의 정의
- ○ **법원에서 요구하는 기준에 부합**하는 방식으로 금융 및 비금융 문제를 해결하기 위한 분석 및 커뮤니케이션 기술뿐만 아니라 **기술 회계, 수사, 법률을 적용**하는 것(Rezaee 2019)
- ○ **기업의 회계 부정 관련 사항을 탐지, 분석하는 연구 분야** : 회계 부정이나 자금 횡령 등 기업에서 발생하는 여러 행위를 포렌식 기술을 사용하여 법정에서 증거로 사용가능한 회계 증거를 수집하는 모든 작업
- ○ 협의 개념 : 민사소송 혹은 형사소송 시 법적 근거로 사용될 회계정보 혹은 비즈니스 지식을 취합하는 회계학의 한 분야
- ○ 광의 개념 : 기업의 회계 부정으로 의심되는 활동을 탐지하고 조사하는 연구 분야

## 4. 포렌식 회계의 업무영역

□ 민사소송 혹은 형사소송 시 법적 근거로 사용될 회계정보 혹은 비즈니스 지식을 취합하는 회계학의 한 분야이지만 사업영역은 다음과 같이 다양함.

① 소송 관련 전문 컨설팅(Litigation and Expert Consulting)
② 소송 시 회계 재무 관련 전문 증인(Expert Testimony and Witnesses)
③ 기업 부정 및 비리 활동 조사(Corporate Fraud Investigation)
④ **회계 부정 조사**(Financial Statements Fraud Investigation)
⑤ 기업가치평가(Business Valuation)
⑥ 기타(Other Non-fraud) 포렌식 회계 분야 : M&A, 분쟁조정, 경제적 손실 산정 등

- ○ 미국 회계법인에서는 감사, 세무와 더불어 대표적인 컨설팅 사업영역
- ○ 본 교재에서는 **회계 부정 조사**에 한해서 설명

# 제 2 절 회계 부정의 개념

## 1. 회계 부정이란?

□ 재무제표를 고의로 왜곡표시 또는 자금을 절취·횡령하는 것

- ○ 고의(의도성) 여부는 단순한 오류(error)와 부정을 구분하는 개념으로 중대한 오류는 대부분 의도성이 있음.
- ○ 종업원 부정(employee fraud)과 경영자 부정(management fraud)으로 크게 나눌 수 있음.

  ⇨ **경영자 부정**을 허위 재무보고 또는 **분식결산**이라고도 함.

## 2. 회계 부정의 개념

□ 재무제표상의 중대한 오류(material misstatement)

- ○ 대부분 회계 부정의 결과이며 재무제표에 누적되어 반영되고 크게 재무보고 부정과 자산의 부정 유용으로 구분

### 2.1 재무보고 부정(fraudulent financial reporting)

- ○ 매출의 과대계상(fictitious revenues) : 가공의 거래처와 거래 등
- ○ 수익과 비용 인식 시점 차이(timing differences) : 매출 조기 인식 등
- ○ 부채와 비용의 은닉(concealed liabilities and expenses)
- ○ 부당한 공시(improper disclosure) : 부정적인 내용 조작 공시 등
- ○ 부적절한 자산 가치평가(improper asset valuation) : 재고자산 과대계상 등
- ○ 이익 조작(earnings manipulation) : 회계기준을 위반한 이익조정

### 2.2 자산의 부정 유용(misappropriation of assets)

- ○ 현금(cash schemes) 관련 부정 유용
  - skimming : 판매대금을 장부에 기장하기 전에 보고하지 않고 유용
  - kiting : 현금 부족을 숨기기 위해 수표를 발행하여 인출되기 전에 회사 장부상의 현금·예금 잔액과 은행 계정의 잔액을 일시적으로 동일하게 맞추는 행위

- larceny : 경영진 모르게 현금을 절도(돌려줄 의사가 없음)
- fraud cash payment : 회사의 영업활동과 관련 없는 기업(거래)에 현금을 지급

○ 매출채권(account receivable: AR) : 매출액 과대계상과 연계 발생
- lapping : 매출 대금을 수령했으나 수령하지 않은 것으로 기재하고 현금을 유용한 후 다른 매출채권 수령 대금으로 처리하거나 매출채권을 이중 계상
- made-up AR : 가공의 매출채권을 계상

○ 재고자산(inventory schemes) : 도소매업과 제조업에서 많이 발생
- 절도, 개인용도로 유용, 고철 판매(selling scrap) 등

○ 유형자산(fixed asset schemes) : 망치, 드릴 등 소형 자산 개인적 유용 등

## 3. 회계 부정의 법적 의미

□ **주식회사의 외부감사에 관한 법률**(제28조 제1항), **금융위원회의 회계 관련 부정행위 신고 및 포상 등에 관한 규정**(제2조)에 의하면 회계 부정을 다음과 같이 규정

○ 내부회계관리제도에 위배된 회계정보 작성 및 내부회계관리제도에 따라 작성된 회계정보를 위조, 변조, 훼손, 파기한 행위

○ 회계처리 기준을 위반해 재무제표를 작성하는 행위

○ 감사인이 감사 대상 회사의 재무제표를 대리 작성

○ 회사가 감사인에게 대리 작성을 요구하는 행위

## 4. 부정 모형(Fraud Model)

□ 부정의 삼각형 이론(Triangle Theory)

○ 미국의 사회학자이자 범죄심리학자인 Donald Cressy(1953)는 부정이 발생하는 이유를 세 가지 요소를 제시하여 분석

① **기회**(opportunity)
- 부정을 저지를 수 있는 환경이 조성(내부통제 소홀 등)

② **동기**(incentive)
- 금전적 동기(채무 독촉 등)와 비금전적 동기(실적평가 등)

③ **자기합리화**(rationalization)

- 자신의 부정을 합리화(회사의 부당한 대우 등)

☐ Fraud Diamond

○ Wolf and Hermanson(2004)은 Triangle Theory에 **능력**(capability)을 추가
- capability : 능력이 부족하다는 것을 회피하기 위해 부정 회계

☐ Pentagon Model of Financial Reporting Fraud

○ Hossin et al.(2016)은 Fraud Diamond에다 **책임성**(accountability)을 추가
- accountability : 책임을 회피하기 위해 부정 회계

☐ 부정의 동기

○ Steve Albrecht의 부정 측량(Fraud Scale) 이론에서 부정이 발생하는 9가지 발생 동기를 제시

① 사치에 대한 욕망(living beyond means)
② 개인적 이익에 대한 지나친 집착(overwhelming desire to personal gain)
③ 과도한 개인 부채(high personal debts)
④ 고객과의 긴밀한 유대관계(close association customers)
⑤ 직무에 비하여 부족한 급여(pay not commensurate with job)
⑥ 과도한 자기과시 욕구(strong challenge to beat the system)
⑦ 가족, 지인들로부터의 압박감(family or peer pressure)
⑧ 지나친 도박(excessive gambling)
⑨ 권모술수에 능한 사람(wheeler-dealer)

## 제 3 절 부실의 징후(Red flag)

### 1. 부실의 징후란?

□ 잠재적 또는 고의적인 회계 부정이 발생할 가능성이 높은 위험을 나타내는 초기 증상
- ○ 회계 부정이 누적되는 경우 결국 기업의 도산으로 이어질 가능성이 높으므로 부실 징후는 제11장 **기업 부실의 징후와 거의 유사한 성격**을 지님.
- ○ 부정의 징후는 회계와 관련된 것 이외 인적 요인과 밀접하게 연관된 행동적 징후(employee red flag, management red flag, change in behavior red flag)가 포함
- ○ ⇨ 본 교재에서는 **회계정보와 관련된 부실 징후** 중심으로 살펴봄.

### 2. 회계정보와 관련된 부실 징후

□ 매입채무, 매출채권, 재고자산 관련 부실 징후는 다음과 같음.

| 구분 | 주요 내용 |
|---|---|
| 매입채무 관련 부실 징후 | 매입처와의 거래 및 매입처 직원과의 관계에서 발생하는 부정 회계 징후 |
| 매출채권 관련 부실 징후 | 회계담당자 및 매출처와의 거래 또는 가공 매출과 관련된 부정 회계 징후 |
| 재고자산 관련 부실 징후 | 재고자산 수준과 관리와 관련된 부정 회계 징후 |
| 재무회계 관련 부실 징후 | 차입금과 관련된 부정 회계 징후 |

### 3. 매입채무 관련 부실 징후

□ 동일한 매입처로부터 동일 금액의 매입채무가 반복 발생

□ 매입 규모에 비해 과도한 금액이 종종 지급됨.

□ 동일 매입처의 입금 계좌가 특별한 이유 없이 다수 또는 수시 변경

☐ 특정 매입처의 매입채무 금액 수정이 빈번 또는 반품이 잦음.

☐ 매입채무 지급에 대한 증빙이 없고 송장이 복사본

☐ 매입채무의 결제가 적절한 기간에 지급되지 않는다는 거래처의 불만이 잦음.

☐ 구매부서의 이직률이 타 부서에 비해 과도하게 높음.

☐ 특정 매입처와 거래가 급증한 객관적인 자료가 없음.

☐ 평균적인 단가 인상이나 물가상승률을 초과하는 구매비용의 증가가 발생

☐ 거래처 임직원이 과도하게 구매 담당자와 친밀한 관계

☐ 공식 입찰절차를 거치지 않고 계약자가 선정됨.

## 4. 매출채권 관련 부실 징후

☐ 회계팀 인력이 극소수이고 특정인이 오랫동안 업무를 독점

☐ 특정 거래처 매출채권 금액의 변동이 심하고 현금인출이 종종 있음.

☐ 매출채권 회수와 회계처리(매출 보조원장)를 동일인이 수행

☐ 매출채권 금액 수정이 빈번

☐ 특정 거래처에 대한 매출채권 회수기간이 유달리 김.

☐ 매출채권충당금 설정이 특별한 사유 없이 과도함.

☐ 매출채권 보조원장이 총계정원장과 일치하지 않거나 조정(수정)

☐ 영업현금흐름이 좋지 않음.

☐ 동일 거래처 매출이나 전월 매출 조건에 비해 당월 매출 조건이 좋아짐.

☐ 매출전표가 보조원장, 매출 장부를 통하지 않고 매출액 계정으로 직접 입력

☐ 월말, 분기별, 연말 결산 시점을 전후하여 매출액이 자주 조정(수정)

## 5. 재고자산 관련 부실 징후

☐ 재고자산 손실(제거) 처리가 자주 발생하거나 과도함.

☐ 재고자산 월 마감 절차가 미비하거나 준수되지 않고 있음.

☐ 완제품 재고자산회전율과 영업실적의 상관관계가 없거나 불일치

☐ 재고수준 관리에 대한 절차가 미비(최소-최대 재고보유량, 주문 시점 등)

☐ 완제품(상품) 레이블이 잘못 부착된 경우가 자주 발견

☐ 재고자산 실사 확인 절차가 정기적으로 수행되지 않음.

☐ 시장수요나 대기 주문 수량과 상관없이 초과생산이 자주 발생

☐ 생산설비에 대한 유지보수 비용이 과도하게 발생

☐ 완제품(상품) 발송 시간이 과도하게 오래 걸리고 야적장에 발송 대기 보관

## 6. 재무회계 관련 부실 징후

☐ 차입금 도입 시점 이전에 미지급 부채, 매출채권, 우발부채 등의 계정이 자주 조정

☐ 차입금 도입 시점 이전에 주요 영업지표, 수익성 지표 등이 변경

☐ 차입금 도입 시점 이전에 회계기준을 변경하거나 추정 금액을 수정

☐ 차입금 도입 시점 이전에 매출이 증가하는 동안 단기자금이 증가하고 매출채권이 감소

☐ 차입금 도입 시점을 전후하여 주요 담당자가 퇴사

## 제 4 절 회계 부정 적발 방법(Forensic accounting techniques)

☐ 회계 부정 적발 기법(forensic accounting techniques)은 기술(Arts)과 과학(Science)의 합성체로서 다음과 같은 기법이 있음.

| 기법 유형 | 비고 |
|---|---|
| 1 분석적 절차(Analytical Procedure) | 신용분석의 기본 분석기법과 유사 |
| 2 베니쉬 모형(Beneish Model) | 재무제표 부정 적발 방법론 |
| 3 Dechow et al.(2011)의 F-Score | 재무제표의 중대한 오류기업 예측 모형 |
| 4 벤포드 법칙(Benford's Law) | 수학 학회지에 실린 이론을 응용 |
| 5 이상치 분석기법 | 흑자 도산 기업 분석기법(실무계) |
| 6 면담 및 현장 조사 기법 | 회계 속임수 및 기업 부실 징후 발견 |

### 1. 분석적 절차(Analytical Procedures)

☐ [의미] 재무 자료 사이에 있을 법한 관계를 조사·분석하는 기법

- ○ 재무비율 및 추세를 분석하고 관련 정보와 일관성이 없거나 예측되는 금액 또는 동 업계 평균 금액과 편차가 발생하는 추세에 대해 세부적으로 검토하는 절차
- ○ 회계감사 기법의 일부이기는 하지만 재무와 비재무 정보 간 상호관계 분석도 포함되며 **신용분석의 기본 분석기법과 유사**

☐ 매입/매출 거래 실적 분석

- ○ 거래처 변경 사유 정당성, 가격 동향 분석(매입 가격의 적정성) 등을 통해 구매팀 관리자에 대한 사례금(rebate)이나 뒷거래(kick-back) 가능성 검토

☐ 현금계정의 실제성 확인 및 현금지출거래의 통제

- ○ 은행계정 조정절차(bank account reconciliation)와 유사한 절차
  - lapping 부정의 탐지 : 은행계정조정표상에 표시된 수표 입금액들을 해당 매출채권 보조원장의 인명계정에 전기된 대변 내역(일별 수취 현금목록 및 전기)과 대조하는 절차 필요
  - kiting 부정의 방지 : 은행 간 이체분석표(interbank transfer schedule)를 작성

하여 동일한 현금예금이 동시에 예금 잔액이 과대계상되었는지를 확인

○ 현금지출에 대한 내부통제는 관련 업무 분장이 적절히 되어야 함.
  - 현금지출에 관한 승인 업무와 미사용 수표와 같은 서류의 보관 업무 그리고 지출에 관한 기록 업무가 각기 분리되어 있고 적절히 통제되고 있는지 확인

□ 회계장부의 수직적 분석(vertical analysis)

○ 재무제표의 금액을 백분율(%)로 변환하여 전체 금액 대비 비율을 비교분석

○ 초기 포렌식 조사 단계에서 유용하게 사용하는 부정 징후 적발 기법으로 신용분석 기본 분석의 백분율분석과 유사

○ (예시 1) 매출원가율이 전년도 50%에서 60%로 증가
  - 재고자산 비용이 판매가격보다 빠른 속도 또는 보다 큰 비율로 증가한 것일 수도 있으나, 실제로는 재고자산이 유출되었거나 장부 기입 시 의도적이거나 실수에 의한 오류가 있을 수 있음.

○ (예시 2) 총자산 중 매출채권 비율이 전년도 25%에서 19%로 감소
  - 당기 매출이 부진해서 감소할 수도 있지만, 보유 매출채권 중 일부가 부실채권으로 상각되었을 수도 있고 당기 4/4분기에 밀어내기식 매출[1]일 가능성도 있음.

□ 회계장부의 수평적 분석(horizontal analysis) 또는 추세분석(trend analysis)

○ 재무상태표와 포괄손익계산서 계정과목을 동일한 절차로 수행하여 이들 간의 상관관계를 분석

○ 현재와 과거 수년간의 계정과목별 변동분을 수치화하고 동향을 분석하여 비정상적인 증감 비율을 나타내는 계정과목이 있는지 검토

○ (예시) 전기 대비 당기 매출액은 보합세이지만 매출채권은 오히려 25% 증가
  - 당기 급격한 매출 부진에 따른 금융기관으로부터의 차입금 상환 독촉을 피하고자 매출액을 가공계상함에 따른 매출채권의 급격한 증가일 수가 있음.

---

1) 밀어내기식 매출(channel stuffing)은 그에 해당하는 매출이 반품 처리되었거나 매출채권에 해당하는 만큼의 금액을 선수금으로 처리했을 가능성이 있음.

□ 재무비율(financial ratio) 분석

- ○ 재무 보고 부정을 적발하는 데 가장 유용한 것은 재무비율 분석(Rezaee 2019)
- ○ 각 데이터 간의 편차를 계산하고 해당 수치에 대한 비율을 계산, 최고치와 최저치 비교 등을 통해 비정상 유형을 적발
- ○ 기업 신용분석의 재무비율 분석과 거의 유사한 분석 방법

□ 회귀분석(regression analysis)

- ○ 장부상의 계정 잔액과 발생 예상 금액을 비교하여 잔액이 합리적인 수준인가 판단
- ○ (예) 매출액과 운송비, 직접노무비와 간접노무비, 기계가동시간과 수선비 등
- ○ 회계정보의 이상치(irregularities and anomalies)를 탐색하는 데는 로지스틱 분석이 유용

□ 기타 분석적 절차에 필요한 기법(other analytical skill sets)

- ○ 인공신경망(artificial neural networks) 등을 활용한 빅데이터 분석(big data analytics)
- ○ 디지털 포렌식에 의한 데이터 분석(forensic data analytics)
- ○ Python의 Fraudit을 활용한 회계 부정 적발
- ○ 회계학 분야보다는 **정보보안 분야**(정보대학원에서 강의)
  - 재무제표에 대한 분석적 절차를 통해 회계 부정을 발견한 사건
  - ZZZZ Best 회사의 사례 : 1980년대 중반 미국 캘리포니아에서 발생한 재무보고 부정 사기극으로 주주들에게 약 1억 달러에 해당하는 손해를 입힘. Barry Minkow는 "ZZZ Best Carpet Cleaning Services"라는 청소회사를 자기 집 차고에서 개인사업자로 시작하여 각종 회계 부정(가공 매출, 가공 매출채권에 집중)을 통해 사업 시작 5년 만에 기업공개(상장)로 주식이 일반 투자자들에게 거래되었으나 가짜임이 밝혀져 주식거래 중단. 당시 Minkow의 나이는 20세

## 2. 베니쉬 모형(Beneish Model)

□ [개요] 미국 인디애나대학교(켈리 경영대학)의 베니쉬 교수가 개발한 재무제표 부정 적발 방법론

- 회계 분식한 상장기업과 그렇지 않은 기업의 재무제표 차이를 분석하여 부정 회계나 이익조정(회계기준 위배)을 탐지해 낼 수 있는 8가지 변수를 제시

□ Beneish M-Score

- Beneish(1999)는 8가지 재무 변수를 토대로 프로빗 모형(probit)을 사용하여 개발

□ 재무제표 부정 적발에 사용된 8가지 변수

① 매출채권 회수기간 변동 지수(DSRI: Days Sales in Receivables Index)
② 매출총이익률 지수(GMI: Gross Margin Index)
③ 자산건전성 지수(AQI: Asset Quality Index)
④ 매출성장 지수(SGI: Sales Growth Index)
⑤ 총자산에 대한 총발생액 지수(TATA: Total Accrual index for Total Asset)
⑥ 감가상각비 지수(DEPI: DEPreciation Index)
⑦ 매출액 판매관리비 지수(SGAI: Sales, General, and Administrative expenses Index)
⑧ 레버리지 지수(LVGI: LeVeraGe Index)

① 매출채권 회수기간 변동 지수(DSRI: Days Sales in Receivables Index)

$$DSRI = \left(\frac{매출채권_t}{매출액_t}\right) \div \left(\frac{매출채권_{t-1}}{매출액_{t-1}}\right)$$

- 매출채권과 매출액이 연속되는 두 회계 기간에 균형을 이루는지를 측정
  - (매출채권÷매출액)에 360일을 곱하면 매출채권 회수기간으로서 기업이 평균적으로 얼마 만에 매출처로부터 현금을 받는지를 보여줌.

**〈매출채권 회전기간 산출 시 유의사항〉**

일반적으로 매출채권 회전기간을 계산하는 데 있어서 매출채권은 기말잔액보다는 전기와 당기의 평균잔액을 사용하는 것이 바람직하지만, Beneish Model에서는 전기와 당기의 변화량을 보는 것이 중요하므로 평균잔액을 사용하지 않는 점에 유의함.

② 매출총이익률 지수(GMI: Gross Margin Index)

$$\text{매출총이익률 지수} = \left(\frac{\text{매출액}_{t-1} - \text{매출원가}_{t-1}}{\text{매출액}_{t-1}}\right) \div \left(\frac{\text{매출액}_{t} - \text{매출원가}_{t}}{\text{매출액}_{t}}\right)$$

- 전기 대비 매출총이익률이 떨어지면 이익조정의 위험이 더 커진다는 위험신호
- 하지만 기업이 이미 이익을 부풀리기 위한 시도를 했으면 매출총이익률 지수가 정상적인 경우보다 오히려 높게 나타남.

③ 자산건전성 지수(AQI: Asset Quality Index)

$$\text{자산건전성 지수} = \left(1 - \frac{\text{유동자산}_{t} - \text{유형자산}_{t}}{\text{총자산}_{t}}\right) \div \left(1 - \frac{\text{유동자산}_{t-1} - \text{유형자산}_{t-1}}{\text{총자산}_{t-1}}\right)$$

- 미래 효익을 가져다줄지가 덜 확실한 자산(생산・영업활동에 필요한 설비자산 등을 제외한 자산)이 총자산 중 어느 정도의 비중이 되는지를 나타냄.
- 이러한 자산의 비중이 전기 대비 증가할수록 이익조정 가능성이 높다고 봄.

④ 매출성장 지수(SGI: Sales Growth Index)

$$\text{매출성장 지수} = \frac{\text{매출액}_{t}}{\text{매출액}_{t-1}}$$

- 기업이 가공매출액을 추가했는지를 파악하는 지표
- 단순히 매출액 증가만으로 잠재적 부정을 감지하고 있어 이익 조작을 파악하는 지표로서는 한계점이 있음.

**[매출액과 관련된 재무비율 해석에 있어서 유의사항]**

매출액 관련 비율은 서로 밀접한 관계가 있어서 각 비율의 변화방향에 대한 일률적이고 기계적인 해석은 곤란하다. 예를 들어, 매출을 늘리기 위해 제품가격을 인하하면 총자산회전율은 높아지나 매출이익률은 낮아진다. 따라서 해석 시 비율뿐 아니라 다른 요인들도 고려해야 한다. 단, 뚜렷한 원인 없이 매출액이 25% 이상으로 급격히 증가하고 있는 기업은 이익조정(가공 매출, 덤핑판매 등)의 가능성이 존재

⑤ 총자산에 대한 총발생액 지수(TATA: Total Accrual index for Total Asset)

$$\text{총자산에 대한 총발생액 지수} = \frac{\triangle\text{운전자본} - \triangle\text{현금} - \triangle\text{미지급 법인세} - \text{감가상각비}_t}{\text{총자산}_t}$$

여기서,

$\triangle$운전자본 = (유동자산$_t$ − 유동부채$_t$) − (유동자산$_{t-1}$ − 유동부채$_{t-1}$)

$\triangle$현금 = (현금$_t$ − 현금$_{t-1}$)

$\triangle$미지급법인세 = (미지급법인세$_t$ − 미지급법인세$_{t-1}$)

- 발생액의 증가는 경영진이 재량적 발생액을 통하여 이익조정을 시도하는 것으로 해석
- Beneish 지수에서 총발생액은 현금을 제외한 운전자본의 변동액에서 감가상각비를 차감하여 산출

**[회계학 분야에서 발생이란?]**

자산, 부채 및 수익, 비용의 인식이 현금의 유출, 유입보다 앞서는 회계과정을 의미하는데 회계처리방법에 있어서 경영자나 회계담당자의 일정한 판단과 추정이 요구된다. 총발생액(TA: Total Accruals)이란 당기순이익에서 영업현금흐름을 차감한 금액인데 경영자의 자의적인 판단의 결과로 나타나는 재량적 발생액과 비교적 자의적인 개입이 어려운 회계처리 과정에서 나타나는 비재량적 발생액으로 구분된다.

비재량적 발생액은 산업-연도별로 총발생액의 기대 수준(회귀분석을 통해 산출)을 통해 측정되며, 재량적 발생액은 이러한 기대 수준보다 높거나 낮은 것(회귀분석식의 잔차항)을 나타내므로 총발생액에서 비재량적 발생액을 차감하여 추정한다. 재량적 발생액 추정 방법에 관한 자세한 내용은 Jones(1991) 모형, Dechow et al.(1995)의 수정 Jones 모형과 Kothari et al.(2005)의 성과 조정 수정 Jones 모형(performance matched modified Jones model) 등을 참조

⑥ 감가상각비 지수(DEPI: DEPreciation Index)

$$\text{감가상각비 지수} = \left(\frac{\text{감가상각비}_{t-1}}{\text{감가상각비}_{t-1} + \text{유형자산}_{t-1}}\right) \div \left(\frac{\text{감가상각비}_{t}}{\text{감가상각비}_{t} + \text{유형자산}_{t}}\right)$$

1) 감가상각비 : 감모상각비 포함

- 감가상각비 지수가 1을 초과한다면 이익을 증대시키기 위해 유형자산에 대한 감가상각을 유연하게 적게 계상하는 방법으로 회계정책을 변경했을 가능성이 있음.
- 처음부터 가속 감가상각 방법(정률법)을 채택하였다면, 당기 감가상각비는 전기 대비 적게 계상되는 문제 존재
- 이익조정을 행한 기업의 평균 감가상각비 지수=1.077(정상기업은 1.001)

⑦ 매출액 판매관리비 지수(SGAI : Sales, General, and Administrative expenses Index)

$$\text{매출액 판매관리비 지수} = \left(\frac{\text{판매비와 일반관리비}_{t}}{\text{매출액}_{t}}\right) \div \left(\frac{\text{판매비와 일반관리비}_{t-1}}{\text{매출액}_{t-1}}\right)$$

- 매출액 증가에 따라 판매관리비 비중이 비례하지 않게 변동한다면 기업의 미래 전망(future prospects)에 부정적인 신호
- Beneish(1999)는 매출액 판매관리비 지수와 이익 조작(probability of manipulation)과는 양(+)의 관계를 예상하였으나 논리적인 근거가 미약함.

⑧ 레버리지 지수(LVGI: LeVeraGe Index)

$$\text{레버리지 지수} = \left(\frac{\text{총부채}_{t}}{\text{총자산}_{t}}\right) \div \left(\frac{\text{총부채}_{t-1}}{\text{총자산}_{t-1}}\right)$$

- 레버리지 지수가 1을 초과하게 되면 레버리지 비율이 증가
- 부채계약(debt covenants) 가설에 근거하여 부채비율이 높은 기업은 부채계약 위반을 회피하기 위해 이익을 상향조정한다고 보고 있음.
- 하지만, 단순히 전기 대비 당기 부채비율의 증가를 의미하므로 논리적 근거가 부족
- 이익조정을 행한 기업의 평균 레버리지 지수=1.111(정상기업은 1.037)

☐ 부정 회계기업과 정상기업과의 평균 차이(Beneish 1999)

- ○ 부정 회계기업군(manipulators)이 정상 기업군(non manipulators)에 비해 전반적으로 평균 비율이 높음.
- ○ 그런데 매출액 판매관리비 지수와 감가상각비 지수는 정상 기업군의 평균(중위수)이 부정 회계기업군보다 높으며, 특히 검정통계량 Wilcoxon, Z Median test 두 개 모두 유의하지 않음.
- ○ ⇨ 이들 변수(Wilcoxon 검정이 유의하지 않은 레버리지 지수 포함)는 프로빗 분석(회귀분석 포함) 실행에 있어서 모형의 잡음(noise)으로 작용할 가능성 있음.

**[부정 회계기업군과 정상 기업군 간의 평균 차이 검정]**

| | Manipulators (N = 50) | | Nonmanipulators (N = 1,708) | | Wilcoxon Z | Median Test |
|---|---|---|---|---|---|---|
| Characteristic | Mean | Median | Mean | Median | p-Value | p-Value |
| DSRI | 1.465 | 1.281 | 1.031 | 0.996 | 0.000 | 0.000 |
| GMI | 1.193 | 1.036 | 1.014 | 1.001 | 0.006 | 0.007 |
| AQI | 1.254 | 1.000 | 1.039 | 1.000 | 0.096 | 0.246 |
| SGI | 1.607 | 1.411 | 1.134 | 1.106 | 0.000 | 0.000 |
| DEPI | 1.077 | 0.966 | 1.001 | 0.974 | 0.307 | 0.774 |
| SGAI | 1.041 | 0.960 | 1.054 | 1.010 | 0.271 | 0.389 |
| LVGI | 1.111 | 1.030 | 1.037 | 1.000 | 0.394 | 0.077 |
| TATA | 0.031 | 0.034 | 0.018 | 0.013 | 0.000 | 0.002 |

자료 : Beneish(1999).

☐ Beneish Score

- ○ Beneish M-Score

$$\text{M-score} = -4.84 + 0.92 \cdot \text{DSRI} + 0.528 \cdot \text{GMI} + 0.0404 \cdot \text{AQI} + 0.892 \cdot \text{SGI} + \mathbf{0.115} \cdot \text{DEPI} \\ - \mathbf{0.172} \cdot \text{SGAI} - \mathbf{0.327} \cdot \text{LVGI} + 4.679 \cdot \text{TATA}$$

- ○ Beneish(1999)의 프로빗 모형에 의한 Manipulation Score
- ○ **SGAI와 LVGI**의 방향이 양(+)의 기대 부호와 다르게 부(−)의 부호로 나타남.
- ○ Cut-off score : −1.78로서 이 값보다 크면 회계 부정 의심 기업으로 판정

- Cut-off가 초기에는 −2.22였으나 Beneish et al.(2003)에서 −1.78로 변경

☐ M-Score5

$$M\text{-}Score5 = -6.2273 + 0.448 \cdot DRSI + 0.1871 \cdot GMI + 0.2001 \cdot AQI + 0.2819 \cdot DEPI + 0.6288 \cdot LVGI$$

○ Corsi et al.(2005)는 중소기업 표본을 대상으로 Beneish 모형의 8가지 변수 중 5가지 변수를 사용하여 중소기업에 적용한 M-Score5 모형 개발

○ Cut-off score = −4.14로서 이 값보다 크면 회계 부정 의심 기업으로 판정

☐ Beneish M-Score의 한계점

○ 통계적으로 유의하지 않은 변수가 포함

○ 모형을 구성하고 있는 8가지 변수 중 이익 조작 기업과 정상기업 간에 통계적으로 유의한 차이가 없는 감가상각비 지수(DEPI), 매출액 판매관리비 지수(SGAI)가 모형에 포함

○ 특히 매출액 판매관리비 지수와 레버리지 지수(LVGI)는 기대 부호(+)와 반대인 음(−)의 관계를 나타내고 있어 모형의 잡음일 가능성이 높음.

☐ 이익 조작 관련 논리적인 근거가 미약한 변수 포함

○ 단순히 매출액 또는 판매관리비가 전기 대비 증가(매출성장 지수, 매출액 판매관리비 지수)를 이익 조작으로 볼 수 있는 논리적 근거가 미약

☐ 이익 조작 효과는 시차를 두고 발생할 가능성 높음.

○ 가공 매출 계상 등의 이익 조작 기업은 단기적으로는 기업 부실에 미치는 영향이 적지만 장기적으로는 기업 부실로 이어질 가능성이 높음.

- 이익 조작 효과는 2~3년 이후에 발생할 가능성이 높으므로 이익 조작(M-Score)과 기업 부실 간의 관계를 多기간(3년 전, 2년 전, 1년 전 등)에 걸친 분석이 필요

○ 이익 조작예측 결과를 일반화하기 어려움.

○ 표본이 상장 대기업이고 회계 부정(이익 조작)기업의 **표본 수가 적어(50개)** M-Score의 결과를 일반화하기 어려움.

## 3. Dechow et al.(2011)의 F-Score

☐ [개요] 재무제표의 중대한 오류가 있을 수 있는 기업을 예측하는 모형

- ○ 미국 AAERs(Accounting and Auditing Enforcement Releases)가 발표한 재무제표의 오류 보고가 있는 494개 기업과 정상기업 132,967개 토대로 로짓 모형을 사용하여 개발
- ○ 발생액 관련 변수 9개, 경영성과 변수 5개, 비재무변수 2개, 장부외 변수 4개, 시장 관련 변수 8개를 검토
- ○ 회계 부정기업 표본 수가 충분하고 로짓분석을 사용한 모형으로서 M-Score(프로빗 모형 사용)보다는 방법론적으로 세련되고 논리적으로 우수한 모형

☐ F-Score 모형의 구분

| 구분 | 투입 변수 |
|---|---|
| F-Score 모형 1 | 재무 변수(발생액 변수 및 성과변수) |
| F-Score 모형 2 | 비재무 변수 및 부외(Off-B/S) 변수 추가 |
| F-Score 모형 3 | 시장 관련 변수 추가 |

1) 비재무 변수 : 비정상적인 종업원 수 변동, 비정상적인 수주 잔고(order backlog)의 변동 등
2) 부외 변수 : 운용리스 현재가치의 변화량, 연금 자산으로부터의 기대수익률 변화량 등

☐ 최종 선정된 F-Score 모형1 변수

- ○ 재무 변수만으로 회계 부정 의심 기업을 예측한 모형에서 사용된 변수

| 변수명 | 변수 설명 |
|---|---|
| RSST_ACC | Richardson et al.(2005) 측정한 운전자본(WC) 발생액 |
| Ch_AR | 매출채권 변화량÷평균 총자산 |
| Ch_INV | 재고자산 변화량÷평균 총자산 |
| Soft_Assets | [총자산 - 유형자산(PPE) - 현금 및 현금성자산]÷총자산 |
| Ch_CS | 현금매출액 변화량 |
| Ch_ROA | 총자산이익률(ROA) 변화량 |
| Issue | t기간에 유가증권(주식 또는 회사채)을 발행했으면 1, 아니면 0인 더미변수 |

RSST_ACC = (△WC + △NCO + △FIN) ÷ 평균 총자산
여기서,
WC = (유동자산 - 현금 및 현금성자산 - 단기 재무 자산) - (유동부채 - 단기차입금)

NCO = (총자산 – 유동자산 – 투자자산) – (총부채 – 유동부채 – 장기차입금)
FIN = 재무자산 – 재무부채

□ F-Score 산출 과정

① PV(Predicted Value)의 산출

- 로지스틱 모형을 사용하여 다음과 같이 모형식을 생성하여 예측하고자 하는 기업의 재무 변수를 모형식에 대입하여 y값을 산출

$$y = -7.893 + 0.790 \cdot RSST\_ACC + 2.528 \cdot Ch\_REC + 1.191 \cdot Ch\_INV + 1.797 \cdot Soft\_Assets - 0.932 \cdot Ch\_ROA + 1.029 \cdot Issue$$

y = predicted value

② 회계 부정 의심 확률(probability of accounting misstatements)의 산출

- y값을 아래와 같이 지수 함수식으로 변환하여 회계 부정 의심 확률값을 산출

$$Probability = \frac{e^y}{1 + e^y} = \frac{EXP(y)}{1 + EXP(y)}$$

e = 2.71828183

③ F-Score의 산출

$$F\text{-}Score = \frac{Probability}{Unconditional\ Probability}$$

여기서, Unconditional Probability = Numbers of misstatement firms ÷ Total numbers of firms

- Dechow et al.(2011)에서 재무제표의 오류 보고가 있는 494개 기업과 정상기업 132,967개로 모형을 구축했으므로 Unconditional Probability는 다음과 같음.

$$Unconditional\ Probability = 494 \div (494 + 132{,}967) = 0.0037$$

- Cut-off score = 1.397로서 이 값보다 크면 회계 부정 의심 기업으로 판정

☐ F-Score의 문제점

- ○ F-Score를 구성하고 있는 변수 중 총자산이익률 변화량(Ch_ROA)이 기대 부호 (+)와 반대인 음(-)의 유의한 관계를 보여주고 있음.
- ○ 회계 부정 적발은 특성상 구조적 모형(structural model)으로서 기대 부호가 양(+)의 관계인 변수로 구성되어야 바람직
  - 구조적 모형 : 재무구조 등에 대한 논리를 바탕으로 만들어진 모형으로 데이터 적용 이전에 모형을 구상
- ○ 회계 부정 적발 모형은 경험적인 회계 부정 원인을 먼저 설정하고 이를 기반으로 통계적 기법을 응용하여 모형을 개발하는 것이 바람직
- ○ Dechow et al.(2011)는 Graham et al.(2005)의 주장을 근거로 경영자들이 양(+)의 이익 성장성을 선호할 것으로 기대하기 때문에 Ch_ROA 변수를 선정했지만, 논리적인 원인이나 근거가 부족

## 4. 벤포드 법칙(Benford's Law)

☐ 제네럴 일렉트릭스社의 프랭크 벤포드 박사에 의해 소개

- ○ 원래 수학자 사이먼 뉴컴이 1881년 수학회 학회지에 실린 이론을 50여 년이 지난 후 벤포드가 학문적 근거를 제시하여 소개
- ○ 수치가 어느 특정 숫자(1~9)로 시작할 확률을 다음과 같이 산식으로 표현

$$P(d) = Log_{10}(1 + \frac{1}{d})$$

여기서, d : 0을 제외한 숫자(1~9), P : 해당 숫자의 확률

- ○ (예) 1이 해당 수치의 첫째 자리 숫자가 될 확률은 30%이고 첫째 자리 숫자가 9가 될 확률은 4.6%가 된다는 것
- ○ 책을 읽을 때 앞쪽(낮은 번호)을 뒤쪽(높은 번호)보다 많이 읽어 본다는 점에서 착안한 아이디어
- ○ 〈벤포드 법칙을 이용한 부정 적발 예시〉
  - 매출 기록 30건을 무작위로 표본 추출하여 각 매출 금액별로 첫 번째 숫자

기준으로 정리한 결과가 다음과 같음.

| 숫자 | 발생건수 | 발생비율 (A) | 벤포드 법칙상 비율 (B) | 편차 (C) = (A) - (B) | 비고 |
|---|---|---|---|---|---|
| 1 | 5 | 16.7% | 30.1% | - 13.4% | |
| 2 | 3 | 10.0% | 17.6% | - 7.6% | |
| 3 | 1 | 3.3% | 12.5% | - 9.2% | |
| 4 | 2 | 6.7% | 9.7% | - 3.0% | |
| 5 | 3 | 10.0% | 7.9% | 2.1% | |
| 6 | 2 | 6.7% | 6.7% | 0.0% | |
| 7 | 2 | 6.7% | 5.8% | 0.9% | |
| 8 | 4 | 13.3% | 5.1% | **8.2%** | **편차 심함** |
| 9 | 8 | 26.7% | 4.6% | **22.1%** | **편차 심함** |

숫자 1~4는 부( - )의 편차로서 분석 대상이 아니며 숫자 8, 9가 과도하게 많은 분포를 보여 이들 매출 거래를 주시한 결과, 첫 자리가 8과 9로 시작되는 거래 모두 100만 원 이하 소액 거래(80만 원대와 90만 원대)로서 문서화된 주문서 없이 매출을 발생시키고 있어 가공 매출 가능성이 높음.

☐ 벤포드 법칙 이용이 효율적인 경우

- ○ 2개 이상의 수치의 계산값 : (예) 매출채권 = 판매량 × 단가
- ○ 건별 회계정보 : (예) 매출액, 각종 비용

☐ 벤포드 법칙 이용이 비효율적인 경우

- ○ 사전 할당된 숫자 : (예) 주문서 번호, 송장 번호 등
- ○ 기업이 의도적으로 정한 숫자 : (예) 5만 원 상품권 등
- ○ 장부 외 거래 : (예) 현금 횡령, 사례금 뒷거래 등

☐ 벤포드 법칙에 대한 도이치방크의 보고서

- ○ 벤포드 법칙을 재무상태표와 손익계산서에 적용하여 유용한 결과 도출
- ○ 전체 수치 가운데 첫 번째 숫자가 1인 경우가 60%를 넘기거나, 1에서 9의 숫자가 같은 비율로 나타날 때 회계 부정(분식회계)의 신호로 간주

벤포드 법칙이 다양한 데이터(사망률, 전기요금 등)에 적용한 결과 작동한다는 사실이 밝혀졌지만, 수학자들도 그 이유를 완전하게 설명하고 있지는 못하고 있음. 다만, 이 법칙을 활용하여 거래를 피해야 할 기업을 찾아내는 데 유용하다는 게 도이치방크의 주장

## 5. 이상치 분석기법

□ 이상치 분석기법에 의한 흑자 도산 기업 분석

○ [개요] 흑자 도산 기업을 조기에 예측하는 모형

- 한국신용평가정보㈜와 일본의 이토쇼지 교수가 공동 개발한 부실 예측 모형(KIS-Alarm)을 토대로 신용보증기금에서 수정 개발(2003.12.)
- 한국신용평가정보㈜는 1997년도에 KIS-Alarm을 개발하였으나, 2003년 이후에는 KIS-Alarm의 명칭을 거래기업의 신용도 변화를 실시간으로 감시할 수 있는 신용위험 조기경보 시스템으로 사용하고 있음.

○ [개발 배경]

- **흑자도산 기업**들의 상당수가 재무구조가 무난하면서 성장성이 높아 전통적인 재무비율 분석이나 통계모형에 의한 재무위험 분석만으로는 **부실 징후를 조기에 예측하는 데 한계**
- 기존 통계모형에서는 설명하기 어려운 자금 흐름의 이상 변화를 포착하여 기업의 부실 가능성을 예측하고 자금흐름의 건전성을 평가

○ [기본목적]

- 현재 정상기업이더라도 2~3년 이후의 미래 도산 가능성 있는 기업을 조기 예측

□ 흑자 도산 기업 분석의 특징

○ 미래 도산 가능 기업의 조기진단

- 현재 상태보다는 2~3년 이후의 부실 가능성을 예측
- 현재 정상기업이더라도 최근 3~4개년간의 재무제표 이상치 분석을 통해 미래의 도산 가능성을 조기 예측
- 신용평가시스템 : 기업의 부도 확률을 근거로 신용등급을 부여하며 신용등급의 유효기간 1년

○ 구조적 모형으로서 부실 원인에 대한 설명력이 높음.
- 논리적, 경험적인 부실 원인을 먼저 설정하고 이를 기반으로 통계적인 기법을 응용하여 모형을 개발
- 부실 원인에 대한 설명으로 정보이용자의 이해도가 높아짐.

○ 영업실적 평가보다는 자금흐름의 건전성을 평가
- 영업실적을 평가하는 것보다는 자금흐름의 이상 변화분석을 통해 기업의 부실 징후를 예측
- 부실기업의 적지 않은 수가 흑자기업으로 전통적인 재무비율을 활용한 부실 예측 방법으로는 한계가 있음.

○ 데이터 이상치에 영향을 받지 않는 실제 분포에 근거한 모형
- 재무비율과 부실률의 상관관계가 어느 한쪽으로 편향된 분포(선형)를 보이지 않는 양극단에 분포(U형)하는 이상치(outlier)를 포함
- 통계모형에서는 U형 분포를 보이는 변수에 대한 설명력이 부족
- 통계모형은 분석 특성상 이상치 및 결측치를 제거 또는 조정하여 사용해야 하므로 변수 고유의 속성에 근거하지 않음.

□ 흑자 도산 기업 분석지표 예시

○ 아래 분석지표는 신용보증기금에서 활용했던 이상치 기법 분석지표

| 구분 | 평가항목 | 평가지표 | | 자금확보 방법 |
|---|---|---|---|---|
| 영업자산 회전상황 | 운전자금회전기간 | 수준 | 운전자금회전기간 | 매출채권 조기 회수, 매입채무 지급연기, 영업용 자산의 처분 등 |
| | | 변화량 | 운전자금회전기간 변화량 | |
| | 영업 운전자본 회전기간 | 수준 | 영업 운전자본회전기간 | |
| | | 변화량 | 영업 운전자본회전기간 변화량 | |
| 차입금 상황 | 차입금 수준 및 변화 불건전도 | 수준 | 차입금 대 월매출액 | 차입금의 추가차입 |
| | | 변화량 | 차입금 변화 불건전도 | |
| 영업활동의 종합적인 균형 | 경상수지 | 수준 | 현금경상수지 비율 | 현금 판매 수익 증대, 현금 판매 비용 감소 |
| | | 변화량 | 현금경상수지 비율 변화도 | |
| | 이익조정 | 수준 | 이익 조정계수 | |
| | | 변화량 | 이익 조정계수 변화량(변화도) | |

○ U자형 분포를 갖는 재무지표 예시

- 운전자금회전기간은 변수 특성상 부실 위험과 대표적인 U자형 분포를 보임.

| 구간구분 | 구간값 | | 부실률 |
|---|---|---|---|
| | 이상 | 미만 | |
| 1 | | -2.00 | 32.84% |
| 2 | -2.00 | -0.85 | 19.34% |
| 3 | -0.85 | -0.45 | 16.96% |
| 4 | -0.45 | -0.10 | 14.35% |
| 5 | -0.10 | 0.15 | 8.02% |
| 6 | 0.15 | 0.40 | 8.84% |
| 7 | 0.40 | 0.74 | 9.91% |
| 8 | 0.74 | 1.37 | 11.17% |
| 9 | 1.37 | 3.00 | 23.38% |
| 10 | 3.00 | | 38.30% |
| 합계 | | | 15.02% |

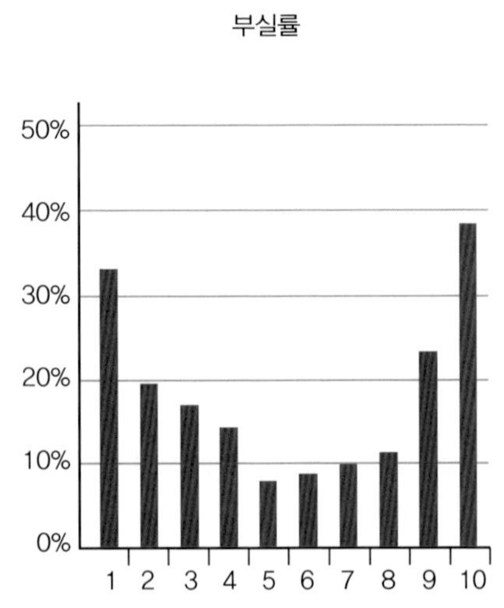


□ 주요 이상치 분석지표

○ 운전자금회전기간(WFTO: Working Fund Turn Over)

$$\text{운전자금회전기간} = \frac{(\text{매출채권}_t - \text{매입채무}_t)}{\text{매출액}_t}$$

$$\text{운전자금회전기간 변화량} = \text{운전자금회전기간}_t - \text{운전자금회전기간}_{t-2}$$

t : 당기, t-2 : 전전기

○ 수준 및 변화량 지표에 의한 평가 테이블(Matrix Table)에 의해 평가

**[운전자금회전기간 및 변화량 Matrix Table]**

| | | | | | | | | | |
|---|---|---|---|---|---|---|---|---|---|
| 0 | 0 | 0 | 0 | 3 | 3 | 3 | 3 | 3 | 3 |
| 0 | 3 | 3 | 5 | 5 | 5 | 5 | 5 | 5 | 5 |
| 0 | 3 | 5 | 5 | 5 | 7 | 7 | 7 | 7 | 7 |
| 0 | 3 | 5 | 7 | 7 | 7 | 9 | 10 | 9 | 7 |
| 0 | 3 | 5 | 7 | 7 | 9 | 10 | 10 | 9 | 9 |
| 0 | 3 | 5 | 7 | 7 | 7 | 9 | 10 | 9 | 7 |
| 0 | 3 | 5 | 5 | 5 | 7 | 7 | 7 | 7 | 7 |
| 0 | 3 | 3 | 5 | 5 | 5 | 5 | 5 | 5 | 5 |
| 0 | 3 | 3 | 3 | 3 | 3 | 3 | 5 | 5 | 5 |
| 0 | 0 | 0 | 0 | 0 | 0 | 0 | 0 | 0 | 0 |

운전자금회전기간 변화량: −2, −0.85, −0.45, −0.1, 0.15, 0.4, 0.74, 1.37, 3

운전자금회전기간 수준: −2.1, −0.9, −0.2, 0.2, 0.7, 1.15, 1.65, 2.4, 3.55

- 평가지표 설명(운전자금회전기간)

- 매출액과 대비한 운전자금(매출채권 − 매입채무)의 수준과 변화량(증감)을 통해 운전자금의 이상징후를 파악하는 항목으로 운전자금회전기간의 급격한 변화는 자금 사정이 악화되고 있다는 이상징후로 볼 수 있음.
- 매출액의 증가를 수반하지 않는 매출채권의 급격한 증가나 매출 증가를 초과하는 매출채권의 급격한 증가는 부실채권, 가공매출 등의 분식결산 결과일 가능성이 있고 반대로 매출 감소를 초과하는 매출채권의 급격한 감소는 자금 사정의 악화로 인한 매출채권의 조기 회수일 가능성 있음.
- 한편 급격한 매입채무의 증가도 대금 지급의 지연에 의한 것일 수 있으므로 회전기간의 급격한 변화와 함께 회사의 자금 사정이 악화되고 있음을 알려주는 이상징후로 볼 수 있음.

○ 차입금 변화 불건전도(DDC: Dirty Debt Change)

$$\text{차입금 변화 불건전도} = \frac{\text{차입금 변화 불건전액}}{\text{매출액}}$$

○ 차입금 변화 불건전액

$= (\text{총차입금}_t - \text{총차입금}_{t-2}) - (\text{현금 및 현금성 자산}_t - \text{현금 및 현금성 자산}_{t-2})$

$- (\text{매출액 증감 반영 차입금} + \text{운전자금회전기간 반영 매출액})$

- 매출액 증감 반영 차입금 $= (\text{매출액}_t - \text{매출액}_{t-2}) \times \dfrac{\text{총차입금}_{t-2}}{\text{매출액}_{t-2}}$
- 운전자금회전기간 반영 매출액 $= \text{매출액}_t \times \text{운전자금회전기간 변화량}$
- 평가지표 설명(차입금 변화 불건전도)

- 차입금 규모가 외형(매출액)에 비해 과중한지와 차입금을 영업활동 이외의 불건전한 용도로 유용하고 있는지를 평가하는 지표
- 외형성장에 비해 과다한 차입금 증가는 자금 사정이 악화되고 있거나, 차입금을 불건전한 용도로 유용하고 있음을 보여주는 이상징후일 수 있음.
- 매출액 증가에 따른 매출채권 및 매입채무의 증가분(운전자금의 증가분) 이상의 차입금 규모의 증가는 기업의 자금 사정이 좋지 못한 것에 기인
- 이 값이 동 업계 평균 대비 지나치게 큰 양(+)의 값을 보인다면 차입금을 불건전한 용도로 유용하고 있음을 보여줌.
- 반면에, 이 값이 부(−)의 값을 지니면 기존 차입금을 자발적으로 상환했거나 금융기관으로부터의 강제상환 압력에 기인한 것
- 일반적으로 강제상환의 경우가 많으므로 현금 보유 수준의 여력이 없음에도 이 비율이 지나치게 과도한 부(−)의 값을 보인다면 오히려 자금 융통이 어려워지는 상황을 알려주는 이상징후로 볼 수 있음.

## 6. 면담(interview) 및 현장 조사 기법

□ 면담 및 현장 조사의 필요성

○ 회계 부정의 결과는 재무제표에 누적 반영되어 회계 부정을 의심할 수 있지만 재무제표 분석만으로 회계 부정을 입증하는 것은 어려움.

- 따라서 재무제표를 구성하는 개별 거래 문서나 전표의 확인 필요

○ 회사자료 구성에 따라 회계 부정 혐의(allegation)에 대한 조사·분석 방법에 차이

- 회사 특성에 따라 조사 방법이 달라질 수 있음.

○ ⇨ 결국, 면담과 현장 조사에 의한 포렌식 회계분석이 필요

☐ 면담 단계

○ 인터뷰는 조사 초기, 중반, 결론으로 나누어져야 하고 과학보다도 **기술이 더 필요**한 영역

| 단계 | 인터뷰 내용 |
|---|---|
| 조사 초기 | 혐의와 관련된 거래 성격 등의 전반적인 내용 이해를 위한 면담 |
| 조사 중반 | 발견된 부정 회계 증거에 관한 본인의 입장 등 추가 정보를 확보 |
| 조사 결론 | 혐의 시인을 위한 면담으로 포렌식 회계 조사가 종료된 이후에 수행 |

☐ 현장 조사를 통한 회계 속임수의 발견

○ 회계 속임수(재무적 부실 징후와 유사)

- 경영진이 기업의 영업실적 혹은 재정 건전성에 관해 사실과 다른 정보로 투자자의 눈을 가리는 행동
- 분식회계와 유사한 개념

**[분식회계(粉飾會計: Window Dressing)]**

자산, 수익을 과소계상하고 부채, 비용을 과대계상하는 **逆분식도 포함**하는 개념이나, 逆분식을 하는 유인은 비상장기업, 중소기업에서는 거의 발생하지 않으며 신용분석 등에서 검토 제외 사항이므로 일반적으로 역분식에 대한 분석은 생략

☐ 회계 속임수의 범주

| 범주 | 회계 속임수 수법 |
|---|---|
| 이익 조작 | 1. 매출(수익)의 조기 인식<br>2. 가공매출액의 인식(수익의 허위 계상)<br>3. 일회성 혹은 지속 불가능한 활동을 통한 이익 부풀리기<br>4. 당기 비용을 차기 이후로 이연하기<br>5. 비용이나 손실을 감추는 기타 수법(부외부채 과소계상)<br>6. 당기 이익을 차기 이후로 이연하기<br>7. 미래에 인식할 비용을 현재로 앞당기기 |
| 현금흐름 | 8. 재무활동 범주의 현금유입을 영업활동 범주로 옮기기<br>9. 영업활동 범주의 현금유출을 다른 범주로 옮기기<br>10. 지속 불가능한 활동으로 영업현금흐름 부풀리기 |
| 핵심 지표 | 11. 성과를 과장하는 잘못된 지표 보여주기<br>12. 실적 저조를 숨기려고 재무상태표상의 수치 왜곡하기 |

자세한 내용은 본 교재 부록 및 Howard S. et al.「포렌식 접근법으로 회계조작을 찾아내는 회계 속임수」, 이은주 역(2018) 참조.

□ 현장 조사를 통한 기업의 부실 징후 발견

○ 회계 부정이 누적되면 부실로 이어질 가능성이 높으므로 현장 조사를 통해 부실 징후를 발견하는 기법은 포렌식 회계 조사에서 중요함.

- ⇨ 기업 부실(bankruptcy)의 원인과 부실 예측 관련 내용은 제11장 참조
- bankruptcy : financial distress, business failure, default와 동일한 의미

○ 현장 조사를 통해 파악해야 하는 재무적 부실 징후

| # | 재무적 부실 징후 |
|---|---|
| 1 | 뚜렷한 원인 없는 급격한 매출액 증가 |
| 2 | 불건전한 자금조달과 자금운용 |
| 3 | 증자 속도가 빠른 업체 |
| 4 | 매출액 대비 금융 비용 부담률이 높은 기업 |
| 5 | 재고자산 또는 매출채권의 과다 |
| 6 | 부실자산 및 부외부채의 증가 |
| 7 | 수익성의 감소 추세 |

① 뚜렷한 원인 없는 급격한 매출액 증가

- 가공매출액 계상 등으로 매출액 감소 추세를 은폐
- 이익 증가를 동반하지 않는 급격한 매출액 증가(덤핑판매 등)

② 불건전한 자금조달과 자금운용

- 사채 및 제2금융권 활용 시 고금리 부담으로 자금 사정 악화
- 유동부채 차입으로 비유동자산 확보, 차입금 상환 압박
- 과도한 비업무용 자산의 증가는 운전자금 경색 시 부실화 가능성

③ 증자 속도가 빠른 업체

- 금융기관 이용, 허가 요건(조달청 등)의 취득을 위해 허위 증자
- 허위 증자 기업은 표면적인 재무비율을 양호하게 보이기 위해 다른 계정과목에 대한 회계 부정 가능성도 높음.

④ 매출액 대비 금융 비용 부담률이 높은 기업

- 매출액 대비 금융 비용 부담률이 2~3년 이내에 증가하고 있고, 이자보상배율이 3개년 연속해서 1 미만인 기업

⑤ 재고자산 또는 매출채권의 과다
- 재고자산회전율 둔화 시 가공재고 가능성을 조사
- 매출채권의 급증은 주로 밀어내기식 매출의 결과이거나 불량매출채권의 보유 가능성이 높으므로 이를 조사

⑥ 부실자산 및 부외부채의 증가
- 불분명한 가지급금, 대여금, 가수금이 증가 시 자금의 외부 유출일 가능성 또는 사채(私債)일 가능성이 높으므로 이를 조사

⑦ 수익성의 감소 추세
- 지속적인 악화 시 유동성 저하와 차입금의 증가 요인
- 수익성 악화 추세가 구조적이며 대책이 없는 경우 부실화의 징후

○ 현장 조사를 통해 파악해야 하는 비재무적 부실 징후

| # | 비재무적 부실 징후 |
|---|---|
| 1 | 각종 공과금 등의 연체 |
| 2 | 불량 또는 결함제품으로 인한 반품 |
| 3 | 기담보 설정 부동산에 제2금융권 추가 담보 설정 |
| 4 | 기업의 주요 자산 매각 |
| 5 | 임원 등 주요 간부사원 또는 종업원의 연속적 사퇴 |
| 6 | 사무실과 공장 분위기 침체 |
| 7 | 기업거래처 정보 또는 동종업체 소문 |
| 8 | 신규사업의 실패 |
| 9 | 본업보다 부업에 열중이고 명예를 좇는 경영자 |

① 각종 공과금 등의 연체
- 자금 사정 악화 시 각종 공과금(세금, 통신료, 의료보험료, 국민연금 등) 연체 또는 종업원 급여 체불

② 불량 또는 결함제품으로 인한 반품
- 반품 시 불량 재고 증가로 운전자금조달 애로 및 주요 거래처 상실로 이어져 영업 기반 붕괴 가능성 존재
- 수출업체는 클레임 규모에 따라 기업의 존립에까지 영향

③ 기담보 설정 부동산에 제2금융권 추가 담보 설정
- 후순위 근저당 설정(특히, 저축은행)을 통한 자금조달은 자금압박에서 기인했을 가능성이 높음.

④ 기업의 주요 자산 매각
- 자금 사정 악화 시 부동산, 설비, 운반용 기구 등을 매각
- 부동산에 소유권이전 가등기가 되어 있는 경우

⑤ 임원 등 주요 간부사원 또는 종업원의 연속적 사퇴
- 갑작스러운 회계 담당 임원 또는 간부사원의 사퇴
- 숙련공의 이직률이 높으면 불량률이 높아져 생산성 저하

⑥ 사무실과 공장 분위기 침체
- 사무실과 공장 분위기가 침체하여 있거나 조사관의 눈치를 보는 경우
- 거래처가 아닌 사람의 왕래로 분위기가 어색한 경우(채권자의 방문 등)

⑦ 기업거래처 정보 또는 동종업체 소문
- 매입처, 판매처, 운송업자, 하청기업 등의 거래처로부터의 정보는 신빙성이 높아 주의할 필요
- 특히 동종 업종은 상대 경쟁사들에서 관심이 많음.
- 업계에 평판이 나빠진 업체 주의

⑧ 신규사업의 실패
- 현재 사업 품목의 수익 저조로 새로운 사업 추진 시 새로운 프로젝트의 실패는 바로 기업 부실로 연결

⑨ 본업보다 부업에 열중이고 명예를 쫓는 경영자
- 명함에 회사 외의 보직이 많고 현장경영을 하지 않는 경영자
- 배경에 의존하거나 로비에 치중, 품질보다 인맥에 의지한 영업활동

## 7. 포렌식 회계조사관(FA: Forensic Accountants)

☐ 회계감사와 포렌식 회계 조사 능력

- 회계감사 : 기업의 분개 및 회계처리와 재무제표 작성의 적정성 검토
- 포렌식 회계조사관 : 재무제표 작성, 회계감사 능력과 별개의 전문적인 지식과 기술(arts)이 필요하고 인공지능이 대체하기 어려운 업무 분야

☐ 포렌식 회계조사관(FA)의 필요성

① 회계 부정 적발 방법으로서 디지털 포렌식 회계의 한계점

- 기업의 내부 감사(또는 감사위원회)가 임직원의 회계 부정 조사를 회사의 비용으로 외부 전문가에게 의뢰하는 경우에 디지털 포렌식 활용 가능
  *외감법 제22조(부정 회계 등의 보고, 회계 부정 조사절차)
- 현재 회계법인, 법무법인은 디지털 포렌식에 중점을 두고 있어 회계전문가보다는 디지털 포렌식 전문가 영역이 큼 : 대부분의 대형 회계법인과 법무법인은 디지털 포렌식 전문가를 고용하거나 디지털 포렌식 전문업체와 업무제휴
- 회사 차원에서의 경영자 부정은 회계거래 정보에 대한 접근 불가로 디지털 포렌식 기법에 따른 회계 부정 적발에 한계 : 기업 차원에서 조직적으로 회계 부정이 이루어졌을 경우 기업으로부터 자료의 도움을 받지 못함.
  ⇨ 디지털 포렌식 방법에 따른 부정 회계 적발은 사실상 불가능하므로 공시된 재무제표를 통해 부정 회계를 감지할 수 있는 포렌식 회계조사관이 필요

② 감사위원회 업무지원

- 최근 들어 투자자들은 올바른 기업윤리의 확립 및 운영을 요구하는 추세로서 회계 부정에 대한 예방 및 조기 적발을 위해 포렌식 회계조사관의 필요성 증대

③ 내부 감사인 업무지원

- 조직 내부의 회계 부정을 발견하는 기능으로서 내부 감사인은 포렌식 회계조사관의 업무지원이 필요

④ 매도자 재무제표에 대한 M&A 기업실사 업무지원

- 기업가치평가를 위한 실사(Due Diligence)를 수행할 때 매도 기업의 재무제표가 적정한지, 잠재적인 부정 요소 등은 없는지에 대한 검토 필요

⇨ FA는 부정 회계 적발 방법론을 활용하여 성공적인 M&A가 되도록 지원

⑤ 디지털 포렌식 회계를 설계하고 분석하는 기술자

- 포렌식 회계조사관은 부정 회계를 적발하기 위한 모형 등을 설계하고 분석하는 기술자(engineer)라면, 디지털 포렌식 전문가는 설계한 대로 자료를 처리하여 추출해 주는 정비사(mechanic)

## [참고 10-1] | 국내 비상장기업에 적합한 M-Score 개발 연구[2)]

### 1. 연구 배경

□ 한국 경제(회계)환경에 적합한 회계 부정 적발 모형 개발 필요

- M-Score, F-Score와 선행연구에서 이익조정(회계 부정) 대용치로 사용된 재량적 발생액 관련 변수들이 회계 부정 가능성을 적발하는 데 유용한(적합한) 모형인지 국내기업을 대상으로 실증 검증 필요
- 내부회계관리제도 감사 대상 기업의 완화(축소)에 따른 회계 투명성 확보를 위한 보완 장치로서 국내 기업(특히, 비상장기업)에 적합한 회계 부정 적발 모형 개발 필요

### 2. 연구 방법

□ 표본

- Beneish-Score의 문제점을 해소하고 이상치법 및 Dechow의 F-Score 등을 참조하여 국내 비상장기업 표본(48,732개)을 토대로 개발
- 이익 조작기업 1,151기업/년, 정상기업 47,581기업/년

□ 회계 부정(Manipulator) 요건 정의

- 이익 조작(회계 부정) 기업은 궁극적으로 부실기업으로 이어진다는 가정하에 부실기업을 회계 부정(FSF: Financial Statement Fraud) 기업의 대용치로 사용
- 신용위험 요인을 제거하기 위해 부실기업 중 부실 발생 3년 전에는 양(+)의 당기순이익을 나타냈던 기업을 회계 부정 의심 기업으로 정의(이하 회계 부정 기업으로 서술)
- 따라서 최근 2개년 내 부(－)의 당기순이익을 나타낸 부실기업은 표본에서 제거

---

2) Kim and Jung(2023).

□ 연구 방법 체계

○ 회계 부정 의심 기업을 적발하는 모형을 구축하는 것으로 가설설정은 하지 않고 다음과 같은 순서 체계로 분석

① 선행연구 등을 검토하여 회계 부정 적발 관련 변수에 대한 단변량 검증

- t-검정의 통계량과 단변량 로짓분석의 concordant 값
- M-score, F-score, 재량적 발생액 등 이익조정(조작) 관련 변수와 이상치 기법 분석지표 대상

② 국내 표본 대상으로 M-score, F-score에 대한 유용성 검증

- 모형의 정오 분류표, ROC 방법론에 의한 AUC로 변별력 검증
- AUC(Area Under the receiver operating characteristic Curve) : 바젤위원회에서 제시한 예측 모형(신용평가 모형)의 변별력 측정치

③ 학습 표본(training sample) 70%, 확인 표본(holdout sample) 30%로 분류

- 학습용과 검증용(확인용) 모두 회계 부정 의심 기업 비율(2.36%)이 동일하게 무작위 추출 방식으로 분류

④ 학습 표본을 이산시간로짓분석의 단계적 선택법(stepwise method)과 유의한 변수 조합 시뮬레이션 실시

- ①, ②단계에서 회계 부정과의 관계가 양(+)의 유의한 결과를 보여주고 있는 변수들을 설명변수로 투입
- 변수 간의 상관관계에 따라 중간 추정 결과 다중공선성의 영향을 받지 않도록 하고 각 변수의 기대 부호가 유의하게 양(+)을 보이는가를 시뮬레이션을 통해 검토하여 최종 변수 선정

⑤ 학습 표본으로 구축된 회계 부정 적발 모형에 대한 **등급 계량화 및 변별력 검증**

- 제2종 오류(의심 기업을 정상기업으로 분류)가 제1종 오류(정상기업을 의심기업으로 분류)의 기대비용이 크므로 Sensitivity(의심 기업을 의심 기업으로 분류)가 Specificity(정상기업을 정상기업으로 분류)보다 5%~10% 크도록 cut-off를 설정
- cut-off를 기준으로 회계 부정 의심 등급 4개(1~4등급)와 정상기업 6개(6~10등급)로 분류하여 등급 계량화를 점검(calibration)

⑥ 확인용 표본을 대상으로 모형의 안정성과 지속성을 검정

- 확인 표본에 의한 정보 분류표와 변별력(AUC) 검증 및 의심 등급에 대한 모집단 안정성 지수인 PSI(Population Stability Index) 검증

## 3. 실증분석 결과

☐ 학습 표본에 의한 회계 부정 의심 기업 예측모형 실증분석 결과

- ○ 선정된 변수가 모두 유의수준 1%에서 모두 통계적으로 유의하고 AUC가 72.6%로서 모형의 변별력이 양호한 편임.

| | Full Sample (N=34,113) | | | |
|---|---|---|---|---|
| | Coef Est | Std Error | Chi-Square | P>\|Chis-Sq\| |
| Intercept | −5.2411 | 0.2611 | 402.88 | <.0001 |
| WFTO | −2.5592 | 0.3547 | 52.07 | <.0001 |
| (WFTO)2 | 6.0355 | 0.8355 | 52.18 | <.0001 |
| DSRI | 0.1163 | 0.0395 | 8.69 | 0.0032 |
| AQI | 0.0606 | 0.0208 | 8.51 | 0.0035 |
| DDC | 1.1753 | 0.1125 | 109.16 | <.0001 |
| Ch_AR | 1.5984 | 0.4832 | 10.95 | 0.0009 |
| Soft_Asset | 1.4478 | 0.1950 | 55.10 | <.0001 |
| Ch_CS | 1.7404 | 0.3328 | 27.35 | <.0001 |
| REM | 0.4483 | 0.1076 | 17.35 | <.0001 |
| D_size1 | −0.4369 | 0.1011 | 18.69 | <.0001 |
| Industry Dummy | Included(sic1~sic14) | | | |
| Likelihood Ratio | | | 447.3 | <.0001 |
| AUC | 72.56% | | | |

여기서,
REM : Real Earnings Management 실물 조정 이익조정
D_Size1 : 대기업 더미변수(대기업과 중소기업으로 분류)
Industry Dummy : 중분류 기준으로 15개 업종군으로 분류하여 더미변수 14개
기타 변수 설명은 본 장 제4절 참조

□ 학습 표본에 의한 등급 계량화

○ 10등급별로 회계 부정기업 실제 발생률이 확률 범위 안에 역전 현상 없이 안정적인 분포를 보여주고 있음.

○ 4등급은 회색지대로 볼 수 있으므로 판단을 보류하고 1~3등급은 회계 부정 의심 등급(1. 매우 높음, 2. 높음, 3. 의심 가능성)으로 분류

○ 부실기업 예측 모형이 아니고 회계 부정 의심기업을 판별하는 모형이므로 실무적으로는 5등급 체계로 분류하여 운영하는 것이 바람직

- ⇨ 1, 2등급은 현장 조사 시 계정과목에 대한 세부적인 조사가 이루어져야 하고 1등급은 내부회계관리제도 외부감사 대상기업으로 선정하는 제도적 보완 장치가 필요

**[학습 표본에 의한 회계 부정 의심 적발 모형 등급별 회계 부정 실제 발생률]**

| 구분 | 의심 등급 | 의심 확률 범위 | | 전체 기업 | | | 실제 발생률 | 5등급 체계 | |
|---|---|---|---|---|---|---|---|---|---|
| | | 이상 | 미만 | 정상 기업 | 의심 기업 | 합계 | | 의심 등급 | 실제 발생률 |
| 회계 부정 판정 | 1 | 4.14% | 100.00% | 3,002 | 262 | 3,264 | 8.03% | 1 | 8.03% |
| | 2 | 3.12% | 4.14% | 3,123 | 140 | 3,263 | 4.29% | 2 | 4.29% |
| | 3 | 2.57% | 3.12% | 3,168 | 96 | 3,264 | 2.94% | 3 | 2.64% |
| | 4 | 2.20% | 2.57% | 3,187 | 76 | 3,263 | 2.33% | | |
| 정상기업 판정 | 5 | 1.90% | 2.20% | 3,449 | 68 | 3,517 | 1.93% | 4 | 1.62% |
| | 6 | 1.64% | 1.90% | 3,471 | 46 | 3,517 | 1.31% | | |
| | 7 | 1.40% | 1.64% | 3,455 | 41 | 3,496 | 1.17% | 5 | 0.84% |
| | 8 | 1.16% | 1.40% | 3,492 | 25 | 3,517 | 0.71% | | |
| | 9 | 0.88% | 1.16% | 3,496 | 21 | 3,517 | 0.60% | | |
| | 10 | 0.00% | 0.88% | 3,464 | 31 | 3,495 | 0.89% | | |
| 합계 | | | | 33,307 | 806 | 34,113 | 2.36% | | |

cut-off value = 0.022

□ 기존 모형(M-Score, F-Score)과 연구 모형의 변별력 비교

○ 가장 중요한 변별력 측정치인 AUC, HR이 기존 모형을 월등히 앞서고 있으며 연구 모형의 확인 표본이 추정 표본과 큰 차이가 없어 안정적임.

| | 기존 모형 | | 연구 모형 | | 비고 |
|---|---|---|---|---|---|
| | M-score | F-score | 추정 표본 | 확인 표본 | |
| AUC | 52.2% | 55.3% | 72.6% | 70.0% | |
| HR | 41.7% | 49.0% | 71.2% | 65.2% | sensitivity |
| Specificity | 60.0% | 60.2% | 62.5% | 73.7% | |
| False-Neg | 2.3% | 2.0% | 1.1% | 1.0% | |

여기서,
AUC : 바젤위원회에서 제시한 부실 예측(신용평가) 모형의 변별력 측정치
HR : 회계 부정 기업을 회계 부정 기업으로 예측한 Hit Ratio로서 Sensitivity라고도 함.
Specificity : 정상기업을 정상기업으로 분류하는 변별력을 보여줌.
False-Neg : 정상기업으로 예측한 기업 중 실제 회계 부정 기업

CHAPTER 10

# 연습문제

**01** 포렌식 회계의 의미와 업무영역에 관해 설명하시오.

**02** 회계 부정의 개념인 재무제표의 중대한 오류를 설명하고 회계 부정의 법적 의미에 관해 기술하시오.

**03** 회계 부정의 징후(red flag)에 관해 설명하고 매입채무 관련 부정 징후에 대해 5가지 이상 기술하시오.

**04** 매출채권 및 재고자산 관련 회계 부정의 징후에 대해 각각 5가지 이상 기술하시오.

**05** 회계 부정 적발 방법으로 분석적 절차(analytical procedures)가 있다. 분석적 절차 기법에 대해 5가지 이상 간략하게 기술하시오.

**06** 베니쉬 모형(Beneish model)의 특징과 한계점에 관해 기술하시오.

**07** Dechow et al.(2011)의 F-Score의 특징과 한계점에 관해 기술하시오.

**08** Dechow et al.(2011)의 F-Score가 산출되는 과정에 관해 설명하시오.

**09** 벤포드 법칙(Benford's law)에 관해 설명하고 이 법칙이 효율적인 경우와 비효율적인 경우를 기술하시오.

**10** 이상치 분석기법으로서 흑자 도산 기업 분석의 특징을 설명하시오.

**11** 면담 및 현장 조사의 필요성을 설명하고 면담단계를 기술하시오.

**12** 현장 조사를 통해 파악해야 하는 비재무적 부실 징후에 대해 5가지 이상 기술하시오.

**13** 포렌식 회계조사관의 필요성과 업무영역에 관해 설명하시오.

**14** 국내기업에 적합한 회계 부정 적발 모형 개발의 필요성과 연구방법론에 관해 설명하시오.

**15** 연습문제 제6장 30번 K판지(주)에 대한 자료를 토대로 중소기업 적용 Beneish Score(M-Score5)와 이상치 분석지표 중 차입금 변화 불건전도(DDC)를 산출하고 회계 부정 가능성에 대한 의견을 제시하시오.

CHAPTER 11

# 기업 부실의 원인 및 부실 기업 예측

# 제 1 절 기업 부실의 원인

## 1. 기업 부실(bankruptcy, financial distress, business failure, default)의 구분 및 개념

□ 기업의 부실은 경제적 부실(수익성 악화)과 재무적 부실(지급능력 저하)을 거쳐 최종적으로 법률적 부실(법적 파산)의 과정을 거침.

| 기업 부실 구분 | 기업 부실의 개념 | 기업 부실 과정 |
|---|---|---|
| 경제적 부실 | • 총수익 < 총비용<br>• 투자수익률 < 자본비용<br>• 실제 수익 < 기대수익<br>• 경제적 부실이 반드시 지급불능이나 도산을 의미하지는 않음 | 수익성 악화 |
| 재무적 부실 | • 기술적 지급불능 : 기업의 유동성 부족으로 만기 채무 상환 불능<br>• 실질적 지급불능 : 자본잠식 | 지급능력 저하 |
| 법률적 부실 | • 실질적 지급불능의 결과로 기업의 영업활동 중지(청산 또는 파산) | 법적 파산<br>(협의 개념) |

1) 금융위원회의 정의 : 법정관리, 지급유예, 당좌거래정지, 청산절차의 개시, 회사정리(신용정보업 감독규정) 절차 신청 및 개시, 화의신청 및 그 결정, 부도유예협약 적용

□ 일반적으로 부실기업은 은행연합회의 신용 관리정보 등록기업을 의미하나 실무적으로 금융기관은 각자 기업 부실 관련 기준을 규정

## 2. 기업 부실의 원인

□ 기업 외적 요인

- 경기침체에 의한 판매 부진과 재고 및 반품의 증가
- 산업 전체의 구조적 특성에서 기인하는 불황
- 금융시장의 배분 기능 비효율성 및 정부의 직·간접적인 규제와 간섭
- 정책의 잦은 변경

□ 기업 내적 요인

- ○ 경영자의 부정, 태만, 능력 부족, 경험 부족
- ○ 기술혁신의 부진
- ○ 노동생산성의 상대적인 저위
- ○ 판매대금의 회수난, 재고 조절의 실패, 입지의 결함

□ 기타 우발적 요인

- ○ 경영자의 사망
- ○ 거래기업의 도산
- ○ 천재지변 등

## 3. 기업 부실화 과정

**부실 원인**
- 기업 내적 요인
- 기업 외적 요인
- 기타 우발적 요인

⇨

**부실 징후**
- 재무적 징후
- 비재무적 징후

⇨

기업 부실
(또는 파산)

**[기업 부실 원인의 유형별 분류]**

| 항목 | 주원인 (제1원인) | 부원인 (제2원인) |
|---|---|---|
| 판매 부진 | 28.4% | 19.6% |
| 판매대금 회수 부진 | 22.3% | 3.1% |
| 투자 실패 | 15.9% | 11.9% |
| 원가 상승 및 마진율 하락 | 14.0% | 27.6% |
| 관련 기업 도산 | 7.2% | 8.8% |
| 방만 경영 | 4.8% | 14.0% |
| 재무관리 소홀 | 4.2% | 10.4% |
| 기타 | 3.2% | 4.6% |
| 합계 | 100.0% | 100.0% |

자료 : 기업은행

# 제 2 절 부실채권 확인 요령

## 1. 자산(매출채권 포함) 인식 요건

① Economic Benefit : 미래 경제적 효익

② Timing : 그 경제적 효익이 향후 기업에 유입될 가능성이 높음

③ Amount Reliability : 신뢰성 있게 측정할 수 있는 원가 또는 가치를 보유

## 2. 매출채권의 적정성

① 규모의 적정성

- ○ 매출채권 회수 정책, 영업전략과 비교
- ○ 할인 및 배서어음 포함 여부
- ○ 매출채권 평균 보유기간을 동 업계와 비교
- ○ 월별 발생 패턴 분석을 통해 밀어내기, 계절성 여부 검토

② 매출채권의 질

- ○ 대손충당금 적정규모 설정 여부
- ○ 부도어음, 융통어음 규모 및 분식 여부
- ○ 특수관계자에 대한 채권 크기 및 회수 가능성

③ 연령분석

- ○ 업체별, 금액별, 기일별 등 분류
- ○ 회수 가능성 검토 : 재무제표 수정
- ○ 채권관리에 대한 회사의 정책 파악

**[매출채권 연령분석 예시: 경과 기간별 매출채권 잔액 현황]**

| 구분 | | 6월 이하 | 6월~1년 | 1년~3년 | 3년 초과 | 계 |
|---|---|---|---|---|---|---|
| 금액 | 일반 | | | | | |
| | 특수 관계자 | | | | | |
| | 계 | | | | | |
| 구성 비율 | | | | | | 100% |

## 3. 융통어음(금융어음)

□ 융통어음 : 자금의 차입을 위하여 발행하는 어음 ↔ 진성어음(상업어음)

□ 융통어음의 종류

① 실제 자금 대차가 행해지는 경우(차용증서 대신 어음 교부)

- A → B 자금대여, B가 A를 수취인으로 발행

② 제3자로부터 자금을 조달할 목적

- A → B 어음발행(상거래 미수반), B → 은행(할인, 자금조달)

□ 융통어음의 발견 요령

○ 기업의 당좌거래 평균잔액 확인 : 통상적인 경우보다 큰 금액, 일회성의 고액 발행

○ 발행 금액 및 지급기일 유의 : 금액이 많거나 정액을 발행, 통상적인 결제일이 아님.

○ 비 거래처 및 업종 무관한 거래처에 대한 어음발행 여부 : 지급어음 대장과 받을어음 대장 양쪽에 모두 기장된 기업 파악

○ 수취인이 개인 이름, 어음금액을 110%로 나누어서 정수가 아닌 경우

□ 융통어음의 회계처리

①의 경우(B사 : 어음발행인)

| | | | | | |
|---|---|---|---|---|---|
| (차) | 현금 | ××× | (대) | 단기차입금 | ××× |
| | 이자비용 | ××× | | | |

②의 경우

| 구분 | A사 (어음발행인) | B사 (어음수취인) |
|---|---|---|
| 어음발행 시 | 분개 없음(비망기록) | 분개 없음(비망기록) |
| 어음할인 시 | 분개 없음(비망기록) | (차) 현금 ×××<br>이자비용 ××× /<br>(대) 단기차입금 ××× |
| 어음만기 시 | (차) 단기대여금 ××× /<br>(대) 당좌예금 ××× | 분개 없음 |
| 자금회수 시 | (차) 현금 ××× /<br>(대) 단기대여금 ××× | (차) 단기차입금 ××× /<br>(대) 현금 ××× |

○ A사의 은행 계좌를 거쳐 수수되는 경우로서 자금 입출이 동시에 발생하지 않고 상당한 시차가 있는 경우
→ A사는 할인 후 자금 입금 시점에 차입금으로 계상하고 출금 시점에 B사에 대한 대여금으로 처리, 상계 처리하지 않음.

## 4. 부실채권 발견 요령

① 재무제표를 통한 조사

○ 합계잔액시산표상 부도어음(기타 비유동자산) 계정의 변동 내역 확인
○ 대손충당금(전년 대비 증가분)과 대손상각비의 비교
○ 부속명세서(최근 2~3년)의 비교(금액 단순 비교보다는 계속 거래 여부)
○ 특수관계자와의 거래(가지급금, 가수금 등 보조원장 파악)

② 금융거래확인서를 통한 조사

○ 서울보증보험사의 공탁보증서 발급 여부 확인
○ 중소기업중앙회의 1호 대출 보유 여부 확인(부도어음 수표 범위 내)
○ 할인어음 거래 금융기관의 연체 또는 환매 여부 등 확인

③ 부가가치세 신고서를 통한 조사

○ 부가가치세 신고서상 대손세액공제 신고란 확인

④ 대손상각에 대한 이해 및 조사

○ 대손상각＝장래의 예상 손실로서의 대손 추정액＋당기 중 회수불능 판단에 따른 확정 손실
○ 외상매출금, 받을어음, 대여금 등 일반적 상거래에서 발생한 금전채권의 대손상각 및 대손충당금 전입액
○ 거래상대방이 부도, 조업 중단, 폐업 등으로 인하여 채권 회수가 불가능하거나 채권보전조치 등을 취하여도 실익이 없을 것이라고 객관적으로 판단할 때는 이를 대손상각으로 처리
○ 일반적 상거래에서 발생한 매출채권에 대한 대손상각은 판매관리비로 처리하고 기타 채권에 대한 대손상각은 영업외비용으로 처리

⑤ 대손충당금에 대한 이해 및 조사

- ○ 대손 추산액에서 대손충당금을 차감한 금액을 대손상각비로 계상
- ○ 회수 불가능한 채권(확정)은 대손충당금과 상계하고 대손충당금이 부족한 경우 그 부족액을 대손상각비로 처리
- ○ 실무상 채권의 1%를 대손충당금으로 설정하는 경우가 많은데 이는 세무상의 손금산입 한도[설정 대상 채권×Max(1%, 대손 실적률)]에 일치시키기 위한 것
  - 회계기준상으로는 전혀 근거가 없는 비율이나, 부실채권이 전혀 없고 세무 목적상 1%로 설정하면 중요성 및 보수주의 측면에서 기업회계에서 용인될 수 있음.

⑥ 제 장부 및 기타 서류를 통한 조사

- ○ 받을어음 장부상 부도 사실 및 환매 사실 표기 여부 확인
- ○ 외상매출장부상 거래 중단업체 파악, 세금계산서합계표 금액과 재무상태표상 잔액 비교
- ○ 현금출납장, 자금 일보 등에서 부도수표, 어음 회수용 자금지출 여부 공탁금, 공탁보험료 지출 여부 확인
- ○ 대물변제로 인한 소유권 이전 비용(등록세, 취득세 등) 지출 여부 확인

⑦ 기타의 조사 방법

- ○ 의심되는 매출처에 대한 건별 신용정보조회
- ○ 신용보험 보상 내용 및 매스컴에 보도된 부실기업과의 거래 여부
- ○ 본인의 경험과 경영진, 담당자 등과 면담 과정에서 인지

## 5. 가공 매출 발견 요령

□ 분기별 매출액 구성비를 비교 검토 : 큰 폭의 변동 시 원인 파악

□ **4/4분기 매출액 비중**을 검토 : 자금 수수 여부 파악

□ 매출액이 편중된 거래처 및 편중 사유 파악 : 관계기업 여부

□ 매입·매출처의 업종 파악 : 세금계산서합계표 확인

☐ 주요 거래처의 거래 기간, 거래 배경 등 파악 : 신용정보조회 등

☐ **무상 사급**[1] **업체** 총액 매출 인식 : **임가공수수료**만 인식

☐ 제조원가상 동력비 변동 검토 : 전력비, 가스수도비 등

☐ 고정자산 매각 등 비영업활동 관련 매출액 포함 파악

☐ 건설업체는 공사 진행률을 왜곡할 가능성 다분 : 실제 공사비용 지출 여부

## 6. 가공 매출 조사 시 유의사항

☐ 연도별 매출실적 추이에 비해 최근 매출액이 급증한 기업

- 급격히 증가한 사유에 대한 면밀한 검토가 필요하며 주요 매출처에 대한 매출 사실을 전산 조회하여 진위를 확인

☐ **4/4분기 매출 비중이 높은 기업**에 대한 검토

- 기업이 가공 매출 계상 시 대부분 연말에 집중되는 경우가 많으므로 부가가치세 신고서상 또는 매출원장상에 4/4분기 매출 비중이 높다면 그 사유를 자세히 파악
- 매출과 관련된 세금계산서, 매출처별 거래원장 등을 확인하여 특정 거래처에 매출이 편중 여부 검토
- 매입처나 매출처가 관련 업종인지, 주요 거래처와의 거래 기간 및 거래 동기 또는 배경을 파악함으로써 위장 거래처 여부 및 상호 연관성을 자세히 조사

---

1) 사급(賜給)이란 원자재를 사서 공급하는 것을 말하며, '유상사급'과 '무상사급'으로 나눌 수 있는데, 유상사급은 발주업체로부터 원재료를 매입한 후 가공하여 납품하는 것, 무상사급은 발주업체로부터 원재료를 공급받아 가공하여 납품하는 것을 말한다. 다시 말하면, 유상사급거래는 발주업체에서 가공업체로 원재료를 판매한 뒤, 가공업체에서 원재료를 포함한 가격으로 가공이 완료된 제품 등을 발주업체로 판매하는 거래이며, 무상사급거래는 발주업체에서 원재료 제공 시 판매 형식이 아닌 위탁가공 형식으로 가공업체에 이전하고 이후 가공된 제품을 매입 시 가공업체에 가공비만 고려하여 산정한 가격을 지급하는 형식의 거래이다.

## 제 3 절 기업 부실 예측기법

□ 신용평가 철학(rating philosophy)

○ 개별기업에 대한 신용위험(PD: Probability of Default) 측정 시, 평가 관찰 기간의 장·단기 여부와 경기 상황을 반영하는 방법

□ 신용평가 철학 구분

① 특정 시점(PIT: Point-In-Time) 평가체계 부도 확률

- 경기변동에 따라 신용등급의 변동이 이루어지나 각 신용등급의 부도율은 상대적으로 안정된 모습

② 경기변동 주기 관통(TTC: Through-The-Cycle) 평가체계 부도 확률

- 경기의 저점 또는 상당한 스트레스 상황에서 각 기업의 자생력을 평가하여 등급을 산출하므로 경기순환에 덜 민감한 모형
- S&P 등 국제 신용평가기관의 회사채 등급 평가에 적합

□ 부실 예측 모형 접근방법

| 접근방법 | 주요 내용 |
|---|---|
| 상향식 접근방법<br>(bottom-up approach) | • 회계정보 등 기업 고유정보 사용<br>• 신용도에 따라 그룹을 분류<br>• 각 그룹의 역사적 부도율을 근거로 부도 확률 추정 → 경험적 부도 확률(historical PD)이라고 함.<br>(예) Z-Score 등 회계정보를 활용한 모형 |
| 하향식 접근방법<br>(top-down approach) | • 많은 기업이 공유하고 있는 거시경제변수 등의 총량적 정보(aggregate information) 사용<br>• 산업별 또는 지역별로 집합된 기업의 부도율에 미치는 영향을 반영하여 부도 확률 추정<br>(예) McKinsey사의 Credit Portfolio View |

□ 분석기법 측면에서의 구분

○ 회계정보를 활용한 부실 예측 모형은 Altman(1968)의 Z-score(판별분석 사용) 이후 다양한 기법이 제시되었는데 크게 네 가지로 구분

| 분석기법 | 주요 내용 |
|---|---|
| 정태적 분석 | • 특정 시점의 기업 재무 상태를 근거로 부도 발생 가능성 분석<br>• Altman(1968)의 판별분석, Ohlson(1980)의 로짓분석, Zmijewski(1984)의 프로빗 분석 등 정태적 통계분석기법 |
| 동태적 분석 | • 시간에 따른 개별 특성 효과와 기업에 따른 시간특성 효과를 반영하여 정태적 분석의 문제점 보완<br>• 이산시간로짓(discrete-time logit) 모형 (Shumway, 2001; 김성규 · 이화득, 2013)<br>• Cox의 비례위험(proportional hazard) 모형 (김창배, 2008)<br>• Clog-log(complementary log-log) 모형 (나인철 · 김성규, 2009) |
| 도산거리(DD) 분석 | • 자기자본의 시장가치가 부채가치보다 낮아질 예상 부도 확률을 Merton (1974)의 옵션가격결정이론에 근거하여 산출<br>• Crosbie(1999), Bharath and Shumway(2008) |
| 탐색적 분석 | • 의사결정나무(decision tree), 인공신경망(artificial neural network) 등의 데이터마이닝 기법을 활용<br>• 최근에는 머신 러닝(machine learning) 등 인공지능을 활용한 부실 예측이 대두 |

□ 부실 예측연구에서 제시된 재무 변수

○ 기업 부실 예측 관련 선행연구에서 제시되고 있는 주요 재무 변수들을 평가 비율 측면에서 살펴보면 다음과 같음.

| 평가비율측면 | 변수명 | 변수정의 | 선행연구 |
|---|---|---|---|
| 유동성 (Liquidity) | WCTA | 유동자산÷총자산 | Z, O |
| | CLCA | 유동부채÷유동자산 | O |
| | CASH | 현금 및 현금등가물÷총자산 | AS |
| 수익성 (Profitability) | RETA | 이익잉여금÷총자산 | Z, AS |
| | EVTA | (세전 계속사업이익+이자비용)÷총자산 | Z |
| | ROA | 당기순이익÷총자산 | O, B |
| | ROS | 세전이익÷매출액 | BG |
| 재무적 안정성 (Financial stability) | BVTL | 자기자본÷총부채 | Z |
| | TLTA | 총부채÷총자산 | O, B |
| | EQA | 자기자본÷총자산 | BG |
| | SDBV | (단기차입금+유동성장기부채)÷자기자본 | AS |
| 이자지급능력 (Coverage) | ICR | EBITDA÷100×이자비용 | AS |
| | FUTL | 영업자금÷총부채 | O |
| 현금흐름 (Cashflow) | ETL | EBITDA÷총부채 | B |
| | ETA | EBITDA÷총자산 | AS |
| 활동성 등 (Activity & Others) | STA | 매출액÷총자산 | Z |
| | CHIN | 순이익 변화량÷(\|당기순이익\|+\|전기순이익\|) | O |
| | Lsize | log(소비자물가지수로 조정된 총자산) | O |
| 더미 변수 (Dummies) | INTWO | 당기순이익 2년 연속 적자 1, 아니면 0 | O |
| | EQAG | 평균 EQA > 0이면 1, 아니면 0 | BG |
| | ROSG | 평균 ROS > 0이면 1, 아니면 0 | BG |

Z : Altman의 Z-score, O : Ohlson(1980), AS : Altman and Sabato(2007)
B : Beaver et al.(2005), BG : Behr and Guttler(2007)

기업 부실 예측 모형(기업 신용평가 모형) 연구에 있어서 변수를 선정할 때는 Altman and Sabato(2007)처럼 각 평가 비율 측면에서 해석할 수 있고 예측력이 높은 한 개의 변수만을 선택한다. 왜냐하면, 유사한 변수가 설명변수에 2가지 이상 투입되면 통계적으로 다중공선성[2] 문제가 발생하여 유사한 변수 중 1개는 부호(±)가 바뀌는 문제가 발생하기 때문이다.

2) 다중공선성(multicollinearity)은 독립변수들 사이에 강한 상관관계가 있을 때 발생한다. 즉, 하나의 독립변수가 다른 독립변수에 의해 예측될 수 있을 때 발생한다. 이러한 문제는 추정치를 불안정하게 만들고 분석 결과의 해석을 어렵게 만듦.

□ 부도 확률(PD: Probability of Default)의 개념

- ○ 특정 기업이 일정 기간(일반적으로 1년)에 부도가 발생할 가능성에 대한 미래지향적 예측치
- ○ 부도율(또는 부실률)은 기초 정상기업 중에서 기중에 실제 부도가 발생한 비율을 의미하지만, 부도 확률은 현재 정상기업이 미래에 부도가 발생할 확률을 의미

□ 선행연구를 통한 부도 확률의 산출

- ○ 부실 예측 모형을 통한 부도 확률 산출 방법
- ○ (예시) 로지스틱 모형을 사용해 산출된 모형식이 아래와 같다면

$$y = \beta_0 + \gamma_1 CASH_{i,t} + \gamma_2 RETA_{i,t} + \gamma_3 SDBV_{i,t} + \gamma_4 ETA_{i,t} + \gamma_5 STA_{i,t} + \gamma_6 GRW_{i,t} + \gamma_7 HISYR_{i,t} + \nu_1 D_{i,t}^{SIZE\_1} + \nu_2 D_{i,t}^{SIZE\_2} + \sum_{j=1}^{14} \delta_j SIC_j + \sum_{k=1}^{10} \lambda_k YR_k + \epsilon_{i,t}$$

| $\beta_0$ | $\gamma_1$ | $\gamma_2$ | $\gamma_3$ | $\gamma_4$ |
|---|---|---|---|---|
| -2.1058 | -5.6934 | -3.0970 | 0.0733 | -2.8741 |
| $\gamma_5$ | $\gamma_6$ | $\gamma_7$ | $\nu_1$ | $\nu_2$ |
| -0.0843 | -0.3171 | -0.0117 | -0.3385 | -0.2304 |

- ○ 추정하고자 하는 기업의 회계정보 등을 위 모형식 설명변수(CASH 등)에 대입하여 산출된 y값을 아래와 같이 지수 함수식으로 변환하여 산출

$$PD = \frac{Exp(y)}{1 + Exp(y)}$$

- ○ 상장기업에 대한 부도 확률 산출 : Beaver et al.(2010) 활용
  - Beaver et al.(2010)는 생존모형(hazard model)의 일종인 이산시간로짓 모형(discrete-time logit model)을 통해서 부실 위험(financial distress)을 추정
  - 분석 표본 : NYSE, AMEX, NASDAQ에 상장된 기업(1962~2002년), 125,466(부도기업 1,251)기업/년
  - 회계정보 : 총자산영업이익률(ROA), EBITDA 對 총부채(ETL), 부채 對 총자산(LTA), 부의 영업이익 여부 더미변수(NROAI)
  - 시장정보 : 시가총액의 로그(LSIZE), 누적초과수익률(LERET), 초과수익률의 표준편차(LSIGMA)

[Beaver et al.(2010)의 생존모형 추정 결과]

| 변수 | 계수값(coefficients) | | | 비고 |
|---|---|---|---|---|
| | 회계모형 | 시장모형 | 통합모형 | |
| Intercept | −6.61 | −7.36 | −9.43 | 절편 |
| NROAI | 2.30 | | 4.00 | 회계정보 |
| ROA | −5.75 | | −2.61 | |
| LTA | 2.78 | | 2.36 | |
| ETL | −0.89 | | −0.56 | |
| LERET | | −1.48 | −1.87 | 시장정보 |
| LSIGMA | | 5.45 | 7.80 | |
| LSIZE | | −0.11 | −0.13 | |
| NROAI×ROA | 5.90 | | 3.24 | 결합변수<br>(회계정보) |
| NROAI×LTA | −1.50 | | −1.17 | |
| NROAI×ETL | 1.13 | | 0.87 | |
| NROAI×LERET | | | 0.68 | 결합변수<br>(시장정보) |
| NROAI×LSIGMA | | | −3.59 | |
| NROAI×LSIZE | | | 0.13 | |

여기서,
ROA : 영업이익÷총자산, 영업이익 : 이자수익에 대한 세율이 조정된 이익
ETL : 이자・세금・감가상각비・상각비 전 순이익(EBITDA)÷총부채
LTA : 총부채÷총자산
NROAI : ROA가 부(−)의 값이면 1, 그렇지 않으면 0
LERET : 결산일 이후 3개월 이후의 1년(결산 공시 이후의 1년)간의 누적초과수익률
LSIGMA : 결산일 이후 3개월 이후의 1년간 월별 초과수익률의 표준편차
LSIZE : Ln(결산일 이후 3개월 말의 시가총액)

- 예를 들어, 시장모형에 의해 상장기업의 부도 확률(PD)을 산출한다면 $y = -7.86 - 1.48 \times LERET + 5.45 \times LSIGMA - 0.11 \times LSIZE$로 y값을 구하고 이 값을 위의 지수 함수식으로 변환

○ 비상장기업에 대한 PD값 산출 : 김성규 등(2021) 활용

- 김성규 등(2021)은 Altman and Sabato(2007)와 김성규・이화득(2012)에서 비상장기업 부실 위험예측에 유용한 것으로 증명된 6가지 회계정보와 업력, 연도 더미, 산업 더미를 추가하여 이산시간로짓 모형으로 부실 위험을 예측
- 분석 표본 : 신용보증기금에서 보유하고 있는 비상장기업(2003~2015년)

133,139기업/년 (부실기업 표본 2.9%)

**[김성규 등(2021)의 생존모형 추정 결과]**

$$y = \beta_0 + \gamma_1 CASH_{i,t} + \gamma_2 RETA_{i,t} + \gamma_3 SDBV_{i,t} + \gamma_4 ETA_{i,t} + \gamma_5 STA_{i,t} + \gamma_6 GRW_{i,t} + \gamma_7 HISYR_{i,t} + \nu_1 D_{i,t}^{SIZE\_1} + \nu_2 D_{i,t}^{SIZE\_2} + \sum_{j=1}^{14} \delta_j SIC_j + \epsilon_{i,t}$$

| | | 계수값 | | | |
|---|---|---|---|---|---|
| | | 전체 기업 | 비상장 대기업 | 외감중소기업 | 비외감중소기업 |
| Intercept | $\beta_0$ | −2.1058 | −2.7020 | −2.3021 | −2.0353 |
| CASH | $\gamma_1$ | −5.6934 | −4.1291 | −6.2446 | −5.8945 |
| RETA | $\gamma_2$ | −3.0970 | −3.6087 | −3.5218 | −2.7664 |
| SDBV | $\gamma_3$ | 0.0733 | 0.0830 | 0.0868 | 0.0545 |
| ETA | $\gamma_4$ | −2.8741 | −1.0800 | −2.9637 | −2.9958 |
| STA | $\gamma_5$ | −0.0843 | −0.1855 | −0.1264 | −0.0696 |
| GRW | $\gamma_6$ | −0.3171 | −0.0405 | −0.5142 | −0.2994 |
| HISYR | $\gamma_7$ | −0.0117 | −0.0097 | −0.0132 | −0.0181 |
| $D^{SIZE\_1}$ | $\nu_1$ | −0.3385 | | | |
| $D^{SIZE\_2}$ | $\nu_2$ | −0.2304 | | | |

여기서,

$y$ : 부실기업은 1, 정상기업은 0을 갖는 이항변수에 대한 ln[h(t)÷(1−h(t))], h(t)는 t년도까지 생존하고 있다가 t년도 바로 이후에 도산할 기업 i의 위험률

$CASH_{i,t}$ : i기업, t년도 현금 및 현금성자산$_{i,t}$÷총자산$_{i,t}$으로 유동성

$RETA_{i,t}$ : i기업, t년도 이익잉여금$_{i,t}$÷총자산$_{i,t}$으로 수익성

$SDBV_{i,t}$ : i기업, t년도 (단기차입금$_{i,t}$+유동성장기부채$_{i,t}$)÷자기자본$_{i,t}$으로 안정성

$ETA_{i,t}$ : i기업, t년도 법인세・이자・감가상각비 차감 전 영업이익$_{i,t}$÷총자산$_{i,t}$으로 현금흐름

$STA_{i,t}$ : i기업, t년도 매출액$_{i,t}$÷총자산$_{i,t}$으로 활동성

$GRW_{i,t}$ : i기업, t년도 (매출액$_{i,t}$ - 매출액$_{i,t-1}$)÷매출액$_{i,t-1}$으로 성장성

$HISYR_{i,t}$ : i기업, t년도 재무제표 기준일자−설립일자로 업력

$SIC$ : 산업 더미변수

$D_{i,t}^{SIZE\_1}$ : i기업, t년도 대기업이면 1, 아니면 0

$D_{i,t}^{SIZE\_2}$ : i기업, t년도 외감중소기업이면 1, 아니면 0

부도 확률 추정 시 산업정보와 관련된 계수값은 더미변수의 수가 많아 김성규 등(2021)이 보고 시 생략되어 있어 사용할 수가 없다. 하지만, 산업 더미변수를 생략하여 부도 확률값을 추정하더라도 핵심 변수들이 모두 포함되어 있어 추정된 부도 확률값의 편의(bias)는 크지 않다고 봄.

## 제 4 절 신용평가에 대한 이해

☐ 신용평가(credit rating)의 개념

> 기업 또는 국가 등이 발행하는 특정 채권(회사채, 기업어음 등)의 상환 가능성 정도 또는 국가의 신용도를 전문적인 평가기관이 객관적으로 평가하여 그 결과를 부호화(동일 등급 체계)하여 투자자에게 공시하는 일련의 과정

- ㅇ 고도의 전문성이 요구되므로 신용조사 시 기업의 신용도를 간단한 신용등급으로 표시하여 의뢰자에게 제공하더라도 **평가 정보의 질적 가치가 확보**되지 않는 한 신용평가 업무로 인정하기 어려움.

☐ 신용평가의 법적 의미(**신용정보의 이용 및 보호에 관한 법률 제2조**)

- ㅇ 증권거래법에 따른 유가증권 중 투자자 보호를 위하여 객관적인 평가가 필요하다고 인정되는 유가증권에 대하여 원리금의 상환 가능성을 평가하는 것

☐ 신용등급의 구분

- ㅇ 신용평가 동기에 따른 구분
  - Solicited rating : 평가 대상자의 요청에 따라 부여하는 신용등급
  - Unsolicited rating : 평가사의 필요에 따라 자체적으로 조사하는 등급
- ㅇ 평가시스템 차원(rating dimension)에 따른 구분
  - 차주 등급(BRR: Borrower's Risk Rating) : 차주의 부도 위험을 평가
  - 거래 등급(FRR: Facility Risk Rating) : 거래 익스포져의 특성을 반영

☐ 신용평가의 기능

- ㅇ 자본시장 측면
  - 정보의 비대칭성(information asymmetry) 문제 조정
  - 자본시장의 효율성 향상 : 불필요한 투자위험 제거, 신용도를 기초로 한 금리 차등화 등
  - 신용도의 투명성 증진 : 독립적, 객관적인 신용평가 정보 제공

○ 투자자의 관점

- 투자위험에 대한 불확실성 감소 : 합리적인 의사결정 및 적정한 위험 프리미엄 평가
- 시간과 비용의 절약 : 정보 획득 비용 절감 및 시장(전 세계시장) 참여 기회 확대

○ 발행자의 관점

- 신용도에 부합되는 자금조달 비용 부담
- 신용관리 강화로 기업경영의 건전성 및 투명성 제고
  → 기업의 재무구조 개선 및 건전 경영 유도

○ 금융감독당국의 관점

- 건전성 유지를 위한 감독 실효성 제고
  → 금융기관이 보유하고 있는 유가증권 및 파생금융거래에 따른 신용위험을 합리적으로 측정할 수 있는 유용한 수단 제공

○ 사회적 관점

- 사회적 비용 축소 및 신용사회 기반 강화
  → 자금의 효율적 배분, 담보 및 보증 위주의 금융 관행 개선

## [참고 11-1] | 국제 신용평가기관 및 국내 신용평가기관 현황

### □ 세계 3대 국제 신용평가기관 현황

| 구분 | Moody's | Standard & Poors(S&P) | Fitch Ratings |
|---|---|---|---|
| 본점 | 미국(뉴욕) | 미국(뉴욕) | 영국(런던), 미국(뉴욕) |
| 모기업 | Moody's Corp.<br>(D&B에서 분할) | McGraw-Hill<br>(미국) | FIMALAC, S.A<br>(프랑스) |
| 설립일(효시) | 1914년(1900년) | 1916년(1860년) | 1913년 |
| 특징 | • 세계 시장점유율 가장 높음 | • 국제 금융시장 채권 평가 강점<br>• 투자사업 및 기업가치 조사사업 수행 | • 구조화 금융[1] 평가 강점<br>• IBCA 합병(1997)<br>• DCR 합병(2000)<br>• TBW 인수(2000) |

1) 구조화 금융(structured financing) : 자금조달과 운용, 리스크관리를 위해 발행자 또는 자산의 소유자가 기존의 금융상품으로 원하는 목적을 달성할 수 없을 경우에 금융상품들을 다양한 방법으로 구조화하는 금융공학기법. 구조화 상품으로는 가장 널리 알려진 주가연계증권(ELS)을 비롯하여 부동산 프로젝트 파이낸스의 선후순위채권, 자산유동화증권(ABS) 등 많은 상품이 개발되고 있음.

### □ 국내 신용평가기관 현황

| 구분 | 한국기업평가 | 한국신용평가 | NICE신용평가 | 서울신용평가[1] |
|---|---|---|---|---|
| 설립일 | 1983.12 | 1986.9<br>(1998.8) | 1985.2<br>(2007.11) | 1992.4<br>(2016.1) |
| 주요 주주 | Fitch Ratings<br>(73.5%) | Moody's<br>(100%) | 나이스홀딩스 | 에스비파트너스 |
| 주요 업무 | 신용평가 | 신용평가 | 신용평가<br>PF 평가 | ABS 평가<br>CP 평가 |
| 제휴 기관 | Fitch Ratings | Moody's | S&P | 일본 JCR |
| 비고 | 1999년 6월 산업은행의 주식 매각으로 민영화 | 1998년 8월 한국신용평가정보에서 평가업무 분리(분사) | NICE평가정보에서 2007년 11월 평가 업무 분리 | 2000년 1월 자산유동화증권 및 사채에 한해 신용평가 업무 승인 |

1) 서울신용평가는 2016.1월 SCI평가정보(주)에서 평가 업무 분리

## [참고 11-2] | 바젤Ⅱ와 금융기관의 신용평가

☐ BIS 자기자본비율

○ 국제결제은행(BIS: Bank for International Settlements) 산하 바젤은행감독위원회에서는 금융기관의 경영 건전성 확보를 위해 여신자산의 **8% 이상에 해당하는 자기자본을 유지 · 적립**하도록 감독

○ 이에 따라 은행은 자체 신용평가 모형에 의해 차주를 평가하고 각 익스포져에 대한 신용위험가중자산을 산출 → 여신(대출) 포트폴리오의 신용위험 내지 부실위험은 위험가중자산 산정액에 반영되며 그 결과 BIS 비율에 영향

- 익스포져(exposure) : 위험가중자산(또는 소요 자기자본) 산출 대상이 되는 금융기관 재무상태표상의 여신자산(금융자산 포함) 금액 또는 부외 항목의 거래금액

○ 기업 신용위험과 관련한 위험가중자산 산출 대상 익스포져

- 기업 익스포져와 기타 소매 익스포져로 크게 나뉘며 기업 익스포져는 다시 대기업 익스포져와 중소기업 익스포져로 구분

**[바젤Ⅱ에 의한 기업 신용위험 관련 익스포져 구분]**

| 해당 익스포져 | 구분 기준 | 국내 기업 적용 기준 |
|---|---|---|
| 기타 소매 익스포져 | 익스포져 1백만 유로 이하 | 익스포져 10억 원 이하 |
| 중소기업(SMEs) 익스포져 | 연간 총매출액 5백만 유로 이하 | 매출액 600억 원 이하 |
| 대기업 익스포져 | 연간 총매출액 5백만 유로 초과 | 매출액 600억 원 초과 |

○ 각 익스포져에 대한 신용위험 가중자산 산출 방법(신용위험 측정법)

- 표준방법(Standardized Approach)과 내부 등급법(IRB: Internal Rating Based Approach)으로 크게 나눔.

① **표준방법** : 외부 적격신용평가기관의 신용평가 등급을 이용하여 신용등급별로 정해진 위험가중치를 이용하여 위험가중자산 및 규제자본을 산출

② **내부 등급법** : 금융기관의 내부 부도 예측 모형 등 내부 자료를 통해 추정한 4가지 위험 요소를 이용하여 신용위험에 대한 위험가중치를 산출

- 4가지 위험 요소 : 부도 확률(PD), 부도 시 손실률(Loss Given Default, LGD), 부도 시 익스포져(Exposure At Default, EAD), 유효 만기(effective maturity, M)
- 내부 등급법은 위험 요소를 추정하는 방법에 따라 기본 내부 등급법(Foundation IRB)과 고급 내부 등급법(Advanced IRB)으로 구분

**[내부 등급법(IRB)의 구분]**

| 구분 | 위험 요소 산출 방법 | 비고 |
|---|---|---|
| 기본 내부 등급법<br>(Foundation IRB) | 부도 확률은 은행의 자체 추정치 사용<br>기타 위험 요소는 감독기관 제시 | 부도 확률은 신용평가 모형에 의해 산출 |
| 고급 내부 등급법<br>(Advanced IRB) | 모든 위험 요소(PD, LGD, EAD, M)에 대해 은행의 자체 추정치 사용 | 소매 익스포져는 고급 내부 등급법만 적용 |

- 기업 익스포져의 위험가중치 함수(대기업에 대한 익스포져)

위험가중자산(RWA) = K × 12.5 × EAD

* 소요 자기자본율(K)

$$=\left\{LGD\times N\left[(1-R)^{-0.5}\times G(PD)+\left(\frac{R}{1-R}\right)^{0.5}\times G(0.999)\right]-PD\times LGD\right\}$$

$$\times(1-1.5\times b)^{-1}\times(1+(M-2.5)\times b)$$

* 상관관계(R) $=0.12\times\frac{(1-\exp(-50\times PD))}{(1-\exp(-50))}+0.24\times\left[1-\frac{(1-\exp(-50\times PD))}{(1-\exp(-50))}\right]$

* 만기 조정(b) = $[0.11852-0.05478\times\ln(PD)]^2$

1) PD, LGD는 소수점의 숫자를 사용(예 : 20% 대신 0.2)
2) N[ · ]은 표준정규분포의 누적분포함수(cumulative distribution function)
3) G[ · ]는 표준정규분포의 역누적분포함수(inverse cumulative distribution function)

- 중소기업 익스포져의 위험가중치 함수

기업 익스포져 위험가중치 함수에 상관관계(R)만 다음과 같이 조정하여 산출

* 상관관계(R) $=0.12\times\frac{(1-\exp(-50\times PD))}{(1-\exp(-50))}+0.24\times\left[1-\frac{(1-\exp(-50\times PD))}{(1-\exp(-50))}\right]-0.04\times\left(1-\frac{(S-6)}{54}\right)$

1) S는 10억 원 단위로 표시된 매출액의 원화 금액(예 : 매출액이 100억 원이면, S = 10)
2) 매출액 60억 원 미만인 중소기업의 매출액은 60억 원으로 봄.

- 기타 소매 익스포져의 위험가중치 함수

위험가중자산(RWA) = K × 12.5 × EAD

$$* \text{ 소요 자기자본율(K)} = LGD \times N\left[(1-R)^{-0.5} \times G(PD) + \left\{\frac{R}{(1-R)}\right\}^{0.5} \times G(0.999)\right] - PD \times LGD$$

$$* \text{ 상관계수(R)} = 0.03 \times \frac{(1-\mathrm{EXP}(-35 \times PD))}{(1-\mathrm{EXP}(-35))} + 0.16 \times \left[1 - \frac{(1-\mathrm{EXP}(-35 \times PD))}{(1-\mathrm{EXP}(-35))}\right]$$

[익스포져에 따른 위험가중치 산출 비교]

| 부도 확률 (PD) | 익스포져별 위험가중치(RW = K × 12.5) | | | 비고 |
|---|---|---|---|---|
| | 대기업 | 중소기업 | 기타 소매 | |
| 0.03% | 14.44% | 11.30% | 4.45% | LGD = 45% (선순위채권) 유효만기 (M) = 2.4 가정 |
| 0.10% | 29.65% | 23.30% | 11.16% | |
| 0.25% | 49.47% | 39.01% | 21.15% | |
| 0.50% | 69.61% | 54.91% | 32.36% | |
| 1.00% | 92.32% | 72.39% | 45.77% | |
| 1.50% | 105.59% | 82.11% | 53.37% | |
| 2.00% | 114.85% | 88.55% | 57.99% | |
| 2.50% | 122.16% | 93.43% | 60.90% | |
| 3.00% | 128.44% | 97.58% | 62.79% | |
| 4.00% | 139.58% | 105.04% | 65.01% | |
| 5.00% | 149.85% | 112.26% | 66.42% | |
| 6.00% | 159.61% | 119.48% | 67.73% | |
| 10.00% | 193.09% | 146.51% | 75.54% | |
| 15.00% | 221.53% | 171.91% | 88.60% | |
| 20.00% | 238.23% | 188.42% | 100.28% | |

→ 동일한 PD 값이라도 기타 소매(소기업)의 위험가중치가 낮게 산출되는 것은 업체 수가 많은 소기업이 동시에 부도가 발생할 확률(상관계수)이 낮기 때문

## [참고 11-3] | 기업가치평가와 기업 신용분석(평가)의 차이

□ 이론적 측면에서 신용평가는 기업가치평가의 한 과정

- ○ 기업의 미래가치는 재무제표 예측을 통해 이루어지므로 재무분석(신용분석)의 최종 목적은 기업가치를 분석하는 데 있음.
  - 신용분석(신용평가)은 기업가치평가에서 하나의 과정임.

**[기업가치평가 과정]**

**산업 및 경쟁분석**
외부 환경요인 분석
(경제분석, 산업분석)

↓

**기업 신용분석**
기업 고유 요인 분석
(영업위험, 재무위험)

↓

**예산 재무제표 작성**
예산 손익계산서
예산 재무상태표

↓

**기업가치 산출**
가치평가 모형 선정
가치평가 결과 해석

□ 시스템 측면 : 모형 개발 시 관점(종속변수)과 가정에 차이

- ○ 신용평가시스템은 부도 확률(PD)에 기초하여 모형을 개발하는 반면 기업가치 평가시스템은 미래 성장성과 수익성을 기반으로 구축
  - 기업 신용평가 모형에서는 1년 이내의 부도가 발생할 확률을 가정하지만, 기

업가치평가 모형은 계속기업을 가정

| 기업신용평가 |
|---|
| • 부도 확률(PD)에 기초한 모형<br>• 기업의 채무상환능력을 평가<br>• 1년 이내 부도가 발생할 확률을 가정 |

| 기업가치평가 |
|---|
| • 미래 성장성, 수익성에 기초한 모형<br>• 미래 수익 창출(초과 이익, 현금흐름) 능력 평가<br>• 계속기업(going concern)을 가정 |

□ 가치평가는 신용도 위주 기업평가의 한계점 보완

○ 기업평가는 신용도가 낮으나 미래 성장성 및 수익성이 양호한 기업을 선별 지원하는 데 한계

| 신용평가등급 | 부도확률 | 생존확률 | 여신 취급 성향 |
|---|---|---|---|
| A | 1.5% | 98.5% | 여신지원(적극적) |
| BB | 4.5% | 95.5% | 여신지원(선별적) |
| CCC | 10% | 90% | 여신거절 |

# CHAPTER 11 연습문제

**01** 기업 부실의 개념을 경제적, 재무적 및 법률적 측면에서 설명하고 금융실무에서는 어떠한 개념으로 정의하고 있는지 설명하시오.

**02** 기업 부실의 원인과 부실화 과정을 설명하시오.

**03** 부실채권 발견 요령을 5가지 이상 기술하시오.

**04** 가공 매출 발견 요령을 5가지 이상 기술하시오.

**05** 신용평가 철학에 관해 설명하고 신용평가 모형에서 어떻게 적용되는지 기술하시오.

**06** 부실 예측 모형 접근방법에 따른 기업 부실 예측기법에 관해 설명하시오.

**07** 분석기법 측면에서의 기업 부실 예측기법에 관해 설명하시오.

**08** 연습문제 제6장 30번 K판지(주)에 대한 자료를 토대로 김성규 등(2021)의 외감중소기업모형을 활용하여 부도 확률(PD)을 산출하고 부실 예측 결과에 대한 분석 의견을 제시하시오.

CHAPTER 12

# 비상장기업 신용분석 사례연구

# 제 1 절 잘못된 신용분석 사례

## ■ (Case 1-1) 현장 조사 내용과 재무제표 내용 불일치 기업(1)

○ 결제조건이 100% 현금판매인 것으로 조사되어 있으나, 기말 매출채권이 총자산의 약 50% 점유

(단위: 백만 원)

| 계정과목 | 당기 | 전기 | 전전기 |
|---|---|---|---|
| 매출채권 | 1,131 | 550 | 689 |
| 총자산 | 2,285 | 996 | 737 |
| 매출액 | 14,373 | 8,153 | 7,185 |
| (매출원가) | (13,724) | (7,745) | (6,849) |

**[착안점]**

## ■ (Case 1-2) 현장 조사 내용과 재무제표 내용 불일치 기업(2)

○ 구매와 판매의 결제조건이 동일(외상 90%, 결제기간 120일)한 것으로 조사되어 있으나 당기 매입채무는 급감

(단위: 백만 원)

| 계정과목 | 당기 | 전기 | 전전기 |
|---|---|---|---|
| 매출채권 | 5,001 | 5,507 | 4,916 |
| 총자산 | 6,990 | 6,987 | 6,589 |
| 매입채무 | 857 | 1,245 | 2,271 |
| 매출액 | 25,497 | 17,535 | 16,406 |
| 매출원가 | 23,833 | 16,060 | 15,883 |

[착안점]

■ (Case 2) 수익성 향상 없는 무리한 외형성장 기업

(단위: 백만 원)

| 계정과목 | 당기 | 전기 | 전전기 |
|---|---|---|---|
| 매출채권 | 2,038 | 1,889 | 968 |
| 재고자산 | 779 | 698 | 72 |
| 총자산 | 3,775 | 3,157 | 1,241 |
| 매입채무 | 1,244 | 1,739 | 389 |
| 단기차입금 | 1,328 | 300 | 0 |
| 매출액 | 17,652 | 13,882 | 13,249 |
| 매출원가 | 16,573 | 13,158 | 12,313 |
| 영업이익 | 335 | 91 | 409 |
| 당기순이익 | 216 | 80 | 305 |

1) 여신 신청 내용 : 철강재 도매업으로 한도 거래 20억 원(기여신 10억 원 포함) 신청
2) 부외부채 : 할인어음 30억 원, 지급보증 7억 원

**심사 의견** :
매출액 증가(27%)에 따른 규모의 경제로 수익성 향상이 예상되어 여신 승인

[잘못 심사한 내용은?]

### [함께 생각해 볼 문제]

기업이 성장할수록 시장점유율이 증가하고 그에 따라 이익도 함께 증가한다.

□ 이 의견에 동의하는지 안 하는지 그 이유를 서로 토론하고 아래 문제를 풀어 보시오.

□ Q. 매출액 100원 증가에 따른 자산, 부채, 자본의 변동은?

- ○ 매출채권회전율 7.7회×매출액순이익률 5.3%
- ○ 재고자산회전율 및 매입채무회전율 각 10.9회

| 매출채권의 증가 | | 매입채무의 증가 | |
|---|---|---|---|
| 재고자산의 증가 | | 이익잉여금 증가 | |
| 합계(원) | | 합계(원) | |

**[차변과 대변의 차이에 대한 의견]**

**[KODIT REPORT 2008-9호]**

중소기업 44만여 개 재무정보를 토대로 실증분석한 결과 매출액증가율이 급증하고 있는 중소기업은 영업이익증가율과는 달리 성숙단계까지 생존할 가능성이 작아 지나친 매출 외형성장은 오히려 기업의 지속가능한 성장을 저해하고 있는 것으로 확인

## ■ (Case 3) 총자산이 급격히 변동한 기업

(단위: 백만 원)

| 계정과목 | 당기 | 전기 | 전전기 |
|---|---|---|---|
| 재고자산 | 0 | 3,219 | 0 |
| 총자산 | 714 | 4,143 | 389 |
| 매입채무 | 0 | 3,323 | 0 |
| 단기차입금 | 185 | 340 | 100 |
| 자본총계 | 487 | 469 | 286 |
| (자본금) | (150) | (150) | (150) |
| 매출액 | 39,911 | 35,120 | 27,069 |
| 매출원가 | 39,445 | 34,683 | 26,586 |

**총자산 감소 원인에 대한 심사 의견** :

동사의 총자산 규모가 전기 대비 당기에 감소한 사유는 연(당기)초부터 적용되는 알루미늄괴에 대한 관세율 인하 및 부채비율(매입채무) 상승 등을 감안한 이월 재고 최소화에 기인한 것임.

**[잘못 심사한 내용은?]**

**[Key Point]**

- 기업규모 대비 매출액이 지나치게 크면서 매출원가율이 매우 높은 기업의 매출액은 과대계상되었을 개연성이 높음 (사실상 수수료 수익 형태 여부 확인 필요)
- 매출채권, 재고자산, 매입채무는 회계 분식이 빈번하게 발생하는 항목으로 변동성이 크면 심층적인 검토가 필요

## ■ (Case 4) 고액 현금성 자산 또는 투자자산 보유기업

(단위: 백만 원)

| 계정과목 | 당기 | 전기 | 전전기 | 비고 |
|---|---|---|---|---|
| 현금 및 현금성 자산 | 2,333 | 1,971 | 1,517 | 단기금융상품 포함 |
| 총자산 | 4,316 | 3,832 | 3,256 | |
| 자본총계 | 2,204 | 1,971 | 1,849 | |
| (자본금) | (600) | (600) | (600) | |
| 매출액 | 18,368 | 15,555 | 12,495 | |

*사례기업은 이익잉여금이 풍부해 신용평가시스템상 재무 등급은 양호한 수준임.

**여신 신청 내용** :

합판 수입판매업체로 한도 거래 30억 원(기여신 15억 원 포함) 신청

**[본인이 여신심사자라면 어느 부분을 조사하고 유의해야 할까?]**

## ■ (Case 5) 해외 현지법인에 대한 투자기업

(단위: 백만 원)

| 계정과목 | 당기 | 전기 | 전전기 | 비고 |
|---|---|---|---|---|
| 단기금융상품 | 781 | 709 | 398 | 현금자산 포함 |
| 매출채권 | 535 | 180 | 221 | |
| 재고자산 | 2,657 | 2,335 | 1,570 | 원재료가 대부분 |
| 장기투자증권 | 860 | 860 | 860 | 중국 현지법인 출자 |
| 총자산 | 6,038 | 4,616 | 3,690 | |
| 매입채무 | 335 | 255 | 470 | |
| 단기차입금 | 3,748 | 2,690 | 1,787 | |
| 매출액 | 14,579 | 11,284 | 12,111 | |
| 매출원가 | 11,120 | 9,500 | 10,645 | |
| 판매관리비 | 3,459 | 1,784 | 1,466 | |
| 당기순이익 | 194 | 92 | 114 | |

**여신 신청 내용** :

- 티셔츠 제조(중국에 외주 가공) 수출업으로 한도 거래 15억 원 신청
- 중국 현지법인(설립 후 8년 경과) 자기자본 일부 잠식(동사 투자액 8.6억 원)

**[본인이 여신심사자라면 어느 부분을 조사하고 유의해야 할까?]**

## ■ (Case 6) 매출채권, 재고자산, 매입채무 회계 분식 기업

(단위: 백만 원)

| 계정과목 | 당기 | 전기 | 전전기 |
|---|---|---|---|
| 매출채권 | 2,375 | 353 | 779 |
| 재고자산 | 1,693 | 3,091 | 2,295 |
| 총자산 | 6,889 | 6,876 | 6,521 |
| 매입채무 | 1,018 | 1,888 | 1,980 |
| 총차입금 | 3,549 | 2,677 | 2,527 |
| 매출액 | 15,078 | 16,383 | 11,508 |

**여신 신청 내용** :

- 창호 제조업(PVC 도어 제작 겸업)으로 일반자금대출(운전자금) 3억 원 신청

**[본인이 여신심사자라면 어느 부분을 조사하고 유의해야 할까?]**

**[Key Point]**

- 매출채권, 재고자산, 매입채무는 가공 매출, 가공 재고, 가공 매입거래 등을 통해 기업이 가장 쉽게 분식회계를 할 수 있는 계정과목
- 매출액의 증가를 수반하지 않는 매출채권의 급격한 증가는 부실채권의 발생 또는 가공 매출 등의 분식결산 가능성 높음.
- 매출액의 감소를 초과하는 매출채권의 급격한 감소는 자금 사정의 악화로 인한 매출채권의 조기 회수일 가능성이 있음에 유의
- 매입채무의 급격한 감소가 재고자산의 급격한 감소와 동시에 이루어졌다면 총자산을 감소시킬 목적의 분식결산일 개연성이 높음.

# 제 2 절 회계정보를 활용한 신용분석 종합사례

## ■ (Case 7) H피혁(주)

**[업체 개요]**

| 구분 | 내용 |
|---|---|
| 주요 연혁 | 1997년 7월 개인기업 H실업 개업(가죽의류 도매업)<br>2001년 1월 법인전환(자본금 1억 원)<br>2011년 12월 자본금 10억 원으로 증자(4회차) |
| 경영규모 | 당기 말(총자산 64억 원, 매출액 179억 원, 순이익 2억 원) |
| 사업장 및 영업 상황 | 약 95평(임차)<br>종업원 23명(사무직 11, 기능직 5)<br>주요 매출처 : 수출(미국, 캐나다) |
| 관계회사 | TEL(중국 현지법인) 설립일 : 2003년 12월<br>재무 상태(당기 말 현재) :<br>자본금 13억 원, 총자산 30억 원, 매출액 20억 원, 순이익 1백만 원 |

**[재무상태표]**

(단위: 백만 원)

| 자산 | 전전기 | 전기 | 당기 | 부채와 자본 | 전전기 | 전기 | 당기 |
|---|---|---|---|---|---|---|---|
| Ⅰ. 유동자산 | 2,845 | 3,599 | 6,023 | Ⅰ. 유동부채 | 2,384 | 2,707 | 4,747 |
| 당좌자산 | 1,192 | 1,017 | 2,749 | 매입채무 | 206 | 415 | 177 |
| (매출채권) | (1,060) | (576) | (1,722) | 단기차입금 | 2,091 | 2,146 | 4,362 |
| 재고자산 | 1,653 | 2,582 | 3,274 | Ⅱ. 비유동부채 | 25 | 55 | 33 |
| (원재료) | (1,333) | (2,542) | (3,085) | 부채 총계 | 2,409 | 2,762 | 4,780 |
| Ⅱ. 비유동자산 | 258 | 240 | 405 | 자본금 | 400 | 600 | 1,000 |
| 투자자산 | 140 | 140 | 336 | 자본잉여금 | | | |
| 유형자산 | 118 | 100 | 69 | 이익잉여금 | 294 | 477 | 648 |
| 무형자산 | | | | 자본조정 | | | |
| | | | | 자본 총계 | 694 | 1,077 | 1,648 |
| 자산 총계 | 3,103 | 3,839 | 6,428 | 부채와 자본 총계 | 3,103 | 3,839 | 6,428 |

[손익계산서]

(단위: 백만 원)

| 손익계산서 | 전전기 | 전기 | 당기 | 제조원가 | 전전기 | 전기 | 당기 |
|---|---|---|---|---|---|---|---|
| 매출액 | 13,169 | 17,900 | 17,926 | 재료비 | 8,404 | 11,094 | 11,244 |
| 매출원가 | 11,562 | 15,531 | 15,633 | 노무비 | 145 | 126 | 115 |
| 매출총이익 | 1,607 | 2,369 | 2,293 | 경비 | 933 | 1,194 | 1,224 |
| 판매관리비 | 1,235 | 1,867 | 1,754 | (외주가공비) | (563) | (818) | (884) |
| (급여) | (400) | (516) | (371) | 당기총제조원가 | 9,482 | 12,414 | 12,583 |
| 영업이익 | 372 | 502 | 539 | 기초재공품 | | | |
| 영업외수익 | 63 | 52 | 91 | 합계 | 9,482 | 12,414 | 12,583 |
| (이자수익) | (46) | (7) | (10) | 기말재공품 | | | |
| 영업외비용 | 281 | 327 | 396 | 타계정대체 | | | |
| (이자비용) | (216) | (229) | (292) | 당기제품제조원가 | 9,482 | 12,414 | 12,583 |
| 계속사업이익 | 154 | 227 | 234 | | | | |
| 당기순이익 | 112 | 170 | 171 | | | | |

○ 여신 신청 내용 : 일반운전자금 대출 1,000백만 원 신청 (신규대출)

□ Q. 여신 승인을 위한 신용분석 측면에서의 착안점은?

**[Answer] 신용분석 측면에서의 착안점**

## ■ (Case 8) ㈜TJR

**[업체 개요]**

| 구분 | 내용 |
|---|---|
| 경영규모 | 당기 말 : 총자산 58억 원, 매출액 97억 원, 순이익 2억 원 |
| 사업장 | 약 220평(임차)<br>종업원 24명(사무직 20, 기능직 4) |
| 주요 제품 | 내의류 |
| 영업 상황 | 주요 판매처 : 이마트 35%, GS홈쇼핑 13%<br>(거래조건) 판매 : 현금 70%, 구매 : 외상 70% |
| 기타 사항 | 동사가 직접 기획하고 원자재를 구매 후, 다수의 외주 가공처를 통해 외주 생산하여 판매 (자체 공장을 통한 제조판매는 미미함) |

**[재무상태표]**

(단위: 백만 원)

| 자산 | 전전기 | 전기 | 당기 | 부채와 자본 | 전전기 | 전기 | 당기 |
|---|---|---|---|---|---|---|---|
| Ⅰ. 유동자산 | 4,042 | 3,979 | 5,609 | Ⅰ. 유동부채 | 2,880 | 2,879 | 4,269 |
| 당좌자산 | 2,411 | 3,061 | 3,585 | 매입채무 | 680 | 648 | 746 |
| (매출채권) | (1,743) | (2,341) | (2,685) | 단기차입금 | 2,042 | 2,095 | 3,105 |
| 재고자산 | 1,631 | 918 | 2,024 | Ⅱ. 비유동부채 | 225 | 225 | 0 |
| (제품) | (1,631) | (918) | (2,024) | 부채 총계 | 3,105 | 2,954 | 4,269 |
| Ⅱ. 비유동자산 | 266 | 292 | 173 | 자본금 | 600 | 600 | 600 |
| 투자자산 | 192 | 210 | 116 | 자본잉여금 | 0 | 0 | 0 |
| (보증금) | (174) | (110) | (59) | 이익잉여금 | 603 | 717 | 913 |
| 유형자산 | 70 | 78 | 53 | 자본조정 | 0 | 0 | 0 |
| 무형자산 | 4 | 4 | 4 | 자본 총계 | 1,203 | 1,317 | 1,513 |
| (산업재산권) | (4) | (4) | (4) | | | | |
| 자산 총계 | 4,308 | 4,271 | 5,782 | 부채와 자본 총계 | 4,308 | 4,271 | 5,782 |

[손익계산서]

(단위: 백만 원)

| 포괄손익계산서 | 전전기 | 전기 | 당기 | 제조원가명세서 | 전전기 | 전기 | 당기 |
|---|---|---|---|---|---|---|---|
| 매출액 | 9,346 | 9,523 | 9,750 | 재료비 | 4,067 | 4,027 | 6,919 |
| 매출원가 | 7,115 | 7,421 | 7,035 | 노무비 | 117 | 87 | 57 |
| 매출총이익 | 2,231 | 2,102 | 2,715 | 경비 | 2,829 | 2,594 | 1,165 |
| 판매관리비 | 1,857 | 1,719 | 2,241 | (외주가공비) | (2,620) | (2,437) | (1,065) |
| (급여) | (743) | (634) | (401) | 당기총제조원가 | 7,013 | 6,708 | 8,141 |
| 영업이익 | 374 | 383 | 744 | 기초재공품 | 423 | | |
| 영업외수익 | 13 | 27 | 24 | 합계 | 7,436 | 6,708 | 8,141 |
| (이자수익) | (2) | (16) | (9) | 기말재공품 | | | |
| 영업외비용 | 164 | 197 | 267 | 타계정대체 | | | |
| (이자비용) | (163) | (189) | (234) | 당기제품제조원가 | 7,436 | 6,708 | 8,141 |
| 계속사업이익 | 223 | 213 | 231 | | | | |
| 당기순이익 | 222 | 160 | 196 | | | | |

○ 여신 신청 내용 : 일반운전자금 1,500백만 원 (기대출 1,000백만 원 포함)

□ Q. 여신 승인을 위한 신용분석 측면에서의 착안점은?

[Answer] 신용분석 측면에서의 착안점

## ■ (Case 9) ㈜C테크

**[업체 개요]**

| 구분 | 내용 |
|---|---|
| 주요 연혁 | 1998년 1월 개인기업 C무역 개업 (사무자동화기기 수출입업)<br>2000년 6월 (주)C테크 설립 (반도체 장비 개발 및 판매업)<br>2004년 1월 (주)C물산이 개인기업 자산, 부채 승계<br>2010년 6월 자본금 27억 원으로 증자 및 코스닥 등록 |
| 경영규모 | 당기 말 (총자산 323억 원, 매출액 194억 원, 순이익 8억 원) |
| 사업장 및 영업 상황 | 사업장 360평 (자가), 종업원 58명 (사무직 37, 기능직 15)<br>주제품 : 유량계, 수위계 (환경 관련 수처리 계측장비)<br>주요 매출처 : 관공서 위주의 영업 |
| 관계회사 | • 북경 C기술유한공사 (유량계, 수위계 제조업) : 자본금 21억 원, 매출액 5억 원, 당기순손실 16억 원<br>• H텍㈜ (승강기 레일 제조업) : 자본금 38억 원, 매출액 15억 원, 당기순손실 33억 원<br>• ㈜NO (데이터베이스 업) : 자본금 3억 원, 매출액 4억 원, 당기순손실 0.12억 원 |
| 기타 사항 | 관계회사 출자금 및 임원에 대한 대여금 58억 원 |

**[재무상태표]**

(단위: 백만 원)

| 자산 | 전전기 | 전기 | 당기 | 부채와 자본 | 전전기 | 전기 | 당기 |
|---|---|---|---|---|---|---|---|
| **Ⅰ. 유동자산** | 27,970 | 22,736 | 24,251 | **Ⅰ. 유동부채** | 4,736 | 3,380 | 4,001 |
| 당좌자산 | 26,910 | 20,891 | 22,410 | 매입채무 | 2,435 | 2,810 | 2,396 |
| (현금및등가물) | (2,349) | (2,629) | (2,563) | 미지급배당금 | 1,175 | | |
| (단기금융상품) | (11,666) | (8,779) | (7,040) | **Ⅱ. 비유동부채** | 394 | 545 | 542 |
| (매출채권) | (6,700) | (6,895) | (8,979) | 부채 총계 | 5,130 | 3,925 | 4,543 |
| 재고자산 | 1,060 | 1,845 | 1,741 | 자본금 | 2,590 | 4,144 | 4,144 |
| (상품) | (294) | (523) | (642) | 자본잉여금 | 24,775 | 23,211 | 23,211 |
| **Ⅱ. 비유동자산** | 7,387 | 8,535 | 8,127 | (주식발행초과금) | (24,775) | (23,211) | (23,211) |
| 투자자산 | 3,647 | 3,209 | 2,607 | 이익잉여금 | 3,600 | 1,835 | 2,641 |
| (투자유가증권) | (2,162) | (1,651) | (801) | 자본조정 | (738) | (1,844) | (2,261) |
| 유형자산 | 1,829 | 3,055 | 2,699 | (자기주식) | | (1,844) | (2,261) |
| 무형자산 | 1,911 | 2,271 | 2,821 | (투자유가증권평가손실) | (738) | | |
| (개발비) | (1,773) | (2,103) | (2,663) | 자본 총계 | 30,227 | 27,346 | 27,735 |
| 자산 총계 | 35,357 | 31,271 | 32,278 | 부채와 자본 총계 | 35,357 | 31,271 | 32,278 |

### [손익계산서]

(단위: 백만 원)

| 손익계산서 | 전전기 | 전기 | 당기 |
|---|---|---|---|
| 매출액 | 20,839 | 15,822 | 19,366 |
| 매출원가 | 14,153 | 11,94 | 14,229 |
| 매출총이익 | 6,925 | 54,182 | 5,533 |
| 판매비와 관리비 | 3,703 | 4,029 | 3,890 |
| (경상개발비) | (616) | (978) | (787) |
| (무형자산상각비) | (201) | (251) | (186) |
| 영업이익 | 3,222 | 153 | 1,643 |
| 영업외수익 | 2,498 | 1,539 | 1,656 |
| (이자수익) | (968) | (654) | (555) |
| (유가증권처분이익) | (849) | (676) | (701) |
| (유가증권평가이익) | (123) | | (208) |
| 영업외비용 | 1,570 | 3,663 | 2,293 |
| (유가증권처분손실) | (495) | (888) | (927) |
| (유가증권평가손실) | (318) | (705) | (3) |
| (지분법평가손실) | (659) | (420) | (712) |
| (투자유가증권감액손실) | | (888) | (332) |
| (투자유가증권처분손실) | | (422) | |
| 계속사업이익 | 4,150 | (1,971) | 1,006 |
| 당기순이익 | 3,480 | (1,766) | 806 |
| **제조원가명세서** | **전전기** | **전기** | **당기** |
| 재료비 | 4,607 | 5,744 | 6,476 |
| 노무비 | 308 | 741 | 509 |
| 경비 | 1,342 | 1,547 | 1,849 |
| (외주가공비) | (693) | (633) | (832) |
| 당기총제조원가 | 6,257 | 7,762 | 8,834 |
| 기초재공품 | 142 | 142 | 175 |
| 합계 | 6,399 | 7,874 | 9,009 |
| 기말재공품 | 112 | 175 | 282 |
| 타계정대체 | | | |
| 당기제품제조원가 | 6,287 | 7,699 | 8,727 |

○ 여신 신청 내용 : 일반운전자금 대출 1,500백만 원 신청 (신규대출)

☐ Q. 여신 승인을 위한 신용분석 및 가치평가 측면에서의 착안점은?

[Answer 1] **신용분석 측면에서의 착안점**

| |
|---|
| |

[Answer 2] **기업가치평가 측면에서의 착안점**

| |
|---|
| |

**[재무제표 재구성]**

(단위: 억 원)

| 자산 | 전전기 | 전기 | 당기 | 부채와 자본 | 전전기 | 전기 | 당기 |
|---|---|---|---|---|---|---|---|
| 영업자산(OA) | | | | 영업부채(OL) | | | |
| 비영업고정자산 | | | | 재무부채(FL) | | | |
| 재무자산(FA) | | | | 자기자본(BV) | | | |
| 합계 | 354 | 312 | 323 | 합계 | 354 | 312 | 323 |

영업투하자본(IC) = OA − OL = BV + (FL − FA) − 비영업고정자산 = BV + NFO − 비영업고정자산

세후순영업이익(NOPAT) = 포괄이익(X) + 세후순재무비용(NFE)

= 세전순영업이익 − 순영업이익에 대한 법인세비용

*세후순재무비용(NFE) = 세전순재무비용 − 순재무비용의 세금절감액

**순재무비용의 세금절감액 = 세전순재무비용(이자비용 − 이자수익) × 한계법인세율

영업투하자본이익률(ROIC) = 당기 세후순영업이익 ÷ 전기 IC

[영업투하자본이익률 산출]

| 구분 | 전전기 | 전기 | 당기 | 추정 1년 | 비고 |
|---|---|---|---|---|---|
| 영업투하자본(IC) | | | | | IC = OA - OL |
| 세전순영업이익 | | | | | 영업이익 + 지분법 평가손익 + 비재무활동의 기타 손익 |
| 순영업이익에 대한 법인세비용 | | | | | 계속사업 법인세비용 + 순재무비용의 세금절감액 |
| 세전순재무비용 | | | | | 이자비용 - 이자수익 + 재무활동 기타손익 |
| 순재무비용의 세금절감액 | | | | | 세전순재무비용 × 한계법인세율 |
| 순재무비용 (NFE) | | | | | 세전순재무비용 - 순재무비용의 세금절감액 |
| 세후순영업이익 (NOPAT) | | | | | 세전순영업이익 - 순영업이익에 대한 법인세 비용 |
| 영업투하자본 이익률 | | | | | 영업투하자본이익률 = 세후순영업이익 ÷ 기초 영업투하자본 |

## ■ (Case 10) S테크㈜

[업체 개요]

| 구분 | 내용 |
|---|---|
| 주요 연혁 | 1992년 6월 설립 (공기정화장치 제조업)<br>2001년 9월 자가 공장 매입<br>2012년 4월 자가 공장 매각 |
| 경영규모 | 당기 말 (총자산 369억 원, 매출액 540억 원, 순이익 43억 원) |
| 사업장 및 영업 상황 | 사업장 임차 (보증금 30억 원, 관계기업 소유)<br>종업원 110명 (사무직 12, 기술직 33, 기능직 4, 기타 61)<br>주제품 : 냉동 공조설비, 주차설비, 설비공사<br>주요 매출처 : 관계사 S기전(10%), 건설사 등 |
| 관계회사 | S기전 등 5개 (동사에서 100% 출자) |

**[재무상태표]**

(단위: 백만 원)

| 자산 | 전전기 | 전기 | 당기 | 부채와 자본 | 전전기 | 전기 | 당기 |
|---|---|---|---|---|---|---|---|
| Ⅰ. 유동자산 | 29,582 | 32,551 | 35,129 | Ⅰ. 유동부채 | 24,558 | 31,565 | 4,747 |
| 현금및등가물 | 3,845 | 602 | 1,925 | 매입채무 | 18,898 | 28,283 | 22,880 |
| 단기금융상품 | 14,162 | 14,207 | 10,562 | 단기차입금 | 3,250 | 1,000 | |
| 매출채권 | 9,026 | 14,943 | 19,690 | 미지급금 | 1,065 | 940 | 1,596 |
| 재고자산 | 111 | 313 | 1,597 | Ⅱ. 비유동부채 | 6,679 | 5,387 | 3,144 |
| Ⅱ. 비유동자산 | 7,335 | 8,935 | 9,432 | 장기차입금 | 3,750 | 1,000 | |
| 투자자산 | 1,809 | 1,474 | 1,620 | 부채 총계 | 31,237 | 36,952 | 29,225 |
| (투자유가증권) | 100 | 100 | | 자본금 | 3,750 | 3,750 | 3,750 |
| (투자부동산) | | | 744 | 이익잉여금 | 1,930 | (2,379) | 8,414 |
| 유형자산 | 1,300 | 6,613 | 6,719 | 기타포괄손익누계액 | | 3,163 | 3,163 |
| 무형자산 | 72 | 120 | 186 | 자본 총계 | 5,680 | 4,534 | 15,327 |
| 보증금 | 3,378 | | | | | | |
| 자산 총계 | 36,917 | 41,486 | 44,551 | 부채와 자본 총계 | 36,917 | 41,486 | 44,551 |

**[손익계산서]**

(단위: 백만 원)

| 손익계산서 | 전전기 | 전기 | 당기 | 제조원가 | 전전기 | 전기 | 당기 |
|---|---|---|---|---|---|---|---|
| 매출액 | 54,035 | 75,283 | 83,798 | 재료비 | | | |
| 매출원가 | 49,209 | 79.699 | 76,707 | 노무비 | | | |
| 매출총이익 | 4,826 | (4,416) | 7,091 | 경비 | | | |
| 판매관리비 | 4,167 | 6,502 | 6,081 | (외주가공비) | | | |
| (급여) | (2,163) | (3,093) | (2,331) | 당기총제조원가 | | | |
| 영업이익 | 659 | (10,918) | 1,010 | 기초재공품 | | | |
| 영업외수익 | 5,323 | 1,666 | 1,210 | 합계 | | | |
| (이자수익) | (595) | (408) | (572) | 기말재공품 | | | |
| (유형자산처분익) | (4,550) | | (36) | 타계정대체 | | | |
| 영업외비용 | 1,673 | 1,541 | 1,034 | | | | |
| (이자비용) | (516) | (266) | (153) | | | | |
| 당기순이익 | 4,309 | (10,793) | 918 | | | | |

○ 여신 신청 내용 : 일반운전자금 대출 1,500백만 원 신청 (신규대출)

□ Q. 여신 승인을 위한 가치평가 측면에서의 착안점은?

**[Answer] 기업가치평가 측면에서의 착안점**

|  |
|---|
|  |

1) 투자자산은 전액 재무자산으로 간주

**[재무제표 재구성]**

(단위: 억 원)

| 자산 | 전전기 | 전기 | 당기 | 부채와 자본 | 전전기 | 전기 | 당기 |
|---|---|---|---|---|---|---|---|
| 영업자산(OA) | | | | 영업부채(OL) | | | |
| 비영업고정자산 | | | | 재무부채(FL) | | | |
| 재무자산(FA) | | | | 자기자본(BV) | | | |
| 합계 | 369 | 415 | 445 | 합계 | 369 | 415 | 445 |

영업투하자본(IC) = OA − OL = BV + (FL − FA) − 비영업고정자산 = BV + NFO − 비영업고정자산

세후순영업이익(NOPAT) = 포괄이익(X) + 세후순재무비용(NFE)

= 세전순영업이익 − 순영업이익에 대한 법인세비용

*세후순재무비용(NFE) = 세전순재무비용 − 순재무비용의 세금절감액

**순재무비용의 세금절감액 = 세전순재무비용(이자비용 − 이자수익) × 한계법인세율

영업투하자본이익률(ROIC) = 당기 세후순영업이익 ÷ 전기 IC

## 제 3 절 부실 예측 사례

■ (Case 11)

아래 두 재무 변수는 일반적으로 $X_3$은 그 비율이 높을수록, $X_5$는 그 비율이 낮을수록 그 기업의 재무 상태가 양호하다고 볼 수 있다.

$X_3$ = 매출액 ÷ 종업원 수

$X_5$ = 고정자산 ÷ (고정부채 + 자기자본)

그런데 표본기업을 선정해 분석한 결과 부실기업이 정상기업보다 $X_3$는 높고, $X_5$는 낮아 두 개의 변수만을 놓고 볼 때 부실기업의 재무 상태가 더 양호한 것으로 나타났다.

□ (Case 11 질문)

○ 이러한 이유는 무엇 때문이라 생각하며 이러한 결과가 시사하는 바는 무엇인가?

□ (Case 11 답변)

(1) 두 변수의 성격과 부실기업의 두 변수가 정상기업보다 양호하게 나타난 이유

(2) 시사점

## ■ (Case 12)

아래와 같은 2가지 레버리지 관련 변수는 통계 분석 결과 부실기업과 정상기업의 차이를 설명하는 매우 유의한 변수로 판명되었고, 이 두 변수 간에는 매우 높은 정의 상관관계를 지니고 있어 같은 속성을 지닌 변수로 볼 수 있다.

$X_1$ = 자기자본 ÷ 부채와 자본 총계

$X_2$ = 유보이익 ÷ 총자산

*유보이익(Retained Earning) : 우리나라 회계기준서상 이익잉여금

## □ (Case 12 질문)

- ○ 질적 분석(회계적, 재무관리적 측면)에서도 $X_1$과 $X_2$는 동일한 성질을 지니고 있는 변수로 정의할 수가 있는가?
- ○ 그렇거나 그렇지 않다면 그 이유에 대해 설명해 보시오.
- ○ 또한 두 변수 중 어느 변수가 기업의 신용 상태를 예측하는 데 적합하다고 보는가?

## □ (Case 12 답변)

(1) 두 변수의 질적 속성 차이

(2) (1)의 답변에 대한 설명

(3) 신용 상태를 예측하는 데 적합한 변수와 그 이유

## ■ (Case 13) 운전자금회전기간 사례

| 분석 항목 | 사례기업 1 | | 사례기업 2 | | 산식 |
|---|---|---|---|---|---|
| | 당기 | 전전기 | 당기 | 전전기 | |
| 매출액(A) | 14,616 | 24,900 | 3,072 | 6,468 | |
| 월평균 매출액(B) | 1,218 | 2,075 | 256 | 539 | B = A ÷ 12 |
| 매출채권(C) | 13,394 | 5,033 | 811 | 422 | |
| 매입채무(D) | 5,222 | 6,341 | 4,524 | 850 | |
| 운전자금회전기간(월)(E) | 6.71 | − 0.63 | − 14.53 | − 0.79 | E = (C − D) ÷ B |
| 산업 평균 | 0.62 | | 0.62 | | |
| 운전자금회전기간 변화량(F) | 7.34 | | − 13.74 | | F = 당기E − 전전기E |
| 산업 평균 | 0.17 | | 0.17 | | |

□ (Case 13 질문)

- 운전자금회전기간이 사례기업 1은 6.7월, 사례기업 2는 (−)14.5월로서 산업 평균 대비 지나치게 높거나 낮으며, 사례기업 모두 전전기 대비 매출액이 급격히 감소하였음에도 불구하고 사례기업 1은 매출채권이 과도하게 늘어났지만, 사례기업 2는 매입채무가 과도하게 늘어난 상반된 결과를 보이고 있는바, 이러한 이유는 무엇이라고 판단되는가?

□ (Case 13 답변)

| (1) 사례기업 1 분석<br><br><br>(2) 사례기업 2 분석<br><br><br> |
|---|

## [참고 12-1] 자본조달 구성비 및 영업투하자본 변화가 자기자본이익률에 미치는 영향

(단위: 억 원)

| 구분 | Case 1 | Case 2 | Case 3 | Case 4 | Case 5 |
|---|---|---|---|---|---|
| 영업자산(OA) | 90 | 90 | 90 | 90 | 90 |
| 재무자산(FA) | 10 | 10 | 10 | 10 | 10 |
| 영업부채(OL) | 40 | 40 | 35 | 30 | 50 |
| 재무부채(FL) | 40 | 30 | 35 | 30 | 30 |
| 자기자본(BV) | 20 | 30 | 30 | 40 | 20 |
| 세후순영업이익(NOPAT) | 4 | 4 | 4 | 4 | 4 |
| 순재무비용(NFE) | 2.1 | 1.4 | 1.8 | 1.4 | 1.4 |
| 포괄이익(X) | 1.9 | 2.6 | 2.3 | 2.6 | 2.6 |
| 영업투하자본(IC) | 50 | 50 | 55 | 60 | 40 |
| 영업투하자본이익률 | 8.0% | 8.0% | 7.3% | 6.7% | 10.0% |
| 자기자본이익률 | 9.5% | 8.7% | 7.5% | 6.5% | 13.0% |
| 순재무부채(NFO) | 30 | 20 | 25 | 20 | 20 |
| 차입이자율(i) | 7.0% | 7.0% | 7.0% | 7.0% | 7.0% |
| FLEV = NFO ÷ BV | 1.5배 | 0.7배 | 0.8배 | 0.5배 | 1.0배 |
| SPREAD = (영업투하자본이익률 − i) | 1.0% | 1.0% | 0.3% | − 0.3% | 3.0% |
| FLEV × SPREAD | 1.5% | 0.7% | 0.2% | − 0.2% | 3.0% |

# 연습문제 및 사례연구 해답

## ▨ 객관식 해답

### 2장 기업경영분석 개요

1. ② 2. ① 3. ② 4. ② 5. ① 6. ④ 7. ①

### 3장 기업 경영환경 분석

1. ① 2. ②

### 4장 재무제표에 대한 이해

1. ② 2. ② 3. ② 4. ① 5. ④ 6. ② 7. ③ 8. ③ 9. ①
10. ③ 11. ①

### 5장 현금흐름표에 대한 이해

1. ② 2. ② 3. ① 4. ② 5. ② 6. ① 7. ② 8. ① 9. ②
10. ① 11. ③ 12. ② 13. ① 14. ① 15. ④

### 6장 신용분석의 기본 분석기법

1. ② 2. ② 3. ② 4. ① 5. ② 6. ① 7. ② 8. ① 9. ②
10. ① 11. ② 12. ② 13. ① 14. ② 15. ① 16. ③ 17. ③ 18. ②
19. ① 20. ① 21. ② 22. ④ 23. ② 24. ④ 25. ④ 26. ③ 27. ④

### 7장 신용분석 패러다임의 변화

1. ① 2. ② 3. ② 4. ① 5. ② 6. ③ 7. ② 8. ③ 9. ③
10. ④

## ▨ 12장 사례연구 해답

### (Case 1-1) 현장 조사 내용과 재무제표 내용 불일치 기업(1)

□ 매출채권 잔액이 존재하지 않거나 연말에 일시적으로 외상거래가 발생했더라도 그 사유를 파악하여야 한다. 따라서 매출액이 과다(가공) 계상되었는지 아니면 실제 외상거래가 존재하는지에 대한 분석이 필요하다.

### (Case 1-2) 현장 조사 내용과 재무제표 내용 불일치 기업(2)

□ 동일한 결제조건이면 매출채권과 매입채무 잔액 차이는 매출액 對 매출원가 차이 정도에서 크게 벗어나지 않아야 한다. 이 사례는 매출채권이 총자산의 70% 이상을 점유하는 특이한 사례이다. 따라서 매입채무가 급감한 원인분석 및 기타 분식회계 등이 없는지에 대한 심층 분석이 요구된다.

### (Case 2) 수익성 향상 없는 무리한 외형성장 기업

□ 무리한 외형성장이 기업 건전성에 미치는 영향에 대한 검토를 소홀히 한 신용분석 사례이다. 사례기업은 매출액이 27% 증가하였으나 수익성이 차입금 증가에 따른 금융비용 및 신용위험을 감당하지 못해 여신 취급 후 부실이 발생하였다. 따라서 매출 성장성이 수익가치의 증가를 반드시 초래하는 것은 아니며 매출원가율(94%), 수익성(1.2%) 등 다양한 지표와 함께 고려했어야 한다.

### (Case 3) 총자산이 급격히 변동한 기업

□ 총자산의 급격한 변동 사유에 대한 원인분석을 소홀히 한 신용분석 사례이다. 사례기업의 자금력과 신용도 등을 고려 시 약 4백억 원 규모의 구매자금(매출원가율이 약 99%)을 감당할 만한 능력이 없었을 것으로 판단된다. 다시 말하면 수입 비철금속도매업 성격상 수입

대행에 따른 판매수수료가 실질적인 매출액일 가능성이 있었으나 매출액 과대계상 여부에 대한 검토를 소홀히 한 사례이다.

## (Case 4) 고액 현금성 자산 또는 투자자산 보유기업

☐ 총자산 대비 지나치게 많은 현금성 자산을 보유하고 있다면 자금 실사 등을 통해 분식회계 여부를 파악해야 하는데, 이에 대한 검토가 이루어지지 못한 신용분석 사례이다. 회계 분식(이익 과대계상)으로 누적된 이익잉여금을 장부상만 보유하고 있으면 관계회사(거래처) 등에 자금을 대여(투자)한 후 사실상 회수하지 못하고 있을 개연성이 존재한다. 따라서 현금성 자산에 대한 실물 확인과 결산기 이후 실제 자금흐름에 대해 면밀한 조사가 필요하다. 사례기업은 이익잉여금이 풍부해 신용평가시스템으로는 재무 등급이 양호한 수준이나 현금성 자산의 대부분이 해외거래처(수입처)에 대한 투자 후 수입처의 도산으로 사실상 회수가 불가능한 상태였다. 신용평가시스템은 양적 평가에는 유용하나 질적인 재무위험을 평가하는 데에는 한계가 있다. 그러한 한계점을 보완해 줄 수 있는 것이 신용분석가의 신용분석 능력이다.

## (Case 5) 해외 현지법인에 대한 투자기업

☐ 해외 현지법인에 대한 투자 결과가 본사에 미치는 영향에 대한 검토를 소홀히 한 신용분석 사례이다. 사례기업은 해외 현지법인에 대한 투자금이 총자산의 약 14%를 차지하고 있고 현지법인에 제공하는 원재료가 재고자산의 대부분을 차지하고 있다. 사업 특성상 해외 투자 성공 여부가 본사 사업 성패의 중요한 요인으로 해외 투자 결과에 대한 심층적인 검토가 필요하다. 해외 현지법인은 당기 말 현재 자기자본 일부 잠식 상태로 경영악화 상태에 있었고, 동사의 최근 3개년 평균 재고자산이 총자산의 약 45%로서 현지법인 공장 가동률도 문제가 있음을 알 수 있다. 전전기 이후 늘어난 단기금융상품은 사실상 현지법인의 경영 정상화를 위해 투입된 금액(차입금이 재원)으로 확인되었다.

### (Case 6) 매출채권, 재고자산, 매입채무 회계 분식 기업

□ 자금흐름의 건전성에 대한 검토를 소홀히 한 신용분석 사례이다. 매출채권, 재고자산, 매입채무는 가공 매출, 가공 재고, 가공 매입거래 등을 통해 기업이 가장 쉽게 분식회계를 할 수 있는 계정과목이다. 사례기업은 매출액증가율은 보합세이면서 매출채권은 급격히 증가(5.7배), 재고자산 및 매입채무는 대폭 감소 및 차입금이 증가하고 있다. 따라서 매출액의 증가를 수반하지 않는 매출채권의 급격한 증가는 부실채권의 발생 또는 가공 매출 등의 분식결산 가능성이 높고 차입금의 증가와 함께 매입채무의 급격한 감소는 총자산(부채)을 감소시켜 부채비율을 낮추기 위한 목적의 분식결산일 개연성이 높다고 판단되므로 이에 대한 면밀한 검토가 이루어졌어야 했다.

### (Case 7) 신용분석 측면에서의 착안점

□ 첫째, 해외 현지법인의 매출액 및 당기순이익이 미미한 이유를 검토해야 한다.

□ 둘째, 총자산(6,428) 중 재고자산(3,274) 비중이 51%(매출채권 포함 시 2개 과목이 총자산의 77.7%)로서 재무상태표의 특이항목(이상치)이 있는 사례기업이다. 더구나 특이항목이 핵심 영업활동 관련 계정과목이므로 이에 대한 심층적인 분석(적합성 여부 등)이 이루어져야 한다.

□ 셋째, 매출액은 보합세지만 매출채권증가율(199%)이 급증하고 있어 현금흐름이 감소하고 있으므로 기업의 단기지급능력에 영향이 없는지에 대한 세부적인 분석이 요구된다.

□ 넷째, 매출액은 전년도 대비 보합세인데 당기 말 단기차입금은 2,216백만 원(전기 2,146 → 당기 4,362) 증가하였다. 매출액의 변화 없이 차입금이 급증하고 재고자산이 대폭 증가한 기업이다. 그 원인을 분석하고 증가한 차입금의 사용 내역에 대해서도 면밀히 검토해야 한다.

## (Case 8) 신용분석 측면에서의 착안점

☐ 첫째, 총자산(5,782) 중 재고자산(2,024) 비중이 35%(매출채권 포함 시 2개 과목이 총자산의 81.4%)로서 재무상태표의 특이항목(이상치)이 있는 사례기업이다. 더구나 특이항목이 핵심 영업활동 관련 계정과목이므로 이에 대한 심층적인 분석(적합성 여부 등)이 이루어져야 한다.

☐ 둘째, 매출액은 보합세지만 재고자산이 급증(기초 918백만 원 → 기말 2,024백만 원)하여 현금흐름이 감소하고 있으므로 기업의 단기지급능력에 영향이 없는지 이에 대한 세부적인 분석이 요구된다.

☐ 셋째, 매출액은 보합세지만 당기 말 단기차입금이 1,010백만 원(2,095 → 3,105) 증가하였고 재고자산도 전기 918백만 원에서 당기 2,024백만 원으로 증가하였다. 매출액의 변화 없이 차입금이 급증하고 재고자산이 대폭 증가한 원인을 분석하고 증가한 차입금의 사용 내역에 대해서도 면밀히 검토해야 한다.

☐ 넷째, 매출액이 보합세나 당기 제조원가가 크게 증가(6,708백만 원 → 8,141백만 원)하였다. 제조원가가 증가한 원인을 파악하고 제조원가 증가에 따른 기말재고액의 증가로 매출원가율은 오히려 감소(77.9% → 72.2%)한 것으로 나타나고 있는 점을 유의해서 검토해야 한다.

## (Case 9-1) 신용분석 측면에서의 착안점

☐ 첫째, 재무상태표에 개발비가 3년 연속 증가세로 계상되어 있다. 개발비의 계상은 기업에서 미래 경제적 효익이 유입될 가능성이 매우 높다고 주장할 때 외부감사인이 그에 대한 반증을 하기는 어렵다. 이러한 사유로 미국 기업회계기준(US-GAAP)에서는 개발비를 모두 당기 비용으로 처리하고 있다. 따라서 비용 처리 시 순이익(NI)과 유보이익(RE)에 미치는 영향을 분석해야 한다.

☐ 둘째, 자본 총계(277억 원) 중 주식발행초과금(232억 원)의 비중이 83.6%이다. 전기 자본금 16억 원 증자 및 최근 2년간 자기주식 23억 원 매입 등 재무증권(유가증권 등)에 대한 거래가 빈번했던 것으로 추정된다. 이러한 활동은 본업과 무관하므로 그 적정성 여부에 대한 검토가 이루어져야 한다.

□ 셋째, 전기 매출액이 감소하였고 당기의 매출액도 전전기 매출액 수준인 점을 고려하지 않아도 재무구조만을 보았을 때 운전자금을 신청할 이유가 없는데 할인어음 15억 원, 구매자금 대출 5억 원을 신청한 사유가 석연치 않다. 사례기업은 코스닥 상장기업으로서 자본시장에서 증자를 통해 현금을 확보한 후 경영진이 자금유용을 통해 고의로 부도를 내고 도산한 사례이다. 따라서 재무구조를 고려했을 때 운전자금이 필요할 이유가 없는데도 운전자금에 대한 여신 신청이 이루어졌다면 재무분석을 기반으로 한 운영리스크도 검토해야 한다.

□ 특히, 코스닥 기업은 코스피 기업에 비해 경영진의 자금유용 사례가 빈번한 점을 인식하고 있어야 한다.

## (Case 9-2) 기업가치평가 측면에서의 착안점

□ 사례기업은 재무구조의 안정성이 매우 높아 신용분석 측면에서 재무위험이 적으나, 기업가치 측면에서는 당기 ROIC가 3.9%이고 영업 내용과 추세를 고려할 때 자본비용을 감안하고 추정재무제표를 작성한다면 기업가치는 감소할 가능성이 높다고 판단된다.

**[재구성 재무제표]**

(단위: 억 원)

| 자산 | 전전기 | 전기 | 당기 | 부채 및 자본 | 전전기 | 전기 | 당기 |
|---|---|---|---|---|---|---|---|
| 영업자산(OA) | 192 | 234 | 219 | 영업부채(OL) | 40 | 39 | 45 |
| 비영업고정자산 | | | | 재무부채(FL) | 12 | | |
| 재무자산(FA) | 162 | 78 | 104 | 자기자본(BV) | 302 | 273 | 277 |
| 합계 | 354 | 312 | 323 | 합계 | 354 | 312 | 323 |

**[영업투하자본이익률 산출]**

| 구분 | 전전기 | 전기 | 당기 | 추정 1년 | 비고 |
|---|---|---|---|---|---|
| 영업투하자본(IC) | 152 | 195 | 173 | | IC = OA - OL |
| 세전순영업이익 | 32 | -3 | 9 | | 영업이익 + 지분법 평가손익 + 비재무활동의 기타 손익 |
| 순영업이익에 대한 법인세비용 | 3.6 | | 1.7 | | 계속사업 법인세비용 + 순재무비용의 세금 절감액 |
| 세전순재무비용 | -4.7 | 20 | -2 | | 이자비용 - 이자수익 + 재무활동 기타손익 |
| 순재무비용의 세금 절감액 | -0.9 | 4 | -0.3 | | 세전순재무비용 × 한계법인세율 |
| 순재무비용(NFE) | -3.7 | 16 | -1 | | 세전순재무비용 - 순재무비용의 세금 절감액 |
| **세후순영업이익 (NOPAT)** | 25 | -2.7 | 7.6 | | 세전순영업이익 - 순영업이익에 대한 법인세비용 |
| 영업투하자본이익률 | | | 0.039 | | ROIC = NOPAT ÷ 기초 IC |

*영업투하자본(IC) = OA - OL = BV + (FL - FA) - 비영업고정자산 = BV + NFO - 비영업고정자산
*NFE = 세전순재무비용 - 순재무비용의 세금 절감액
*순재무비용의 세금 절감액 = 세전순재무비용(이자비용 - 이자수익) × 한계법인세율
*영업투하자본이익률(ROIC) = 당기 NOPAT ÷ 전기 IC

## (Case 10) 기업가치평가 측면에서의 착안점

□ 사례기업은 영업투하자본(IC)이 당기 (-)18억 원, 전기 (-)77억 원으로서 부(-)의 값을 갖는다는 것은 본업 활동을 위한 투자가 없다는 의미로서 ROIC 산출 등 기업가치평가가 무의미하다. 다시 말하면 미래 계속기업으로서의 기업가치가 의문시되는 기업으로 볼 수 있다.

**[재구성 재무제표]**

(단위: 억 원)

| 자산 | 전전기 | 전기 | 당기 | 부채 및 자본 | 전전기 | 전기 | 당기 |
|---|---|---|---|---|---|---|---|
| 영업자산(OA) | 209 | 258 | 324 | 영업부채(OL) | 242 | 350 | 276 |
| 비영업고정자산 | | | 7 | 재무부채(FL) | 70 | 20 | 16 |
| 재무자산(FA) | 160 | 157 | 114 | 자기자본(BV) | 57 | 45 | 153 |
| 합계 | 369 | 415 | 445 | 합계 | 369 | 415 | 445 |

*영업투하자본(IC) = OA - OL = BV + (FL - FA) - 비영업고정자산 = BV + NFO - 비영업고정자산

(Case 11-1)

☐ 기업이 재무적인 곤경에 처하게 되면 인원 감축 등 구조조정을 통해 조직을 축소하거나 덤핑판매 등에 의한 현금매출 확대 및 고정자산을 매각하여 현금을 확보하려고 노력하는 경향이 있다. 그러므로 부실기업은 도산 직전 인원 감축에 따라 $X_3$는 올라가고 고정자산 매각에 따라 $X_5$는 낮아진 것으로 해석할 수 있다.

(Case 11-2)

☐ 통계적 유의성(statistical significance)의 결과와 질적 분석 결과(재무/회계적인 논리)는 항상 부합되지 않으므로 계량적인 재무지표라도 질적 분석을 병행할 필요성이 있다는 점을 시사하고 있다.

(Case 12-1)

☐ 질적 분석 측면에서는 위 두 개의 변수는 다른 속성을 지닌다.

(Case 12-2)

☐ 그 이유는 만약 기업이 자본금을 증자하게 되면 자기자본 및 총자산은 증가하지만, 유보이익(retained earning)은 변동이 없고 총자산증가율보다 자기자본증가율이 높으므로 $X_1$은 증가하지만, $X_2$는 하락한다. 더욱이 성장단계에서뿐만 아니라 재무적 곤경(도산 위기)에 처해 있을 때 적지 않은 기업이 자본금을 늘리기 위해서 무척 애를 쓰는 것이 일반적인 행태이며 이에 대한 실증분석 결과도 있다.

(Case 12-3)

☐ 따라서 $X_1$과 $X_2$는 통계적으로 유의한 변수이고 두 변수 간의 동일한 속성(정의 상관관계)을 보인다면 $X_1$보다는 $X_2$를 신용 상태를 예측하는 변수로 선택하는 것이 통계적인 관점이

나 재무/회계적인 관점 모두 바람직하다고 판단된다.

(Case 13-1)

☐ 매출액이 감소하였음에도 매출채권이 급격히 증가한 것은 부실채권이 증가했거나 가공 매출 계상 등의 분식회계일 가능성이 높은 기업이다.

(Case 13-2)

☐ 매출액이 감소하였음에도 매입채무가 급격히 증가한 것은 자금 사정 악화에 따른 매입채무의 지급연기이거나 현금흐름을 양호하게 보이기 위한 분식회계일 가능성이 있는 기업이다.

# [부록] 재무제표에 숨어있는 회계 속임수

□ Howard M. Schilit(박훈석 역)의 「재무제표에 숨어있는 회계 속임수」의 내용을 중심으로 정리

○ **회계 속임수** : 경영진이 기업의 영업실적 혹은 재정 건전성에 관해 사실과 다른 정보로 투자자의 눈을 가리는 행동을 의미. **분식회계**(粉飾會計, Window Dressing)와 유사한 개념

○ 분식회계는 자산과 수익을 과소 계상하고 부채와 비용을 과대 계상하는 **역분식**도 포함하는 개념이나, 역분식을 행하는 유인은 비상장기업, 중소기업에서는 거의 발생하지 않고 있으며 신용분석 측면에서는 검토 제외 사항이므로 일반적으로 역분식에 대한 분석은 생략

**[회계 속임수의 범주]**

| 범주 | 회계 속임수 수법 |
|---|---|
| 이익 조작 속임수 | 1. 매출(수익)의 조기 인식<br>2. 가공매출액의 인식(수익의 허위 계상)<br>3. 일회성 혹은 지속 불가능한 활동을 통한 이익 부풀리기<br>4. 당기 비용을 차기 이후로 이연하기<br>5. 비용이나 손실을 감추는 기타 수법(부외부채 과소계상)<br>6. 당기 이익을 차기 이후로 이연하기<br>7. 미래에 인식할 비용을 현재로 앞당기기 |
| 현금흐름 속임수 | 8. 재무활동 범주의 현금유입을 영업활동 범주로 옮기기<br>9. 영업활동 범주의 현금유출을 다른 범주로 옮기기<br>10. 지속 불가능한 활동으로 영업현금흐름 부풀리기 |
| 핵심 지표 속임수 | 11. 성과를 과장하는 잘못된 지표 보여주기<br>12. 실적 저조를 숨기려고 재무상태표상의 수치 왜곡하기 |
| 인수 회계 속임수 | 13. 인위적으로 수익과 이익 부풀리기<br>14. 현금흐름 부풀리기<br>15. 핵심 지표 조작하기 |

○ 회계 속임수 수법 8부터(현금흐름 · 핵심 지표 · 인수 회계 속임수)는 심화과정으로서 여기서는 설명을 생략, 자세한 내용은 Howard et al.(이은주 역)의 「포렌식 접근법으로 회계 조작을 찾아내는 회계 속임수」 참조

## [속임수 1] 매출의 조기 인식 또는 부실한 매출 인식

□ 매출액의 조기 인식

○ 수익획득 과정이 완료되거나 교환거래가 아직 이루어지지 않았음에도 불구하고 재무제표에 매출액으로 인식하는 것을 말함.

○ 회계기준상 매출액은 수익획득 과정이 완료되고 교환거래가 나타났을 때만 인식

**[매출액을 기록하는 올바른 방법]**

| 세부 인식 항목 |
|---|
| • 제품을 이해관계가 없는 구매자에게 판매하되 구매에 대한 반대급부로 금전적 혜택(뇌물)을 주지 말아야 한다.<br>• 계약에 명시한 조건대로 제품을 배달하여 구매자로부터 무조건적인 승낙을 받아야 한다.<br>• 구매자가 대금 지급 의무가 있음을 확인하고(예를 들어 조건부 지급계약 같은 것이 없어야 한다) 또 구매자가 지불할 능력이 있는 것도 확인해야 한다.<br>• 구매자로부터 받은 대금의 순액만을 매출에 기록하여야 한다.<br>• 계약에 합의한 모든 서비스를 제공해야 한다. |

① 아직 고객에게 제공할 서비스가 남아 있는데도 매출액을 계상

○ 회계처리 방침 변경 : 매출액의 인식 방법 변경(미래 수익을 당기 인식)

► Check Point

• 영업현금흐름 < 당기순이익 여부 확인 : 공격적인 매출 인식의 가장 흔한 징후

• 장기 매출채권증가율 > 매출액성장률 : 장기미수채권의 증가는 기업 부실의 시초

② 구매자의 무조건적인 승낙 이전 또는 제품 선적 이전 매출액 계상

○ 제품 선적 이전 매출액 계상

- 작업 진행률의 오류 및 임의 적용 : 단기공사 · 서비스에 작업 진행률 적용

- 청구 이후 보유 회계 사용 : 구매자는 미래에 제품을 구매하고 대금 지급 의무를 약속하여 재고는 현재 판매자에게 있으나 계약 시점에서 매출액을 인식

► Check Point

• '매출액과 청구 매출채권증가율 < 미청구 매출채권증가율'이 큰 폭이면 작업 진행률을 왜곡하고 있다는 신호(건설업 특히 주의)

○ 구매취소가 가능한 제품을 선적하고 매출액을 인식

- 구매자가 환불할 확률이 높은지 평가 : 반품권이 주어짐에도 불구하고 매출을 기록하는 회사는 주의 요망
- 위탁판매 시 위탁업자가 수탁인에게 제품을 보낼 때 매출 인식 : 최종고객이 선정되지 않았음에도 매출을 조기 인식

③ 구매자가 대금을 지급할 의무가 없음에도 불구하고 매출액을 계상

○ 매출 인식을 위한 중요 요건 중 하나 : 판매로 인한 재무적 의무가 판매자에서 구매자로 이전

► Check Point

• 판매자금융에 주의 : 매출액을 늘리기 위한 영업기법, 판매자금융을 통한 매출액 추이 주시
• 구매자에게 대금지급 기일을 늦춰주는 경우 : 통상적 운전자본의 흐름 범위 내가 아닌 장기이면 미래의 수익 조기 인식
• 자금 조달이 불확실한 구매자와 거래하고 있는지 주의 : 구매자가 자금 조달을 했는지 확인

○ 부실한 매출 인식

- 재무제표에 표시한 매출액의 질에 대하여 의문 제시

④ 이해관계자에게 판매

○ 전략적 제휴를 맺은 회사나 관계기업 등 이해관계자 사이에 매출

○ 회계처리의 투명성 저하로 인위적으로 매출액과 순이익을 올릴 기회 제공

► Check Point

• 양방향 거래 시 특히 주의 : 매입매출처별 세금계산서합계표를 참고로 매입·매출 양쪽 거래 시 허위매출 가능성 다분

⑤ 구매자에게 반대급부로 어떤 것을 지급

○ 납품업자와의 물물교환을 통해 매출액을 인위적으로 부풀릴 수 있음.

⑥ 매출액을 총액으로 인식

○ 무상 사급, 수익 인식 요건 미충족 시 매출액은 순액으로 인식해야 함.

► Check Point

• 중개업 등 사업서비스업종은 고객에게 제공하는 서비스만 매출로 기록해야 함.

## [속임수 2] 가공매출액의 인식(수익의 허위 계상)

1 경제적 실체가 없는 매출액의 계상

○ 이면계약서에 주의 : 원래 계약의 중요한 조건을 변경

○ (예) 상시 제품 환불조건 명기, 조건부 판매 등

2 빌린 돈을 매출액으로 계상

○ 채권자에게 미래에 생길 매출채권을 판매하고 이를 매출액으로 계상

- 파트너십으로부터 받은 자본금을 매출액으로 분류하는 경우
- → 연구개발을 위한 분배금이나 차입금으로 계상하여야 함.

3 투자수익을 매출액으로 계상

○ 자산 매각이나 투자수익으로 생기는 현금은 매출과는 상관이 없음.

4 미래에 계속 구매 조건으로 받은 납품업자의 리베이트를 매출액 계상

○ 재고에 대한 대금을 과대 지급하는 대신에 납품업자가 리베이트로 돌려줌.

- 이 리베이트는 매입 재고에 대한 조정으로 처리해야 하는 매출액으로 계상

○ 소매업자의 반품에 대한 회계처리는 매출이 아니라 반품으로 인식해야 함.

5 합병 전 일부러 계상 안 한 매출액을 인식

○ 합병이 결정되고 나서 피합병회사에 합병이 완료되기 전까지 매출액을 기록하지 않도록 지시 후 합병 이후 매출액을 인식

## [속임수 3] 일회성 혹은 지속 불가능한 수익으로 이익 부풀리기

1 고평가된 자산을 매각해서 이익을 부풀림

○ 장부가격에 비해 가격이 상승한 자산을 매각

- 영업과 무관한 활동에서 일회성 수익을 내고 있는지 주의

► Check Point

• 회사가 점점 악화하는 영업 상태를 숨기기 위해 영업활동과 관계없는 활동을 할 수 있으므로 영업이익과 당기순이익을 비교

• 특히 자산을 분기 말이나 연말에 매각하는 모습이 보인다면 유의

2 투자수익을 매출액 일부로 둔갑

- 영업활동과 관련이 없는 수익을 매출액 일부로 포함 또는 영업비용을 줄여 영업이익을 과대계상하는지 주의
- (예1) 자본을 재활용하여 이익으로 둔갑
  - 대여금을 이자수익, 기타 매출액으로 회수하면서 영업활동 관련 매출과 구분하지 않아 영업이익에 포함함.
- (예2) 주식매도로 얻은 이익으로 영업이익을 늘리고 있는지 조심

3 투자수익으로 영업비용을 줄임

- 일회성 수익이나 영업 무관 활동 수익으로 영업비용을 줄이는 데 교묘히 사용

4 재무상태표의 계정과목을 변경해서 수익 계상

- 투자수익은 그 자산으로부터 이익을 내고 매각한 경우에만 발생함에도 아직 매각하지 않은 자산의 가치 상승분을 수익 일부로 계상

## [속임수 4] 당기 비용을 과거나 미래로 옮기기

□ 비용을 숨기기 위해 비용을 자산으로 바꾸는 방법을 사용

□ 회계원칙 : 미래에 경제적 효익을 주는 비용은 자산으로 자본화해야 하며, 그런 효익이 없는 비용은 즉시 인식해야 함.

- 단기간에 경제적 효익을 주는 비용은 즉시 인식해서 이익이 과대계상되는 것을 피하고, 장기에 걸쳐 효익을 주는 비용은 일단 자산으로 계상하고 효익이 실제 생길 때 비용화해야 하는 것이 회계원칙

1 일반영업에 들어가는 원가를 자본화

- 특히 최근에 비용화하는 것에서 자본화하는 것으로 회계처리를 변경
  - 원가는 비용 대신 자산으로 계상이 되며, 그 자산은 장기간에 걸쳐 상각
  - ► Check Point
    - 최근에 주석 사항에 자본화 관련 회계처리 방법을 변경했는지 주목
    - 소프트웨어 비용 및 연구개발비를 자본화하고 있는 회사에 유의

② 회계처리 방법을 바꿔서 당기 비용을 과거로 변경

○ 비용을 과거로 옮겨 비용 자체가 사라짐.

③ 원가를 최대한 천천히 상각

○ 재고, 장비, 영업권과 같이 회사가 장기적으로 경제적 효익을 창출할 지출은 그 효익이 실제로 발생할 때 비용화해야 함(수익과 비용의 대응 원칙).

► Check Point

- 재고자산, 비유동자산 및 무형자산을 너무 느리게 상각하는 회사에 주의
- 동종 산업의 평균 감가상각 기간과 비교하여 확인 : 감가상각 기간을 더 길게 변경하는지 주의
- 회계추정의 변경이 이익을 늘리기 위한 것이라면 특히 유의

④ 부실자산의 평가절하를 하지 않음.

○ 회계원칙 : 자산의 가치에 갑작스럽고 상당한 평가 절차가 있었을 경우, 그 금액에 대해 즉시 감액손실을 인식해야 한다. 손실은 나누어서 인식하는 것이 아니라 일시에 전부 인식해야 함.

○ 자산의 장부가액이 회수가능액보다 많다면 그 자산은 과대평가된 것이고 그만큼 회사는 아직 인식하지 않은 손실을 보고 있는 셈임.

- 해당 자산의 충당금을 제대로 설정하지 않거나 충당금을 오히려 줄이는 경우 비용을 과소계상하고 결과적으로 순이익을 부풀리게 됨.

► Check Point

- (대손으로 인정하는 금액 + 대손이 발생할 것으로 예상되는 금액) < 충당금

○ 실패한 투자에 주의

- 투자 금액이 자산의 상당 부분을 차지하는 경우 투자자산의 시장가격이 감소하고 있으며 그것이 일시적이 아니면 투자금은 줄여야 함.

⑤ 자산충당금을 줄임.

○ 회사는 고객의 채무불이행, 재고자산 진부화, 다른 자산의 평가절하와 같은 위험을 반영하여 일부 자산을 조정해야 함.

- 차감계정이라고 불리는 충당금을 다양하게 설정해서 매년 조정함.

► Check Point

- 매출채권은 증가하는데 대손충당금은 감소하는지 주의

- 매출채권은 증가하는데 대손충당금은 감소하고 있다면 회사가 대손상각비를 과소계상하고 있다는 신호로 볼 수 있음.

∵ 통상 대손충당금은 매출채권과 같은 비율로 증가

- 대손충당금의 부재에 주의 → 회사가 대손충당금을 아예 설정하지 않으면 순이익은 더 극단적으로 왜곡
- 재고자산평가충당금의 감소에 주의 → 이 충당금은 재고자산과 같은 비율로 증가한다. 만약 같은 비율로 증가하지 않고 오히려 감소한다면 이익을 늘린 것임.
- 의심스러운 성격의 충당금을 취소하는지 주의

## [속임수 5] 부외부채 또는 부채의 과소계상

□ 회계원칙 : 기업이 부담하고 있는 의무로부터 발생하는 미래 경제적 효익의 희생이 있는 경우 부채를 인식

1 미래 의무가 남아 있음에도 불구하고 비용 관련 부채를 계상하지 않음.

- ○ 우발부채에 주의
  - 미래 의무가 상당하고 회사가 계약의 조건에 따라 악영향을 받을 수 있다면 적어도 이를 주석에 반영하도록 하고 있음(특히 건설사 PF지급보증 등).
- ○ 충당부채를 기록하지 않는지 주의
  - 손실 가능성이 높고, 손실 금액을 신뢰성 있게 측정할 수 있으면 손실 계상
- ○ 계상되지 않은 스톡옵션 부채가 순이익에 미칠 영향을 고려
  - 스톡옵션은 순이익과 현금흐름에 상당한 영향을 끼치며 실제 비용은 투자자로부터 숨겨져 있음(이 비용에 대한 정보는 주석에 기재되어 있음).

2 회계추정을 변경해서 부채를 줄임.

- ○ 경영자가 회계정책과 회계추정에 많은 관여를 하고 있음.
  - 연금과 리스에 대한 가정을 변경해서 순이익을 늘릴 수 있음.

3 의문이 가는 충당금을 이익으로 사용

- ○ 과대계상한 충당금으로 이익을 늘리는 데 사용하고 있는지 주의
  - 적절한 수준의 충당금을 유지하지 않으면 이익은 늘어나고, 또한 충당금으로 이익

을 늘리는 데 사용할 수도 있음.

4 선수금을 매출로 인식

○ 프랜차이즈 기업은 이익 회수 과정이 완료되기 전 현금을 먼저 받음.

- 선수금과 같이 부담해야 하는 미래 의무가 남아 있음에도 불구하고 현금을 받을 때 매출액으로 기록하면 순이익은 과대계상

## [속임수 6] 현재의 매출액을 미래로 옮겨라

□ 회계원칙 : 매출액은 수익획득 과정을 완료한 기간에 인식해야 한다. 만약, 당기에 서비스를 제공했다면 당기에 매출액으로 인식해야 하며 미래에 매출액으로 인식해서는 안 됨.

1 충당금을 만들어 미래에 이익으로 사용

○ 사업실적이 좋을 때 향후 어려움에 대비하여 현재의 매출액을 숨김.

- 실적이 좋은 분기의 순이익을 저조한 분기로 옮기면 회사의 순이익이 꾸준하게 성장하는 것처럼 보임(일종의 Big Bath와 유사).
- Big Bath란 목욕을 철저히 해서 때를 씻어낸다는 뜻으로 과거의 부실 요소를 한 회계연도에 모두 반영해 손실이나 이익 규모를 있는 그대로 회계장부에 드러내는 것을 말한다. 보통 경영자 교체 시기에 새로 부임하는 최고경영자가 전임자들 재임 기간에 누적됐던 손실이나 잠재적 부실 요소까지 반영해 회계장부에서 한꺼번에 털어버림으로써 실적 부진을 전임자에게 넘기고 다음 해에 더욱 큰 실적을 유도함으로써 자신의 공적을 부각하기 위해 행해짐.
- 이익 유연화 기법을 사용하는 회사는 수익이 많을 때 충당금을 쌓아 두었다가 실적이 악화하면 충당금을 풀어서 양호한 실적을 계속해서 보고할 수 있음.

2 기업인수합병을 완료하기 직전 매출액의 계상을 멈춤.

○ 인수를 완료하기 직전에 피인수 회사가 매출액의 계상을 멈추었는지 주의

## [속임수 7] 미래에 인식할 비용을 현재로 끌어와라

□ Big Bath 수법과 유사

□ 회계원칙 : 비용은 수익이 발생하는 기간의 수익에 대응하게끔 계상해야 함.

1 특별손실을 늘려라.

- ○ 당기에 계상하는 특별손실에 미래 영업비용을 포함하면 됨.
  - \- 미래에 계상해야 할 비용을 과거에 미리 인식했기 때문에 영업이익은 늘어남.
  - ► Check Point
    - • 대규모 영업권상각에 주의
    - • 매출채권 평가손실, 재고자산 상각 등의 특별손실에 주의

2 조정가능한 비용이 있다면 당기에 많이 인식

- ○ 영업비용을 미리 지급하는 것에 주의
- ○ 감가상각비나 상각기간이 줄어드는 것에 주의
- ○ 회계추정의 변경으로 감가상각비를 앞당기는 것에 주의

### [부록 참고] 회계 속임수(분식회계) 점검표

| # | 회계 속임수 징후 | 가능한 문제 또는 사용한 속임수 |
|---|---|---|
| 1 | 현금 및 현금성 자산이 총자산보다 상대적으로 더 감소 | 유동성 문제: 추가차입이 필요할 수 있음 |
| 2 | 매출채권 성장이 매출액 성장보다 지나치게 빠름 | 매출액을 조기 인식하거나 외상판매 조건을 완화 |
| 3 | 매출채권 성장이 매출액 성장보다 지나치게 느림 | 매출채권을 다른 계정을 통해서 계상 가능성 |
| 4 | 대손충당금이 매출채권에 비해 상대적으로 감소 | 충당금 과소계상하여 영업이익을 부풀렸을 수 있음 |
| 5 | 미청구 매출채권의 성장이 매출액이나 청구 매출채권의 성장보다 빠름 | 공사 진행기준에 의한 매출액이 매출액에서의 비중이 커질 수 있음 |
| 6 | 재고자산 성장이 매출액, 매출원가, 매입채무에 비해 지나치게 빠름 | 재고자산의 진부화(상각이 필요)나 회사가 일부 매출액에 대해 매출원가를 계상하지 않았을 수 있음 |
| 7 | 재고자산 충당금이 재고자산에 비해 상대적으로 감소 | 충당금을 과소계상해서 영업이익을 부풀렸을 수 있음 |
| 8 | 선급비용이 총자산에 비해 급격하게 상승 | 일부 영업비용을 회계기준에 맞지 않게 자본화하고 있을 수 있음 |
| 9 | 유동자산 총액이 총자산에 비해 크게 증가 | 수리비와 유지관리비를 자본화하고 있을 수 있음 |
| 10 | 유동자산 총액이 총자산에 비해 크게 감소 | 신규시설투자를 하지 않고 있을 수 있음 |
| 11 | 유형자산 총액이 증가하는데 감가상각누계액이 감소 | 감가상각비를 과소계상해서 영업이익을 부풀렸을 수 있음 |
| 12 | 영업권이 총자산에 비해 크게 증가 | 미래의 상각비용을 줄이기 위해 유형자산에서 영업권으로 계정과목을 변경했을 수 있음 |
| 13 | 무형자산 상각누계액이 감소하면서 영업권이 증가 | 상각비를 과소계상해서 영업이익을 부풀렸을 수 있음 |
| 14 | 매입채무 성장이 매출액 성장보다 지나치게 빠름 | 재고나 보급품 구매를 위한 유동부채를 못 갚으면 미래에 현금지출액이 증가함 |
| 15 | 미지급비용이 총자산에 비해 감소했음 | 회사가 충당금을 사용했다면 영업이익을 부풀릴 수 있음 |
| 16 | 선수금이 감소하면서 매출액이 증가 | 신규사업의 성장이 느려지고 있거나 회사가 충당금을 사용해 매출액을 부풀렸음 |
| 17 | 매출원가가 매출액에 비해 빠르게 증가 | 가격압력은 매출총이익을 낮춤 |
| 18 | 매출원가가 매출액에 비해 감소 | 제품 원가를 재고자산에서 전부 옮기지 않았을 수 있음 |
| 19 | 매출원가가 매출액에 비해 분기별로 크게 변동 | 불규칙한 매출총이익은 기업이 적용한 회계기준의 이상을 나타내는 것일 수 있음 |

| # | 회계 속임수 징후 | 가능한 문제 또는 사용한 속임수 |
|---|---|---|
| 20 | 영업비용이 매출액에 비해 크게 감소 | 일부 영업비용을 회계기준에 맞지 않게 자본화하고 있을 수 있음 |
| 21 | 영업비용이 매출액에 비해 크게 증가 | 회사의 효율성이 떨어져서 제품 단위 원가가 상승했을 수 있음 |
| 22 | 세전 순이익의 상당 부분이 일회성 수익에서 왔음 | 핵심 사업이 약화했을 수 있음 |
| 23 | 이자비용이 장기부채에 비해 유의미한 상승 | 현금지출액이 커질 것으로 기대할 수 있음 |
| 24 | 이자비용이 장기부채에 비해 유의미한 감소 | 일부 영업비용을 회계기준에 맞지 않게 자본화하고 있을 수 있음 |
| 25 | 영업활동으로 인한 현금흐름이 순이익에 비해 유의미하게 작음 | 이익의 질에 문제가 있거나 운전자본에 대한 자본지출이 너무 컸을 수 있음 |
| 26 | 영업활동현금흐름의 세부 사항을 공개하지 않음 | 영업활동현금흐름상 문제의 원인을 숨기려고 하는 것일 수 있음 |
| 27 | 현금유입이 대부분 자산의 처분, 차입금, 유상증자를 통해서 이루어짐 | 이는 회사의 열악한 경영 사정을 나타냄 |
| 28 | 회계처리 방침의 변경 | 영업 문제를 숨기려는 의도 |
| 29 | 외부감사인의 변경 | 문제가 있는 고객일 수 있음 |
| 30 | 장기 약정 사항/우발부채 | 잠재적으로 상당한 현금유출 가능성 |
| 31 | 보수적이지 않은 회계처리 방침 | 이익이 부풀려졌을 수 있음 |
| 32 | 부적절한 경영진 보상체계 | 이익, 보너스, 주가를 올리기 위한 분식회계를 할 가능성 |
| 33 | 미약한 내부통제 환경 | 분식회계를 할 수 있는 기회 제공 |
| 34 | 과장 성향의 경영진 | 분식회계의 가능성 |
| 35 | 공사 진행 기준율 사용 | 가공 매출 가능성 |
| 36 | 소수의 거래처에 지나치게 의존 | 부실 가능성 및 매출 급감 가능성 |
| 37 | 판매자가 구매자에게 대금을 대여 | 매출액을 부풀렸을 가능성이 있고 사업의 경쟁력이 약할 수 있음 |
| 38 | 고객이 반품할 권리를 가지고 있음 | 매출액을 너무 빨리 계상했을 수 있음 |
| 39 | 물물교환 | 매출액을 부풀렸을 가능성 |
| 40 | 이자의 자본화 또는 소프트 개발비의 자본화 | 영업이익을 부풀렸을 가능성 |
| 41 | 스톡옵션과 같은 부외부채 | 미래 현금유출이 생각보다 클 수 있고 영업이익을 부풀렸을 가능성 |
| 42 | 이사회와 사외이사가 없음 | 미약한 내부통제 시스템 |

# 참고문헌


▨ 단행본

Golden, T. W., S. L. Skalak, and M. M. Clayto(2006), *A Guide To Forensic Accounting Investigation*, John Wiley & Son, INC.

Jiang, Pan(2011), *Equity Valuation(CFA Program Curriculum · Level II · Volume 4)*, Pearson Learning Solutions.

Palepu, K. G., V. L. Bernard, and P. M. Healy(1997), *Instruction to Business Analysis & Valuation*, South-Western College Publishing.

Penman, S.(2003), *Financial Statement Analysis and Security Valuation*, McGraw-Hill International Edition.

Rezaee, Z.(2019), *Forensic Accounting and Financial Statement Fraud Volume I, II*, Business Expert Press 1st Edition.

구정호(2020), 기업사례중심의 회계학, 신영사.

권성일(2016), 최신 기업신용분석, 한국금융연수원 출판사업부.

김권중(2012), K-IFRS 재무제표분석과 가치평가, 창민사.

김자원(2005), 회계정보를 활용한 기업경영분석, 울산대학교 출판부.

김철중(2016), 기업가치중심의 경영분석, 명경사.

박동흠(2021), 박회계사의 완벽한 재무제표 활용법, 초판 5쇄, 더퀘스트.

박동흠(2021), 박회계사의 재무제표 분석법, 개정판 4쇄, 부크온.

박태수(2017), 내부통제평가와 적발감사 실무, 개정판, 북랩.

백복현 · 장귀화 · 최종학(2011), 재무제표분석과 기업가치평가, 박영사.

손창균(2020), SAS를 이용한 통계자료분석, 자유아카데미.

송인만 외 역(2013), IFRS 경영분석과 가치평가, 신영사.

원재훈 · 김리석(2021), 해커스 신용분석사 2부, 개정 3판, 해커스.

윤주석(2018), 쉽게 풀어쓴 현금흐름 분석, 도서출판 두남.

이성엽(2011), 재무제표를 활용한 기업분석 1, 2, 한국금융연수원 u-러닝부.

이수제 · 박춘발(2019), 중소기업의 회계와 기업분석, 도서출판 탐진.

이의경(2013), 기업가치평가, 경문사.

자비홀라 레자이 · 리처드 라일리(김석웅 · 유순미 역)(2011), 회계 부정 방지와 적발(*Financial*

*Statement Fraud: Prevention and Detection*), 제2판, 산문출판.

전성일・이기세・김정은(2020), SAS를 통한 회계학 연구방법론의 이해와 활용, 신영사.

정대영・장광수・김용국・고종인(2016), 신용분석을 위한 시장환경분석, 한국금융연수원 출판사업부.

최형곤(2011), 포렌식 부정적발 회계론, 계명대학교 출판부.

최형곤・지현미(2016), 포렌식 탐정의 화이트칼라 범죄 제거 전략－횡령・탈세・분식회계탐지법－, 교육과학사.

하워드 슐릿(박훈석 역)(2009), 재무제표에 숨어있는 회계 속임수, 리딩 리더.

하워드 슐릿・제러미 펄러・요니 엥겔하트(이은주 역)(2018), 포렌식 접근법으로 회계조작을 찾아내는 회계 속임수, 리딩 리더.

## ▨ 논문

Altman, E. I., and G. Sabato(2007), "Modeling Credit risk for SMEs: Evidence from the U.S. Market", *ABACUS*, 43, pp.332-357.

Bao, Yang, Bin Ke, Bin Ri, Y. Julia Yu, and Jie Zhang(2020), "Detecting Accounting Fraud in Publicly Traded U.S. Firms Using a Machine Learning Approach", *Journal of Accounting Research*, 58(1), pp.199-235.

Beaver, W.(1996), "Financial Ratios as Predictors of Failure", *Journal of Accounting Research*, 4, pp.71-111.

Beaver, W., M. Correia and M. McNichols(2010), "Financial Statement Analysis and the Prediction of Financial Distress", *Foundations and Trends in Accounting*, 5(2), pp.99-173.

Beaver, W., M. McNichols and J. Rhie(2005), "Have Financial Statements Become Less Informative? Evidence from the Ability of Financial Ratios to Predict Bankruptcy", *Review of Accounting Studies*, 10(1), pp.93-122.

Beaver, W. H., M. F. McNichols, and J. W. Rhie(2005), "Have Financial Statements Become Less Informative?: Evidence from the Ability of Financial Ratios to Predict Bankruptcy", *Review of Accounting Studies*, 10, pp.93-122.

Behr, P. and A. Guttler(2007), "Credit Risk Assessment and Relationship Lending: An Empirical Analysis of German SME", *Journal of Small Business Management*, 45, pp.194-213.

Beneish, M. D., M. C. Lee Charles, and D. Craig Nichols(2003), "Earnings Manipulation and Expected Returns", *Financial Analysts Journal*, 69(2), pp.57-82

Beneish, M. D.(1997), "Detecting GAAP Violation: Implications for Assessing Earnings Management among Firms with Extreme Financial Performance", *Journal of Accounting and Policy*, 16(3), pp.271-309.

Beneish, M. D.(1999), "The Detection of Earnings Manipulation", *Financial Analysts Journal*, 55(5), pp.24-36.

Beneish, M. D.(2001), "Earnings Management: A Perspective", *Managerial Finance*, 27, pp.3-17.

Bharath, S. and T. Shumway(2008), "Forecasting Default with the Merton Distance to Default Model", *The Review of Financial Studies*, 21(3), pp.1339-1369.

Compa, Domecico(2019), "Earnings management strategies during financial difficulties: A comparison between listed and unlisted French companies", *Research in International Business and Finance*, 50, pp.457-471.

Corsi, C., D. D. Beradino, and T. D. Cimbrini(2015), "Beneish M-score and detection of earnings management in Italian SMEs", *Ratio Mathematica*, 28, pp.65-83.

Dechow, P., G. Weili, C. R. Larson, and R. G. Sloan(2011), "Predicting Material Accounting Misstatements", *Contemporary Accounting Research*, 28, pp.17-82.

Dechow, P., R. Slan, and A. Sweeney(1995), "Detecting earnings management", *The Accounting Review*, 70, pp.193-225.

Francis, J., R. LaFond, P. Olsson, and K. Schipper(2004), "Cost of Equity and Earnings Attributes," *The Accounting Review*, 79, pp.967-1010.

Graham, J., C. Harvey, and S. Rajgopal(2005), "The economic implications of corporate financial reporting", *Journal of Accounting and Economics*, 40(1-3), pp.3-73.

Hermanson, Dana R.(2021), "Fraud and Governance: The Importance of People", *Journal of forensic Accounting Research*, 6(1), pp.313-334.

Hillegeist, S. A., E. K. Keating, D. P. Cram, and K. G. Lundstedt(2004), "Asseing the Probability of Bankruptcy", *Review of Accounting Studies*, 9, pp.5-34.

Holda, Artur(2020), "Using the Beneis M-Score Model: Evidence From Non-financial companies listed on the WARSAW Stock Exchange", *Investment Management and Financial Innovations*, 17(4), pp.389-401.

Jones, J.(1991), "Earnings Management During Import Relief Investigations," *Journal of Accounting Research*, 29, pp.193-228.

Kaur, Navneet(2017), "Earnings Management: A Perspective on Methodology", *Journal of Management Research*, 17(4), pp.183-193.

Kim, Sung Kyoo, Mi-Ok Kim and Hyung-Rok Jung(2024), "U-shaped Relationship between Cash Conversion Cycle and Financial Distress: Evidence from Unlisted Companies in Korea", *Korean Accounting Review*, forthcoming.

Kim, Sung-Kyoo, and Suck-Yoon Jung(2023), "A Review of Forensic Accounting Techniques and the Prediction of Financial Statement Fraud for unlisted Firms in South Korea", Working Paper, Hanyang University.

Kukreja, G., S. M. Gupta, A. M. Sarea, and S. Kumaraswarmy(2020), “Beneish M-Score and Altman Z-Score as a catalyst for corporate fraud detection”, *Journal of Investment Compliance*, 21(4), pp.231-242.

Mason, P., and B. Williams(2022), “Does IRS Monitoring Deter Managers From Committing Accounting Fraud?”, *Journal of Accounting, Auditing & Financing*, 22(1), pp.700-722.

Merton, R. C.(1974), “On the Pricing of Corporate Debt: The Risk Structure of Interest Rates”, *The Journal of Finance*, 29, pp.449-470.

Ohlson, J.(1980), “Financial Ratios and the Probabilistic Prediction of Bankruptcy”, *Journal of Accounting Research*, 18(1), pp.109-131.

Richardson, S., R. Sloan, M. Soliman, and I. Tuna(2005), “Accrual reliability, earnings persistence and stock price”, *Journal of Accounting and Economics*, 39(3), pp.437-485.

Shumay, T.(2001), “Forecasting Bankruptcy More Accurately: A Simple Hazard Model”, *Journal of Business*, 74(1), pp.101-124.

Zmijewski, M.(1984), “Methodological Issues Related to the Estimation of Financial Distress Prediction Models”, *Journal of Accounting Research*, 22(1), Supplement, pp.59-86.

강호중(2019), 「딥 러닝을 활용한 재무제표상 회계부정 탐지기법 연구」, 서울대학교 대학원, 석사학위논문.

구희진(2021), 「회계부정조사의 디지털포렌식 절차 개선에 관한 연구」, 성균관대학교 대학원, 박사학위논문.

김성규(2020), 「연구개발비 투자가 비상장기업 경영성과에 미치는 영향 및 부실기업의 연구개발비 회계처리 특성」, ≪중소기업금융연구≫, 제40권 제1호, pp.1-26.

김성규 · 이상열(2019), 「비상장기업의 재량적 발생액과 부실기업의 이익조정 특성」, ≪회계와정책연구≫, 제24권 제2호, pp.203-228.

김성규 · 이상열(2020), 「기업수명주기와 기업의 재무특성 및 부실위험」, ≪회계와정책연구≫, 제25권 제4호, pp.81-113.

김성규 · 정형록 · 최희선(2021), 「부가가치 지적계수(VAIC)가 비상장기업 원가행태 및 신용위험에 미치는 영향」, ≪세무와회계저널≫, 제22권 제1호, pp.89-122.

김성규 · 한길석 · 한종관(2014), 「요소가산법을 활용한 비상장 중소기업 자기자본비용 측정에 관한 실증연구」, ≪회계저널≫, 제23권 제2호, pp.105-142.

김성규 · 이화득(2012), 「경기변동에 따른 비상장 중소기업 신용위험을 설명하는 회계변수와 부도예측에 관한 실증연구」, ≪회계저널≫, 제21권 제6호, pp.287-323.

김성규 · 조현영(2008), 「중소기업 성장 · 성숙 및 생존특성에 관한 연구」, ≪KODIT Report≫, 2008-9호, 신용보증기금.

김창배(2008), 「기업부실예측모형에 관한 연구」, 서강대학교 대학원, 박사학위 논문.

김태완(2017), 「이익조정 의심기업의 신용등급과 재량적 발생액」, ≪세무회계연구≫, 제53권, pp.1-22.

김태완 · 황인옥(2017), 「적자보고 회피기업의 재량적 발생액과 기업가치」, ≪세무회계연구≫, 제51권, pp.1-25.

김효정 · 이준석(2021), 「기업의 ESG 실행과 평가의 괴리 가능성 연구: ESG 평가지표 분석을 중심으로」, ≪국가정책연구≫, 제35권 제4호, pp.199-225.

나인철 · 김성규(2009), 「비상장 중소기업의 부실예측과 현금보유수준」, ≪중소기업연구≫, 제31권, 제4호, pp.41-65.

나현종 · 정태진(2022), 「머신러닝을 활용한 회계부정 탐지에 관한 탐색적 연구」, ≪회계학연구≫, 제47권 제1호, pp.177-205.

서준배 · 심희섭(2017), 「금융산업보안상 인적보안 취약요소인 업무부정의 발생징후와 적발방법에 관한 연구」, ≪한국경호경비학회≫, 제43호, pp.37-59.

오현탁 · 형영주(2004), 「도산거리를 이용한 도산예측모델에 관한 연구」, ≪산업경제연구≫, 제17권, 제4호, pp.1317-1338.

이원흠 · 이한득 · 박상수(2000), 「현금흐름형 도산예측 모델과 옵션모델형 도산예상확률의 실증연구」, ≪증권학회지≫, 제27집, pp.35-70.

장윤제(2021), 「ESG 평가기관의 현황과 문제점 및 규제 방향」, ≪상사판례연구≫, 제34권, 제3호, pp.423-472.

정우준(2021), 「포렌식 기업으로서 텍스트 감성분석 및 기계학습 모형 해석을 활용한 감리지적 예측 – 내부회계관리제도를 중심으로 –」, 홍익대학교 대학원, 박사학위논문.

정우준 · 윤재원 · 김경호(2021), 「텍스트 감성분석과 해석 가능한 기계학습 기반의 포렌식 기법을 활용한 회계부정탐지: 내부회계관리제도를 중심으로」, ≪회계학연구≫, 제46권 제6호, pp.181-218.

## ▍저자 소개

### 김성규

[학력]
한양대학교 일반대학원 경영학 박사
한양대학교 경영대학원 경영학 석사
서강대학교 금융전문가과정 수료
한양대학교 경영대학 경영학 학사

[주요 경력]
한양대학교 에리카캠퍼스 경영학부 겸임교수(현), 한국회계정책학회 포렌식회계위원장(현)
신용보증기금 리스크관리실 팀장, 강북지점장 등 역임

[주요 논문]
"U-shaped Relationship between Cash Conversion Cycle and Financial Distress: Evidence from Unlisted Companies in Korea", *Korean Accounting Review*, 2024. 외 다수

[주요 연구 분야]
기업신용평가, 부실기업예측, 기업가치평가, 포렌식회계(회계부정 적발), 신용리스크관리

### 이상열

[학력]
한양대학교 일반대학원 경영학 박사
서울대학교 일반대학원 경영학 석사
서울대학교 경영대학 경영학 학사

[주요 경력]
한양대학교 에리카캠퍼스 경영학부 교수(현), ㈜한솔홈데코 사외이사(현)
한양대학교 에리카캠퍼스 기획처장, 한국회계정책학회 회장, 한국회계정보학회 편집위원장,
부천대학교 세무회계학과 교수, 포스코경영연구소 연구위원 등 역임

[주요 논문]
「기업전략과 미래수익성에 관한 연구」, ≪회계저널≫, 2010. 외 다수

[주요 연구 분야]
이익반응계수, 기업수명주기, 연구개발비, 희석증권, 이익조정, 위험관리

### 김종현

[학력]
한양대학교 일반대학원 경영학 박사(회계학 전공)
한양대학교 일반대학원 경영학 석사
한양대학교 상경대학 경영학 학사

[주요 경력]
한양대학교 ERICA 경상대학 회계세무학과 교수
한양대학교 ERICA 기획부처장
한국회계학회/한국회계정보학회/한국회계정책학회 부회장 역임

[주요 논문]
"Does Accrual-based Government Financial Information Serve as an Indicator of Fiscal Risks?", *Public Money & Management*, 2021. 외 다수

[주요 연구 분야]
회계정보 유용성, 자본시장연구, 재무제표분석 및 가치평가, 사회적 가치 측정

**정석윤**

[학력]
플로리다대학교 경영대학 회계학 박사
플로리다대학교 이과대학 통계학 석사
플로리다대학교 이과대학 통계학 학사

[주요 경력]
한양대학교 경영학부 부교수(현)
미국 공인회계사, Clarkson 대학교 방문교수, 국민연금 기금운영발전전문위원 등

[주요 논문]
"Stock investment strategy combining earnings power index and machine learning", *International Journal of Accounting Information Systems*, 2022. 외 다수

[주요 연구 분야]
기업의 전자공시, 재무제표분석, 기업가치평가

**정형록**

[학력]
서울대학교 일반대학원 경영학 박사(석박사 통합)
서울대학교 농경제학과 경제학 학사

[주요 경력]
경희대학교 경영대학 회계세무학과 교수(현)
기획재정부 공공기관 경영평가 위원, 국세청 자체평가위원회 위원, 방위사업청 예산집행심의회 위원, 관세청 보세판매장 특허심사위원회 위원, 한국보건복지인력개발원 감사 등 역임

[주요 논문]
"Bargaining power and budget ratcheting: Evidence from South Korean local governments", *Management Accounting Review*, 2021. 외 다수

[주요 연구 분야]
비대칭적 원가행태, 의료기관 원가, 방산업체 원가, 이사의 경영진단 및 분석

디지털 회계정보를 활용한 **경영분석 및 사례연구**

인　　쇄　2025년 2월　3일
발　　행　2025년 2월 10일

저　　자　김성규 · 이상열 · 김종현 · 정석윤 · 정형록
펴 낸 이　김광범
펴 낸 곳　도서출판 시대가치
출판등록　2017년 3월 23일 제2018-000088호
주　　소　서울특별시 마포구 토정로 222, 422-1호(한국출판콘텐츠센터)
전　　화　02)3152-2620 / 팩스 02)6442-2621
이 메 일　timepub2017@gmail.com
홈페이지　시대가치.com

ISBN 979-11-89607-98-2　93320

**가격 28,000원**